Joachim Dobers
Imme Freundner-Huneke
Siegfried Schulz
Annely Zeeb

Ein Lehr- und Arbeitsbuch

5./6. Schuljahr

Schroedel

 5./6. Schuljahr

Herausgeber
Joachim Dobers Siegfried Schulz
Imme Freundner-Huneke Annely Zeeb

Autoren
Gerd-Peter Becker Dr. Helmut Gaßmann Dagmar Mehliß Sabine Vogt
Hans-Günther Beuck Andreas Heinrich Ralph Möllers Michael Walory
Joachim Dobers Marietta und Dieter Keller Ulrike Preuß Annely Zeeb
Eva Döhring Fritz Klöckner Siegfried Schulz
Imme Freundner-Huneke Hauke Kruse Dorothee Tietge

Mit Beiträgen von
Jörg Ahrens, Ruth Albers, Konrad Bauerle, Anne-Kathrin Benkwitz, Joachim Boesenthal, Kerstin Brausewetter, Günter Brosette, Tanja Bühler, Karl Burckgard, Stefanie Burghardt, H. Michael Carl, Dieter Cieplik, Michael Dahl, Axel Engelhardt, Hartmut Eulner, Georg M. Fruck, Willi Gouasé, Dr. Erwin Graf, Prof. Dr. Hans Hagenmaier, Gitta Hagmeier, Wolfgang Hahn, Irmgard Hangebrauck, Stefan Hochgreve, Peter Hoff, Gero Holl, Heinrich Joußen, Ute Jung, Dr. Wolfgang Jungbauer, Michael Jütte, Dr. Harald Kähler, Dr. Michael Kampf, Manfred Kaufmann, Horst-Dietmar Kirks, Svenja Kläsen, Jens Kloppenburg, Axel Knippenberg, Uwe Kombartzky, Hans-Peter Konopka, Sebastian Körnig, Silke Kraft, Stefan Kratsch, Dr. Erich Kretzschmar, Hauke Kruse, Ernst-August Kuhlmann, Hannelore Kühnen, Fritz Lepold, Gisela Lloréns, Dr. Gabriele Mai, Dr. Wolfgang Martin-Beyer, Erhard Mathias, Rainer Mennenga, Hana Meuer, Sabine Nelke, Ute Nintemann, Sigrid Pankow, Dr. Andreas Paul, Gustav Pekarsky, Eckhard Philipp, Claudia Polzin, Günter Rabisch, Dr. Christoph Randler, Dr. Michael Reck, Andreas Reichenbach, Sonja Riedel, Karl-Heinz Scharf, Joachim Schmidt, Reinhold Schneider, Monika Semrau, Barbara Spieß, Antje Starke, Albert Steinkamp, Rüdiger Stelling, Dr. Beatrix Stephan-Brameyer, Prof. Dr. Rainer Stripf, Hans Tegen, Anja Thesing, Dr. Frank Thomas, Dr. Friedrich Twenhoeven, Reiner Wagner, Prof. Dr. Wilhelm Weber, Rolf Wellinghorst, Christian Wendel, Reinhard Wendt-Eberhöfer, Erwin Werthebach, Dr. Reinhard Wiedemann

unter Mitarbeit der Verlagsredaktion

Illustrationen:
Dr. Peter Güttler Langner & Partner Heike Möller Ingrid Schobel
Theiss Heidolph Liselotte Lüddecke Kerstin Ploß Susanne Thater
Brigitte Karnath Karin Mall Thilo Pustlauk Werner Wildermuth
Joachim Knappe Tom Menzel Barbara Schneider

Grundlayout: **Umschlaggestaltung:**
Atelier *tiger*color Tom Menzel SINNSALON

ISBN 978-3-507-77251-9

© 2007 Bildungshaus Schulbuchverlage
  Westermann Schroedel Diesterweg Schöningh Winklers GmbH, Braunschweig
  www.schroedel.de

Das Werk und seine Teile sind urheberrechtlich geschützt. Jede Nutzung in anderen als den gesetzlich zugelassenen Fällen bedarf der vorherigen schriftlichen Einwilligung des Verlages. Hinweis zu §52a UrhG: Weder das Werk noch seine Teile dürfen ohne eine solche Einwilligung gescannt und in ein Netzwerk eingestellt werden. Dies gilt auch für Intranets von Schulen und sonstigen Bildungseinrichtungen.
Auf verschiedenen Seiten dieses Buches befinden sich Verweise (Links) auf Internet-Adressen. Haftungshinweis: Trotz sorgfältiger inhaltlicher Kontrolle wird die Haftung für die Inhalte der externen Seiten ausgeschlossen. Für den Inhalt dieser externen Seiten sind ausschließlich deren Betreiber verantwortlich. Sollten Sie bei dem angegebenen Inhalt des Anbieters auf kostenpflichtige, illegale oder anstößige Inhalte treffen, so bedauern wir dies ausdrücklich und bitten Sie, uns umgehend per E-Mail davon in Kenntnis zu setzen, damit beim Nachdruck der Verweis gelöscht wird.

Druck A [1] / Jahr 2007

Alle Drucke der Serie A sind im Unterricht parallel verwendbar.

Satz: media service schmidt, Hildesheim
Druck und Bindung: westermann druck GmbH, Braunschweig

Inhaltsverzeichnis

Biologie beschäftigt sich mit Lebewesen

Biologie beschäftigt sich mit Lebewesen	8
Kennzeichen des Lebendigen beim Menschen	10
Pinnwand: Kennzeichen des Lebendigen bei Tieren	12
Sind Pflanzen auch Lebewesen?	13
Streifzug: Die Zelle – Grundbaustein aller Lebewesen	14
Auf einen Blick	15
Zeig, was du kannst	15

Menschen halten Tiere

Menschen halten Tiere	16
Ich wünsche mir ein Haustier	18
Pinnwand: Einrichtung und Pflege eines Aquariums	20
Methode: Einen Steckbrief erstellen	21
Pinnwand: Artgerechte Tierhaltung?	22
Ein Hund kommt ins Haus	23
Der Hund – Freund, Partner, Helfer	24
Pinnwand: Mischlinge und Rassehunde	28
Methode: Im Internet nach Informationen suchen	29
Die Hauskatze – ein Stuben„tiger"	30
Mit scharfen Sinnen auf Beutejagd	32
Pinnwand: Großkatzen	34
Pinnwand: Hund und Katze – ein Vergleich	35
Besuch auf einem Bauernhof	36
Methode: Einen Lerngang planen	37
Rund um das Pferd	38
Rund um das Rind	40
Das Rind als Nutztier	42
Methode: Einen Sachtext lesen und verstehen	44
Methode: Eine Ausstellung gestalten	45
Tiere haben Rechte	46
Auf einen Blick	48
Zeig, was du kannst	49

Aus dem Leben der Pflanzen

Aus dem Leben der Pflanzen	50
Wir betrachten und untersuchen Pflanzen	52
Pinnwand: Worin unterscheiden sich Tulpe, Rosskastanie und Haselstrauch?	53
Untersuchungen an Blüten	54
Aus dem Geschlechtsleben der Pflanzen	56
Methode: Untersuchungen mit Lupe und Binokular	57
Pinnwand: Blüten und Insekten	58
Pinnwand: Honigbienen und ihre Verwandten	59
Von der Blüte zur Frucht	60
Aus Samen entwickeln sich Pflanzen	62
Methode: Ein Informationsplakat entsteht	63
Methode: Eine Sachzeichnung anfertigen	64
Pinnwand: Ungeschlechtliche Vermehrung	65
Wie verbreiten sich Pflanzen?	66
Pflanzen verhungern ohne Sonnenlicht	68
Methode: Pflanzen bestimmen	70
Methode: Ein Naturtagebuch führen	71
Die ersten Blüten im Frühling	72
Bäume im Herbst und Winter	74
Auf einen Blick	76
Zeig, was du kannst	77

Der Mensch und die Pflanzen

Der Mensch und die Pflanzen	78
Pflanzen im Klassenzimmer	80
Wir nutzen unterschiedliche Pflanzenteile	82
Die Kartoffel – eine vielseitige Knolle	84
Methode: Versuche planen, durchführen und protokollieren	86
Methode: Einen kurzen Vortrag halten	87
Getreide – Grundlage für viele Lebensmittel . . .	88
Aus den Tropen in den Supermarkt – Bananen .	90
Pinnwand: Einheimische Nutzpflanzen	92
Pinnwand: Fremdländische Nutzpflanzen	93
Methode: Eine Sachmappe erstellen	94
Methode: Eine Mindmap erstellen	95
Züchtung von Pflanzen	96
Auf einen Blick	98
Zeig, was du kannst	99

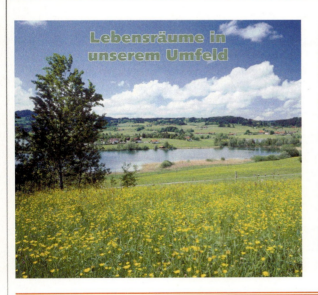

Lebensräume in unserem Umfeld

Lebensräume in unserem Umfeld	100
Was gibt es auf unserem Schulgelände?	102
Streifzug: Messgeräte und Messtechnik	105
Methode: Tiere beobachten und bestimmen wie die Profis	106
Methode: Wie Baumdetektive vorgehen	108
Pinnwand: Bäume und Sträucher im Umfeld der Schule	110
Die Hecke als Lebensraum	112
Der Baum als Lebensraum	114
Der Teich als Lebensraum	116
Pinnwand: Pflanzen im und am Teich	118
Pinnwand: Tiere im und am Teich	119
Unterwegs im Laubwald	120
Auf einen Blick	124
Zeig, was du kannst	125

Inhaltsverzeichnis

Aus dem Leben der Tiere

Aus dem Leben der Tiere	126
Zwei Kletterkünstler	128
Feldhase und Wildkaninchen – zwei Fluchttiere	130
Der Maulwurf – ein Spezialist unter Tage	132
Jäger in der Nacht	134
Vögel im Umfeld der Schule	136
Wie sich Vögel fortpflanzen	138
Vögel – Wirbeltiere in Leichtbauweise	140
Wie Vögel fliegen	142
Lernen im Team: Fliegen	144
Spezialisten an Bäumen	146
Pinnwand: Greifvögel	148
Streifzug: Mit Fluggeräten fliegen	149
Eidechsen lieben warme Lebensräume	150
Schlangen – Fortbewegung ohne Beine	152
Pinnwand: Einheimische Kriechtiere	154
Pinnwand: Kriechtiere warmer Länder	155
Saurier – Kriechtiere vergangener Zeiten	156
Lurche lieben es feucht	158
Methode: Tiere bestimmen	161
Pinnwand: Froschlurche	162
Pinnwand: Schwanzlurche	163
Fische – angepasst an das Leben im Wasser	164
Fische atmen unter Wasser	166
Wie Fische sich fortpflanzen	167
Pinnwand: Süßwasserfische	168
Pinnwand: Meeresfische	169
Herbst – die Tage werden kürzer und kälter	170
Aktiv durch den Winter	172
Überleben auf Sparflamme	174
Spezialisten im Eis	176
Wie leben Pflanzen und Tiere in der Wüste?	178
Methode: Lernen im Team	180
Wie kann man Tiere ordnen?	182
Pinnwand: Körperbau und Leistungen von Wirbeltieren	184
Auf einen Blick	186
Zeig, was du kannst	187

Naturschutz bei uns und anderswo

Naturschutz bei uns und anderswo	188
Naturschutz fängt vor der Haustür an	190
Menschen verändern, gefährden und schützen ihre Umwelt	192
Pinnwand: Geschützte Tiere	194
Pinnwand: Geschützte Pflanzen	195
Lernen im Team: Wir schützen Lurche	196
Lernen im Team: Wir schützen Insekten in unserer Umgebung	197
Naturschutz im Urlaub	198
Pinnwand: Artenschutz	199
Auf einen Blick	200
Zeig, was du kannst	201

5

Ich bin fit und fühl' mich wohl

Ich bin fit und fühl' mich wohl	202
Das Skelett gibt dem Körper Halt	204
Die Wirbelsäule – Hauptstütze des Skeletts	206
Methode: Arbeiten mit Modellen	207
Gelenke machen uns beweglich	208
Muskeln brauchen Training	210
Pinnwand: Bewegte Schule	212
Schönheit und Fitness – kritisch betrachtet	214
Vom Acker auf den Tisch	216
Lebensmittel – Mittel zum Leben	218
Immer gut drauf	222
Ausgewogene Ernährung	224
Fix und fertig	226
Lernen im Team: Gesund und lecker	227
Gut gekaut ist halb verdaut	228
Der Weg der Nahrung durch den Körper	230
Wem geht die Puste aus?	232
Auf der Spur von Sauerstoff und Kohlenstoffdioxid	234
Methode: Mit Tabellen und Diagrammen arbeiten	236
Rund ums Blut	238
Streifzug: Blutende Verletzungen	239
Unser Blut ist immer in Bewegung	240
Lernen im Team: Rauchen	242
Über Tausend Gifte	244
Methode: Eine Umfrage planen, durchführen und auswerten	245
Auf einen Blick	246
Zeig, was du kannst	247

Erwachsen werden

Erwachsen werden	248
Wir entwickeln uns	250
Jungen werden zu Männern	252
Mädchen werden zu Frauen	254
Tag X – die erste Periode	256
Schwangerschaft und Geburt	258
Streifzug: Opa war auch mal ein Baby	260
Pinnwand: Verhütungsmittel	261
Dein Körper gehört dir!	262
Pinnwand: Typisch Junge – typisch Mädchen?	264
Methode: Gesprächsrunde	265
Auf einen Blick	266
Zeig, was du kannst	267

Register	268
Bildquellenverzeichnis	272

Methode   Hier findest du Methoden, die dir helfen, naturwissenschaftliche Themen zu verstehen und zu bearbeiten.

Pinnwand   Hier findest du zusätzlich Bilder und Informationen zum jeweiligen Thema und Aufgaben, die du selbstständig bearbeiten und lösen kannst.

Streifzug   Hier findest du weitere Informationen zu Themen, die in anderen Bereichen von großer Bedeutung sind.

Lernen im Team   Hier findest du Themenvorschläge für die Arbeit in Gruppen. Eine Gruppe bearbeitet jeweils einen Vorschlag. Am Ende stellt jede Gruppe ihre Ergebnisse vor.

Auf einen Blick   Hier findest du die Inhalte des Kapitels in kurzer und übersichtlicher Form dargestellt.

Zeig, was du kannst   Hier findest du vielfältige Aufgaben zum Wiederholen und Vertiefen der Inhalte des Kapitels.

Weitere Informationen über das Wort, das mit ▶ gekennzeichnet ist, erhältst du über das Register am Ende dieses Buches.

Kennzeichnung der Aufgaben:

   Diese Aufgabe kannst du mit deinem Vorwissen oder mit den Informationen aus dem Buch beantworten.

   Dieses Symbol kennzeichnet eine Aufgabe, bei der du beobachten, untersuchen oder experimentieren musst.

   Um diese Aufgabe zu lösen, nutze weitere Informationsquellen wie Fachbücher, Lexika oder das Internet. Manchmal beinhalten diese Aufgaben auch Arbeitsaufträge, die außerhalb des Klassenzimmers zu erfüllen sind.

Biologie beschäftigt sich mit Lebewesen

Pflanzen scheinen sich nicht zu bewegen und keine Nahrung aufzunehmen. Woran erkennen wir, dass es dennoch Lebewesen sind?

Nach einem anstrengenden Tag fallen wir todmüde ins Bett. Aber auch im Schlaf leben wir. Woran lässt sich dies erkennen?

Eine Spinne hängt regungslos in ihrem Netz. Wie lässt sich überprüfen, ob sie lebt?

In Parks und Fußgängerzonen kann man manchmal eigentümliche „Statuen" bestaunen. Lebendig oder nicht?

Die Abbildung zeigt „lebende Steine". Können Steine wirklich leben?

Mit einem „Computer-Hund" kannst du spielen, ihn erziehen und mit ihm Gassi gehen. Woran erkennst du, dass der „Computer-Hund" kein Lebewesen ist?

Kennzeichen des Lebendigen beim Menschen

📖 **1.** Dummys verwendet man als Testpersonen für die Sicherheit im Auto. Worin unterscheidet sich ein Dummy von einem lebenden Menschen? Fertige dazu eine Tabelle an:

Dummy	Mensch
kein Stoffwechsel	Stoffwechsel
...	...

📖 **2.** Das Foto verdeutlicht verschiedene Sinnesorgane des Menschen.
a) Um welche Sinnesorgane handelt es sich?
b) Welche weiteren Sinnesorgane kennst du beim Menschen?
c) Gib das Kennzeichen des Lebendigen an, das hier deutlich wird.

📖 **3.** Erläutere das Kennzeichen des Lebendigen, das hier gezeigt wird.

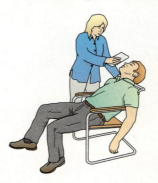

📖 **4. a)** Beschreibe die Abbildung.
b) Welche beiden Kennzeichen des Lebendigen sind hier zu sehen?

📖 **5.** Hält man einer ohnmächtigen Person einen Spiegel vor den Mund, so beschlägt der Spiegel.
Gib das Kennzeichnen des Lebendigen an, das hierbei überprüft wird. Begründe deine Entscheidung.

Biologie beschäftigt sich mit Lebewesen

Alle Menschen besitzen eine Reihe von Kennzeichen, die sie eindeutig als Lebewesen kennzeichnen:

Gestalt
Menschen unterscheiden sich in ihrer Körpergröße, ihrem Aussehen und ihrem Geschlecht. Trotz dieser Verschiedenheit zeigen alle Menschen eine Gemeinsamkeit: Sie besitzen einen Körper, der aus Kopf, Rumpf und Gliedmaßen besteht. Die typische Gestalt ist Kennzeichen aller Menschen.

Bewegung
Bewegung ist das auffälligste Kennzeichen des Lebendigen beim Menschen. Mithilfe unserer ▶ Knochen, ▶ Muskeln und ▶ Gelenke bewegen wir uns während des Tages. Wir spielen, laufen oder fahren Rad. Und selbst im Schlaf bewegen wir uns noch.

Stoffwechsel
Für das Wachstum und die Bewegung benötigt unser Körper ▶ Nährstoffe. Diese nehmen wir mit der Nahrung auf und verwerten sie im Körper. Dazu ist Sauerstoff notwendig, den wir einatmen. Nicht verwertbare Stoffe werden ausgeschieden. Diese Vorgänge nennt man Stoffwechsel.

Fortpflanzung und Entwicklung
Wenn ein Mann und eine Frau ein Kind zeugen, so spricht man von ▶ Fortpflanzung. Ein neues Lebewesen entsteht. Es besitzt die Merkmale wie Augen- oder Haarfarbe des Vaters und der Mutter. Das Neugeborene ist zunächst vollständig auf die Hilfe seiner Eltern angewiesen. Im Laufe der Zeit wächst das Kind heran, verändert sein Aussehen und wird zunehmend selbstständig. Es entwickelt sich.

Reizbarkeit
Werden unsere Augen beim Fotografieren von einem Blitzlicht getroffen, so schließen sie sich sofort. Dieses natürliche Verhalten dient dem Schutz der Augen. Menschen reagieren also auf ihre Umwelt und zeigen die Eigenschaft der Reizbarkeit. Licht und Geräusche, aber auch Wärme und Kälte sind einige dieser Reize, auf die wir in unterschiedlicher Weise reagieren.

Einige dieser Eigenschaften findest du auch bei unbelebten Gegenständen. Doch nur Lebewesen weisen alle genannten Eigenschaften des Lebendigen gemeinsam auf.

1 Menschen – verschiedenes Aussehen, aber gleiche Gestalt

Kennzeichen des Lebendigen bei Tieren

Milchkühe benötigen gewaltige Mengen an Futter und Wasser: Pro Tag fressen sie bis zu 50 kg Grünfutter und trinken 60 bis 70 l Wasser. Entsprechend groß ist ihre Milchleistung. Besonders gezüchtete Kühe liefern bis zu 50 l Milch am Tag.

Ein Hahn hat sich mit einer Henne gepaart. Aus den entstehenden Hühnereiern schlüpft nach drei Wochen ein Küken. Schon sechs Monate später hat sich aus dem kleinen Küken wieder eine Legehenne entwickelt.

Der Gepard lebt in den Steppen und Savannen Afrikas. Mit seinen langen Beinen und dem schlanken Körper erreicht er kurzzeitig Geschwindigkeiten von etwa 100 km pro Stunde.

Vom Hund sind mehr als 400 verschiedene Hunderassen bekannt. Sie unterscheiden sich in ihrem Aussehen und ihrem Wesen.

In der Dämmerung kann man Igel beobachten, die sich bedächtig fortbewegen. Bei Gefahr stellen sie blitzartig ihre Stacheln auf und rollen sich zu einer Stachelkugel zusammen.

1. Gib das Kennzeichen des Lebendigen an, das in den Beispielen jeweils verdeutlicht wird. Begründe deine Entscheidung.

2. Bei einigen Abbildungen kannst du mehrere Kennzeichen erkennen. Um welche handelt es sich dabei?

Biologie beschäftigt sich mit Lebewesen

Sind Pflanzen auch Lebewesen?

📖 **1.** Die Abbildung zeigt die Blüten von Gänseblümchen.
a) Beschreibe die Abbildungen.
b) Erläutere, wovon die Veränderung der Blüten abhängig ist.
c) Nenne weitere Beispiele für die hier gezeigten Kennzeichen des Lebendigen.

📖 **2.** Eine Buntnessel wurde unter eine Glasglocke gestellt. Die rechte Abbildung zeigt die Pflanze am folgenden Morgen.
a) Erläutere das Versuchsergebnis.
b) Welches Ergebnis erwartest du, wenn man anstelle der Buntnessel eine künstliche Pflanze aus Stoff verwendet?

Pflanzen unterscheiden sich deutlich von Menschen und Tieren. Sie scheinen sich nicht zu bewegen und keine Nahrung zu sich zu nehmen. Sind sie trotzdem Lebewesen? Überprüfen lässt sich diese Frage mithilfe der Kennzeichen des Lebendigen:

Bewegung
Pflanzen können ihren Standort nicht verlassen. Trotzdem bewegen sie sich: Stellt man junge Kressepflanzen ans Fenster, so richten sich die Sprosse mit ihren Blättern allmählich zum Licht aus. Dreht man die Pflanze anschließend vom Licht weg, so wiederholt sich der Vorgang. Diese Bewegung nehmen wir nur deshalb nicht wahr, weil sie sehr langsam stattfindet.

Reizbarkeit
Pflanzen besitzen zwar keine Sinnesorgane wie Augen oder Ohren, dennoch reagieren auch sie auf ihre Umwelt. So erfolgt die Bewegung der Kresse auf den Lichtreiz hin. Die Wurzeln wachsen dagegen in Richtung des Bodens. Hier wirkt die Schwerkraft als Reiz.

Stoffwechsel
Pflanzen ernähren sich nicht wie Menschen oder Tiere, dennoch nehmen auch sie Stoffe aus ihrer Umgebung auf. Aus dem Boden beziehen sie Wasser und Mineralstoffe, die sie für ihr Wachstum benötigen. Über die Blätter wird dann ein Teil des Wassers wieder abgegeben. Mit den grünen Blättern nehmen sie weitere Stoffe auf und verarbeiten sie bei der ▶ Fotosynthese zu Nährstoffen.

Fortpflanzung und Entwicklung
Viele Pflanzen besitzen auffällige ▶ Blüten, in denen sich die Geschlechtsorgane befinden. Nach der ▶ Befruchtung bilden sich die ▶ Samen. Keimen diese in feuchter Erde, so entstehen wieder neue Pflanzen. Neben dieser geschlechtlichen Fortpflanzung durch Samen gibt es bei manchen Pflanzen auch die ▶ ungeschlechtliche Vermehrung. Beispielsweise bilden einige Kakteen seitliche Triebe aus. Diese nennt man Ableger. Auch aus den Ablegern können sich dann neue Pflanzen entwickeln.

Gestalt
Jede Pflanzenart ist durch ihre typische Gestalt gekennzeichnet. So lässt sich beispielsweise eine Rose anhand ihrer Blüten und Blätter eindeutig von einer Tulpe unterscheiden.

Auch Pflanzen sind also Lebewesen, da sie alle Kennzeichen des Lebendigen zeigen.

Die Zelle – Grundbaustein aller Lebewesen

Vielleicht hast du dich schon einmal gefragt, wie ein Haar oder ein Pollenkorn genau aussehen. Für das bloße Auge sind beide viel zu klein. Und auch eine Lupe hilft nur wenig weiter. Um in die Welt des Winzigen vorzudringen, nutzt man daher Mikroskope. Mit ihnen lassen sich Objekte bis zu 2000fach vergrößern.

Die ersten einfachen Mikroskope wurden im 17. Jahrhundert entwickelt. Mit ihrer Hilfe konnte man bislang Unbekanntes entdecken. So untersuchte der Forscher Robert HOOKE die Rinde von Korkeichen. Diese wird auch heute noch für die Herstellung von Flaschenkorken benutzt. HOOKE schnitt von der Rinde ein dünnes Stück ab und legte es unter ein Mikroskop. Deutlich konnte er dabei ein Muster von hohlen Kämmerchen erkennen. Diese erinnerten ihn an die Zellen von Bienenwaben. Er hielt seine Beobachtungen in Zeichnungen fest und nannte die Kammern **Zellen.**
Später wurden andere Pflanzenteile mit dem Mikroskop untersucht. Auch bei Blättern, Früchten und Zwiebeln fand sich stets ein Aufbau aus Zellen.

Pflanzen bestehen also aus Zellen. Gilt dies auch für Tiere und Menschen?
Zur Überprüfung kann man beispielsweise die Leber eines Rindes untersuchen. Dazu zerdrückt man ein kleines Stück und löst es in wenig Wasser. Man erhält so eine braune Flüssigkeit: Unter dem Mikroskop erkennt man, dass auch die Leber aus einzelnen Zellen besteht. Sie ähneln kleinen unregelmäßigen Kugeln.

Und auch beim Menschen finden sich Zellen: So lässt sich leicht ein wenig Mundschleimhaut von der Innenseite der Wangen mit einem Holzspatel abschaben. Unter dem Mikroskop sieht man dann einzelne rundliche Zellen. Untersucht man andere Teile des Körpers, so findet man auch hier Zellen. Je nach ihrer Aufgabe unterscheiden sie sich aber in Form und Größe. So sehen Nervenzellen ganz anders aus als die Zellen der Mundschleimhaut.

Die Beispiele zeigen, dass Pflanzen, Tiere und Menschen aus Zellen bestehen. Die Zelle ist daher der Grundbaustein aller Lebewesen.

1 HOOKEs Zeichnung der beobachteten Korkzellen

 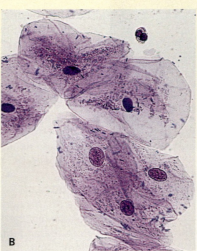 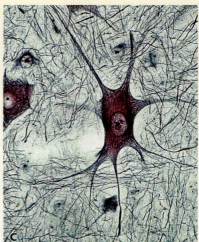

2 Verschiedene Zelltypen. A *Zellen der Zwiebelhaut;* B *Zellen der Mundschleimhaut;* C *Nervenzelle*

Biologie beschäftigt sich mit Lebewesen

Auf einen Blick

Gestalt

Bewegung

Reizbarkeit

Kennzeichen des Lebendigen

Fortpflanzung und Entwicklung

Stoffwechsel

Zeig, was du kannst

📖 **1.** Prüfe, ob es sich bei den folgenden Beispielen um Lebewesen handelt:
• ein Alpenveilchen
• ein Wetterhahn
• ein Bergkristall
• ein schlafender Mensch
• eine Wolke
• eine Stubenfliege
Begründe deine Entscheidung.

📖 **2.** Lena wünscht sich zum Geburtstag einen Hund. Dort, wo Lena wohnt, sind Tiere nicht erlaubt. Die Eltern schenken Lena daher einen batteriebetriebenen Hund, der laufen und bellen kann. Lena ist mit der Entscheidung unzufrieden.
Begründe, warum Lena enttäuscht ist.

📖 **3.** Die Venusfliegenfalle nutzt kleine Insekten als zusätzliche Nahrung. Sobald sich ein Insekt auf den Blatthälften niederlässt, schließen sich diese. Das Insekt wird dann von der Pflanze verdaut.
a) Nenne die Kennzeichen des Lebendigen, die hier deutlich werden.
b) Wie ernähren sich Pflanzen normalerweise?

📖 **4.** Eine brennende Kerze strahlt Wärme ab, setzt Wachs um und verändert dabei ihre Gestalt.
a) Welche Kennzeichen des Lebendigen zeigt die brennende Kerze?
b) Kann man sie deshalb als Lebewesen bezeichnen? Begründe deine Antwort.

15

Menschen halten Tiere

Warum leuchten Katzenaugen im Dunkeln?

Was muss ich beachten, wenn ich einen Goldhamster zu Hause halte?

Hunde stammen angeblich von Wölfen ab. Aber woran kann ich das bei meinem Pudel „Jacky" erkennen?

Wie viele Liter Milch gibt eine Kuh?

Warum kaut die Kuh ihr Futter zwei Mal?

Kaltblüter nutzt man beispielsweise als Zugtiere in der Forstwirtschaft. Haben Kaltblüter wirklich kaltes Blut?

Ich wünsche mir ein Haustier

1. Warum leben so viele Menschen mit einem Haustier zusammen? Bereitet eine ▶ Umfrage vor. Damit könnt ihr Gründe für die Haustierhaltung ermitteln. Schreibt dazu Fragen auf, die eine genaue Antwort ermöglichen.
Führt die Umfrage durch und wertet sie aus. Schreibt die genannten Gründe nach Häufigkeit sortiert auf ein ▶ Plakat.
In einem ▶ Vortrag könnt ihr über eure Ergebnisse berichten.

2. Ihr könnt einen ▶ Lerngang in ein Tierheim planen. Vereinbart einen Termin, damit eure Fragen dort in Ruhe beantwortet werden können.
Informiert euch über folgende Punkte:
– Welche Tiere leben im Tierheim?
– Warum werden Tiere abgegeben?
– Wie sollte man diese Tiere artgerecht halten?
Stellt eure Ergebnisse mit Fotos und Texten auf ▶ Plakaten zusammen. Präsentiert sie in der Klasse.

3. Wer sich ein Haustier anschaffen möchte, sollte sich das genau überlegen. Ihr könnt eine Liste mit wichtigen Argumenten für und gegen die Anschaffung eines Haustieres anfertigen. Sprecht mit einem Tierhalter über die Liste und ergänzt oder korrigiert sie gegebenenfalls.

4. Sind Goldhamster, Meerschweinchen und Rennmäuse als Haustiere geeignet?
Begründet eure Meinung.

Goldhamster sind nachtaktiv

Wichtig!
- Schläft tagsüber, ist nachts aktiv
- Nichts für Kinder, die früh ins Bett müssen
- Lebt als Einzelgänger
- Wird selten älter als 3 Jahre
- Braucht viel Bewegung
- Buddelt gern; benötigt viel Einstreu im Käfig
- Benötigt Drahtgitterkäfig, da er Holzwände durchnagt

Rennmäuse sind pflegeleicht

Beachte!
- Mongolische Rennmäuse haben einen großen Bewegungsdrang
- Nicht einzeln halten, da Mäuse in Großfamilien leben
- Immer aktiv und schnell zur Kontaktaufnahme bereit
- Dürfen nicht gedrückt werden
- Robust und widerstandsfähig
- Einfach zu halten, machen wenig Schmutz
- Beißen nicht, werden schnell zahm

5. Erstellt Listen mit Tieren, die als Haustier besser oder weniger geeignet sind. Begründet eure Zuordnung.

6. Erstellt Pflegetipps zu einzelnen Haustierarten. Sucht dazu Informationen in Büchern über Tierhaltung oder im ▶ Internet. Achtet dabei besonders auf eine ▶ artgerechte Tierhaltung.

Menschen halten Tiere

Meerschweinchen als Haustiere

Meerschweinchen lassen sich streicheln und herumtragen. Sie sind als Haustiere auch für Kinder gut geeignet. Natürlich müssen ihre Ansprüche an Unterbringung, Ernährung und Pflege beachtet werden, damit sie sich wohl fühlen.

Meerschweinchen werden etwa 25 cm lang. Sie können fünf bis zehn Jahre alt werden. Ihre Heimat ist Mittel- und Südamerika. Wildmeerschweinchen leben dort in kleinen Gruppen und wohnen in Erdbauten. Seit über 3000 Jahren werden Meerschweinchen in ihrer Heimat als Haustiere gehalten. Vor etwa 300 Jahren brachten Seeleute einzelne Tiere mit nach Europa.

Das Fell der Meerschweinchen kommt in verschiedenen Farbtönen vor. Je nach Rasse ist es kurz, lang, glatt oder kraus.
Meerschweinchen sollten mindestens zu zweit gehalten werden. Man muss allerdings darauf achten, dass man kein Pärchen hat. Dann gäbe es schnell zahlreichen Nachwuchs.

1 Meerschweinchen sind zutrauliche Heimtiere

Meerschweinchen sollten in einem Metallgitterkäfig mit Kunststoffwanne gehalten werden. Der Käfig muss leicht zu reinigen sein. Die Grundfläche der Wanne sollte mindestens 80 cm x 40 cm betragen. Der Boden wird mit einer Schicht Holzspäne und darüber einer Schicht Heu oder Stroh eingestreut. Die Tiere brauchen ein Schlafhäuschen und einen rauen Ziegelstein, an dem sie sich die Krallen abwetzen können. Zwei Futternäpfe sind notwendig: einer für Körnerfutter, der andere für Frischfutter wie Salat, Gemüse oder Obst. Eine kleine Raufe mit frischem Heu und ein Mineralleckstein sollten nicht fehlen. Als Tränke dient eine Nippelflasche mit täglich frischem Wasser.

2 Glatthaar- und Angora-Meerschweinchen

Einmal wöchentlich sollte das Fell gebürstet werden. Meerschweinchen benötigen viel Ruhe, aber auch täglichen Auslauf. Dabei muss man darauf achten, dass sie keine Kabel anknabbern können.
Ein Freigehege im Garten ist ideal, es darf allerdings nicht in der prallen Sonne stehen.

3 Haltung von Meerschweinchen. A *Käfigeinrichtung;* B *Freigehege*

19

Pinnwand

Einrichtung und Pflege eines Aquariums

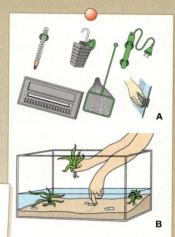

A

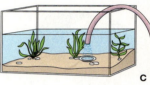

B

C

D

Einrichtung eines Warmwasseraquariums

A Folgende Materialien müssen besorgt werden: ein Becken mit Abdeckung und Lampe (mindestens 60 Liter Inhalt), Pumpe mit Filter, Heizstab, Thermometer, Sand, Kies, Steine und Wasserpflanzen. Für die weitere Pflege benötigt ihr Absauger, Kescher und Magnetschaber.
B Stellt das Aquarium auf eine stabile Unterlage und an einen hellen Platz ohne direkte Sonneneinstrahlung.
Gebt eine dünne Sandschicht auf den Boden und verteilt darüber den Kies. Richtet für die Fische Verstecke aus Steinen ein. Setzt nun die Pflanzen ein.
C Füllt anschließend das Becken mit Wasser, indem ihr den Wasserstrahl auf einen Teller laufen lasst. So wird der Sand nicht aufgewirbelt.
D Bringt zum Schluss Heizung, Thermometer und Filter an. Nach einigen Tagen ist das Wasser klar. Ihr könnt die Fische einsetzen.

Pflege
Die Fische müssen täglich mit einer sorgfältig abgemessenen Futtermenge gefüttert werden. Wöchentliche Arbeiten sind Absaugen des Schlamms, Reinigung der Scheiben und Pflege der Pflanzen.

1. Ein Fisch benötigt 5 Liter Wasser. Wie viele Fische können in ein 60 Liter – Becken gesetzt werden? Was fällt dir bei dem Ergebnis auf?

2. Guppys sind beliebte Aquarienfische für Anfänger.
a) Informiert euch über weitere Fische, die in einem kleinen Warmwasseraquarium einfach zu halten sind.
b) Erstellt ▶ Plakate zu einigen dieser Fische. Präsentiert sie in der Klasse.

3. Informiert euch über die Besonderheiten eines Kaltwasseraquariums und eines Meerwasseraquariums.
b) Erstellt ▶ Steckbriefe zu Fischen, die in diesen Aquarien gehalten werden können.

Guppy

Heimat: Wildguppyarten in Trinidad, Barbados, Venezuela, Guyana und Nordbrasilien; Flussfische
Besonderheiten: variabel in Farbgebung und Form; anspruchslos; Gruppenfisch; lebendgebärend 30 bis 100 Jungfische pro Wurf

Menschen halten Tiere

Einen Steckbrief erstellen

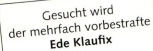

- etwa 195 cm groß
- strähniges Haar
- Stoppelbart

Steckbrief: Räuber

Früher wurden Räuber und Verbrecher steckbrieflich gesucht. Auf öffentlich ausgehängten Plakaten wurde der Gesuchte abgebildet und kurz beschrieben. So konnte die Bevölkerung wichtige Hinweise geben, die oft zur Festnahme führten. Heute werden Personen zusätzlich mithilfe moderner Medien gesucht, indem Fotos oder Computerzeichnungen und kurze Beschreibungen veröffentlicht werden.

In der Biologie enthalten **Steckbriefe** ebenfalls eine kurze Beschreibung der wichtigsten Merkmale einer Pflanze oder eines Tieres. Eine übersichtliche Darstellung und eine Abbildung ermöglichen es dem Leser, sich schnell über das Lebewesen zu informieren.

Methode

Zwerghamster

Herkunft:	Asien (Syrien)
Kennzeichen:	Zwerghamster gibt es in unterschiedlichen Fellfarben und -arten.
Lebensraum:	Steppenlandschaften, Hamster bauen ihre Nester in unterirdischen Röhrensystemen.
Verhalten:	Hamster sind dämmerungs- und nachtaktiv. Sie sind Einzelgänger.
Nahrung:	Körner, Nüsse, Obst, Gemüse.
Fortpflanzung:	7 bis 8-mal im Jahr Würfe von 6–12 Jungen.
Lebenserwartung:	1,5–2 Jahre.
Besonderheiten:	Hamster transportieren ihre Nahrung in Backentaschen.
Haltung:	Hamster, besonders Zwerghamster, brauchen große Käfige mit Möglichkeiten zum Graben.

Usambaraveilchen

Herkunft:	Ostafrika.
Kennzeichen:	blaue, rosa, rote und weiße Blüten, pelzig behaarte Blätter.
Vermehrung:	Blattstecklinge oder Samen.
Ansprüche:	Wärme ohne direkte Sonne, hohe Luftfeuchtigkeit, niedrige Bodenfeuchtigkeit.

1. Erstellt Steckbriefe zu Tieren und Pflanzen. Sucht euch ein Tier oder eine Pflanze aus. Orientiert euch an den Beispielen auf dieser Seite.

2. Erstellt auch Steckbriefe zu ▶ Nutztieren und ▶ Nutzpflanzen.

3. Mit den in Aufgabe 1 und 2 erstellten Steckbriefen könnt ihr eine Pinnwand gestalten.

21

Pinnwand

Artgerechte Tierhaltung?

Das Bundestierschutzgesetz schreibt vor, soziale Tierarten mindestens zu zweit zu halten.

Dennoch müssen viele Tiere ihr Leben in Einzelhaft verbringen.

Detaillierte Informationen und das kostenlose VIER PFOTEN Heimtier-Handbuch auf www.vier-pfoten.at

Was heißt „artgerecht"?
§2 Tierschutzgesetz: „Wer ein Tier hält, betreut oder zu betreuen hat, muss das Tier seiner Art und seinen Bedürfnissen entsprechend angemessen ernähren, pflegen und verhaltensgerecht unterbringen und darf die Möglichkeit des Tieres zu artgemäßer Bewegung nicht so einschränken, dass ihm Schmerzen oder vermeidbare Leiden oder Schäden zugefügt werden."

Wellensittiche gehören zu den Papageien. Sie stammen aus Australien und leben dort in Schwärmen.
Ein Käfig für Wellensittiche sollte mindestens 70 cm lang und 50 cm hoch sein. Die Gitterstäbe müssen waagerecht angeordnet sein, damit die Wellensittiche umherklettern können. Weiterhin werden Kletterstangen, Trink- und Futtergefäße sowie Zweige und Äste zum Spielen benötigt.

Zierfische benötigen ein Aquarium von mindestens 60 cm Breite und 40 cm Höhe. Weiterhin sind Versteckmöglichkeiten aus Wurzeln und Steinen sowie eine dichte Bepflanzung notwendig. Das Wasser muss gefiltert und geheizt werden.

Exoten als Haustiere?
Bei einem Ausflug an einen Baggersee entwischte Kaiman „Sammy" seinem Besitzer. Fast eine Woche lang wurde nach dem kleinen Krokodil mit Netzen und Fallen gejagt. Endlich eingefangen kam er in einen Tierpark. Der Besitzer hatte Sammy zuhause in einer Badewanne gehalten. Heute ist Kaiman Sammy auf 150 cm angewachsen und wiegt 50 kg.

📖 **1.** Beschreibe das Bild mit den Kaninchen. Wie sieht im Gegensatz zur Abbildung eine artgerechte Haltung bei ihnen aus?

📖 **2.** Die abgebildete Käfighaltung des Wellensittichs und der Goldfisch im Glas sind Tierquälerei. Begründe.

📖 **3.** Was hältst du von Exoten, die als Haustiere gehalten werden? Begründe.

Menschen halten Tiere

Ein Hund kommt ins Haus

1. Besucht ein Tierheim und informiert euch über die Hunde, die dort leben.
a) Fragt nach den Bedürfnissen eines Hundes. Notiert Stichpunkte.
b) Erkundigt euch, warum Menschen ihren Hund im Tierheim abgeben. Macht Notizen. Sprecht über die genannten Gründe.

2. Die Schülerinnen und Schüler in eurer Klasse, die einen Hund haben, könnten ihn vorstellen. Überlegt euch vorher Fragen, die ihr stellen möchtet.

3. Berechne mithilfe der Aufstellung unten, mit welchen Kosten ein Hundehalter im Durchschnitt jährlich, wöchentlich und täglich rechnen muss.

Kosten für einen Hund pro Jahr (Beispiel)	
• 100 kg Trockenfutter	150,00 €
• 50 Dosen Fleischnahrung	50,00 €
• 50 Knauknochen	75,00 €
• 1 Leine	7,50 €
• 1 Körbchen	37,50 €
• 1 Bürste	4,00 €
• 1 Krallenschere	7,50 €
• Haftpflichtversicherung	62,50 €
• Hundesteuer	60,00 €
• Tierarztkosten	75,00 €

1 Hunde suchen ein Zuhause

4. Fertigt ein Merkblatt „Tipps zur Hundehaltung" an. Vergleicht eure Ergebnisse.

Was ein Hund braucht

Viele Kinder wünschen sich sehnlichst einen Hund als Haustier. Dieser Wunsch ist verständlich, denn Hunde sind treu und anhänglich. Sie machen ihren Besitzern meist viel Freude. Kinder können mit kinderlieben Familienhunden spielen und toben.
Allerdings sollte die gesamte Familie einige Überlegungen anstellen, bevor ein Hund ins Haus kommt. Hunde werden im Durchschnitt 10 bis 12 Jahre alt. So lange muss der Hund in der Familie gut betreut werden, denn man sollte ihn nicht einfach wieder abschieben.
Die Familie muss gemeinsam überlegen, wie die Aufgaben, die bei der Hundebetreuung anfallen, verteilt werden sollen.
Mehrmals täglich muss der Hund „Gassi" geführt werden. Bei längeren Spaziergängen sollte er auf Artgenossen treffen, um mit ihnen spielen zu können.
Fütterung, Fellpflege und das Spielen erfordern ebenfalls Zeit. Insgesamt sollte die Familie sich ein bis zwei Stunden täglich um den Hund kümmern. Auch an die Kosten für Futter, Tierarzt, Steuern und viele andere Dinge müssen zukünftige Hundehalter denken.
Die Frage, ob der Hund im Urlaub mitgenommen oder zu Hause versorgt wird, sollte ebenfalls vorher geklärt werden.
Mit Lob und Belohnung können Hunde erzogen werden. Hundeschulen helfen bei der Erziehung junger Hunde.
Wenn man Hunde liebevoll versorgt und genügend Zeit für sie hat, fügen sie sich gerne in eine Menschengruppe ein und ordnen sich unter.
Nachdem alle Familienmitglieder gemeinsam die Entscheidung getroffen haben, einen Hund anzuschaffen, geht es noch um den richtigen Hund. Zunächst kann man sich in den Tierheimen umschauen. Dort warten zahlreiche kinderliebe Rassehunde und nette Mischlinge auf ein neues Zuhause.

2 Ein neues Zuhause ist gefunden

Der Hund – Freund, Partner, Helfer

1. Nenne mögliche Gründe, warum Menschen Hunde als Haustiere halten.

2. Führt in eurer Klasse eine Umfrage durch:
a) In welchen Familien werden Hunde gehalten?
b) Welche Hunderassen werden gehalten?
c) Berichtet über die besonderen Eigenschaften eurer Hunde wie Aussehen, Verhalten, Fähigkeiten, Eigenarten.

3. Die auf den Fotos abgebildeten Hunde haben jeweils unterschiedliche „Aufgaben". Benennt diese und ordnet sie – wenn möglich – bestimmten Hunderassen zu, die speziell für diese Aufgaben gezüchtet wurden. Welche Sinnesorgane oder Fähigkeiten sind jeweils besonders gefordert?

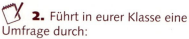

4. a) Welcher Hund käme für dich persönlich in Frage?
b) Überlege, welche Ansprüche dein Lieblingshund an dich und die Umgebung stellt.

5. Wie könnten aus Wölfen, zahme Haushunde entstanden sein? Lest im Text auf der folgenden Seite über ▸ Züchtung nach und berichtet.

6. Erläutere die in der Überschrift verwendeten Begriffe: Freund, Partner, Helfer.

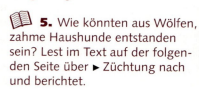

7. Beschreibe, wie die Geburt und die Aufzucht der Welpen bei Hunden ablaufen. Benutze hierzu die Bilder und Texte auf den folgenden Seiten.

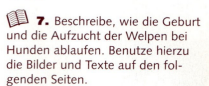

8. Was weißt du über ▸ Säugetiere? Erstelle Steckbriefe über verschiedene Säugetierarten. Was haben alle diese Tiere gemeinsam?

24

Menschen halten Tiere

Die Abstammung des Hundes

Man weiß, dass Menschen schon vor mehr als 14000 Jahren Hunde hielten. Der Hund gilt als unser ältestes **Haustier**. Es gibt viele verschiedene Hunderassen, alle stammen sie letztlich vom Wolf ab. Wissenschaftler vermuten, dass Wölfe den Steinzeitmenschen folgten, um an Nahrungsreste zu gelangen. Möglicherweise schafften es die Jäger dabei gelegentlich, junge Wölfe zu fangen und sie zu zähmen.

Wölfe leben in **Rudeln**. Sie brauchen die Gemeinschaft einer Gruppe. Dies ist auch der Grund dafür, dass Wölfe und Hunde sich dem Menschen anschließen. Die Menschen erkannten, dass Wölfe bestimmte, für die Jagd nützliche Eigenschaften besitzen. Mit ihrer Nase und einem stark entwickelten **Geruchssinn** sind sie in der Lage, Wild aufzuspüren. Der sehr gute **Hörsinn** ermöglicht ihnen, Geräusche wahrzunehmen, die wir Menschen nicht hören können. Durch Knurren oder Bellen machen sie auf Gefahren aufmerksam.

2 Wölfe

Der Hund ist ein Raubtier

Schaut man Kindern beim Spiel mit ihrem Hund zu, so glaubt man kaum, dass Hunde **Raubtiere** sind. Spüren Hunde im Gelände einen Hasen oder ein Kaninchen auf, so hetzen sie hinterher, auch über längere Strecken. Aufgrund dieser Jagdweise bezeichnet man sie als **Hetzjäger**. Hunde haben lange Beine, mit denen sie ausdauernd laufen können. Als Zehengänger treten sie nur mit den Zehen auf. Diese sind mit weichen Ballen gepolstert. Die kurzen Krallen können nicht eingezogen werden.

Das typische **Raubtiergebiss** des Hundes besitzt lange und spitze Eckzähne, die auch als Fangzähne bezeichnet werden. Die kräftigen, gezackten und scharfen Backenzähne dienen dazu, Fleisch abzureißen und zu zerkleinern. Die stärksten Backenzähne heißen daher auch Reißzähne. Die recht kleinen Schneidezähne dienen vor allem dazu, Fleischreste von Knochen abzuzupfen.

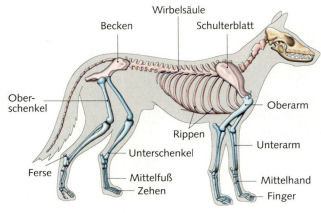

1 Skelett des Hundes

Züchtung der Hunderassen

Die Steinzeitjäger wählten jeweils solche Tiere aus, die für den Menschen besonders nützliche Eigenschaften zeigten, und verwendeten diese Tiere als Elterntiere für die Weiterzucht. Durch diese **Zuchtauswahl** entstanden bis heute etwa 400 verschiedene ▸ **Hunderassen**, die sehr unterschiedliche Eigenarten und Fähigkeiten besitzen. Viele von ihnen ähneln ihrem ursprünglichen Ahnen, dem Wolf, nur noch wenig.

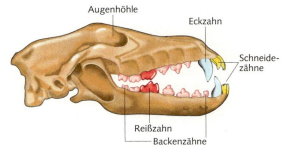

3 Raubtiergebiss des Hundes

25

So verhalten sich Hunde

Um Hunde richtig zu verstehen, muss man etwas über das Leben der Wölfe wissen, von denen die Hunde abstammen. Wölfe leben zu mehreren in einer Gemeinschaft, dem **Rudel**. In einem Rudel nimmt jedes Mitglied seinen Platz in einer Rangordnung ein. Diese **Rangordnung** wird durch Auseinandersetzungen zwischen den Tieren festgelegt. Rangniedere Tiere unterwerfen sich dem stärkeren Tier, indem sie sich auf den Rücken drehen und ihre Kehle zum „Biss" anbieten. Wirklich gebissen wird dann jedoch im Normalfall nicht.

Der Leitwolf führt das Rudel. Die Tiere jagen in der Regel gemeinsam. Jagden sind meist nur dann erfolgreich, wenn die einzelnen Mitglieder des Rudels eng zusammenarbeiten. Einige Wölfe hetzen ein Beutetier, andere schneiden ihm den Fluchtweg ab und schließlich überwältigen sie es gemeinsam.

Das Jagdgebiet, das **Revier**, wird regelmäßig mit Urin und Kot markiert und so gegen Eindringlinge abgegrenzt.

1 Wolfsrudel

Hunde werden meist einzeln gehalten. Sie sehen im Menschen ihren „Leithund", die Familie ist das Rudel. Haus und Garten stellen das Revier dar, das gegen fremde Personen verteidigt wird. Da der Geruchssinn für den Hund der wichtigste Sinn ist, werden alle Personen erst einmal intensiv beschnüffelt. Aufgeregtes Herumzappeln begreifen Hunde oft als Angriffssignal. Menschen, die weglaufen, werden als „Beutetiere" verfolgt. Begegnen sich Hunde, beschnüffeln sie sich gegenseitig. Dies ist ein wichtiges Begrüßungsverhalten. Männliche Hunde, die Rüden, setzen im Revier, aber auch beim Spaziergang, hier und da an Ecken und Bäumen zur Reviermarkierung einige Tropfen Urin als Duftmarken ab.

2 Spielaufforderung

3 Unterwerfung

Kampfhunde

Leider gibt es immer wieder Meldungen, in denen davon berichtet wird, dass Hunde Menschen anfallen, verletzen oder gar töten. Häufig handelt es sich hierbei um so genannte Kampfhunde. Sie gehören zu Hunderassen, bei denen ein Ziel der Zucht die Steigerung der Aggressivität der Tiere ist. Oft befinden sich diese Hunde aber in Händen von Haltern, die mit der Aggressivität ihrer Hunde prahlen und diese zur Schau stellen. Das eigentliche Problem ist dann gar nicht der Hund selbst, sondern sein Halter.

4 Reviermarkierung

Menschen halten Tiere

Fortpflanzung

Junge Hündinnen werden, je nach Rasse, zwischen ihrem achten und zwölften Lebensmonat geschlechtsreif und dann normalerweise zwei Mal im Jahr läufig. Diese Läufigkeit dauert jeweils etwa drei Wochen. Wenn sich die Hündin in dieser Zeit mit einem Rüden paart, kann sie trächtig werden.

Die **Tragzeit** dauert etwas mehr als zwei Monate. Steht dann schließlich die Geburt kurz bevor, wird die Hündin unruhig, schnüffelt in allen Ecken und versucht, ein „Nest" zusammenzuscharren.
Bei der Geburt wirft sie dann meist vier bis zehn Jungtiere. Man nennt diese **Welpen**. Sie sind von einer Fruchtblase umgeben, die die Mutter aufreißt und frisst. Anschließend beißt sie die Nabelschnur durch und leckt das noch nasse Junge trocken.

Jungenaufzucht

Neugeborene Welpen sind noch völlig hilflos. Ihre Augenlider sind zunächst noch miteinander verwachsen. Unmittelbar nach der Geburt kriechen sie unbeholfen an den Bauch der Mutter und suchen mit seitlichen Pendelbewegungen des Kopfes nach den Milchzitzen. Haben sie eine Zitze gefunden, beginnen sie mit dem Saugen. Dabei treten sie mit ihren Vorderpfoten gegen den Bauch der Mutter. Dadurch werden die Milchdrüsen angeregt, Milch zu bilden.

1 Trächtige Hündin hechelt vor der Geburt

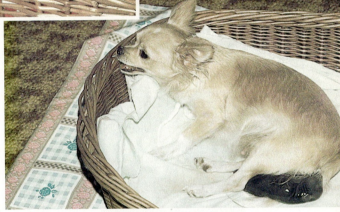

2 Geburtsvorgang (ein Welpe in der Fruchtblase wird durch die Scheide herausgepresst)

Hunde ernähren ihre Jungen in den ersten Lebenswochen mit Muttermilch. Die Jungen werden von der Mutter nicht nur gesäugt, sondern auch geschützt, gewärmt und sauber geleckt. Ein solches Verhalten bezeichnet man als **Brutpflege**.

Nach zehn bis zwölf Tagen öffnen sich die Augen der Jungen. Auch die Körperbewegungen werden zunehmend sicherer. Im Alter von drei bis vier Wochen beginnt die Entwöhnung und die Welpen erhalten zusätzlich zur Muttermilch Welpenfutter. Nach und nach nimmt der Anteil der Muttermilch immer mehr ab, der Anteil fester Nahrung nimmt zu. Die Welpen sollten nicht von ihrer Mutter getrennt werden, bevor sie acht Wochen alt sind.

Hunde sind Säugetiere

Hunde säugen ihre Jungen mit Milch, daher werden sie zur Gruppe der ▶ **Säugetiere** gezählt. Ein weiteres charakteristisches Merkmal der Säugetiere ist die gleichwarme Körpertemperatur. Die meisten Säugetiere besitzen ein Fell. Außerdem atmen alle Säugetiere über Lungen.

3 Hündin säugt ihre Welpen

27

Pinnwand

Mischlinge und Rassehunde

Golden Retriever

Ursprünglich Jagdhund, ausgeglichen, gute Verträglichkeit auch mit Kindern, geeigneter Familien- und Begleithund

📖 **1.** Beschreibe die wichtigsten Merkmale der hier abgebildeten Hunderassen. Worin unterscheiden sie sich?

📝 **2.** Suche weiteres Informationsmaterial zu den hier abgebildeten und weiteren Hunderassen (Bücher, Zeitschriften, ▶ Internet).

📝 **3.** Welcher Hund wäre für dich geeignet? Begründe.

Münsterländer

Jagdhund, intelligent, aufmerksam, menschenfreundlich, benötigt viel Bewegung, schließt sich eng seinem Besitzer an

Mischlinge

Mischlinge haben Eltern verschiedener Rassen oder sind Nachfahren von Mischlingen. Sie sind im Allgemeinen sehr anhänglich, gesellig, lernfähig, körperlich robust und weniger krankheitsanfällig als viele Rassehunde

Deutscher Schäferhund

Ursprünglich Hütehund, ausgeglichen, treu, wachsam, anhänglich, ausgeprägter Familiensinn, geeigneter Familienhund

Sibirian Husky

Ursprünglich Begleithund von Nomadenvölkern in Sibirien, ausgeprägter Orientierungssinn, benötigt viel Auslauf, eigenwillig, unabhängig

West Highland Terrier

Jagdhund, wachsam, mutig, selbstbewusst, großer Bewegungsdrang (kein Schoßhund!), geeigneter Familienhund

28

Menschen halten Tiere

Im Internet nach Informationen suchen

Vielleicht hast du ja schon Erfahrung mit dem Internet, dem **w**orld – **w**ide – **w**eb (www) gesammelt. Hier findest du eine unüberschaubare Fülle von Informationen zu den verschiedensten Themen des Lebens. Vieles ist brauchbar, vieles jedoch auch nicht.

Du hast grundsätzlich zunächst mit zwei Hauptproblemen zu kämpfen:
1. Wie **finde** ich genau das, was ich suche?
2. Wie bekomme ich heraus, ob das, was ich da gefunden habe, **brauchbar** ist?

1. **Finden:** Hier helfen dir so genannte Suchmaschinen, zum Beispiel die Suchmaschine „Blinde Kuh" (www.blinde-kuh.de). Diese Suchmaschine ist speziell auch auf Kinder ausgerichtet. Sie enthält und verweist nur auf Inhalte, die „in Ordnung" sind.
2. **Brauchbares:** Hier wird die Sache schon schwieriger, und du selbst bist gefragt – ist das, was ich da gefunden habe, für mich jetzt brauchbar?

Wie komme ich dorthin?
1. Adresse www.blinde-kuh.de eingeben.
2. Es erscheint die **Home-page** der „Blinden Kuh".
3. Im Suchfeld den Begriff Hund eingeben:

4. Es erscheint eine Reihe so genannter **„links"**, auf Deutsch „Verbindungen". Wenn du einen „link" anklickst, verbindet dich das Programm mit den jeweiligen Informationen.

Was auch passieren kann
Wenn du einen Suchbegriff eingeben solltest, zu dem das Programm keinen Eintrag besitzt, erhältst du eine **Fehlermeldung.**
Das Programm bietet dir dann eine Liste möglicher Gründe an.
– vielleicht hast du dich einfach nur verschrieben; versuche es erneut
– versuche es mit einem ähnlichen Begriff
– wenn du gar keinen Erfolg hast, kannst du es natürlich auch mit einer anderen Suchmaschine versuchen (z. B. www.google.de, www.altavista.de, www.fireball.de), weitere Suchmaschinen oder Lexika, z. B. www.wikipedia.de, findest du im Internet.

Die Hauskatze – ein Stuben„tiger"

1. Du hast sicher schon einmal eine Katze beobachtet. Beschreibe, was die Katze gerade gemacht hat.
a) Wie hat sie sich verhalten, wie hat sie sich bewegt?
b) Betrachte die Bilder auf den beiden Seiten des Buches. Was tun die dort abgebildeten Katzen gerade?

4. Die Bildfolge zeigt das Verhalten einer Katze, die aus einer Höhe von etwa drei Metern fallen gelassen wurde.
a) Beschreibe, wie die Katze es schafft, tatsächlich auf ihren vier Pfoten zu landen.
b) Katzen, die aus geringer Höhe zu Boden fallen, landen jedoch häufig nicht auf ihren Pfoten. Erkläre, aus welchem Grund eine Höhe von etwa zwei bis drei Metern erforderlich ist, damit eine Landung auf vier Pfoten auch tatsächlich gelingt.

2. Informiere dich über den Tagesablauf einer Hauskatze. Vielleicht können dir Mitschülerinnen und Mitschüler helfen, die selbst Katzen halten. Verfasse ein „Katzentagebuch", aber nicht aus deiner Sicht, sondern aus der Sicht der Katze. Nimm hierin alle Dinge auf, die die Katze im Laufe des Tages und der Nacht tut.

3. Betrachte die beiden Abbildungen genau.
a) Welche Eigenschaften der Katzenpfote werden hier deutlich?
b) Überlege, in welchen Situationen die jeweilige Katzenpfote fotografiert wurde.

5. Beschreibe den Schädel der Katze. Welchen Gebisstyp kannst du diesem Schädel zuordnen? Begründe.

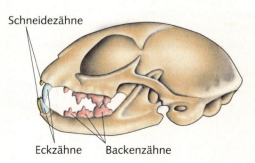

Menschen halten Tiere

Aus Raubtieren werden Haustiere

Katzen haben Spaß daran, mit Gegenständen zu spielen. Dieses Spiel hat eine wichtige biologische Bedeutung in ihrem Leben.

1 Spielen

Das Verfolgen, Fangen, „Erbeuten" und Loslassen von Spielgegenständen gehören zum Jagdverhalten der Katze.

Bei uns ist die Hauskatze seit etwa 1000 Jahren heimisch. Damals wurde sie zum Haustier. In vielen ihrer Verhaltensweisen ist sie jedoch immer ein Raubtier geblieben. Dass die Katze ein Raubtier ist, erkennst du unter anderem auch an ihrem typischen ▶ Raubtiergebiss.

Die scharfen Krallen, die eine Katze beim Beutefang einsetzt, ermöglichen es ihr auch, senkrecht an Baumstämmen hochzuklettern. Immer wieder schärft sie ihre Krallen, indem sie diese an rauen Gegenständen wetzt. Streckt eine Katze ihre Pfote aus, klappen die Krallen automatisch nach vorne. Normalerweise sind die Krallen jedoch eingezogen. Auch beim Laufen ist dies der Fall.
Daher ist es kaum möglich, eine sich nähernde Katze zu hören, anders als zum Beispiel einen Hund, der seine Krallen nicht einziehen kann.

Es ist erstaunlich, wie extrem beweglich Katzen sind. Die Wirbelsäule ist recht lang und sehr biegsam. Die einzelnen Wirbel sind elastisch miteinander verbunden. Dies ist auch die Voraussetzung dafür, dass sich eine Katze im Fallen rasch drehen kann und es tatsächlich meistens schafft, auf ihren Füßen zu landen. Der verhältnismäßig lange Schwanz dient bei Körperdrehungen und beim Klettern als „Balancierhilfe".

Junge Katzen verfolgen Vögel und andere mögliche Beutetiere aufmerksam und sehr interessiert mit ihren Augen. Der Trieb, Beute zu fangen, ist ihnen angeboren. Die große Geschicklichkeit, mit der erfahrene Katzen Beute machen, muss eine junge Katze erst noch erlernen. Hierfür ist das Spielen und Herumtoben mit ihren Geschwistern und der Mutter, aber auch das spielerische Verfolgen und Fangen von Gegenständen wichtig.

2 Klettern

Katze und Mensch

Katzen sind sehr anpassungsfähig. Sie gewöhnen sich schnell an Menschen und können sehr zutraulich und anhänglich werden. Anders jedoch als Hunde, die sich dem Menschen als Partner sehr eng anschließen, bewahren sich Katzen ein echtes Eigenleben. Sie sind **Einzelgänger** und bestimmen ihren Tagesablauf und auch die Kontakte zum Menschen selbst. Will eine Katze spielen, so zeigt sie uns dies. Hat sie jedoch kein Interesse, so teilt sie das genau so unmissverständlich mit, vielleicht sogar durch einen Hieb mit ihrer Tatze.

3 Balancieren

Mit scharfen Sinnen auf Beutejagd

A

📖 **1.** In der Bildserie A – F siehst du, wie eine Katze eine Maus fängt. Beschreibe die einzelnen Abschnitte dieser Fangaktion. Achte hierbei genau auf die Körperhaltung der Katze.

B

C

D

📖 **2.** Während Katzen tagsüber meist irgendwo ruhen, gehen sie nachts auf Beutefang.
Die drei Abbildungen zeigen die Augen einer Katze bei unterschiedlichen Lichtverhältnissen in unsortierter Reihenfolge.
a) Ordne die drei Abbildungen den jeweiligen Lichtverhältnissen (Tag, Nacht, Dämmerung) zu und begründe deine Antworten.
b) Beschreibe den Vorteil, den die Katze durch die Fähigkeit ihrer Augen hat, die Öffnungsweite der Pupille in Abhängigkeit von der Umgebungshelligkeit zu verändern.

E

A

B

C

F

32

Menschen halten Tiere

Die Sinne der Katze

Die Katze ist mit leistungsfähigen Sinnen ausgestattet. Die schärfsten Sinnesorgane sind ihre Augen. Nachts sind die Pupillen kreisrund und weit geöffnet, so dass auch schwaches Licht zum Sehen ausreicht. Wird eine Katze im Dunkeln durch das Scheinwerferlicht eines Autos angestrahlt, so leuchten ihre **Augen** hell auf. Wie von einem Spiegel werden die einfallenden Lichtstrahlen vom reflektierenden Augenhintergrund zurückgeworfen. Tagsüber sind die Pupillen zu einem schmalen, senkrechten Spalt verengt, so dass nur wenig Sonnenlicht in die empfindlichen Augen gelangen kann.

Meist gehen Katzen nachts auf Jagd. Sie sind Nachtjäger. Mit ihrem feinen **Gehör** entgehen der Katze selbst schwache Geräusche wie leises Mäusepiepsen nicht. Die beweglichen Ohrmuscheln können Katzen auf die Stellen hin ausrichten, aus denen die Geräusche kommen. Die Ohrmuscheln wirken wie Schalltrichter. Auf diese Weise stellen Katzen sowohl die Richtung als auch die Entfernung einer Geräuschquelle sehr genau fest.

Auch der **Tastsinn** der Katze ist gut entwickelt. Die langen Tasthaare, die sich vorwiegend an der Oberlippe befinden, sind empfindliche Fühler für den Nahbereich. Damit kann sie auch bei völliger Dunkelheit Hindernisse feststellen, Erschütterungen wahrnehmen und Beutetiere abtasten. Auch Gerüche spielen für Katzen eine gewisse Rolle, jedoch orientieren sich Katzen wesentlich weniger mithilfe des Geruchssinnes als ▸ Hunde.

Augen, Ohren und Tastsinn erlauben es der Katze also, sich hervorragend zu orientieren und auch in der Dämmerung oder bei schwachem Licht zu jagen.

2 **Lichtreflexion.** A *Im Katzenauge;* B *Am Straßenrand*

Jagdverhalten

Hat eine Katze die Möglichkeit, ins Freie zu gelangen, geht sie auf die Jagd. Dabei wartet sie an einer geeigneten Stelle oft längere Zeit auf Beute. Hat sie etwas gehört oder gesehen, schleicht sie sich in geduckter Körperhaltung langsam heran. Aufgrund dieses Verhaltens bezeichnet man die Katze auch als **Schleichjäger.** Immer wieder hält sie zwischendurch inne und verharrt in regloser Haltung. Ihre gesamte Konzentration ist auf die Beute gerichtet. Ist sie schließlich nahe genug herangekommen, schnellt sie überraschend vor, packt mit ihren Vorderpfoten zu und hält das Opfer mit ihren Krallen fest.

1 Hauskatze mit Beute

Großkatzen

Großkatzen
Innerhalb der Familie der Katzen unterscheidet man Klein- und Großkatzen. Zur Gruppe der Großkatzen gehören Leopard, Jaguar, Tiger und Löwe. Großkatzen können im Gegensatz zu Kleinkatzen lautstark brüllen. Ihre Pupillen sind auch im Hellen rund.

Leopard
Leoparden kommen in Afrika und Südasien vor. Sie haben dunkle Tupfer auf dem gelb-braunen Fell. Sie sind Einzelgänger und jagen nur nachts. Als größte Baumkletterer unter den Katzen können sie selbst senkrechte Baumstämme erklimmen. Oben ruhen sie oder verzehren ungestört ihre Beute.

Jaguar
Der Jaguar ist die einzige Großkatze des amerikanischen Kontinents. Er kommt hauptsächlich in den dichten Regenwäldern Südamerikas, aber auch in Mittelamerika und im Süden der USA vor. Der Jaguar ist größer und gedrungener als der Leopard, aber nicht so flink. Die dunkel geränderten Fellflecken gehen am Bauch in dunkle Tupfer über. Er klettert nicht gut, sondern jagt allein am Boden. Er ist ein guter Schwimmer. Der Jaguar erbeutet Säugetiere, Krokodile, Schlangen, Fische und Vögel.

Tiger
Der Tiger ist die größte und schwerste aller Katzenarten. Größere Vorkommen gibt es heute nur noch in einigen Gebieten Indiens. Die Streifen des Fells gleichen im Gebüsch oder im hohen Gras den Schatten der Blätter und dienen so als Tarnmuster. Tiger schleichen sich als Einzeljäger an ihre Opfer heran, da sie flüchtenden Beutetieren nur kurze Strecken folgen können. Sie schlagen meist große Beutetiere und benötigen zum Überleben weite Reviere, die der Mensch ihnen aber nimmt.

Löwe
Löwen leben in Familienverbänden. 5 bis 9 Weibchen und 1 bis 2 Männchen bilden das Rudel. Die gemeinsame Jagd ist Aufgabe der Weibchen. Das Männchen markiert das Revier mit Urin und verteidigt es durch lautes Brüllen. Löwenmännchen haben im Gegensatz zum Weibchen eine Mähne. Frei lebende Löwen kommen heute fast nur noch in Afrika vor. Ein Löwe hat im Tierreich kaum Feinde und beeindruckt durch sein prächtiges Aussehen. Menschen gaben ihm deshalb den Titel „König der Tiere".

Menschen halten Tiere

Hund und Katze – ein Vergleich

Pinnwand

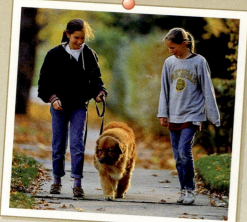

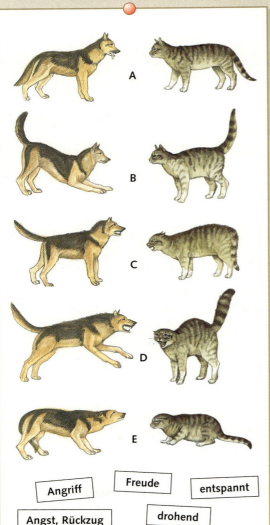

Angriff • Freude • entspannt
Angst, Rückzug • drohend

1. Betrachte die Abbildungen auf dieser Seite und beschreibe die besonderen Eigenschaften von Hund und Katze als Haustier des Menschen.

2. Erläutere mithilfe der Abbildungen, warum sich Hund und Katze wegen ihrer unterschiedlichen Körpersprache gelegentlich missverstehen. Verwende die entsprechenden Begriffe.

3. Lege eine Tabelle an und fasse biologische Kennzeichen von Hund und Katze vergleichend zusammen.

	Hund	Katze
Gebisstyp		
Zeiten der Ruhe und Aktivität		
wichtige Sinnesorgane		
Jagdverhalten		
Verhalten gegenüber Menschen		
… weitere Aspekte		

Wie Hund und Katze?
Manchmal hört ihr von Erwachsenen vielleicht den Satz: „Ihr verhaltet Euch mal wieder wie Hund und Katze!" Gemeint ist zum Beispiel ein Streit zwischen Geschwistern, die sich gegenseitig Unverschämtheiten an den Kopf werfen, aber auf die Aussagen, Argumente oder Verhaltensweisen ihres Gegenübers in keiner Weise eingehen.

35

Besuch auf einem Bauernhof

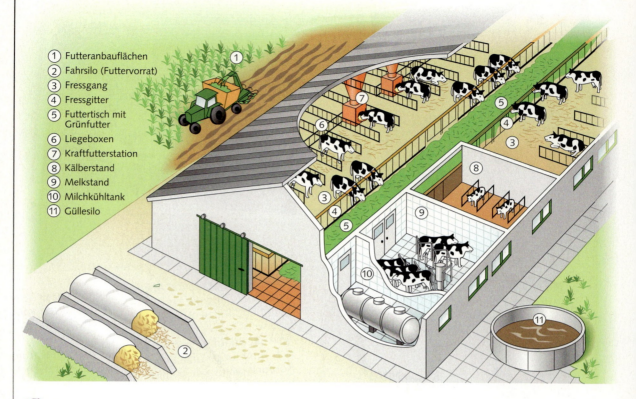

① Futteranbauflächen
② Fahrsilo (Futtervorrat)
③ Fressgang
④ Fressgitter
⑤ Futtertisch mit Grünfutter
⑥ Liegeboxen
⑦ Kraftfutterstation
⑧ Kälberstand
⑨ Melkstand
⑩ Milchkühltank
⑪ Güllesilo

1. Hier kannst du erkennen, wie ein moderner Milchviehbetrieb funktioniert. Erkläre.

2. Erkundige dich, zum Beispiel bei einem älteren Landwirt, wie ein Bauernhof früher ausgesehen hat. Vergleiche dieses mit einem modernen Bauernhof.

3. Erläutere die Aussagen, die man aus dem nebenstehenden Diagramm ablesen kann.

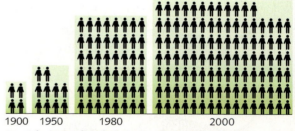

So viele Menschen hat ein Landwirt im Verlauf der letzten hundert Jahre ernährt.

Landwirtschaftliche Betriebe sind heute hoch spezialisiert: Sie bewirtschaften große Ackerflächen, auf denen Getreide, Gemüse, Zierpflanzen oder Obst angebaut werden. Oder sie halten sehr große Bestände an Nutztieren, zum Beispiel ▶ Schweine, ▶ Rinder oder Hühner. Diese **Großbetriebe** werden von wenigen Personen bewirtschaftet, da die Arbeit durch moderne Geräte und Nutzfahrzeuge sowie durch hochtechnisierte Fütterungs- und Melkanlagen erheblich erleichtert wird.
Durch ▶ Züchtung sowie durch gezielten Einsatz von Dünger und Pflanzenschutzmitteln werden die Erträge der Nutzpflanzen deutlich gesteigert. Auch beim Nutzvieh können durch spezielle Züchtungen zum Beispiel größere Fleisch- oder Milcherträge erzielt werden.

Seit über 30 Jahren betreiben zunehmend mehr landwirtschaftliche Betriebe **ökologische Landwirtschaft**. Im ökologischen Landbau wird beispielsweise auf den Einsatz von Pflanzenschutzmitteln und künstlichem Dünger verzichtet. Die Tiere auf dem Hof werden mit Futter aus der eigenen Erzeugung gefüttert und nicht ständig im Stall gehalten.

Menschen halten Tiere

Einen Lerngang planen

Methode

Im Biologieunterricht ist es üblich, bestimmte Dinge vor Ort zu untersuchen und in Erfahrung zu bringen. Dazu unternimmt die Klasse einen Lerngang. Zum Thema Nutztiere bietet sich zum Beispiel ein Besuch auf einem Bauernhof an.
Bei der Auswahl des Ziels solltet ihr beachten, dass sich nicht jeder Bauernhof für eine Erkundung eignet. Bei reinen Viehzuchtbetrieben wie zum Beispiel in Schweinemastbetrieben ist es häufig nicht möglich, die Ställe zu besichtigen. Zu leicht könnten Tierseuchen oder Infektionen übertragen werden und sich ausbreiten.
Besonders geeignet für eine Erkundung sind daher Schulbauernhöfe, Betriebe, die Gemüse und Obst anbauen oder Höfe, die ökologische Landwirtschaft betreiben. Plane mit deiner Klasse einen Lerngang zu einem landwirtschaftlichen Betrieb in eurer näheren Umgebung. Die folgenden Fragen helfen euch weiter.

Wohin ?
Welche Bauernhöfe in der näheren Umgebung oder in der Region eignen sich für eine Erkundung?

Wie?
Auf welchem Weg und mit welchem Verkehrsmittel erreicht man den Ort?
Wie lange dauert die Fahrt?
Wie hoch sind die Kosten?

Wer?
Bildet Expertengruppen.
Wer stellt die Fragen?
Wer notiert die Ergebnisse?
Wer führt ein Untersuchungsprotokoll?
Wer bereitet die Ausrüstung vor?

Was?
Welche Fragen sollen beantwortet werden?
Wird dazu ein Interview geführt?
Wenn ja: Wer wird interviewt?
Wird eine Untersuchung durchgeführt?
Wenn ja: Was wird untersucht? Wie wird untersucht?

Wie werden die Antworten und Ergebnisse dokumentiert (Notizen, Fotos, Zeichnungen, Tonbandaufzeichnung)?

Welche Ausrüstung benötigt ihr für euren Lerngang (Untersuchungsinstrumente, Aufnahmegerät, Kamera, Schreibzeug, Gummistiefel …)?

Wie stellt ihr eure Ergebnisse anderen vor (Wandzeitung, Ausstellung, Artikel für die Schülerzeitung)?

Rund um das Pferd

A B C

📖 **1.** Man unterscheidet bei Pferden die Gangarten Galopp, Trab und Schritt. Vergleiche die Abbildungen A, B und C und ordne die jeweilige Gangart zu. Begründe deine Zuordnung. Wenn du Pferde auf der Weide beobachten kannst, versuche die Gangarten wiederzuerkennen.

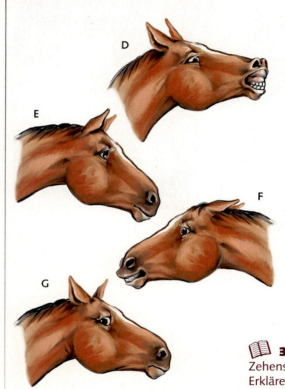

📝 **2.** Gestaltet ▶ Plakate zu den unterschiedlichen Aspekten der Pferdenutzung, zum Beispiel Pferde als Arbeitstier früher und heute, Urpferd, Pferde im Sport, besondere Rassen oder Rückzüchtungen.

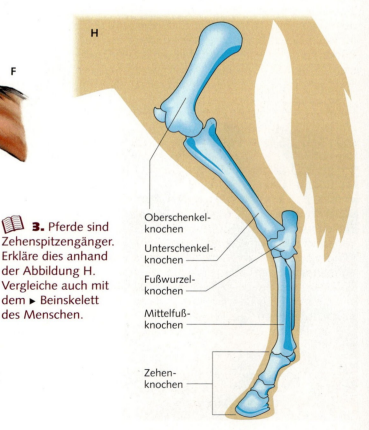

📖 **3.** Pferde sind Zehenspitzengänger. Erkläre dies anhand der Abbildung H. Vergleiche auch mit dem ▶ Beinskelett des Menschen.

📖 **4.** Pferde verständigen sich gezielt durch Gesichtsausdruck, Körpersprache und Laute. Die Abbildungen D bis G zeigen eine Auswahl verschiedener Gesichtsausdrücke. Welches Pferdegesicht zeigt Angst, Drohen, Neugier und Flehmen (= Geruch wahrnehmen)? Begründe deine Zuordnung.

38

Menschen halten Tiere

Beobachtest du Pferde auf der Weide, kannst du feststellen, dass sie nach Möglichkeit zusammen stehen oder laufen und sich auch gegenseitig das Fell pflegen. Pferde sind Herdentiere, die sich allein nicht wohlfühlen. Pferde sind ▶ **Pflanzenfresser**. Sie rupfen das Gras mit den Schneidezähnen ab und zermahlen es vor dem Schlucken mit den Backenzähnen. Der Pferdemagen ist klein und kann vergleichsweise wenig Futter aufnehmen. Pferde müssen daher häufiger gefüttert werden. Auf der Weide bewegen sie sich bis zu 15 Stunden täglich, um Nahrung aufzunehmen. Die Verdauung findet hauptsächlich im 16–24 m langen Dünndarm und im 8–9 m langen Dickdarm statt.

Hast du in den Ferien an der Nordsee schon einmal die Pferde beobachtet, die Kutschen durch den tiefen Dünensand ziehen? Hierbei handelt es sich meist um **Kaltblüter**, die sich durch einen kräftigen und stämmigen Körperbau auszeichnen. Kaltblüter haben ein ruhiges Temperament. Heute werden Kaltblüter hauptsächlich als Arbeitspferde zum Ziehen von Kutschen oder anderen schweren Lasten genutzt. Im Wald ziehen zum Beispiel Rückepferde schwere Baumstämme durch enge Wege, die Rückegassen, die für große Traktoren nicht befahrbar sind.

Hauptsächlich werden Pferde heute jedoch zur Freizeitbeschäftigung und im Pferdesport genutzt. Durch ▶ Züchtung entstanden zahlreiche Rassen, die den unterschiedlichen Ansprüchen als Spring-, Dressur- oder Rennpferde gerecht werden.
Im Reitsport findest du vorwiegend **Warmblüter**, beispielsweise Westfalen, Hannoveraner, Trakehner oder Oldenburger. Das Brandzeichen kennzeichnet die jeweilige Rasse. Beim Galopprennen oder im Trabrennsport dagegen werden **Vollblüter** wie zum Beispiel Araber eingesetzt. Sie sind sehr temperamentvoll und schnell. Übrigens kennzeichnen die Begriffe Kalt-, Warm- und Vollblutpferde nur das Temperament der Pferde. Die Temperatur des Blutes ist bei allen Pferderassen gleich.

Kleinwüchsige Pferde nennt man **Ponys**. Hier gibt es ebenfalls verschiedene Rassen wie zum Beispiel Shetland-Ponys oder Exmoorponys.

Ähnlich wie bei anderen Nutztieren bemüht man sich heute, durch **Rückzüchtung** verschiedene **Wildpferderassen** wieder zu züchten und auszuwildern. Ein Beispiel dafür sind die Koniks. Sie stammen vom Wildpferd Tarpan ab, das vor über 100 Jahren ausgerottet wurde.

Das letzte echte noch lebende Wildpferd ist das Przewalskipferd. Es war in freier Wildnis bereits ausgerottet, hat aber in Tierparks überlebt. Inzwischen wurde es in seiner Urheimat Asien wieder erfolgreich ausgewildert.

1 Nutzung der Pferderassen je nach Temperament.
A *Kaltblüter als Kutschpferde;* **B** *Warmblut als Springpferd;* **C** *Brandzeichen der Pferderasse Hannoveraner;* **D** *Vollblut als Trabrennpferd*

Rund um das Rind

1. a) Vergleiche die beiden Rinderrassen in den Abbildungen A (Rotbunte) und B (Charolais-Rind).
Welche Körpermerkmale unterscheiden sich deutlich?
b) Schließe von den Unterschieden auf die Nutzung.

2. a) Auf der Abbildung D siehst du Rinder (Schwarzbunte), die auf der Weide liegen und wiederkäuen. Beschreibe mit Hilfe der Abbildung C, wie Rinder Gras fressen.
b) Beschreibe den Weg der Pflanzennahrung durch die Mägen des Rindes. Verwende dazu die Fachbegriffe aus dem Schema in Abbildung 3.

3. Vergleiche den Weg der Nahrung beim Rind und beim Menschen. Nutze dazu das Schema auf der gegenüberliegenden Seite und die Seiten zur ▶ Verdauung beim Menschen. Nenne Unterschiede.

4. a) Vergleiche die Gebissformen von Hausschwein (E) und Rind (F). Finde Unterschiede und Gemeinsamkeiten heraus.
b) Schließe aus deinen Beobachtungen auf die unterschiedliche Ernährungsweise.

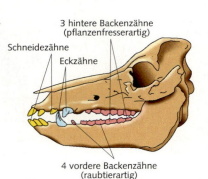

3 hintere Backenzähne (pflanzenfresserartig)
Schneidezähne
Eckzähne
4 vordere Backenzähne (raubtierartig)

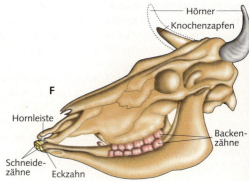

Hörner
Knochenzapfen
F
Hornleiste
Backenzähne
Schneidezähne
Eckzahn

40

Menschen halten Tiere

1 Höhlenzeichnung

2 Ausgewilderte Rückzüchtungen des Auerochsen

Vom Urrind zum Zuchtrind

Wie zahlreiche Höhlenzeichnungen belegen, hat es in weiten Teilen Europas bereits in der Jungsteinzeit Rinder gegeben. Sie wurden von Menschen gejagt.

Vor mehr als 6000 Jahren hat der Mensch Auerochsen gezähmt. Sie wurden zu Nutztieren. Diese Wildform, auch **Ur** genannt, ist inzwischen ausgestorben. Heute versucht man Rinderrassen zu züchten, die dem Ur sehr ähnlich sind. Diese so genannten Rückzüchtungen werden zum Beispiel in Naturschutzgebieten ausgewildert.

Durch ▶ Züchtung gibt es heute über 800 Rinderrassen. In der Milchwirtschaft werden Milchrinder wie die Schwarzbunte bevorzugt, die besonders viel Milch geben. Dagegen sind Mastrinder wie das Charolais-Rind mit dem Ziel gezüchtet, besonders schnell und viel Fleisch anzusetzen.
Es gibt auch Rassen, die für beides geeignet sind, so genannte Zweinutzungsrinder wie die Rotbunte.

Rinder sind Pflanzen fressende Wiederkäuer

Rinder sind Pflanzenfresser. Da Grasnahrung vergleichsweise nährstoffarm ist, benötigen sie besonders große Mengen. Sie nehmen täglich bis zu 70 kg Pflanzennahrung auf. Das entspricht mehr als einem Zehntel ihres Körpergewichts.

Rinder haben ein typisches **Pflanzenfressergebiss.** Die Backenzähne sind als breite Mahlzähne ausgebildet. Da im Oberkiefer der Rinder die Schneidezähne fehlen, rupfen Rinder das Gras mithilfe ihrer Zunge und der unteren Schneidezähne ab.
Die Gebissform von Rindern kannst du deutlich von der eines ▶ Fleischfressergebisses oder der des Allesfressergebisses eines Schweins unterscheiden.

Die schwer verdauliche Pflanzennahrung wird unzerkaut geschluckt. Sie gelangt zunächst in den **Pansen,** der bis zu 200 l aufnehmen kann. Hier beginnen die Pflanzen zu gären. Das bedeutet, dass sie von Bakterien zersetzt werden. Aus dem Pansen gelangt die Nahrung in den Netzmagen. Von hier werden kleine Futtermengen zurück ins Maul gestoßen. Sie werden dort mit Speichel vermischt und zwischen den großen Backenzähnen zermahlen. Ihre Oberfläche weist harte Schmelzfalten auf und wirkt dadurch wie eine Reibe. Du kannst beobachten, wie die Rinder nach dem Grasen auf der Weide liegen und **wiederkäuen.**

Anschließend gelangt der Nahrungsbrei zur weiteren Verdauung in den Blättermagen. Danach beginnt im Labmagen mit Hilfe von ▶ Verdauungsenzymen die eigentliche Verdauung. Zum Schluss gelangt der Nahrungsbrei in den etwa 50–60 m langen Darm. Hier werden die Nährstoffe ins Blut aufgenommen.

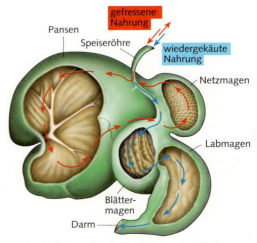
3 Weg der Nahrung durch die Mägen des Rindes

41

Das Rind als Nutztier

Wie viele Liter Milch trinken wir an einem Tag, in einer Woche und in einem Jahr? Wie viele Kühe müssen dazu gemolken werden?

Welche Inhaltsstoffe hat Milch? Welche davon sind wichtig für unsere Ernährung?

1. Hilf den beiden Schülerinnen bei der Beantwortung ihrer Fragen.

Rezept für selbst gemachten Naturjogurt

Zutaten:
1 l H-Milch
1 Becher Naturjogurt
6–8 Schraubdeckelgläser
1 Thermometer (mind. 50°C)
1 Kochtopf
1 Heizplatte oder Herd
1 Thermobox

Erhitze die Milch auf ca. 37°C. Gib in jedes Glas einen Löffel Naturjogurt und fülle anschließend mit der erwärmten Milch auf. Stelle die Gläser für 1 Tag in die Thermobox. Gekühlt schmeckt der Jogurt am besten!

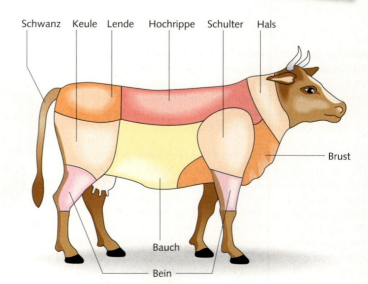

2. Zeichne das Schema der Schlachtteile auf ein ▶ Plakat und ordne verschiedene Fleischprodukte zu, die aus diesen Teilen des Rindes hergestellt werden. Sammle dazu Abbildungen von Fleischprodukten, zum Beispiel aus Werbeprospekten und klebe sie auf.

Menschen halten Tiere

Neugeborene Kälber ernähren sich in den ersten Wochen ausschließlich von Kuhmilch. Auch für den Menschen ist Milch ein wichtiges ▶ Nahrungsmittel. Milch und Milchprodukte sind ein wertvoller Lieferant für ▶ Nährstoffe, Vitamine und Mineralstoffe.

Kühe geben nur Milch, wenn sie zuvor gekalbt haben. Sie produzieren über die Aufzucht der Kälber hinaus weiter Milch, wenn sie regelmäßig zweimal am Tag gemolken werden. Je weiter die Geburt eines Kalbs zurück liegt, desto weniger Milch wird im Euter gebildet.

Früher wurden Kühe mit der Hand gemolken, heute wird diese Aufgabe von Melkmaschinen übernommen. Die Milch wird in einem Milchtank gelagert, bis sie von einem Tankwagen abgeholt wird. Da sie leicht verderblich ist, wird sie auf 4°C heruntergekühlt.

Per Tankwagen wird die Milch in die Molkerei transportiert. Hier wird sie nach einer Prüfung kurz erhitzt und abgefüllt oder zu Butter, Jogurt, Käse, Quark und anderen Produkten weiterverarbeitet.

Im Supermarkt stehen Milchprodukte normalerweise im Kühlregal, da sie sonst verderben. H-Milch muss nicht gekühlt werden, da sie durch ein besonderes Verfahren, das Ultrahocherhitzen, haltbar gemacht wurde.

1 Weg der Milchverarbeitung

Methode

Einen Sachtext lesen und verstehen

Die folgende Lesetechnik hilft dir dabei, einen Text zu verstehen und den Inhalt zu behalten.

1. Überfliege zunächst den Text. Dabei kannst du erst einmal feststellen, worum es in dem Text geht und was du bereits kennst.

2. Dann liest du den Text gründlich. Nach schwierigen Abschnitten machst du eine kleine Pause und denkst noch einmal über das Gelesene nach.

3. In dieser Phase benutzt du außerdem Stift und Papier. Hast du ein Arbeitsblatt zu bearbeiten, markiere wichtige Aussagen und Begriffe mit einem Textmarker.
Hast du einen Text aus dem Schulbuch vorliegen, schreibe wichtige Aussagen und Begriffe auf einem Notizzettel heraus.

4. Abschnitte oder Begriffe, die du nicht verstanden hast, markierst du mit einem Rotstift. Frage Mitschüler oder deinen Lehrer um Rat oder lies in einem Lexikon nach.

5. Nachdem du den Text durchgearbeitet hast, gehst du deine Notizen noch einmal genau durch. Du kannst jetzt mit deinen Notizen verschiedene Aufgaben erledigen z. B. Fragen beantworten, ein Informationsplakat erstellen, einen Kurzvortrag halten.

1 Hausschwein beim Säugen   2 suhlendes Wildschwein

Hausschwein und Wildschwein

Schweine sind Allesfresser. Das zeigt der Bau ihres Gebisses, denn ihre vorderen Backenzähne sind denen der Raubtiere ähnlich und die hinteren dienen dem Zermahlen von Pflanzenteilen. Auf der Weide durchwühlen sie mit ihrer rüsselartigen Nase den Boden, um Fressbares aufzuspüren. Sie ernähren sich von Wurzeln, Gras und Kleintieren. Den Wildschweinen dienen dabei besonders die Hauer, die nach oben gerichteten Eckzähne.
Schweine wälzen sich gerne in schlammigen Pfützen, den Suhlen, und schmieren damit ihre Haut mit Schlamm ein. Dadurch sind sie vor Insektenstichen geschützt.
Die Sauen können bis zu 12 Ferkel pro Wurf bekommen. Die Ferkel werden in den ersten 8 Wochen von der Mutter gesäugt und gehören somit zu den Säugetieren.
Die Hausschweine sind für die Ernährung des Menschen als Fleischlieferant sehr wichtig. Daher werden sie häufig gezüchtet und gemästet, um nach etwa 8 bis 10 Monaten zum Verzehr geschlachtet zu werden.
Die Wildschweine aber, von denen unsere Hausschweine abstammen, halten sich gerne im Unterholz feuchter Laubwälder oder in dichten Nadelholzschonungen verborgen. Sie zeigen einen anderen Körperbau als die Hausschweine. Sie haben einen längeren Kopf, einen starken Rüssel und ein schwarzes Haarkleid.

Beispiel:
Hier kannst du sehen, wie man wichtige Begriffe in einem Text zum Hausschwein und Wildschwein markiert und dann in einen Notizzettel einträgt.

Hausschwein und Wildschwein
– Allesfresser, sichtbar am Gebiss
– Nahrungssuche mit rüsselartiger Nase
– suhlen sich
– Schlammkruste als Insektenschutz
– Sauen bis 12 Ferkel
– Säugetier
– Hausschwein Fleischlieferant
– stammt vom Wildschwein ab
– Wildschwein in Laubwäldern, Nadelholzschonungen
– Wildschwein: längerer Kopf, starker Rüssel, schwarzes Haarkleid

Menschen halten Tiere

Eine Ausstellung gestalten

Methode

Als Abschluss eines Unterrichtsthemas, zum Beispiel über das Rind, könnt ihr eine **Ausstellung** gestalten. So zeigt ihr euren Mitschülerinnen und Mitschülern, woran ihr in der letzten Zeit gearbeitet habt.

Damit die Ausstellung möglichst interessant wird, müsst ihr folgende Punkte berücksichtigen:
- **Was** möchten wir präsentieren?
- **Welche** Ausstellungsstücke möchten wir präsentieren?
- **Wie** können wir die Ausstellungsstücke ansprechend darstellen?

In einem weiteren Schritt macht ihr euch über die folgende Fragestellung Gedanken:

Was gehört in eine Ausstellung?
In eine Ausstellung gehören Bilder, Fotos, selbst geschriebene Texte, Zeichnungen und Modelle zum Ausstellungsthema, aber auch Naturmaterialien. Bei dem Thema „Was liefern uns unsere Rinder?" eignen sich beispielsweise Milchprodukte, Fleischprodukte, Lederwaren.

Dann könnt ihr in die eigentliche Planung gehen. Überlegt euch:

Wie gehe ich beim Gestalten einer Ausstellung vor?
- Wenn ihr das Thema der Ausstellung gefunden habt, entscheidet, an welchem Ort ihr die Ausstellung präsentieren wollt, wie lange sie dauern soll und für wen sie sein soll.
- Sammelt möglichst viele Naturmaterialien. Diese sollten in einem guten Zustand sein.
- Sortiert die Materialien nach Bereichen z. B. Materialien aus dem Bereich Milchprodukte, Fleischprodukte, Lederwaren.
- Erstellt einen Plan, in dem ihr festlegt, wo welches Ausstellungsstück stehen soll.
- Beschriftet eure Ausstellungsobjekte und erstellt Plakate als Zusatzinformationen. Achtet darauf, dass man die Informationen gut lesen kann durch die Wahl der Schriftfarbe und Schriftgröße.
- Ernennt einen Experten aus eurer Gruppe, der sich mit dem Thema sehr gut auskennt und mögliche Fragen von Mitschülern beantworten kann.

Ausstellung: „Was liefern uns unsere Rinder?"

Tiere haben Rechte

📖 **1. a)** Welche Probleme werden in diesem Zeitungsartikel beschrieben?
b) Nenne weitere Gründe dafür, dass Menschen Haustiere abgeben oder aussetzen.
c) Nenne Beispiele für die Probleme bei der Haltung exotischer Tiere.

📖 **2.** Beschreibe und vergleiche mithilfe der Abbildungen die unterschiedlichen Haltungsformen: Freilandhaltung (A), Bodenhaltung (B und C), Käfighaltung (D).

Tierheim schlägt Alarm!

Kurz vor den großen Ferien meldet die Leiterin des Tierheims einen riesigen Ansturm. Das Tierheim ist bereits jetzt bis auf den letzten Platz besetzt, erwartet aber noch weitere Neuzugänge in den nächsten Tagen und Wochen. Katzen und Hunde und andere Haustiere werden anonym abgegeben oder sogar ausgesetzt, wenn Familien verreisen, so die Leiterin des Tierheims.

Dabei gibt es in der Umgebung zahlreiche Tierpensionen, die sich auf die Betreuung von Tieren während der Urlaubszeit spezialisiert haben. Grundsätzlich solle sich jeder Tierfreund bereits vor der Anschaffung eines Haustieres genau überlegen, ob er das Tier auch in den nächsten Jahren gut versorgen kann.

Aber auch auf ein anderes Problem weist die Tierheimleiterin hin: Immer häufiger kaufen sich Menschen exotische Tiere. Über kurz oder lang wird es den Besitzern jedoch meist zu aufwändig, diese Tiere artgerecht zu halten und zu pflegen und so landen sie im Tierheim. Erst vor Kurzem wurden ein Leguan, ein Papagei und sogar ein Krokodil abgegeben.

In der letzten Woche wurde zudem wieder ein Wurf junger Katzen in einem Karton vor der Tür gefunden. Die jungen Kätzchen waren halb verhungert und krank. Sie werden zunächst aufgepäppelt. In ein paar Wochen sollen sie in gute Hände abgegeben werden. Interessenten dürfen sich gern bereits jetzt melden.

✏️ **3. a)** Informiere dich über Haushühner und deren natürliches Verhalten.
b) Bewerte, inwieweit Hühner in den unterschiedlichen Haltungsformen ihr natürliches Verhalten zeigen können.

✏️ **4.** Informiere dich über Preise für Eier aus Freilandhaltung, aus Bodenhaltung und aus Legebatterien und erkläre die Unterschiede.

Menschen halten Tiere

1 Hausschweine in Freilandhaltung

2 Schweinebucht

Die ▸ **artgerechte Haltung** von Tieren wird durch das Tierschutzgesetz geregelt. Dieses Gesetz gilt nicht nur für heimische oder exotische Haustiere, sondern auch für alle Nutztiere, die in Zucht- oder Mastbetrieben gehalten oder transportiert werden.

Beobachtest du zum Beispiel Hausschweine in der Freilandhaltung, so kannst du feststellen, dass sie sich gern im Schlammbad suhlen, um sich abzukühlen und um Ungeziefer loszuwerden. Schweine sind dennoch sehr saubere Tiere. In ihren eigenen Mist würden sie sich nicht freiwillig legen. ▸ Hausschweine leben wie ihre wilden Artgenossen, die ▸ Wildschweine, ebenfalls in Familienverbänden zusammen und brauchen sehr viel Platz. Sie sind Allesfresser und ernähren sich sowohl von Pflanzen als auch von kleineren Bodentieren und Aas. In der Freilandhaltung können Schweine ihr natürliches Verhalten zeigen.

Für große **Mastbetriebe** spielen andere Aspekte eine wichtige Rolle. Um die Kosten für die Fleischproduktion möglichst gering zu halten, werden die Tiere unter anderem in engen Buchten gehalten. Mastschweine sind so gezüchtet (▸ Züchtung), dass sie besonders schnell viel Fleisch ansetzen. Verlassen sie nach einem halben Jahr den Mastbetrieb, wiegen sie durchschnittlich 110 kg und sind damit so schwer, dass ihre Beine das Gewicht kaum tragen können. Sie werden mit Viehtransportern zu einem Schlachthof transportiert.

Zahlreiche Nutztiere werden zumeist nicht im selben Stall geboren, in dem sie anschließend gehalten oder gemästet werden. Während zum Beispiel in einem Betrieb Ferkel produziert werden, hat sich ein anderer Betrieb auf die Schweinemast spezialisiert.

Beim Einkaufen solltest du beachten: Die Art der Schweinehaltung und die Größe des Mastbetriebes haben Einfluss auf die Qualität und auf den Preis von Fleisch und Fleischprodukten.

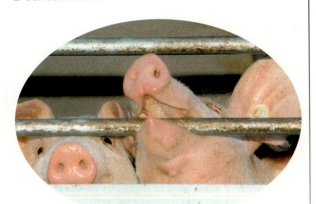

3 Schweinetransport

§ 2 Tierhaltung

Wer ein Tier hält, betreut oder zu betreuen hat,
– muss das Tier seiner Art und seinen Bedürfnissen entsprechend angemessen ernähren, pflegen und verhaltensgerecht unterbringen,
– darf die Möglichkeit des Tieres zu artgemäßer Bewegung nicht so einschränken, dass ihm Schmerzen oder vermeidbare Leiden oder Schäden zugefügt werden,
– muss über die für eine angemessene Ernährung, Pflege und verhaltensgerechte Unterbringung des Tieres erforderlichen Kenntnisse und Fähigkeiten verfügen.

(aus dem Tierschutzgesetz)

Auf einen Blick

Haustiere

Tiere, die in an den Menschen gewöhnt sind, nennt man Haustiere. Sie werden gehalten, um sich an ihnen zu erfreuen oder um sie für verschiedene Zwecke zu nutzen. Solche Nutztiere wie Rinder und Hühner versorgen uns mit Nahrung oder Kleidung. Haustiere müssen artgerecht gehalten werden, d. h. ihre Bedürfnisse müssen beachtet werden.

Pferde

Unsere Pferde stammen von Wildpferden wie dem Przewalski-Pferd ab. Pferde werden heute hauptsächlich zur Freizeitbeschäftigung und im Pferdesport genutzt.
Nach ihrem Temperament und ihrer Größe unterteilt man Pferde in Vollblüter, Warmblüter, Kaltblüter und Ponys. Man unterscheidet bei ihnen die Gangarten Schritt, Trab und Galopp.
Pferde sind Unpaarhufer und Zehenspitzengänger. Sie ernähren sich von pflanzlicher Kost.

Hunde

Die etwa 400 Hunderassen stammen alle vom Wolf ab. Hunde sind Hetzjäger und Zehengänger. Sie besitzen einen ausgeprägten Geruchs- und Gehörsinn.
Hunde gehören zu den Säugetieren mit Brutpflege.
Als Fleischfresser verfügen sie über ein Raubtiergebiss.

Rinder

Die wilden Vorfahren der Rinder heißen Auerochsen.
Rinder sind Nutztiere: Milchrinder liefern das wertvolle Nahrungsmittel Milch. In der Molkerei wird die Milch zu Butter, Jogurt, Käse und anderen Milchprodukten weiterverarbeitet. Mastrinder wurden mit dem Ziel gezüchtet, besonders viel Fleisch anzusetzen.
Rinder haben ein Pflanzenfressergebiss. Der Wiederkäuermagen eines Rindes besteht aus Pansen, Netz-, Blätter- und Labmagen.

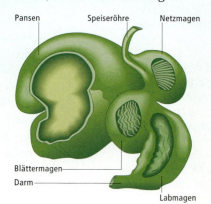

Katzen

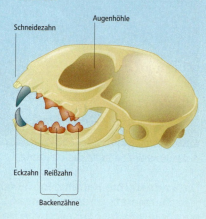

Katzen sind Schleichjäger mit ausgeprägtem Hörsinn und guten Augen. Sie besitzen ein Raubtiergebiss.
Die Krallen dienen der Katze zum Beutefang und werden nur bei Bedarf ausgefahren. Katzen sind anpassungsfähige Haustiere mit ausgeprägtem Eigenleben.

Tierhaltung

Nutztiere wie Rinder, Schweine oder Hühner werden oft in Großbetrieben gehalten, um die Kosten gering zu halten. Durch Züchtungen können beim Nutztier größere Fleisch- oder Milcherträge erzielt werden. In der ökologischen Landwirtschaft werden die Tiere mit Futter aus der eigenen Erzeugung gefüttert und nicht ständig im Stall gehalten.
Auch Tiere haben Rechte. Bei jeder Tierhaltung, ob als Haus- oder Nutztier, muss auf artgerechte Haltung geachtet werden.

Menschen halten Tiere

1. Welche Aussagen sind zutreffend?
Menschen halten Tiere,
a) um sich an ihnen zu erfreuen,
b) damit sie zahm werden,
c) um nicht einsam zu werden,
d) damit sie nicht aussterben,
e) um sich von ihnen zu ernähren.

2. Welche Tiere sind Haustiere? Ente, Stubenfliege, Hausratte, Goldhamster, Goldfisch, Pit-Bull-Terrier, Esel, Pony, Hahn, Hausmaus, Wildpferd, Wellensittich, Vogelspinne, Perserkatze, Silberfischchen, Schwein.

3. Griechische Landschildkröten sind als Haustiere beliebt.

Sie stammen aus dem Mittelmeerraum und sind an das dortige Klima angepasst. Vom Herbst bis zum Sommer halten sie Winterschlaf. Sind sie als Haustiere geeignet? Begründe.

4. Katzen besitzen einziehbare Krallen.

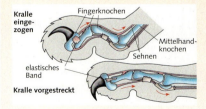

a) Beschreibe, wie Katzen ihre Krallen einziehen und ausstrecken.
b) Erkläre, welche Vorteile einziehbare Krallen für Tiere haben.

5. Begründe, warum sich Hunde – im Gegensatz zu Katzen – leicht den Menschen unterordnen.

6. Die Abbildung zeigt das Gebiss eines Haustieres.

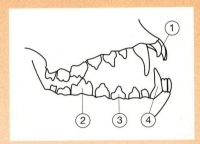

a) Von welchem Tier stammt es?
b) Benenne die verschiedenen Zahnarten.
c) Der gezeigte Unterkiefer kann nur nach oben und unten bewegt werden. Beim Menschen erlaubt das Kiefergelenk Bewegungen in mehrere Richtungen. Wie erklärst du diesen Unterschied?

7. Die Zeichnung zeigt das Schema eines Rindermagens.

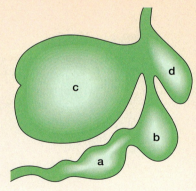

a) Wie nennt man solche Mägen und aus welchen Teilen bestehen sie?
b) Gib mithilfe der Buchstaben den Weg der Nahrung durch den Magen an und benenne dabei die Mägen.

8. Die Zeichnung zeigt die Gliedmaßen von Mensch (A) und Hund (B). Benenne die mit den Ziffern 1–10 gekennzeichneten Gliedmaßen.

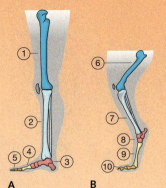

9. Nenne vier verschiedene Beispiele, bei denen der Mensch die besonderen Fähigkeiten von Hunden nutzt.

10. Die Tabelle zeigt die Veränderung der jährlichen Milchleistung von Kühen in Litern Milch.

Jahr	Liter
1810	1200
1850	1600
1910	2100
1950	2500
1975	4000
1994	5200
2006	10000

a) Zeichne die Werte in ein ▶ Säulendiagramm. Trage dazu auf der waagerechten Achse die Jahreszahlen ein und auf der senkrechten Achse die Literleistung (1 cm = 1000 Liter).
b) Erkläre die Veränderungen.

11. Bei Katzen ist das Verhältnis von Körperlänge zu Darmlänge 1 : 3, d. h. eine 50 cm große Katze hat einen Darm von etwa 1,5 m Länge. Bei Rindern ist das Verhältnis 1 : 20. Wie kannst du diesen Unterschied erklären?

Zeig, was du kannst

49

Imker stellen oft ihre Bienenkästen in blühende Obstplantagen. Warum tun sie das?

Wie schafft es der Kirschbaum, dass die Kirschen süß schmecken?

Es liegt noch Schnee und trotzdem blüht bereits das Schneeglöckchen. Wie ist das möglich?

Wie kommt der Löwenzahn auf die Mauer?

Aus dem Leben der Pflanzen

Weshalb färben sich die Blätter im Herbst?

Zu bestimmen, wie Pflanzen heißen, ist ganz schön schwer. Gibt es dazu Tipps?

Wir betrachten und untersuchen Pflanzen

🔍 **1.** Grabt zwei kleine, häufig vorkommende Pflanzen aus der Umgebung der Schule vorsichtig aus. Nehmt sie mit ins Klassenzimmer und vergleicht sie miteinander. Welche Teile haben alle Pflanzen gemeinsam?

📖 **2.** Zeichnet eure Pflanzen oder den Klatschmohn sorgfältig ab und beschriftet die einzelnen Teile. Der Text hilft euch, die passenden Begriffe zu finden.

📝 **3.** Stellt eure Pflanzen in der Klasse vor. Wenn ihr den Namen nicht wisst, könnt ihr in einem ▶ Bestimmungsbuch nachschlagen. Dort findet ihr noch weitere interessante Informationen über eure Pflanzen.

🔍 **4.** Überlegt euch einen Versuch, mit dem ihr zeigen könnt, dass die Pflanze in ihrem Stängel Wasser nach oben zu den Blättern und Blüten leitet.
Tipp: Verwendet für euren Versuch weiß blühende Pflanzen wie z. B. ein Fleißiges Lieschen. – Wasser kann man mit Tinte färben.

🔍 **5.** Ihr seht hier einen Versuchsaufbau, mit dem die Verdunstung von Wasser bei einer Pflanze nachgewiesen werden kann. Baut den Versuch nach und stellt den Aufbau an einen hellen Standplatz im Klassenzimmer. Beobachtet den Versuch einige Tage und haltet fest, was sich verändert hat. Erklärt eure Beobachtungen.

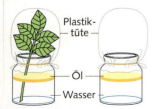

Plastiktüte – Öl – Wasser

Alle Teile der Pflanzen, die über dem Boden zu sehen sind, bilden den **Spross.** Er besteht aus der Sprossachse, den Blättern und den Blüten in der Blütezeit.

Aus den **Blüten** entwickeln sich ▶ Früchte und ▶ Samen.

Beim Klatschmohn nennt man die Sprossachse **Stängel.** Er ist grün wie bei allen **krautigen Pflanzen.** Hier verlaufen die Leitungsbahnen, in denen Wasser, Mineralstoffe und Nährstoffe transportiert werden.

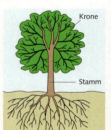

Krone – Stamm

Bei **Sträuchern** verzweigt sich die Sprossachse kurz über dem Boden in mehrere verholzte Seitenstämme.

Bei **Bäumen** bezeichnet man die verholzte Sprossachse als Stamm. Oben befindet sich die Baumkrone mit Ästen und Zweigen.

In den **Blättern** verzweigen sich die Leitungsbahnen. Man kann sie als Blattadern meist deutlich sehen. An den Blattunterseiten befinden sich winzige Öffnungen, die Spaltöffnungen. Durch sie verdunstet die Pflanze Wasser.
Mithilfe von Sonnenlicht, Wasser und Kohlenstoffdioxid aus der Luft stellt die Pflanze in den grünen Blättern Nährstoffe her, die sie zum Wachsen benötigt. Außerdem bildet sie Sauerstoff, den alle Lebewesen zum Atmen brauchen. Diesen Vorgang bezeichnet man als ▶ Fotosynthese

Die **Wurzel** besteht häufig aus einer Hauptwurzel und vielen Nebenwurzeln mit feinen Wurzelhaaren. Sie verankert die Pflanze im Boden und nimmt Wasser und Mineralstoffe aus dem Boden auf.

1 Klatschmohn

Alle Pflanzen, die diesen Grundbauplan zeigen, sind **Blütenpflanzen.**

Aus dem Leben der Pflanzen

Worin unterscheiden sich Tulpe, Rosskastanie und Haselstrauch?

Pinnwand

Tulpe

Rosskastanie

Haselstrauch

1. Eine Tulpe, eine Rosskastanie und ein Haselstrauch unterscheiden sich voneinander. Nennt einige Merkmale. Lest dazu den Text auf der nebenstehenden Seite.

2. Ordnet die Pflanzen auf dieser Seite in unterschiedliche Gruppen. Nennt weitere Pflanzen, die eurer Meinung nach zu den einzelnen Gruppen gehören. Begründet eure Zuordnungen.

3. a) Sucht im Umfeld eurer Schule nach Pflanzen, die zu einer der von euch gefundenen Gruppen gehören. Große Pflanzen könnt ihr fotografieren, kleine Pflanzen könnt ihr sammeln und pressen (▶ **Herbarium**).
b) Findet die Namen eurer Pflanzen mithilfe eines ▶ **Bestimmungsbuches** heraus. Dort gibt es auch zusätzliche Informationen. Gestaltet Plakate zu den Pflanzengruppen.

Margerite

Holunder

junger Apfelbaum

53

Untersuchungen an Blüten

📖 **1.** Fertige von dem abgebildeten Längsschnitt der Kirschblüte eine Zeichnung an und beschrifte diese.

🔍 **2.** Betrachte eine Kirschblüte mit der Lupe. Suche die einzelnen Blütenteile und notiere ihre Anzahl. Die Ergebnisse lassen sich übersichtlich in einer Tabelle darstellen.

Anzahl	Kirsche	Raps
Kelchblätter		
Kronblätter		
Staubblätter		
Stempel		

🔍 **3.** Untersuche die Blüten anderer Pflanzen. Beginne mit einer Apfelblüte, einer Rapsblüte oder einer Blüte des Wiesenschaumkrauts. Notiere ebenfalls die Anzahl der gefundenen Blütenteile und vergleiche sie mit deinen Aufzeichnungen über die Kirschblüte. Beschreibe Ähnlichkeiten und Unterschiede.

🔍 **4.** Von Blüten kann man Legebilder anfertigen. Du brauchst dazu
- eine Lupe
- eine Pinzette
- ein Stück durchsichtige Klebefolie (8 cm x 8 cm)
- schwarzen Zeichenkarton

Lege die Folie mit der Klebeseite nach oben auf den Tisch. Nimm die Pinzette und zupfe von deiner Blüte nach und nach die einzelnen Bestandteile der Blüte ab und ordne sie auf der Folie so wie in der Abbildung dargestellt. Drücke sie leicht an.

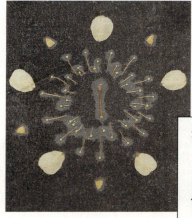

Drehe nun die Klebefolie mit den daran haftenden Blütenteilen um und klebe sie auf den Zeichenkarton. Stellt man die Anordnung der Blütenteile zeichnerisch vereinfacht dar, erhält man einen **Blütengrundriss** oder ein Blütendiagramm. Im Blütengrundriss sind die einzelnen Blütenteile farblich gekennzeichnet.

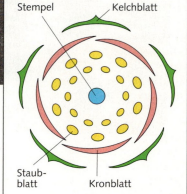

Aus dem Leben der Pflanzen

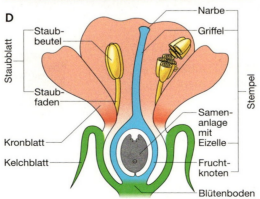

1 Kirschblüte. A *Blütenzweig;* B *Knospe;* C *Blüte;* D *Schema der Kirschblüte*

Im Mai stehen die Kirschbäume in voller Blüte. Wenn man einzelne Kirschblüten genauer betrachtet, kann man gut erkennen, wie sie gebaut sind.

Die äußere Hülle besteht aus fünf grünen **Kelchblättern.** Sie sitzen am Rand des kelchförmigen Blütenbodens. Bei Knospen und geschlossenen Blüten schützen sie das Blüteninnere.

Wenn die Blüten geöffnet sind, sieht man die fünf weißen **Kronblätter.** Sie locken Bienen und andere Insekten an.

Im Blüteninneren befinden sich etwa 30 fadenförmige **Staubblätter.** Jedes Staubblatt besteht aus einem Staubfaden und einem Staubbeutel an der Spitze. Im Staubbeutel wird der Blütenstaub oder Pollen gebildet. Er besteht aus winzig kleinen ▶ Pollenkörnern, in denen sich die männlichen Geschlechtszellen entwickeln. Staubblätter sind daher die männlichen Blütenorgane.

Aus der Mitte der Blüte ragt der **Stempel** heraus. Deutlich lassen sich die klebrige Narbe, der Griffel und der verdickte Fruchtknoten unterscheiden. Wenn man den Stempel längs aufschneidet, kann man die Samenanlage erkennen. Sie enthält eine Eizelle. Der Stempel ist also das weibliche Blütenorgan. Aus ihm entwickelt sich später die Kirsche.

Viele Blüten scheiden am Blütenboden eine zuckerhaltige Flüssigkeit, den **Nektar,** aus. Er lockt Insekten an. Nektar und Pollen sind wichtige Nahrungsquellen für Insekten.

Obwohl Blüten unterschiedlicher Pflanzenarten sehr verschieden aussehen, findet man bei fast allen Blütenformen die gleichen Bestandteile.

55

Aus dem Geschlechtsleben der Pflanzen

Pinnwand

Zwitterblüten
Bei den meisten Pflanzen befinden sich die männlichen und weiblichen Blütenorgane zusammen, direkt nebeneinander in einer Blüte. So auch bei der Kirschblüte. In solchen Blüten werden die Narben von jüngeren Blüten mit Pollen von älteren Blüten bestäubt.

Getrenntgeschlechtliche einhäusige Pflanzen

Bei manchen Pflanzen wie etwa Haselsträuchern sind die weiblichen und männlichen Blüten voneinander getrennt. Die gelblichen Kätzchen bestehen aus männlichen Pollenblüten. Die weiblichen Stempelblüten erkennt man an den roten pinselartigen Narben. An jedem Haselstrauch findet man jedoch männliche und weibliche Blüten. Solche Pflanzen nennt man einhäusig, da sich die beiden Blütenarten sozusagen „im gleichen Haus" befinden.

Getrenntgeschlechtliche zweihäusige Pflanzen

Bei der Salweide entwickeln sich die weiblichen und männlichen Blüten an unterschiedlichen Pflanzen. Sie befinden sich sozusagen „in zwei Häusern". Solche Pflanzen nennt man deshalb zweihäusig. Bekannt sind die leuchtend gelben Kätzchen, die man schon bald im Frühjahr sieht. Dies sind die männlichen Pollenblüten. Sie produzieren nur Nektar und Pollen. Weniger auffällig sind die weiblichen Pflanzen. Die Kätzchen sind graugrün und bestehen aus vielen einzelnen Stempelblüten. Auch sie locken mit Nektar Insekten an.

📖 **1.** Erläutere, warum die Staubblätter in jungen, geöffneten Kirschblüten meist noch keinen Pollen abgeben.

📖 **2.** Die Kiwipflanze gehört zu den zweihäusigen Nutzpflanzen.
a) Worauf muss ein Bauer achten, wenn er eine Kiwiplantage anlegen will?
b) Um was für eine Blüte handelt es sich bei der abgebildeten Kiwipflanze? Begründe.

Kiwi

56

Aus dem Leben der Pflanzen

Untersuchungen mit Lupe und Binokular

Methode

Umgang mit einer Lupe
Nicht immer kannst du Teile von Pflanzen oder Einzelheiten kleiner Tiere genau erkennen. Eine Lupe hilft dir dann weiter. Mit einer guten Lupe kann man bis zu 10fach vergrößern und dadurch Einzelheiten des zu untersuchenden Objekts erkennen. Je nach Untersuchungsobjekt und Untersuchungsort gibt es verschiedene Lupen.

Eine ▸ Dosenlupe eignet sich besonders für sich bewegende Objekte.
Ein Fadenzähler vergrößert etwa 6fach und lässt sich einklappen.
Bei einer Stativlupe hat man beide Hände frei zum Untersuchen des Objekts.

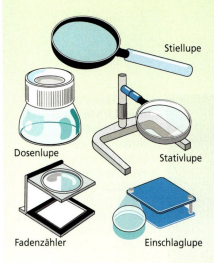
Dosenlupe, Stiellupe, Stativlupe, Fadenzähler, Einschlaglupe

Regeln für den Gebrauch einer Lupe:
1. Schließe beim Betrachten des Objektes das eine Auge und sieh mit dem offenen Auge durch die Lupe hindurch.
2. Verändere langsam den Abstand zwischen Lupe und Objekt, bis du das Objekt gut erkennen kannst.

Umgang mit dem Binokular
Manchmal möchte man weitere Einzelheiten von Objekten sehen. Dazu braucht man eine stärkere Vergrößerung. Hier hilft ein Binokular, auch Stereolupe genannt, weiter. Mit diesem optischen Gerät lässt sich ein Objekt gleichzeitig mit beiden Augen betrachten. So entsteht ein räumliches Bild, das feine Strukturen von Pflanzen und Tieren sichtbar macht. Binokulare können meist 20- bis 40fach vergrößern, manche sogar bis zu 120fach.

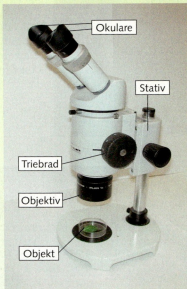
Okulare, Stativ, Triebrad, Objektiv, Objekt

🔍 **1.** Untersuche Staubblätter und Stempel einiger Pflanzen zunächst mit der Lupe, danach mit dem Binokular. Fertige davon je eine ▸ Sachzeichnung an. Beschreibe, was dir aufgefallen ist.

🔍 **2.** Fertige einen Querschnitt vom Stempel einer Tulpe an. Verfahre wie bei Aufgabe 1.

Regeln für den Gebrauch eines Binokulars:
1. Lege das Objekt, das du betrachten willst, auf eine kleine Glasscheibe oder in eine kleine Glasschale.
2. Passe den Abstand der beiden Okulare deinem Augenabstand an.
3. Drehe das Triebrad zunächst so weit nach unten, bis das Objektiv etwa einen Zentimeter über dem Objekt ist.
4. Blicke nun durch beide Okulare. Drehe während des Betrachtens das Objektiv langsam nach oben, bis du das Objekt scharf siehst.

Hilfsmittel beim Präparieren
Wenn du beim Untersuchen eines Objekts erfolgreich sein willst, musst du von diesem meist ein **Präparat** herstellen. Das können z. B. Teile einer Blüte oder der Querschnitt eines Stängels sein. Möchtest du Näheres über diese Teile erfahren, kannst du von diesen Quer- oder Längsschnitte anfertigen und diese mit dem Binokular betrachten. Zum Herstellen solcher Präparate benötigst du manchmal ein Präparierbesteck. Dazu gehören z. B. Pinzette, Schere, Präpariernadel, ein scharfes Messer und eine Rasierklinge, dessen eine Seite mit einem Textilband abgeklebt ist.

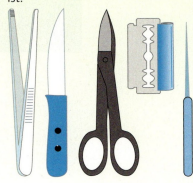

57

Blüten und Insekten

Pinnwand

Die Sprache der Pflanzen
Pflanzen können sich mit anderen Lebewesen verständigen. Sie senden optische Signale sowie Gerüche aus, die eine ganz bestimmte Bedeutung haben. Während der Blütezeit locken Pflanzen durch Farben, Düfte und besondere Blütenformen Insekten an. Ihre Botschaft lautet: In meinen Blüten ist Nahrung in Form von Pollen oder Nektar zu finden. Als Gegenleistung übertragen die Insekten den Pollen auf andere Blüten und bestäuben diese. Einige Pflanzen und Insekten haben sich besonders gut aneinander angepasst.

Die **Taubnessel** hat Blüten mit einem langen, röhrenförmigen Kelch. Der Nektar wird am Blütenboden abgesondert. Mit ihren langen Rüsseln können Hummeln den Nektar aufsaugen. Dabei wird ihr Rücken mit Pollen beladen.

Die Blütenröhre der **Roten Lichtnelke** ist sehr tief und eng. Schmetterlinge sind auf solche Blüten spezialisiert. Mit ihren besonders langen Rüsseln saugen sie Nektar vom Blütenboden und fliegen zur nächsten Blüte. Dabei übertragen sie Pollen.

1. Was versteht man unter der Sprache der Pflanzen?

2. Beschreibe, wie Taubnessel und Lichtnelke bestäubt werden. Welchen Vorteil hat diese enge Beziehung zwischen einzelnen Arten? Welcher Nachteil kann sich daraus ergeben?

Aus dem Leben der Pflanzen

Honigbienen und ihre Verwandten

Honigbienen

Honigbienen sind wichtige Blütenbestäuber. Sie werden von Imkern in Bienenstöcken zur Honiggewinnung gehalten. Im Sommer leben in einem Stock mehr als 50 000 Tiere als Bienenvolk zusammen. Das größte Tier ist die Königin. Sie legt die Eier in die Waben. Männliche Tiere heißen Drohnen. Die Arbeitsbienen sind unfruchtbare Weibchen, die im Lauf ihres Bienenlebens unterschiedliche Aufgaben verrichten. Den größten Teil ihres Lebens sammeln sie Pollen und Nektar, um sich selbst und den Nachwuchs zu ernähren. Honigbienen überwintern als Volk mit bis zu 20 000 Bienen.

Hummeln

Hummeln saugen mit ihrem Rüssel Nektar und sammeln Pollen. Sie leben in einjährigen Völkern. Lediglich einige begattete Königinnen überwintern. Im Laufe eines Jahres wächst ein kleines Volk heran, das aus etwa 300 bis 500 Tieren besteht. Ihre Nester bauen sie aus Moos, Wachs und Baumharz in Erdhöhlen, Baumstubben oder verlassenen Vogelnestern.

Wespen

Wespen leben in Völkern. Ihre Nester bestehen aus einer papierähnlichen Masse, die durch Zerkauen von Holz und Vermischen mit Speichel entsteht. Manche Arten legen ihre Nester in Erdhöhlen an, andere auf Bäumen oder Dachböden. Die Larven werden mit erbeuteten Insekten gefüttert. Erwachsene Tiere ernähren sich von Nektar und dem Saft reifer Früchte. Ein Wespenvolk besteht nur einen Sommer lang. Lediglich einige begattete Königinnen überwintern in der Erde oder in morschem Holz und gründen im Frühjahr neue Völker.

Hornissen

Die Hornisse ist unsere größte Wespenart. Sie ist inzwischen so selten geworden, dass sie unseren besonderen Schutz verdient.
Hornissen sind als Höhlenbewohner auf geräumige Baumhöhlen angewiesen. Finden sie solche Nistmöglichkeiten nicht, gehen sie aber auch in leere Nistkästen oder in andere Hohlräume. Dort beginnt die Königin mit dem Nestbau. Etwa 500 Tiere leben im Sommer in einem Volk. Nur die Jungköniginnen erleben den nächsten Frühling. Hornissen leben überwiegend räuberisch.

1. Vergleicht die Lebensweise von Bienen, Wespen, Hummeln und Hornissen. Berücksichtigt Ernährung, Nestbau und Überwinterung.

Von der Blüte zur Frucht

🔍 **1.** Beobachtet die Entwicklung der Kirschen an einem Baum. Erstellt ein ▶ Naturtagebuch.

📖 **2.** Beschreibe den Vorgang der Bestäubung bei einer Kirschblüte. Was muss als nächstes geschehen, damit sich nach einigen Wochen eine reife Kirsche entwickelt?

📖 **3.** In welchem Jahr gibt es wohl die beste Kirschernte? Begründe deine Meinung.
Jahr 1: Der Frühling ist warm, aber sehr regnerisch und windig.
Jahr 2: Der Frühling ist warm. In der Zeit der Kirschblüte gibt es mehrere Nächte mit starkem Frost.
Jahr 3: Der Frühling ist warm und der Wind weht nur schwach.

📖 **4.** Es gibt Pflanzen, die durch den Wind bestäubt werden. Zu ihnen gehört zum Beispiel der ▶ Haselstrauch, der bereits im Februar blüht. Die Laubblätter entwickeln sich erst später.
a) Begründe, warum diese zeitliche Abfolge für die Pflanze sinnvoll ist.
b) Nenne andere Pflanzen, die durch den Wind bestäubt werden.

🔍 **5.** Untersucht verschiedene Früchte wie Äpfel, Birnen, Aprikosen, Kirschen oder Stachelbeeren. Ihr könnt sie dazu aufschneiden, den Längsschnitt mit der Lupe betrachten und zeichnen.
Ordnet sie in drei Gruppen und begründet eure Zuordnung.
Tipp: Verwendet die folgenden Begriffe:

Beere   Steinfrucht   Kernfrucht

Aus dem Leben der Pflanzen

Eine Kirsche entwickelt sich
Bei der Nahrungssuche fliegen Bienen von Blüte zu Blüte. Dabei besuchen sie über einen längeren Zeitraum hinweg nur Blüten einer Pflanzenart. An ihren behaarten Körpern bleiben viele **Pollenkörner** haften. Bei weiteren Blütenbesuchen tragen sie die Pollenkörner auf die klebrige Narbe anderer Blüten der gleichen Art. Diesen Vorgang nennt man **Bestäubung**.
Zu den Pflanzen, die durch Insekten wie die Biene bestäubt werden, gehören viele Obstbäume, Sträucher und Wildkräuter.

1 Bestäubung und Befruchtung

Nach der Bestäubung keimen die Pollenkörner auf der Narbe. Mithilfe des Mikroskops kann man erkennen, dass sich aus jedem Pollenkorn ein Pollenschlauch entwickelt. Dieser wächst durch den Griffel bis ins Innere des Fruchtknotens.
Der Pollenschlauch, der am schnellsten wächst, dringt in die Samenanlage ein. Hier öffnet er sich und setzt eine männliche Geschlechtszelle frei. Sie verschmilzt mit der Eizelle. Das Verschmelzen des männlichen Zellkerns mit dem Zellkern der weiblichen Eizelle nennt man **Befruchtung**.

2 Entwicklung der Früchte

In den Wochen nach der Befruchtung entwickelt sich aus der Blüte die **Frucht**, zum Beispiel eine Kirsche. Zuerst werden die Kronblätter der Blüte braun und fallen ab. Der Griffel und die Narbe vertrocknen. Der Fruchtknoten wird immer dicker und man erkennt mit der Zeit die Kirsche. Am Anfang ist sie noch grün. Aus der Wand des Fruchtknotens entwickelt sich die glatte Außenhaut, das rote Fruchtfleisch und die steinharte innere Fruchtwand um den Kirschkern. Daher werden Kirschen als Steinfrüchte bezeichnet. Im Inneren des Kirschkerns hat sich aus der Samenanlage mit der befruchteten Eizelle der **Samen** gebildet.

Gelangt ein Kirschkern in den Boden, kann daraus ein neuer Kirschbaum heranwachsen.

3 reife Kirschen

61

Aus Samen entwickeln sich Pflanzen

📖 **1.** Beschreibe, wie sich aus einem Samen eine Pflanze entwickelt.

🔍 **2.** Besorgt euch Samen der Feuerbohne, einen großen Eimer und ein Marmeladenglas mit Deckel. Füllt das Marmeladenglas randvoll mit trockenen Bohnen. Gebt dann ebenfalls bis zum Rand Wasser hinzu. Verschließt das Glas mit dem Deckel und stellt es in den Eimer. Beschreibt eure Beobachtungen nach einem Tag und erklärt das Versuchsergebnis.

🔍 **3.** Wie ist der Samen einer Feuerbohne aufgebaut? Legt dazu Samen der Feuerbohne etwa 2 Tage lang ins Wasser. Untersucht die gequollenen Samen mit der Lupe. Entfernt die Samenschale vorsichtig mit einem Küchenmesser. Klappt dann die beiden Hälften auseinander und betrachtet die Innenseiten. Beschreibt, zeichnet und beschriftet.

🔍 **4.** Überlegt euch Versuche, mit denen ihr herausfinden könnt, welche der Bedingungen Wasser, Wärme, Erde, Licht und Luft für die Keimung eines Samens notwendig sind. Begründet eure Vorgehensweisen. Führt die Versuche durch und beschreibt die Ergebnisse.

🔍 **5.** Wenn ihr wissen möchtet, wie eine Feuerbohne wächst, braucht ihr
- Samen der Feuerbohne
- Blumenerde
- Marmeladengläser
- Wasser
- Papier, Bleistift und Lineal

Legt die Bohnen zwei Tage lang ins Wasser. Füllt Erde in eure Marmeladengläser. Drückt die Bohnensamen ganz am Rand etwa vier Zentimeter in die Erde, sodass ihr die Samen von außen sehen könnt. Beschriftet die Gläser mit euren Namen und stellt sie hell und warm auf. Denkt daran, eure Pflanzen feucht zu halten.
a) Messt vier Wochen lang jeden zweiten Tag die Länge des Keimstängels und schreibt die Werte auf.
b) Fertigt ein ▶ Verlaufsdiagramm über das Wachstum eurer Pflanze an.

Bau eines Samens

Aus den Blüten von Feuerbohnen entwickeln sich Früchte mit Samen, die Bohnen. Lässt man eine Bohne einige Zeit im Wasser quellen und klappt dann die Hälften auseinander, sieht man im Inneren ein kleines Pflänzchen, den **Embryo.**
Er besteht aus zwei winzigen Laubblättern, der Keimwurzel und dem Keimstängel. Die beiden weißlichen Hälften der Bohne werden **Keimblätter** genannt. Sie speichern die Nährstoffe, die zur Keimung nötig sind. Der Keimling benötigt daher zum Keimen kein Licht.

In trockenem Zustand kann ein Samen lange Trockenzeiten oder Frost ohne Schaden überstehen. Wenn er aber in Wasser oder feuchte Erde gelegt wird, nimmt er Wasser auf und quillt. Bei der **Quellung** wird der Samen größer und schwerer. Dadurch entsteht ein starker Druck, der die Erde um den Samen herum lockert. So kann das kleine Pflänzchen den Boden leichter durchdringen.

Der Samen keimt

Die Keimung vollzieht sich ohne Licht in der feuchten Erde. Nach einigen Tagen platzt die Samenschale auf und die **Keimwurzel** bricht durch. Sie dringt senkrecht in die Erde ein und bald bilden sich Seitenwurzeln.
Erst jetzt streckt sich der **Keimstängel** und wächst aus der Samenschale heraus nach oben. Nach einigen Tagen durchbricht der Keimstängel mit den Laubblättern die Erdoberfläche.

Die Pflanze wächst

Nach der Keimung beginnt die Bohnenpflanze zu wachsen. Sie bildet grüne Blätter und nutzt jetzt das Sonnenlicht zur ▶ Fotosynthese. Bei Trockenheit muss die Pflanze gegossen werden. Über ihre ▶ Wurzeln leitet sie das Wasser und die Mineralstoffe in die Zellen der grünen ▶ Blätter.

Blütenpflanzen wie die Feuerbohne haben zwei Keimblätter. Deshalb nennt man sie auch zweikeimblättrige Pflanzen. Die Samen anderer Pflanzen, zum Beispiel der Gräser, haben nur ein Keimblatt. Sie sind einkeimblättrig.

1 Feuerbohne

Aus dem Leben der Pflanzen

Ein Informationsplakat entsteht

Methode

Plakate begegnen uns ständig. Mit großen auffallenden Bildern oder Schriften werben viele für Produkte, Firmen, Vereine oder auch politische Parteien. Manche informieren auch nur zu bestimmten Themen. Alle haben etwas gemeinsam: Sie fallen sofort auf. Und wir erkennen schnell, worum es geht.

Hast du Informationen zu einem bestimmten Thema gesammelt, kannst du sie auf einem **Plakat** zeigen.

Was du beim Erstellen eines Plakates beachten musst und wie du vorgehst:
- Erstelle eine Skizze, die zeigt, wie dein Plakat gestaltet werden soll.
- Ordne die Inhalte, die du zeigen möchtest, nach der Wichtigkeit.
- Bedenke: Der Platz ist begrenzt!

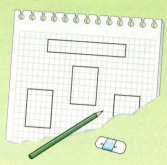

Finde eine passende Überschrift. Schreibe diese groß und deutlich auf das Plakat. Sie sollte auch aus einem Abstand von drei bis vier Metern gut lesbar sein.

Verwende nur einige ausgewählte Bilder. Diese sollten einfach gestaltet sein.

Für den Hintergrund des Plakats eignen sich viele Farben. Die Schrift muss sich vom Hintergrund jedoch gut abheben.

Aus Samen entwickeln sich Pflanzen

Apfelkerne

reife Äpfel

junger Baum

unreife Äpfel

blühender Baum

Bestäubung und Befruchtung

Plane nur so viel Text ein, wie unbedingt nötig ist.

Schreibe den Text möglichst mit dem Computer oder handschriftlich ordentlich mit einem dickem Stift.

Verwende für die Beschriftung nicht zu viele unterschiedliche Farben.

Methode

Eine Sachzeichnung anfertigen

Manchmal ist es sinnvoll, Dinge, die du in der Natur beobachtest, zu zeichnen. Zeichnungen schaffen Klarheit, wenn Beschreibungen allein nicht ausreichen und helfen dir, diese Beobachtungen einzuprägen.

Was musst du beachten?
- Betrachte einen Gegenstand oder Vorgang genau, bevor du ihn zeichnest.
- Achte auf das Wesentliche, unterscheide Wichtiges von Unwichtigem.
- Arbeite bei der Zeichnung genau und ordentlich.
- Eine gute biologische Zeichnung stellt komplizierte Zusammenhänge klar und vereinfacht dar.

Was benötigst du?
Einen spitzen Bleistift, Buntstifte, ein Lineal, unliniertes Papier.

So wird es gemacht:
1. Gib deiner Zeichnung eine passende Überschrift und beschrifte sie mit deinem Namen, deiner Klasse und dem Datum.
2. Deine Zeichnung darf nicht zu klein werden.
3. Zeichne erst die Umrisslinien und Flächen, dann die Feinheiten. Achte auf die Form und die Lage der Teile sowie die Größenverhältnisse.
4. Benutze Buntstifte, um Wichtiges zu kennzeichnen.
5. Beschrifte die Einzelheiten. Schreibe die Begriffe neben die Zeichnung. Verbinde beides mit geraden Linien.

Aus dem Leben der Pflanzen

Ungeschlechtliche Vermehrung

Ausläufer

Die Erdbeere bildet lange Ausläufer. Das sind oberirdische Seitensprosse, die von der Mutterpflanze wegwachsen. Die an den Ausläufern heranwachsenden Tochterpflanzen werden zunächst durch die Ausläufer mit Nährstoffen versorgt. Haben die Tochterpflanzen Blätter und Wurzeln ausgebildet, können sie sich selbst versorgen. Die Ausläufer, also die Verbindungen zur Mutterpflanze, vertrocknen.

Vermehrung durch Sprossknollen

Die Sprosse einiger für uns wichtiger Nutzpflanzen bilden unterirdische Sprossknollen. Ein Beispiel dafür ist die Kartoffel. Nutzt der Mensch die Kartoffel nicht für seine Ernährung oder als Viehfutter, dient sie als „Saatgut". Aus jeder Knolle wächst im folgenden Jahr eine neue Pflanze heran.

Ungeschlechtliche Vermehrung

Blütenpflanzen vermehren sich durch Samen. Manche sind jedoch in der Lage, sich zusätzlich ohne Ausbildung von Samen zu vermehren. Diese ungeschlechtliche Vermehrung erfolgt zum Beispiel durch Ausläufer wie bei der Erdbeere. Kartoffelpflanzen bilden Sprossknollen und Tulpen bilden Brutzwiebeln. Viele Zimmerpflanzen kann man über Blattstecklinge vermehren. Da nur eine Elternpflanze existiert, entstehen Nachkommen mit identischen Erbeigenschaften der Elternpflanzen.

1. Erklärt an Beispielen, was man unter „ungeschlechtlicher Vermehrung" versteht.

2. Nennt andere Pflanzen, die sich ungeschlechtlich vermehren. Beschreibt, wie dies geschieht.

Vermehrung durch Blattstecklinge

Gärtnereien für Zimmerpflanzen vermehren einige Pflanzen wie Dickblattgewächse oder Usambaraveilchen über Blattstecklinge. Dazu werden Blätter oder Blattteile von voll entwickelten Pflanzen abgeschnitten und in feuchte Erde gedrückt. Die Pflanzenteile bilden schnell Wurzeln und kleine Blättchen und können anschließend verpflanzt werden.

Vermehrung durch Zwiebeln

Wenn man im Frühjahr blühende Tulpen haben möchte, muss man im Herbst Tulpenzwiebeln in die Erde stecken. Aus ihnen treiben die Tulpen aus und verbrauchen die in den ▶ Zwiebeln gespeicherten Nährstoffe. Während der Wachstumsphase im Sommer bildet jede Tulpe mit Hilfe ihrer grünen Blätter Nährstoffe. Einen Teil davon verbraucht sie selbst. Was übrig bleibt, wird in einer neuen Zwiebel, der Ersatzzwiebel, gespeichert. Aus ihr treibt dann im nächsten Jahr wieder eine neue Tulpe aus. Gleichzeitig können auch noch Brutzwiebeln zwischen den Zwiebelschalen entstehen, aus denen ebenfalls weitere Tulpen heranwachsen. So blühen im Frühling immer wieder Tulpen, obwohl man nur wenige einmal gesteckt hat.

Ersatzzwiebel

Brutzwiebel

Pinnwand

65

Wie verbreiten sich Pflanzen?

1. Betrachte die beiden Abbildungen.
a) Beschreibe, was du siehst und stelle einen Zusammenhang zwischen den beiden Fotos her.
b) Warum sieht man an Straßenrändern oder auf Mauern oft einzelne Löwenzahnpflanzen?

2. a) Betrachte eine Löwenzahnfrucht mit der Lupe und zeichne. Wozu dienen die einzelnen Teile der Frucht?
b) Betrachte den unteren Teil der Frucht vom Löwenzahn ohne das Schirmchen mit einer ▶ Stereolupe.
Überlege dir einen Versuch, mit dem du die Bedeutung deiner Entdeckung demonstrieren kannst.
Tipp: Benutze mehrere Löwenzahnfrüchte ohne Schirmchen, ein Blatt Papier und ein Wolltuch.

3. Viele Früchte werden durch den Wind verbreitet.
a) Sammelt Flugfrüchte von Bäumen und führt Flugversuche durch. Welche Einrichtungen haben die Flugfrüchte, damit sie möglichst lange in der Luft bleiben können?
b) Zeichnet einige Flugfrüchte und erstellt ▶ Steckbriefe der dazugehörenden Pflanzen.

4. Benennt die abgebildeten Arten. Benutzt dazu ein Bestimmungsbuch.

5. Du siehst hier Früchte von Klette (A), Eberesche (B) und Hasel (C). Diese werden durch Tiere verbreitet. Wie geschieht die Verbreitung der gezeigten Früchte, und welche Tiere kommen dafür in Frage?

6. Nenne weitere Pflanzenarten, deren Früchte auf die gleiche Weise verbreitet werden.

A

B

C

Aus dem Leben der Pflanzen

Überlegt euch einmal, was passieren würde, wenn alle Samen von Pflanzen senkrecht zu Boden fielen und dort keimen würden.
Die kleinen Pflanzen stünden so dicht, dass sie weder ausreichend Licht noch Wasser oder ► Mineralstoffe bekämen. Deshalb sind die Samen oder Früchte von Pflanzen mit den unterschiedlichsten Einrichtungen ausgestattet, die den Transport und das Keimen in einiger Entfernung von der Mutterpflanze ermöglichen.

Verbreitung durch den Wind
Die Samen von Pflanzen wie dem Löwenzahn oder vieler Bäume werden durch den Wind verbreitet. Ihre Früchte besitzen fallschirmartige oder flügelartige Fortsätze. Nach der Landung verhaken sie sich auf dem Untergrund, keimen und wachsen zu einer neuen Pflanze heran.

Selbstverbreitung
Pflanzen wie Ginster, Springkraut oder Bohnen verbreiten sich von selbst. Wenn ihre Früchte reif sind, trocknen sie aus und brechen auf. Die Hüllen der Früchte verdrehen sich dabei und schleudern die Samen heraus.

1 Selbstverbreitung beim Springkraut

2 Veilchensamen werden von Ameisen verbreitet

Verbreitung durch Tiere
Manche Früchte wie beispielsweise die Kletten haben kleine Widerhaken, mit denen sie sich am Fell von Tieren verhaken. Andere Früchte locken Vögel und andere Tiere mit leuchtenden Farben und zuckerhaltigem Fruchtfleisch an. Die Tiere fressen dann die Früchte. Die in den Früchten liegenden Samen haben unverdauliche Schalen und werden mit dem Kot der Tiere an anderer Stelle ausgeschieden.
Auch Ameisen tragen zur Samenverbreitung bei. Veilchensamen haben beispielsweise nahrhafte Anhängsel. Wenn die Ameisen die Samen zu ihrem Bau schleppen, fressen sie unterwegs das Anhängsel und lassen den Samen liegen. Andere Tiere wie Eichhörnchen oder Eichelhäher, die im Herbst Nüsse als Wintervorrat vergraben und sie dann später nicht mehr wiederfinden, tragen ebenfalls zur Samenverbreitung bei.

Verbreitung durch Wasser
Wasserpflanzen wie der Wasserhahnenfuß haben Schwimmfrüchte. Sie enthalten Luft und können mit der Strömung weit fortgetrieben werden.
Auch Kokosnüsse mit ihrer harten, wasserfesten Schale werden über das Wasser verbreitet.

3 Verbreitung durch Wasser bei Kokospalmen

Pflanzen verhungern ohne Sonnenlicht

1. Erläutere die Aussage: „Alle Lebewesen auf der Erde würden verhungern ohne das Sonnenlicht."

2. Erkläre den Vorgang der Fotosynthese mithilfe der Abbildungen und des Informationstextes.

3. Bringt einen beblätterten Fliederzweig in ein Gefäß mit Wasser. Stellt das Gewicht zu Beginn des Versuches und nach zwei Stunden fest. Entfernt nun vom Zweig die Hälfte der Blätter und wiederholt den Versuch. Was stellt ihr fest? Erläutert das Versuchsergebnis.

4. Wenn ihr überprüfen wollt, ob in einer von euch gewählten Pflanze bei Sonnenlicht in den Blättern Stärke gebildet wird, könnt ihr folgendes Experiment durchführen:
Umwickelt ein Blatt der Pflanze an einer Stelle mit Alufolie. Stellt die Pflanze über Nacht dunkel. Belichtet das Blatt am nächsten Morgen mehrere Stunden lang. Geht dann weiter wie im folgenden Schema vor:

Das Blatt wird in siedendes Wasser getaucht. Die Zellen des Blattes werden dabei so weit aufgebrochen ...

Brennspiritus

... dass dem Blatt durch heißen Spiritus das Chlorophyll entzogen wird.

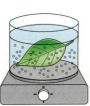

Das entfärbte Blatt wird unter Wasser abgespült und ...

... mit Iod-Kaliumiodid-Lösung betropft: Das Blatt färbt sich blauviolett.

Iod-Kaliumiodid-Lösung

Beschreibt das Blatt am Ende des Versuchs und erklärt das Versuchsergebnis.

Transport von Wasser und Mineralstoffen

Transport von Nährstoffen

Aufnahme von Wasser und Mineralstoffen aus dem Boden

Aus dem Leben der Pflanzen

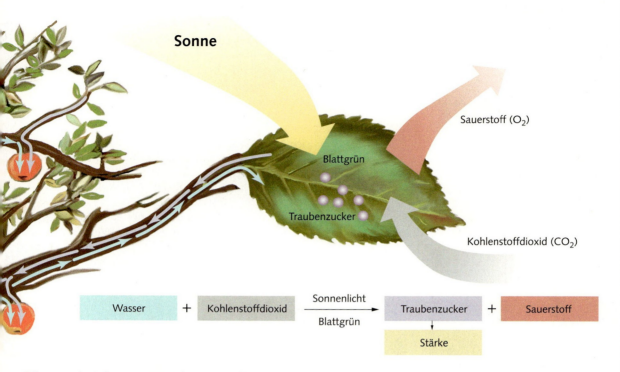

Pflanzen sind die einzigen Lebewesen, die ihre Nahrung selbst produzieren. Das geschieht vor allem in den grünen Laubblättern.

Was im Blatt passiert

In den „Blattgrünkörnern" der Blätter befindet sich ein grüner Farbstoff, der **Chlorophyll** genannt wird. Mithilfe des Chlorophylls nutzen die Blätter das Sonnenlicht zur Herstellung von Traubenzucker. Im Traubenzucker ist also ein Teil der Sonnenenergie gespeichert. Als Ausgangsstoffe für die Herstellung von Traubenzucker benötigt die Pflanze Wasser (H_2O) und Kohlenstoffdioxid (CO_2). Wasser wird über die Wurzeln aufgenommen und gelangt über Leitungsbahnen in Stamm, Ästen, Zweigen und Blattadern ins Blattinnere. Kohlenstoffdioxid nimmt das Blatt über kleine Öffnungen in den Blattflächen, die Spaltöffnungen, direkt aus der Luft auf.

Dieser Aufbauvorgang, bei dem aus Wasser und Kohlenstoffdioxid Traubenzucker entsteht, ist eine **Synthese.** Weil die Pflanze dabei das Sonnenlicht (griechisch: photos = Licht) nutzt, spricht man von Fotosynthese. Neben Traubenzucker entsteht bei der **Fotosynthese** auch noch Sauerstoff. Den Sauerstoff gibt das Blatt über die Spaltöffnungen direkt an die Luft ab. Er dient Pflanzen, Tieren und Menschen zur Atmung. Aus dem Traubenzucker und den Mineralstoffen, die die Pflanzen mit dem Wasser aus dem Boden aufnehmen, können die Pflanzen alle Nährstoffe aufbauen, die sie selbst zum Leben und Wachsen brauchen. Dazu gehören Eiweiße und Fette sowie Zellulose, die der Hauptbestandteil der Zellwände von Pflanzenzellen ist.

Nährstoffe werden gespeichert

Pflanzen speichern die gebildeten Nährstoffe in den Wurzeln, in Früchten oder Knollen. In Früchten wie Äpfeln befindet sich vor allem ▶ Traubenzucker. Deshalb schmecken sie süß. In Zwiebeln und Möhren ist ebenfalls Traubenzucker gespeichert. In ▶ Kartoffeln oder ▶ Getreide wird der gebildete Zucker in Form von ▶ Stärke gespeichert. Stärke setzt sich aus vielen einzelnen Zuckerbausteinen zusammen.
Bohnen oder Linsen enthalten viel Eiweiß und manche Samen wie beispielsweise Nüsse enthalten Fett als Speicherstoff.
Außerdem liefern uns Pflanzen Vitamine und andere Stoffe, die unser Körper nicht selbst herstellen kann.

Pflanzen sind also als Erzeuger von ▶ Nährstoffen und Sauerstoff für das Leben von Tieren und Menschen unverzichtbar. Sie selbst könnten ohne die Energie der Sonne nicht leben. Über Nahrungsketten wird die Energie der Sonne an andere Lebewesen, die Verbraucher, weitergegeben.

Methode

Pflanzen bestimmen

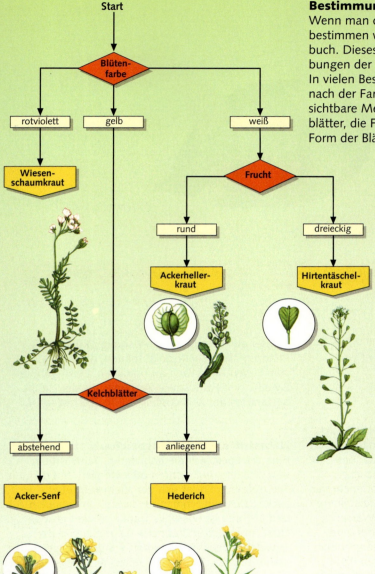

Bestimmungsbuch
Wenn man den Namen einer unbekannten Pflanze bestimmen will, benötigt man ein Bestimmungsbuch. Dieses enthält Abbildungen und Beschreibungen der besonderen **Merkmale** von Pflanzen. In vielen Bestimmungsbüchern sind die Pflanzen nach der Farbe ihrer Blüten geordnet. Weitere gut sichtbare Merkmale sind die Anzahl der Blütenblätter, die Form und Farbe der Früchte und die Form der Blätter.

Der Vergleich der unbekannten Pflanze mit dem Foto im Bestimmungsbuch ist der erste Schritt zum Finden des Namens. Wenn du jedoch nicht ganz sicher bist, kannst du weitere Merkmale beachten, die im Text zum Foto beschrieben sind.

Bestimmungsschlüssel
Die gleichen Merkmale werden beachtet, wenn man Pflanzen anhand eines Bestimmungsschlüssels bestimmt. Mithilfe des Beispiels auf dieser Seite kannst du lernen, wie man einen solchen Bestimmungsschlüssel verwendet:
Wenn du die beiden Pflanzen auf den unten stehenden Fotos bestimmen willst, beginne bei „Start". Suche dann Schritt für Schritt den Weg zur richtigen Pflanze, indem du dich jeweils für eine Möglichkeit entscheidest. Erkennst du die Merkmale der einzelnen Pflanzen richtig, so gelangst du schließlich zu ihrem Namen.

1. Bestimme nun die Namen der beiden abgebildeten Pflanzen.

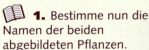

Aus dem Leben der Pflanzen

Ein Naturtagebuch führen

Methode

Ein Baumtagebuch erstellen
Suche dir einen Laubbaum in deiner Umgebung, den du möglichst jeden Tag, mindestens aber einmal pro Woche beobachten kannst. Dieser Baum kann in eurem Garten stehen. Er kann sich aber auch auf einer nahe gelegenen Wiese, in einem Waldstück oder aber auf dem Schulweg befinden.

Macht bereits am Anfang des Schuljahres einen festen Termin aus, wann eure Baumtagebücher abgegeben werden sollen.

Was dein Baumtagebuch mindestens enthalten sollte:
- Deckblatt mit dem Namen und einem Foto des Baums
- Name des Verfassers und Klasse
- Standort und Alter des Baums (eventuell geschätzt)
- gepresste oder gezeichnete Blätter
- Abbildungen aus Büchern, die deinen Baum in den unterschiedlichen Jahreszeiten darstellen (Angaben zum Erscheinen der ersten Laubblätter, Blüten und Früchte, Beginn der Herbstfärbung)
- Tiere, die du an deinem Baum beobachtest

Bei Obstbäumen sind weitere Angaben sinnvoll:
- Beginn und Dauer der Blütezeit
- Aussehen der Blüte
- Beschreibung, wie aus der Blüte eine Frucht wird (mit Zeitangaben und Wetterbeobachtungen)
- Aussehen der Früchte zur Erntezeit
- Pflegemaßnahmen, z. B. Baumschnitt, Schutz gegen Schädlinge und Krankheiten

Weitere Ideen für dein Baumtagebuch:
Zusatzinformationen, Gedichte, Lieder, Rezepte, Geschichten, usw.

Nicht vergessen:
Alle Einträge mit Datum versehen und eine möglichst übersichtliche Darstellung wählen, z. B. Tabellen, Skizzen und Fotos verwenden.

Die ersten Blüten im Frühling

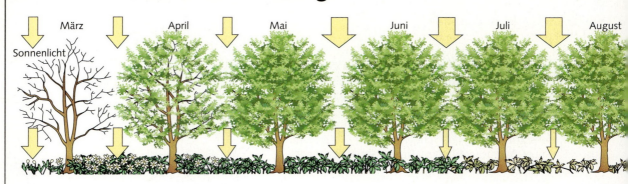

📖 **1.** Buschwindröschen findet man häufig im Laubwald. Sie blühen und wachsen bereits sehr zeitig im Frühjahr. Damit sind sie den Lichtverhältnissen im Laubwald angepasst. Erläutert diese Aussage. Die Abbildung hilft euch dabei.

🔍 **2. a)** Schneide eine ▸ Tulpenzwiebel der Länge nach durch. Zeichne, was du siehst und beschrifte.
b) Schneide die Sprossknolle eines Krokus ebenfalls der Länge nach durch und vergleiche sie mit der Zwiebel der Tulpe. Benenne die Unterschiede.
c) Untersucht Speicherorgane von Frühblühern auf die darin gespeicherten Nährstoffe. Schlagt dazu bei der ▸ Fotosynthese nach.

🔍 **3. a)** Pflanzt im Herbst Blumenzwiebeln im Umfeld eurer Schule ein. Haltet euch genau an die Pflanzanweisungen.
b) Erstellt eine Liste mit den gepflanzten Arten und beobachtet im Frühjahr, wann welche Pflanzen austreiben. Führt ein ▸ Naturtagebuch.
c) Fotografiert die Pflanzen und gestaltet eine ▸ Ausstellung.

📝 **4.** Sucht wild wachsende Frühblüher im Umfeld eurer Schule. Erstellt eine Liste mit den Arten und schreibt auf, wann sie blühen. Fotografiert die einzelnen Arten und gestaltet ein ▸ Plakat.

📝 **5. a)** Die Abbildung zeigt drei Frühblüher, die man auch in Gärten findet. Findet ihre Namen heraus. Ihr könnt dazu ein ▸ Bestimmungsbuch verwenden oder im Text nachlesen. Gestaltet ▸ Steckbriefe zu den einzelnen Pflanzen.
b) Erklärt, warum Frühblüher so früh im Jahr blühen können.

📖 **6.** Erklärt, warum sich die im Text genannten Frühblüher auch ohne Samen verbreiten können. Schlagt auch unter dem Stichwort ▸ ungeschlechtliche Vermehrung nach.

Aus dem Leben der Pflanzen

Zwiebeln

Wenn Ende Januar die Sonnenstrahlen den Schnee zum Schmelzen bringen, durchbrechen die Sprossspitzen der Schneeglöckchen den Boden. Sie haben den letzten Sommer und Winter als ▶ Zwiebeln im Boden überdauert. Auch Tulpen und Narzissen entwickeln sich aus Zwiebeln.

Die Zwiebel ist ein **Speicherorgan** aus umgebildeten Blättern. Die in der Zwiebel gespeicherten Nährstoffe ermöglichen es dem Schneeglöckchen, zeitig im Frühling auszutreiben. Dabei schieben sich aus einem Hüllblatt die beiden Laubblätter, der Blütenstängel und die Knospe hervor. Beim Austreiben werden die gespeicherten Nährstoffe verbraucht. Die neu gebildeten grünen Blätter bilden mit Hilfe des Sonnenlichts wieder Nährstoffe, die in Ersatzzwiebeln für das nächste Jahr gespeichert werden.

Sprossknollen und Wurzelknollen

Beim Krokus ist der unterirdische Stängel zu einem Speicherorgan umgebildet. Er ist zu einer dicken, rundlichen Sprossknolle angeschwollen, die Nährstoffe gespeichert hat. Wenn nach der Blütezeit die grünen Blätter folgen, bilden sie Nährstoffe, die in Tochterknollen gespeichert werden. Von der Mutterknolle bleibt nur noch ein weicher faseriger Rest übrig.

Das Scharbockskraut ist in feuchten Wäldern weit verbreitet. Es hat seine Nährstoffe in Wurzelknollen gespeichert. Wurzelknollen sind keulenförmig verdickte Wurzeln. Solange die Waldbäume noch nicht vollständig ausgetrieben haben und viel Sonnenlicht den Boden erreicht, bildet die Pflanze mithilfe ihrer grünen Blätter Nährstoffe, die in neuen Wurzelknollen für das nächste Frühjahr gespeichert werden.

Erdsprosse

Buschwindröschen kommen in Laubwäldern häufig vor. Sie blühen schon im März und leben zunächst von ihrem Nahrungsvorrat, den die Pflanzen im Vorjahr in einem unterirdischen Stängel, dem Erdspross, gespeichert haben. Er ist etwa bleistiftdick und wächst waagerecht unter der Erdoberfläche weiter. Während der Wachstumszeit bis zum Sommer bilden die Buschwindröschen neue Nährstoffe und speichern sie im Erdspross. Auch Schlüsselblumen entwickeln sich aus einem Erdspross.

Im Sommer scheinen die Buschwindröschen verschwunden zu sein. Wenn Bäume und Sträucher ab April ein dichtes Blätterdach ausbilden, werden die oberirdischen Teile der Frühblüher welk und verwelken schließlich. Das Buschwindröschen überdauert den Rest des Jahres als unterirdischer Erdspross.

1 Schneeglöckchen

2 Krokus

3 Scharbockskraut

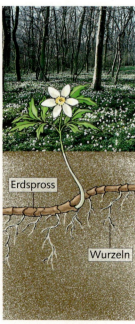

4 Buschwindröschen

Bäume im Herbst und im Winter

🔍 **1.** Sucht euch einen Baum im Umfeld eurer Schule. Besonders gut geeignet sind Rosskastanien. Beobachtet euren Baum im Herbst. Erstellt ein ▶ Naturtagebuch.

📖 **2.** Warum ist es für Laubbäume wichtig, dass im Herbst alle Blätter abfallen? Überlegt euch in diesem Zusammenhang, was mit Wasser bei Minusgraden passiert und welche Auswirkungen dieser Vorgang haben kann. Sammelt eure Vermutungen und tragt sie in der Klasse vor.

📖 **3.** Starke Schneefälle im November können für Bäume und Sträucher ein besonderes Risiko darstellen. Begründet diese Aussage. Lest dazu den Text auf der nächsten Seite.

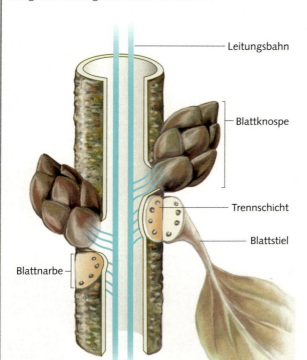

📖 **4.** Im Spätherbst genügt schon ein Windstoß, um Blätter von den Bäumen zu lösen. Wie ist das möglich? Die Abbildung und der Text auf der nächsten Seite geben euch Hinweise.

📖 **5.** An einem kahlen Baum im Winter befindet sich ein abgeknickter Ast, an dem noch viele trockene Blätter hängen. Formuliert eine Erklärung für diese Erscheinung.

Aus dem Leben der Pflanzen

Warum Blätter im Herbst abfallen

Im Sommer bilden die grünen Blätter bei der ▶ Fotosynthese mithilfe von Licht aus Wasser und Kohlenstoffdioxid Nährstoffe. Die Nährstoffe werden in der Pflanze verteilt und zum Beispiel in den Früchten gespeichert. Zudem verdunstet ein Baum über die Blätter täglich viele hundert Liter Wasser, das er mit seinen Wurzeln der Erde entnimmt. Im Winter aber können Blätter für einen Baum lebensgefährlich werden: der Boden ist oft gefroren, so dass die Bäume kein Wasser mehr aufnehmen können. Sie müssten „verdursten", wenn weiterhin Wasser aus den Blättern verdunsten würde. Außerdem würde das Wasser in den Blättern ebenfalls gefrieren und die feinen Leitungsbahnen zerstören. Ohne Blätter ist der Baum auch bei Schneefall gut geschützt. Der Schnee würde auf den Blättern liegen bleiben. Dies könnte dazu führen, dass der Baum unter dem schweren Gewicht zusammenbricht.

Dort, wo sich die Blätter vom Zweig lösen werden, wächst zunächst eine Trennschicht aus Korkzellen, die später das Eindringen von Wasser verhindert. Wenn die Blätter vom Blattrand her zu trocknen beginnen, hängen sie nur noch lose an dieser „Sollbruchstelle". Jetzt genügt ein Windstoß und die Blätter fallen ab. Sie hinterlassen gut sichtbare Blattnarben.
Zur Ausbildung der Trennschicht werden Energie und Baustoffe benötigt, die über Leitungsbahnen transportiert werden. Knicken blatttragende Äste der Zweige ab, wird der Transport unterbrochen, die Trennschicht kann sich nicht vollständig ausbilden und die Blätter fallen nicht ab.

Warum Laubbäume bunt werden

Bevor die Blätter abfallen, baut der Baum den grünen Farbstoff in den Blättern ab. Die Abbauprodukte transportiert er in den Stamm und die Wurzeln. Dort stehen sie für den erneuten Blattaustrieb im nächsten Frühjahr zur Verfügung. Zurück bleiben gelbe und rote Farbstoffe, die sich auch im Sommer schon in den Blättern befinden, aber von Blattgrün überdeckt werden.

Was in den Knospen steckt

Nach dem Laubfall beginnt die Winterruhe. In den Knospen sind aber bereits wieder Blätter und Blüten angelegt. Im Winter umhüllen harte, ledrige Knospenschuppen die zarten Sprossteile und schützen sie vor dem Austrocknen sowie vor Nässe und Krankheitserregern.
Im Inneren der Knospen befinden sich haarige Fasern. Sie schützen die Sprossteile vor Kälte.

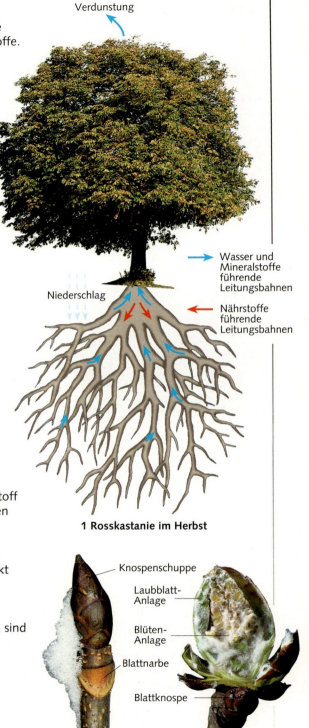

1 Rosskastanie im Herbst

2 Kastanienknospen im Winter
A *Zweigende mit Knospen;*
B *Blütenknospe (Längsschnitt)*

75

Auf einen Blick

Aufbau einer Blütenpflanze

Eine typische Blütenpflanze besteht aus Wurzel und Spross mit Blättern. Je nach Wuchsform unterscheidet man krautige Pflanzen, Sträucher und Bäume.
Die Wurzel verankert die Pflanze im Boden und nimmt Wasser und Mineralstoffe aus dem Boden auf.
Die äußere Hülle der Blüte besteht meist aus Kelchblättern und Kronblättern. Im Blüteninnern befinden sich die Staubblätter und der Stempel, der in Fruchtknoten, Griffel und Narbe unterteilt werden kann.
In den Staubbeuteln der Staubblätter sind Pollenkörner enthalten. In jedem Pollenkorn entwickelt sich die männliche Geschlechtszelle. Die weibliche Eizelle wird in der Samenanlage des Fruchtknotens gebildet.

Bestäubung und Befruchtung

Blüten werden von Insekten oder vom Wind bestäubt. Dabei wird Pollen von einer Blüte auf eine andere Blüte der gleichen Art übertragen.
Bei der darauf folgenden Befruchtung verschmilzt die männliche Geschlechtszelle aus dem Pollenschlauch mit der Eizelle in der Samenanlage.
Nach der Befruchtung entwickelt sich aus dem Fruchtknoten die Frucht, die einen oder mehrere Samen enthält.

Same und Wachstum

Samen enthalten einen Embryo. Dieser entwickelt sich bei der Keimung zum Keimling, der aus Keimwurzel, Keimstängel und Keimblättern besteht. Zur Keimung eines Samens sind Wasser, Luft und Wärme nötig. Zum anschließenden Wachstum braucht die Pflanze außerdem Sonnenlicht und Mineralstoffe. Pflanzen bauen mithilfe von Sonnenlicht aus Kohlenstoffdioxid und Wasser Nährstoffe auf und geben Sauerstoff ab. Diesen Vorgang nennt man Fotosynthese.

Verbreitung und Vermehrung

Die Verbreitung von Früchten und Samen kann durch den Wind, Wasser, Tiere und Menschen oder durch Selbstverbreitung erfolgen. Auf diese Weise können Pflanzen neue Standorte und Lebensräume besiedeln. Manche Pflanzen können sich auch ohne Ausbildung von Samen vermehren. Diese ungeschlechtliche Vermehrung kann durch Ausläufer, Erdsprosse, Sprossknollen, Wurzelknollen, Zwiebeln oder Stecklinge erfolgen.

Jahreszeiten

Mit dem Laubfall im Herbst und mit der Knospenbildung schützen sich Laubbäume gegen Austrocknung, Frost und Schneebruch im Winter.

Aus dem Leben der Pflanzen

Zeig, was du kannst

1. a) Ordne den Ziffern im Bauplan einer Blütenpflanze die entsprechenden Begriffe zu.
b) Nenne die Aufgaben der einzelnen Pflanzenteile.

2. a) Ordne den Ziffern in der folgenden Abbildung die entsprechenden Begriffe zu.
b) Nenne die Aufgaben der verschiedenen Blütenteile.

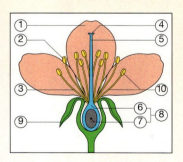

3. Insekten besuchen die Blüten von Obstbäumen, von Hasel und Erle jedoch nicht. Nenne den Grund.

4. Die männlichen Blüten einer Hasel müssen mehr Pollen bilden als die einer Kirschblüte. Erkläre.

5. Wie kannst du untersuchen, unter welchen Voraussetzungen Samen keimen? Schreibe auf, welche Versuche du hierfür durchführen könntest.

6. Ordne beim Samen der Feuerbohne den Ziffern die richtigen Begriffe zu.

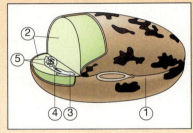

7. a) Was fällt dir beim Keimen von Gemüsebohne (A) und Erbse (B) auf?
b) Finde zu den Ziffern die richtigen Begriffe.

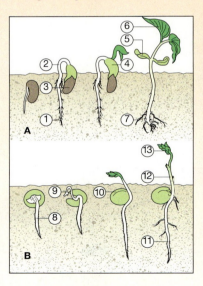

8. Welche Aussagen sind richtig? Die Fotosynthese
a) … ist die Atmung der grünen Pflanzen.
b) … ist der Aufbau von Stärke aus Kohlenstoffdioxid und Wasser.
c) … ist abhängig vom Licht.

9. Die abgebildeten Früchte und Samen stammen von Feldahorn, Birke, Himbeere, Ginster, Wasserhahnenfuß und Löwenzahn.
a) Ordne die Namen den Früchten und Samen zu.
b) Wie werden die abgebildeten Früchte und Samen verbreitet?

10. a) Nenne wenigstens drei Formen der ungeschlechtlichen Vermehrung mit je einem Beispiel.
b) Um welche Form ungeschlechtlicher Vermehrung handelt es sich in folgendem Beispiel?

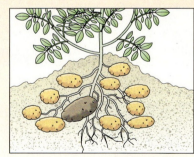

77

Ist es eigentlich egal, welche Kartoffelsorte wir kaufen?

Was bietet uns der Obst- und Gemüsemarkt?

Der Mensch und die Pflanzen

Bei der Ernte von Zuckerrüben sieht man auf den Feldern riesige Rübenberge. Wieviel Zucker steckt wohl in einer einzigen Zuckerrübe?

Wofür wird der viele Raps gebraucht, der im Frühjahr auf den Feldern blüht?

„Welche Ratschläge können Sie mir für die Pflege meiner Zimmerpflanzen geben?"

Aus welchen Ländern kommen die Bananen zu uns in die Supermärkte?

Pflanzen im Klassenzimmer

1. Ihr übernehmt die Pflegschaft eurer Zimmerpflanzen im Klassenraum.
a) Erkundigt euch nach Pflanzen, die sich am besten für den Standort in eurem Klassenzimmer eignen.
b) Informiert euch über die Namen der Pflanzen, ihre Blütezeit und was ihr bei der Pflege beachten müsst.
c) Fertigt für jede Pflanze einen ▸ Steckbrief an und denkt daran, eine Zeichnung oder ein Foto hinzuzufügen.
d) Stellt für jede Pflanze einen Pflegeplan auf. Berücksichtigt dabei die folgenden Pflegemaßnahmen:

Pflegemaßnahmen

- Stelle die Pflanzen möglichst so auf, wie es ungefähr den jeweiligen Licht- und Wärmebedürfnissen in ihrer Heimat entspricht.
- Verändere nicht so häufig den Standort.
- Lockere die Oberfläche der Erde öfter einmal auf.
- Dünge mit Flüssigdünger oder mit Düngestäbchen nur nach Bedarf.
- Gieße nach Möglichkeit mit Regenwasser oder abgestandenem Wasser in Zimmertemperatur.
- Gieße nicht mitten in die Pflanze, sondern vom Rand her.
- Lasse kein Gießwasser im Übertopf oder Topfuntersatz stehen.
- Topfe um, wenn der Topf zu klein geworden ist.
- Führe einen Pflegekalender.
- Kläre, wer in den Ferien die Pflanzen pflegt.

2. Vermehrung einer Grünlilie:
An den langen Trieben einer Grünlilie wachsen so genannte Kindel.
Trenne ein oder mehrere Kindel von der Mutterpflanze ab und stelle diese in ein Glas mit Wasser an einen hellen Ort. Sobald sich Wurzeln gebildet haben, lassen sich die Kindel in Erde pflanzen.

3. Vermehrung durch Stecklinge:
a) Schneide einen etwa 10 cm langen Sprossabschnitt einer Geranie dicht unterhalb eines Blattansatzes ab. Entferne die unteren Blätter, so dass 3 bis 4 übrig bleiben.
b) Setze den Steckling etwa 3 cm tief in Blumenerde. Stülpe dann ein Glasgefäß so über den Steckling, dass von unten Luft an die Blätter gelangen kann. Stelle den Topf an einen schattigen, warmen Ort. Halte die Erde feucht.
c) Beobachte und beschreibe die Entwicklung des Stecklings zwei Wochen lang.
d) Welche Bedeutung hat das Glasgefäß?

Der Mensch und die Pflanzen

Zimmerpflanzen und ihre Heimat

Wenn ihr euren Klassenraum mit Zimmerpflanzen verschönern wollt, müsst ihr euch vorher über Ansprüche und Pflege der Pflanzen informieren. Die Heimat vieler unserer Zimmerpflanzen sind Gebiete, in denen andere Lebensbedingungen herrschen als bei uns. Manche der Farnarten kommen aus tropischen Gebieten. Das Alpenveilchen stammt zum Beispiel aus den bergigen Gebieten des Mittelmeerraumes und Kleinasiens.

Pflege von Zimmerpflanzen

In unseren Räumen müssen Pflanzen oft unter Bedingungen leben, die nicht denen in ihrer ursprünglichen Heimat entsprechen. Die Ansprüche der Pflanzen an Licht, Temperatur, Wasser und Mineralstoffe sind von Art zu Art unterschiedlich. Stammt eine Zimmerpflanze wie der Schildfarn aus dem tropischen Regenwald, sollte sie feucht und schattig stehen. Wüsten- und Steppenpflanzen wie Kakteen dagegen benötigen viel Licht, ausreichend Wasser im Sommer und einen kühlen, trockenen Standort im Winter.

Richtiges Gießen gehört zu den wichtigsten Pflegemaßnahmen. Die von der Pflanze benötigte Wassermenge richtet sich nicht nur nach der Jahreszeit und der Zimmertemperatur. Auch die Luftfeuchtigkeit des Raumes spielt eine große Rolle. Bei trockener Heizungsluft gibt die Pflanze über ihre Blätter viel Wasser ab und droht zu vertrocknen. Sie muss dann mehr gegossen werden als in feuchten Räumen.

Jede Art ist auch einer bestimmten Lichtmenge angepasst. An Südfenstern müssen wir die Pflanzen vor greller Sonne schützen, in lichtarmen Wintermonaten sind die sonnigsten Standorte der richtige Platz.

Auch sollte man eine angemessene Temperatur berücksichtigen. Pflanzen, die nach dem Blühen eine Ruheperiode durchmachen, halten wir kühl. Arten, die wie das Alpenveilchen in einem 14°C kühlen Gewächshaus herangewachsen sind, überleben den plötzlichen Wechsel in warme Räume nicht. Wir müssen sie langsam umgewöhnen.

Vermehrung

Von einigen Zimmerpflanzen lassen sich auch aus Teilen neue Pflanzen heranziehen. Dies bezeichnet man als ▶ ungeschlechtliche Vermehrung. Will man beispielsweise eine Buntnessel vermehren, wird ein Stängel mit wenigen Blättern schräg abgeschnitten. Die unteren Blätter werden abgeschnitten. Den Stängel stellt man in ein Gefäß mit Wasser. Nach einiger Zeit bilden sich am Stängel Wurzeln. Dann kann man den so entstandenen Steckling einpflanzen.

Pflanzenschädlinge

Zimmerpflanzen werden bisweilen von Schadinsekten wie Schildläusen und Wollläusen befallen. Wenn man diese Tiere findet, sollte man die Pflanzen vorsichtig mit lauwarmem Seifenwasser abspülen und mit lauwarmem Wasser nachspülen.

1 Jugendliche bei der Pflege von Zimmerpflanzen. **A** *Alpenveilchen;* **B** *Schwertfarn;* **C** *Buntnessel;* **D** *Bogenhanf*

Wir nutzen unterschiedliche Pflanzenteile

2. Liste den Inhalt eures Gewürzfaches auf. Wenn möglich, schreibe auf, um welche Pflanzenteile es sich jeweils handelt.

1. Notiere, welche Obst- und Gemüsearten du auf dem oberen Foto entdeckst. Trenne nach Obst und Gemüse. Welches Beispiel ist kein Teil einer Pflanze?

3. a) Besuche einen Wochenmarkt oder die Obst- und Gemüseabteilung eines Supermarktes. Schreibe eine Auswahl des Angebotes auf.
b) Erstelle nach folgendem Muster eine Tabelle und ordne das Angebot entsprechend ein.

genutzter Teil Beispiele	Wurzel	Sprossachse	Blatt	Knospe	Frucht	Samen	Blüte
Apfel					×		

4. Holz ist ein vielfältig genutztes Pflanzenprodukt.
a) Nenne verschiedene Möglichkeiten der Verwendung und finde selbst Gesichtspunkte, wie du diese ordnest.
b) Erstelle zum Thema ein ▶ Plakat.

82

Der Mensch und die Pflanzen

Früchte

Beim Besuch eines Wochenmarktes oder der Obst- und Gemüseabteilung eines Supermarktes stehen wir vor einem reichhaltigen Angebot einheimischer und fremdländischer Früchte. Zum **Obst** gehören Äpfel, Birnen, Pflaumen, Kiwis, Melonen, Pfirsiche und Himbeeren. Manche Früchte wachsen an Bäumen, andere wie Johannis- und Stachelbeeren an Sträuchern, aber auch einige an krautigen Pflanzen wie die Erdbeeren.

Gurken, Tomaten, Zucchini und Kürbis sind Früchte von **Gemüsepflanzen.** Aus der Frucht der Vanille, einer Orchidee, gewinnt man das bekannte **Gewürz.**

Samen

Von manchen Früchten ernten wir die Samen. Hierzu gehören zum Beispiel Erbsen, Bohnen, Linsen, Mohn, Haselnuss, Erdnuss- und Sonnenblumen- kerne. Aus den Samen von Raps, Sonnenblumen, Walnüs- sen, Lein und Weintrau- ben gewinnt man **Pflanzen- öle.** Von der Baumwolle werden nur die **Samenhaare** zu Baum- wollstoffen verarbeitet.

Sprossachse

Wenn wir Spargel essen, nutzen wir die im Boden wachsende Sprossachse der Spargelpflanze. Beim Kohlrabi und Radieschen sind es verdickte Teile der Sprossachse. Aus der Sprossachse des Zuckerrohrs gewinnt man den Saft, der zu Rohrzucker und Alkohol verarbeitet wird.

Bambus dient bei Einheimischen als Baumaterial für Hütten und Brücken. Aus den dünnen Sprossachsen von Bambus und Weiden lassen sich Körbe und Gefäße flechten.

Baumstämme werden zu Balken und Brettern verarbeitet und dienen als Baumaterial. Auch Hütten und manche Gebäude wie Wohn- häuser und Kirchen werden nur aus Holz errichtet. Wir nutzen das Holz als Brennstoff und zur Gewinnung von Energie in Block- heizkraftwerken. Aus den **Fasern** der Sprossachse von Lein (Flachs) und Brennnesseln lassen sich Textilien herstellen. Zur Gewinnung von Zimt – einem Gewürz – wird die **Rinde** des Baumes abgeschabt. Beim Trocknen rollt sie sich zu engen Röhren zusammen.

1 Der Mensch nutzt verschiedene Pflanzenteile

Blätter

Vom Kopf- und Feldsalat, Spinat und Grünkohl essen wir nur die Blätter. Die Blätter von Petersilie, Sellerie und vom Lorbeerbaum dienen zum Würzen von Speisen. Verschiedene Blätter werden als Heilkräuter genutzt, so z.B. solche von Salbei, Pfefferminze und Brennnessel. Schwarzer und Grüner Tee stammen von den Blättern des Teestrauches.

Blatt- und Blütenknospen

Vom Rosenkohl ernten wir die Blattknospen. Die als Gewürz bekannten Kapern sind in Weinessig ein- gelegte Blütenknospen des Kapernstrauches. Die roten Blütenknospen des Nelkenstrauches werden an der Sonne getrocknet und gelangen als Gewürz- nelken in den Handel.

Wurzeln

Bei Schwarzwurzel, Möhre, Kohlrübe und Rettich ernten wir die verdickten Wurzeln. Aus dem Saft der Zuckerrüben gewinnt man Sirup und Rübenzucker.

Blüten und Blütenstände

Auch Blüten werden vielfältig genutzt. Sie dienen zum Beispiel zur Dekoration als Blumenstrauß oder als Gesteck. Aus den Blüten verschiedener Pflanzen gewinnt man Öle zur Herstellung von Duftwässern und Parfümen. Duftkissen enthalten zum Beispiel Blütenblätter von Lavendel und Rosen.

Manche Blüten enthalten Heilstoffe und werden deshalb gesammelt. Zu diesen **Heilpflanzen** zählen die Echte Kamille und der Holunder. Beim Blumen- kohl essen wir die geschlossenen Blütenstände.

83

Die Kartoffel – eine vielseitige Knolle

1. Informiere dich über die Heimat und die heutige Verbreitung der Kartoffel. Trage das Ergebnis in die Kopie einer Weltkarte ein.

2. Führt auf dem Wochenmarkt oder im Supermarkt ein Interview mit den Verkäufern von Kartoffeln. Warum gibt es so viele Sorten? Notiert euch einige Sortennamen und deren Eigenschaften.
Erklärt, wie es zu der Vielfalt der Kartoffelsorten kommt. Dokumentiert eure Ergebnisse in einer ▶ Ausstellung über die Kartoffel.

3. a) Kartoffeln enthalten Stärke. Führt zum Beweis dieser Aussage einen ▶ Stärkenachweis durch. Fertigt ein ▶ Versuchsprotokoll an.
b) Ihr könnt Kartoffelstärke selbst gewinnen. So geht ihr vor:
– rohe Kartoffeln reiben und mit 500 ml Wasser verrühren
– den Brei in ein Baumwolltuch geben und gut auspressen
– die ausgepresste Flüssigkeit fünf Minuten ruhen lassen, 200 ml Wasser hinzufügen, wieder ruhen lassen und dann die Flüssigkeit vom Bodensatz vorsichtig abgießen
– diesen Vorgang 2 bis 3 mal wiederholen, bis der Bodensatz weiß ist
– den Bodensatz auf einem flachen Teller trocknen lassen.

4. Was kann man aus Kartoffeln machen? Erstellt eine Liste. Beschreibt die Produkte und erklärt ihre Verwendung. Verwendet die Abbildungen und den Informationstext.

5. Erkundet einen Supermarkt und erstellt eine Liste mit Produkten, die aus Kartoffeln hergestellt werden. Wer findet die meisten?

6. Viele Menschen mögen Produkte aus Kartoffeln. Aber nicht alle Zubereitungsformen sind gesund. Erstellt eine Tabelle mit gesunden und ungesunden Zubereitungsformen. Begründet eure Zuordnung. Einige Hinweise findet ihr im Text.

Der Mensch und die Pflanzen

Die Kartoffel – ein wichtiges Nahrungsmittel

Speisekartoffeln stammen von Wildkartoffeln ab. Ihre Heimat ist das Hochland von Peru und Bolivien. Die Indianer dort nutzen die Kartoffel schon seit Jahrtausenden zur Ernährung.
Nach Europa gelangten die ersten Kartoffelpflanzen etwa 1560 als Zierpflanzen!
Inzwischen gilt die Kartoffel als eine der wichtigsten Nutzpflanzen. Man hat viele Kartoffelsorten mit unterschiedlichen Eigenschaften gezüchtet. Neben Speisekartoffeln gibt es auch Futterkartoffeln für die Mästung von Haustieren. Andere Kartoffelsorten verwendet man zur Produktion von Industriestärke. Daraus werden etwa Wäschestärke, Klebstoffe, Verpackungsmaterial und Alkohol hergestellt. In Supermärkten werden viele Produkte aus Kartoffeln angeboten, etwa Pommes frites oder Kartoffelchips. Durch die Art ihrer Zubereitung enthalten diese Produkte viel Fett und können daher bei häufigem Genuss zu Übergewicht führen. Gesunde Zubereitungsformen sind zum Beispiel Pellkartoffeln oder Salzkartoffeln.

Wie Kartoffeln wachsen

An Kartoffeln, die im Winter im kühlen Keller gelagert werden, entwickeln sich im Frühjahr weiße Triebe. Sie wachsen aus den Knospen, den „Augen". Diese liegen in kleinen Vertiefungen der Kartoffelschale. An den Trieben kann man kleine Blättchen, Knospen und sogar feine Wurzeln finden. Die Kartoffelknolle ist also keine Wurzel, sondern eine **Sprossknolle,** ein verdickter Abschnitt der Sprossachse.

Auf ähnliche Weise wie im Keller treiben Saatkartoffeln in der Erde. Sie werden im Frühjahr in flache Pflanzlöcher gelegt und mit Erde bedeckt. Einige Triebe durchbrechen die Erde, ergrünen und entwickeln sich zu einer blühenden Pflanze. Die nach der Blüte an der Sprossachse entstehenden Früchte sind **giftig.** Sie dürfen nicht verzehrt werden!
Die unterirdischen Sprosse bleiben weiß. Sie bilden ▶ **Ausläufer.** Diese verdicken sich an den Enden zu zahlreichen Knollen. In den Knollen speichert die Kartoffelpflanze vor allem ▶ **Stärke,** aber auch Mineralstoffe, Vitamine und etwas Eiweiß. Im Herbst sterben die oberirdischen Teile der Kartoffelpflanze ab. Die Knollen an den unterirdischen Ausläufern werden geerntet.

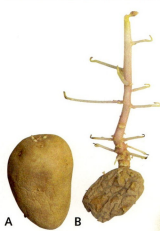

1 Kartoffelknolle.
A *frisch geerntet;* **B** *treibend*

2 **Kartoffelpflanze**

Versuche planen, durchführen und protokollieren

Problemstellung
Am Anfang eines Versuchs steht die Fragestellung. Bei diesem Beispiel geht es um die Frage, ob und in welchen Teilen Pflanzen das Kohlenhydrat Stärke gespeichert haben.

Planung
Jetzt ist es wichtig, dass ihr euch Gedanken darüber macht, wie der oder wie die Versuche ablaufen sollen. Hier geht es um den Stärkenachweis.
Ihr erstellt eine Versuchsplanung. Stellt zusammen, welche Geräte und **Materialien** für diesen Versuch erforderlich sind. Erkundigt euch, ob bei dem Versuch **Sicherheitsbestimmungen** zu beachten sind: z. B. Schutzbrille, Umgang mit ätzenden und/oder entzündlichen Flüssigkeiten.
Überlegt, wie der Versuch aufgebaut werden muss.
Zeichnet für den **Versuchsaufbau** eine Skizze, in der dargestellt ist, wie die Geräte und Materialien gehandhabt werden.
Beschreibt mit eigenen Worten, wie ihr den Versuch aufbaut.

Durchführung
Ist die Planung abgeschlossen, könnt ihr den Versuch durchführen.
Schreibt die **Versuchsdurchführung** sehr genau auf, damit der Versuch auch von jemandem durchgeführt werden kann, der nicht am Unterricht teilgenommen hat.
Beobachtungen und Messwerte werden notiert.

Versuchsprotokoll
Haltet den Versuchsablauf in einem Protokoll fest (siehe nebenstehend abgebildet). Dies kann in Textform, in Tabellen oder Zeichnungen erfolgen.
Darin muss zum Ausdruck kommen, ob die Problemstellung des Versuches geklärt werden konnte.
Könnt ihr mithilfe des Experiments auch weitergehende Schlussfolgerungen gewinnen, so werden diese ebenfalls in der Auswertung festgehalten.

Versuchsdurchführung mit der Iodprobe

Versuchsprotokoll 2.3.2007

Problemstellung: Welche Pflanzenteile von Nutzpflanzen haben Nährstoffe in Form von Stärke gespeichert?

Material:
Speicherorgane von Nutzpflanzen wie Kartoffel, Zwiebel, Mais (gequollen), Apfel; scharfes Messer; Iod-Kaliumiodidlösung (färbt Stärke blau); Petrischalen; Pipette

Versuchsaufbau:

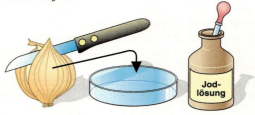

Versuchsdurchführung:
Wir schneiden Speicherorgane von Nutzpflanzen auf und legen die Hälften in Petrischalen. Dann prüfen wir mit Iod-Kaliumiodidlösung, ob Stärke im jeweiligen Pflanzenorgan gespeichert ist.
Wir tropfen Iod-Kaliumiodidlösung auf ein aufgeschnittenes Speicherorgan. Färbt sich dieses blauviolett, sind Nährstoffe in Form von Stärke gespeichert.

Beobachtung:

Speicherorgan	Zwiebel	Mais	Kartoffel	Apfel
blau-violette Färbung	X	X	X	—

Versuchsergebnis:
Zwiebel, Mais und Kartoffel enthalten Stärke, der Apfel jedoch nicht.

Der Mensch und die Pflanzen

Einen kurzen Vortrag halten

Methode

Wenn du – allein oder im Team – einen Vortrag zum Beispiel über eine Nutzpflanze halten sollst, musst du dich gut **vorbereiten**.

1. Falls ihr als Team arbeitet, müsst ihr euch *absprechen*, wer welche Aufgabe übernimmt.
2. Sammle *Informationen* zum Thema deines Vortrages: zum Beispiel in Büchern oder im ▶ Internet unter dem entsprechenden Suchbegriff. Verwende nur das, was wichtig oder interessant ist, sonst wird der Vortrag leicht zu lang und uninteressant.
3. Suche *ergänzende Materialien* zu deinem Vortrag, die du vorstellen oder ausstellen willst.
4. Arbeite eine *Gliederung* für den Vortrag aus, so dass sich eine sinnvolle Reihenfolge der Informationen ergibt.
5. Überlege, an welchen Stellen du etwas zeigen möchtest und welche Materialien und Geräte du dafür brauchst.
6. Bereite die Materialien zur Veranschaulichung vor, zum Beispiel ▶ Plakate, Fotos oder Folien für den Tageslichtprojektor, ein Ausstellungstisch.
7. Mache auf Zetteln oder Karteikarten kurze *Stichpunkte*, anhand derer du den Vortrag halten kannst.
8. Trainiere deinen Vortrag.

1 Beim Vortrag

Damit dein **Vortrag** erfolgreich verläuft, solltest du einfache Regeln beachten:

1. Nenne das Thema deines Vortrages und gib dann einen kurzen Überblick über das, was deine Zuhörer erwartet.
2. Sprich langsam und deutlich.
3. Schaue während des Vortrags möglichst oft zu deinen Zuhörern. Lies den Vortrag möglichst nicht ab.
4. Baue die vorbereiteten Materialien wie Fotos, ▶ Sachzeichnungen, Tafelskizzen, ▶ Tabellen, ▶ Diagramme oder die mitgebrachten Gegenstände in den Vortrag ein und *erkläre* sie jeweils.
5. Mit einem Beamer können auch Bilder vom Computer gezeigt werden.
6. Gib deinen Zuhörern Gelegenheit, Fragen zu stellen.
7. Gib ehrlich zu, wenn du etwas nicht weißt und versuche nicht, dir schnell etwas auszudenken.

2 Vortrag im Team

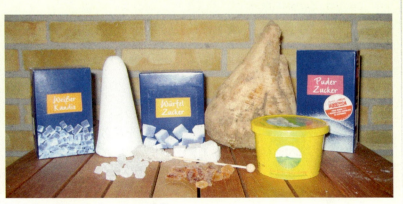

3 Vorbereitete Vortragsmaterialien

Getreide – Grundlage für viele Lebensmittel

📖 **1.** Beschreibt anhand der Abbildungen und der Texte auf der nebenstehenden Seite die Getreidearten. An welchen Merkmalen könnt ihr sie unterscheiden?

📖 **2.** Getreidearten liefern die wichtigsten Grundnahrungsmittel für den Menschen. Erstellt eine ▶ Mindmap zum Thema „Getreide und daraus hergestellte Produkte". Benutzt dazu die Informationen auf der nebenstehenden Seite.

📖 **3.** Welche Teile des Weizenkorns werden für Vollkornmehl verwendet, welche für Auszugsmehl? Welche Vorteile hat Vollkornmehl für die Ernährung? Haltet einen kurzen ▶ Vortrag.

Fruchtschale enthält Ballaststoffe, Mineralstoffe
Samenschale enthält Ballaststoffe, Mineralstoffe
Eiweißschicht enthält Eiweiß, Mineralstoffe, Vitamine
Mehlkörper enthält Stärke, Zucker, Eiweiß
Keimling enthält Fett, Eiweiß, Mineralstoffe, Vitamine

A

B

📖 **4.** Abbildung A zeigt eine Urform des gezüchteten Weizens (B). Beschreibt und vermutet, wie die heutigen ertragreichen Getreidesorten entstanden sein könnten. Welche Merkmale hat der Mensch im Verlauf seiner Zuchtversuche ausgewählt?

✏️ **5.** Auch Hirse (C) und Reis (D) zählen zu den Gräsern, die für die menschliche Ernährung von Bedeutung sind. Erstellt ▶ Steckbriefe zu beiden Pflanzen.

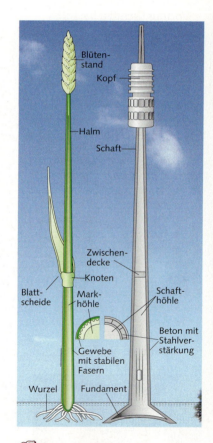

C

D

📖 **6.** Für Techniker sind Getreidehalme Vorbilder für Bauwerke wie Fernsehtürme. Vergleicht Getreidehalm und Turm. Schreibt auf, welche Ähnlichkeiten bestehen.

Der Mensch und die Pflanzen

Körner machen satt

Seit mehr als 6000 Jahren baut der Mensch Getreide an. Genutzt werden vor allem die Körner. Mehr als ein Drittel unseres gesamten Nahrungsbedarfs wird aus ihnen gedeckt.
Die Getreidearten gehören zu den Gräsern. An einer Weizenpflanze erkennt man alle Merkmale der Gräser: Der lange dünne Stängel, der Halm, ist wegen seiner elastischen Fasern im Innern so biegsam, dass er an seinem oberen Ende eine große Ähre tragen kann ohne abzuknicken. Er ist innen hohl. Knoten, die dicke Querwände bilden, machen den Halm sehr stabil. Die Umwicklungen des Blattes um den Stängel nennt man Blattscheiden. Sie vergrößern die Stabilität zusätzlich.

Vom Korn zum Getreideprodukt

Die Körner der Getreidepflanzen speichern vor allem ▶ Stärke. Zu Mehl vermahlen lassen sich Getreidekörner vielfältig nutzen.
Das aus **Weizen** hergestellte Mehl wird für helles Brot, Nudeln, Gries und Backwaren bevorzugt verwendet. Bei der Mehl-Herstellung werden Samenschale und Keimling ausgesiebt, man spricht dann vom Auszugsmehl. Beim Sieben gehen viele für die Ernährung wertvolle Bestandteile wie Vitamine, Eiweißstoffe und Ballaststoffe verloren. Dies geschieht nicht, wenn das ganze Korn zu Vollkornmehl vermahlen wird.
Roggen dient ebenfalls als Brotgetreide. Produkte der **Gerste** sind Malz zur Herstellung von Bier und Malzkaffe sowie Graupen. **Hafer** wird zur Herstellung von Haferflocken und als Viehfutter genutzt. In Südostasien gehört ▶ **Reis** zu den wichtigsten Grundnahrungsmitteln der Bevölkerung. Eine weitere Getreideart ist die ▶ **Hirse.** Sie liebt wie der Reis die Wärme. Ihre Hauptanbaugebiete liegen in Afrika und Asien.
Der ▶ **Mais,** eine alte Nahrungspflanze der Indianer, gehört ebenfalls zu den Getreidearten. Er wurde wie die Kartoffel von den Spaniern von Südamerika nach Europa gebracht. Mais wird in Europa vorwiegend als Viehfutter angebaut.

Züchtung und Auslese

Menschen haben gezielt Wildgräser angebaut und daraus erste Kulturformen unserer heutigen Getreidearten gezüchtet. Züchtungsziele waren mehr und größere Körner in einer Ähre auf festem Stängel. Die Körner geeigneter Pflanzen wurden ausgelesen und anschließend weiterkultiviert. So entstanden durch ▶ Züchtung viele verschiedene Getreidearten, die an unterschiedliche Klima- und Bodenbedingungen angepasst sind.

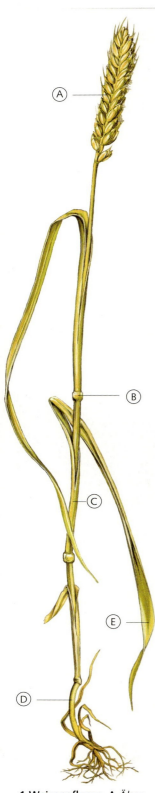

1 Weizenpflanze. A *Ähre;* **B** *Knoten;* **C** *Blattscheide;* **D** *Halm;* **E** *Blatt*

Roggen

Gerste

Hafer

Mais

2 Getreidearten

Aus den Tropen in den Supermarkt – Bananen

1. Erkundigt euch an einem Marktstand oder im Supermarkt, woher die Bananen kommen.
a) Notiert die Länder.
b) Berechnet mit Hilfe von Atlanten, wie viele Kilometer die Bananen zurücklegen müssen, bis ihr sie essen könnt.
c) Welche Bananen werden bei uns angeboten?

2. Bananen werden meistens in riesigen Monokulturen angebaut. Die Pflanzen müssen rasch wachsen und viele Früchte tragen.
Ihr Anbau ist nicht unproblematisch. Recherchiert Nachteile und Gefährdung von Menschen und Umwelt, die beim Bananenanbau und bei der Vorbereitung zum Versand entstehen können.

3. Erläutere die Bedeutung, die die Banane für die Menschen in tropischen Ländern hat. Bedenke dabei auch, welche Gegenstände aus der Bananenpflanze hergestellt werden können.

4. Beschreibe die Vermehrung der gezüchteten Bananenpflanzen.

5. Informiert euch, wie Bananen ökologisch verträglich angebaut werden können.

Der Mensch und die Pflanzen

Die Banane
– eine tropische Pflanze

Bananen stammen aus Südostasien. Heute wachsen sie fast überall in den Tropen, in denen es das ganze Jahr über gleichmäßig warm und feucht ist. Die meisten Bananen kommen aus Plantagen mittel- und südamerikanischer Länder.
Damit die Bananenpflanzen möglichst schnell wachsen und Früchte tragen, werden sie stark gedüngt. Das schnelle Wachstum macht sie empfindlich gegen Schädlinge und Krankheiten. Um die Pflanzen und Früchte zu schützen, werden chemische Pflanzenschutzmittel eingesetzt. Die Arbeit in den Bananenplantagen ist schwer und wegen der eingesetzten Pflanzenschutzmittel nicht ungefährlich.

Von der Blüte zur Frucht

An der Bananenstaude wächst ein hängender Blütenstand, der „Büschel" genannt wird. An ihm bilden sich zahlreiche Blütenknospen, die sich zu reifen Früchten entwickeln.
Der schwere Fruchtstand der Staude wächst zur Erde hin. Die einzelnen Bananenfrüchte aber wachsen nach oben. Deshalb werden sie krumm. Wenn der Fruchtstand geerntet wird, wiegt er etwa 50 kg.

1 Bananenstaude

Baum oder Staude?

Eine Bananenpflanze trägt nur einmal Früchte und stirbt danach ab. Um sich zu vermehren, bildet sie Schösslinge, die sich wieder zu großen Stauden entwickeln. Eine Bananenpflanze kann je nach Sorte bis zu 6 m hoch werden. Der „Stamm" der Bananenstaude besteht nicht aus Holz. Im Aufbau gleicht er einem riesigen Lauchstängel.

Alles Banane!

Es gibt Bananen in verschiedenen Farben, Größen und Geschmacksrichtungen. Die Obstbananen, die man bei uns kaufen kann, werden immer grün geerntet. Bis die Bananen bei uns ankommen, haben viele Menschen dafür schwer arbeiten müssen. Erstaunlich, dass sie nach so viel Arbeit und einer langen Reise bei uns so wenig kosten.
Für die Menschen in tropischen Ländern sind Koch- oder Mehlbananen ein Grundnahrungsmittel wie bei uns Kartoffeln. Sie werden nicht roh gegessen, sondern gekocht und gebraten. Aus den Blättern werden einfache Gegenstände und Seile hergestellt.

2 Banane A *Blütenstand mit jungen Früchten;* B *reifender Fruchtstand*

Pinnwand

Einheimische Nutzpflanzen

Mais

Mais gehört zu den wichtigsten Getreidearten. Der Fruchtstand ist ein Kolben mit zahlreichen gelben, rundlichen, glatten Körnern
Produkte: Maiskolben; Maismehl; Maisgrieß; Keimöl; Popcorn
Besonderheit: Der größte Teil der angebauten Maispflanzen dient als *Viehfutter*. Dazu wird die ganze Pflanze geerntet, gehäckselt und in Silos gelagert.
Aus gehäckselten Maispflanzen gewinnt man in besonderen Anlagen Biogas, das zur Stromerzeugung genutzt wird.

1. Erstelle eine ▶ Mindmap zum Thema „Nutzpflanzen". Was fällt dir dazu alles ein? Denke nicht nur an einheimische Nutzpflanzen.

2. Suche im Atlas, in welchen Gebieten Deutschlands Weinreben angebaut werden. Benenne diese Gebiete. Weshalb sind es gerade diese Gegenden?

3. Erstelle Pinnzettel für zwei weitere einheimische Nutzpflanzen. Denke dabei auch an Obst-, Gemüse-, Öl- oder Faserpflanzen.

Raps

Raps ist eine wichtige Nutzpflanze, die in letzter Zeit immer bedeutender zur Gewinnung von Ölen wird. Die Samen haben einen hohen Ölgehalt. Mehr als die Hälfte der in Deutschland produzierten Pflanzenöle ist Rapsöl.
Produkte: Früher Speise- und Lampenöl; heute ein wichtiger Rohstoff für technische Produkte wie Schmierstoffe; ein Hauptteil der Ernte dient der Erzeugung von *Biodiesel* als Kraftstoff für Kraftfahrzeuge und als Ersatz für Diesel und Benzin aus Erdöl

Weinrebe

Die Weinrebe gehört zu den ältesten Nutzpflanzen. Sie wurde schon 3500 v. Chr. kultiviert; benötigt warme Sommer; frostempfindlich
Produkte: roh als Obst oder gepresst als Traubensaft; der Saft verarbeitet zu Wein, Sekt, Weinbrand, Weinessig; Pressrückstände als Viehfutter; getrocknete Beeren als Rosinen

Der Mensch und die Pflanzen

Fremdländische Nutzpflanzen

Pinnwand

Kokospalme

Herkunft: Polynesien
Anbaugebiete: Weltweit an allen tropischen Küsten; in Plantagen
Verwendung: Kokosfasern für Matten und Bürsten; Kokosfett; Kokosmilch; Kokosflocken; Stamm als Bau- und Möbelholz; Blätter für Hüttendächer

Sojabohne

Herkunft: Ostasien
Anbaugebiete: in warmen Gebieten der Erde
Verwendung: Viehfutter; Nahrungsmittel; der Samen ist reich an Nährstoffen: Öl, Kohlenhydrate, Eiweiß; in der vegetarischen Küche als Fleischersatz

Reis

Herkunft: China; Indien
Anbaugebiete: Gebiete in warmen Ländern
Verwendung: eine der wichtigsten Getreidearten; Nahrungsmittel; enthält viel Stärke; Reisstroh für Papierherstellung, Körbe und Hüte

1. Welche Zitrusfrüchte findet ihr an Obstständen auf dem Wochen- oder im Supermarkt? Notiert diese.

2. Informiere dich über eine Zitrusfrucht und fertige zu dieser einen ▶ Steckbrief an.

Zuckerrohr

Herkunft: tropisches Südostasien; Indien
Anbaugebiete: Tropen und Subtropen
Verwendung: Gewinnung von Rohrzucker aus dem Spross; Rohr zum Kauen; frisch als Getränk; Gewinnung von Alkohol

Rispenhirse

Herkunft: asiatischer Raum
Anbaugebiete: Afrika; Asien
Verwendung: in weiten Gebieten Afrikas Hauptnahrungsmittel; reich an Kohlenhydraten, Eiweiß, Vitaminen und Mineralstoffen; zum Backen nicht geeignet

Maniok

Herkunft: Brasilien; Paraguay
Anbaugebiete: weltweit in Tropen und Subtropen
Verwendung: nimmt unter den Nahrungspflanzen der Welt den 6. Platz ein; Sprossknollen stärkehaltig; müssen vor Genuss erhitzt und so entgiftet werden

Methode

Eine Sachmappe erstellen

In einer Sachmappe werden möglichst viele Materialien gesammelt, die zu einem Thema oder einem Sachgebiet gehören. Eine gut sortierte Sachmappe ist ein kleines Nachschlagewerk.
Die Sachmappe kann ein Ordner sein, ein Schnellhefter oder eine Loseblattsammlung. Sichthefter aus Kunststoff oder Ordner aus Pappkarton sind besonders platzsparend und leicht zu transportieren. Sie sind geeignet, alles zu sammeln, was zu einem Thema gehört.

Was gehört in eine Sachmappe?
In eine vielseitige Sachmappe gehören Bilder, Fotos, selbst geschriebene Texte, Zeitungsausschnitte, Diagramme, Schaubilder, Zeichnungen, eventuell auch Rezepte.
Auch gepresste Naturmaterialien wie Blüten, Blätter und Samen passen in eine Sachmappe. Diese können zur Gestaltung verwendet werden.

1 Verschiedene Ordner

Vorgehensweise beim Erstellen einer Sachmappe
- Erstelle ein Inhaltsverzeichnis. Es ist immer die erste Seite in deiner Mappe.
- Schreibe die Überschrift und die Seitenzahl jeder Seite in das Inhaltsverzeichnis ein.
- Beim Gestalten solltest du links einen breiten Rand zum Abheften lassen.
- Zeichne mit Bleistift oder Buntstiften. Achte darauf, dass die Zeichnungen nicht zu klein werden.
- Verwende für gerade Linien ein Lineal und für Kreise einen Zirkel.
- Überprüfe ständig, ob deine Mappe vollständig ist.
- In deiner Mappe kannst du alles sammeln, was zu dem Unterrichtsfach oder zu einem Thema passt. So kannst du später immer nachschlagen, wenn du bestimmte Informationen brauchst. Zum Thema „Nutzpflanzen" kannst du zum Beispiel Steckbriefe zu einzelnen Arten und Informationen zu einzelnen Arten aus dem Internet abheften.
- Gib jeder Seite eine Überschrift.
- Achte auf einen ordentlichen Eindruck der Mappe.

2 So entsteht eine Sachmappe

Der Mensch und die Pflanzen

Eine Mindmap erstellen

Methode

Was ist eine Mindmap?
Ihr sollt zu einem Thema, zum Beispiel „Der Raps – eine wichtige Nutzpflanze", einen kurzen ▶ Vortrag halten. Ihr habt viele Informationen zu diesem Thema gesammelt. Diese müsst ihr zunächst aufschreiben und ordnen. Dazu könnt ihr eine Art „Gedankenlandkarte", eine **Mindmap,** erstellen.

Ihr könnt die Mindmap zum Beispiel zur Weiterarbeit am Thema oder als Stichwortzettel für euren Vortrag verwenden.

Erstellen mehrere jeweils eine Mindmap, können diese anders aussehen als die der Mitschülerinnen und Mitschüler.

Eine Mindmap hilft also dabei
- Informationen und Ideen zu Notizen zu machen
- Ideen, Informationen und Gedanken zu ordnen
- Inhalte eines Textes besser zu behalten
- etwas vorzutragen
- einen Text zu formulieren

So entsteht eine Mindmap
1. Legt eine DIN-A4- oder eine DIN-A3-Seite quer.
2. Schreibt das Thema in die Mitte des Blattes und kreist es farbig ein.
3. Zeichnet nun vom Thema ausgehend „Äste" für Gliederungspunkte in verschiedenen Farben.
4. Schreibt an jeden „Ast" möglichst mit einem oder zwei Worten, was euch dazu eingefallen ist.
5. An jedem „Ast" könnt ihr jetzt noch weitere „Zweige" zeichnen.
6. Schreibt an jeden „Zweig" weitere Ideen, die euch zu den Begriffen an den Ästen einfallen.
7. Ihr könnt alle Begriffe auch noch mit Bildern oder Zeichen versehen. Das hilft euch vielleicht später, euch wieder an eure Ideen oder Gedanken zu erinnern.

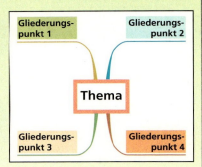

Beispiel für eine Mindmap zum Thema „Der Raps – eine wichtige Nutzpflanze"
Zum Thema „Raps" habt ihr euch folgende Stichworte für einen kurzen Vortrag notiert: Raps, Futterpflanze, Anbaugebiete, Kanada, Europa, Asien, Mensch, Nutztiere, Nahrung, Wildtiere, Schaf, Schwein, Reh, Hase, Vögel, Lebensmittel, Speiseöl, Schmierstoffe, Kosmetika, Biodiesel, Industrie, Margarine.
In der folgenden Abbildung wurde die Mindmap angefangen. Sie ist noch unvollständig. Übertrage diese auf ein DIN-A4- oder ein DIN-A3-Blatt und vervollständige sie.

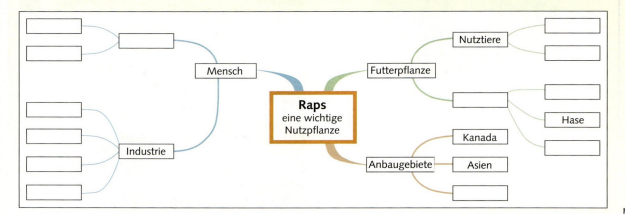

95

Züchtung von Pflanzen

1. Nenne Gründe, warum Menschen Tiere und Pflanzen züchten.

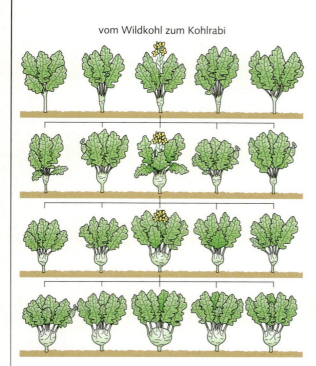

vom Wildkohl zum Kohlrabi

2. Erklärt die Auslesezüchtung am Beispiel des Kohlrabis.

3. Durch Auslesezüchtungen entstanden aus dem Wildkohl zahlreiche Kohlsorten. Tragt in eine Tabelle die abgebildeten Kohlsorten und das geänderte Organ ein. Nehmt die Abbildungen der gegenüberliegenden Seite zu Hilfe.

4. Die unten stehende Abbildung zeigt eine Kohlsorte, die aus dem gleichen Organ wie der Blumenkohl gezüchtet wurde.
a) Wie heißt die Kohlsorte?
b) Aus welchem Organ wurde sie gezüchtet?

5. Durch Auslesezüchtung wurden viele Apfelsorten gezüchtet. Allein in Deutschland gibt es über 2000 verschiedene Sorten. Zählt die Sorten in einem Supermarkt. Beschreibt sie und gestaltet ein ▶ Plakat.

6. Auch bei den Blumen haben Menschen aus Wildformen viele Kulturformen gezüchtet. So gibt es Rosen in vielen Farben und Formen. Fragt Mitarbeiter eines Gartencenters, welche Rosensorten es gibt. Wo werden die Rosensorten angebaut, die wir in Deutschland kaufen können? Recherchiert im ▶ Internet und stellt eure Ergebnisse vor.

Der Mensch und die Pflanzen

Von der Wildpflanze zur Nutzpflanze

Der Wildkohl, der in Deutschland heute nur noch auf Helgoland vorkommt, ist ein Beispiel dafür, wie aus einer Wildpflanze eine Nutzpflanze entstanden ist. Wildkohl wurde schon vor mehr als 4000 Jahren angebaut. Der Mensch bemerkte dabei wahrscheinlich einige Wildkohlpflanzen, die einen dickeren Stängel oder besonders schmackhafte Blätter hatten. Diese Pflanzen wählte er für seine Ernährung aus und baute sie bevorzugt an.

Auslesezüchtung

Die Auslesezüchtung fängt also mit dem Anbau von bestimmten Wildpflanzen an. Nur die Nachkommen der Wildpflanzen, bei denen die gewünschten vorteilhaften Eigenschaften wie zum Beispiel die Größe oder der Geschmack besonders deutlich ausgebildet sind, werden für den weiteren Anbau ausgewählt. Über Samen werden die ausgewählten Pflanzen vermehrt und erneut ausgesät. Dieser Vorgang erfolgt über viele Jahrzehnte.

Der Wildkohl und einige Zuchtformen

Mithilfe der Auslesezüchtung gelang es dem Menschen, zahlreiche neue Kohlsorten zu züchten, die jedoch kaum noch Ähnlichkeit mit dem Wildkohl haben. Aus Wildkohlpflanzen mit besonders wohlschmeckenden Blättern züchtete der Mensch den Grünkohl. Aus Pflanzen mit verkürzten und verdickten Nebentrieben entstand der Rosenkohl. Bei der Züchtung des Blumenkohls und des Brokkolis waren Pflanzen mit dickfleischigen Blüten das Zuchtziel. Den Kohlrabi züchtete der Mensch aus Formen des Wildkohls, der besonders dicke Stängel ausgebildet hat.

Vielfalt der Sorten

Aus vielen weiteren Wildpflanzen hat der Mensch Nutz- und Zierpflanzen gezüchtet. Aus der Wildform des Apfels entstand durch Auslesezüchtung eine fast unüberschaubare Vielfalt von Apfelsorten. Besonders auffällig ist die Vielfalt der Sorten auch bei Blumen, zum Beispiel bei Rosen.
Die Rosen, die wir hier in den Blumenläden kaufen können, stammen allerdings nur selten aus heimischen Kulturen. Rosen und viele andere Blumenarten werden vor allem in den Entwicklungsländern in Afrika, Asien und Südamerikas angebaut.
Von dort gelangen die Schnittblumen mit Transportflugzeugen zunächst auf den weltgrößten Blumenmarkt nach Amsterdam und werden von da aus auf die verschiedenen europäischen Länder verteilt.

1 Wildkohl und Zuchtformen. A *Blumenkohl*; B *Rosenkohl*; C *Grünkohl*; D *Kohlrabi*

Auf einen Blick

Zimmerpflanzen

Zimmerpflanzen stellen unterschiedliche Ansprüche an ihren Standort. Zu diesen gehören Licht, Temperatur, Luftfeuchtigkeit und Mineralstoffgehalt des Bodens.

Nutzpflanzen

Pflanzen werden vom Menschen vielfältig für seine Ernährung, als Gewürz- und Heilpflanzen, als Tierfutter, Baumaterial und zur Gewinnung von Energie genutzt. Je nach Pflanzenart nutzen wir unterschiedliche Pflanzenteile wie Wurzeln, Sprossknollen, Sprossachsen, Knospen, Blätter, Blüten, Früchte und Samen.

Einheimische Nutzpflanzen

Die Sprossknollen der Kartoffel enthalten Stärke, die der Mensch für seine Ernährung nutzt. Neben Speisekartoffeln gibt es auch Futterkartoffeln für die Tiermast. Andere Kartoffelsorten verwendet man zur Produktion von Industriestärke. Daraus werden zum Beispiel Wäschestärke, Klebstoffe, Verpackungsmaterial und Alkohol hergestellt.

Biodiesel – ein Kraftstoff für Kraftfahrzeuge – wird aus dem Öl der Samen von Rapspflanzen gewonnen. Rapsöl dient zudem der Ernährung und ist Grundstoff für viele Produkte der chemischen Industrie.

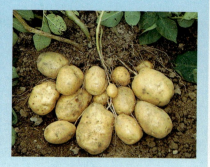

Unsere Getreidearten zählen zu den Gräsern. Häufig angebaute Arten sind Weizen, Roggen, Gerste, Hafer und Mais. Ihre Körner bilden die Grundlage für viele Lebensmittel, dienen aber auch als Tierfutter.
Der gesamte Sprossabschnitt wird als Tierfutter und zur Energiegewinnung genutzt.

Fremdländische Nutzpflanzen

In Super- und auf Wochenmärkten begegnen wir vielen fremdländischen Nutzpflanzen wie Bananen, Ananas, Kiwis, Melonen, Kokosnüssen, Datteln, Feigen und Zitrusfrüchten. Zur Gruppe der Zitrusfrüchte gehören viele Arten wie Apfelsine, Mandarine, Clementine, Grapefrucht, Zitrone oder Limone. Sie werden vor allem in den Mittelmeerländern, aber auch in tropischen und subtropischen Gebieten angebaut.
Hirse ist in weiten Gebieten Afrikas das Hauptnahrungsmittel der Bevölkerung und Futtermittel für die Haustiere.
Reis ist eine Pflanze warmer Länder und neben Mais und Weizen eine wichtige Getreideart. Er dient etwa der Hälfte der Weltbevölkerung als Hauptnahrungsmittel.
Aus Zuckerrohr gewinnt man Rohrzucker und Alkohol, von der Baumwolle nutzt man die Samenhaare zur Herstellung von Naturtextilien.

Züchtung von Nutzpflanzen

Die Auslesezüchtung beginnt mit dem Anbau von Wildpflanzen. Von diesen werden dann die Samen der Pflanzen mit den gewünschten Eigenschaften ausgewählt und für den weiteren Anbau verwendet. So entwickeln sich schließlich Pflanzen, bei denen die gewünschten Eigenschaften deutlich ausgeprägt sind.
Unsere Getreidearten gehören zu den ältesten Kulturpflanzen der Erde. Sie wurden aus Wildgräsern zu den heutigen Formen gezüchtet.

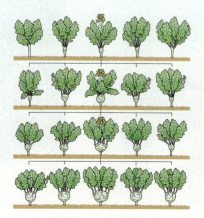

Der Mensch und die Pflanzen

1. a) Benenne die Pflanzenteile im folgenden Schema.

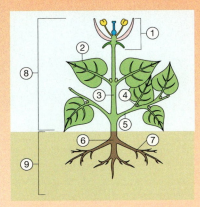

b) Welchen Pflanzenteil essen wir von: Rosenkohl, Zuckerrübe, Zuckerrohr, Kohlrabi, Möhre, Kartoffel, Grünkohl, Zwiebel, Blumenkohl, Lavendel?

2. a) Nenne Beispiele für Wurzelgemüse.
b) Die Kartoffel ist kein Wurzelgemüse. Begründe.

3. Nenne für jeden der folgenden Pflanzenteile zwei Beispielpflanzen, die der Mensch nutzt.
a) Wurzel
b) Sprossachse
c) Blatt
d) Knospe
e) Frucht
f) Samen
g) Blüte

5. Viele unserer Nutzpflanzen hat der Mensch durch Auslese gezüchtet. Zeige in einem Kurzvortrag, welche Sorten aus dem Wildkohl entstanden sind und welche Teile für uns als Nahrung dienen. Ergänze die abgebildeten Beispiele durch weitere.

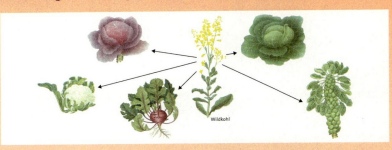

Wildkohl

6. Schlage in einem Weltatlas eine Spezialkarte zu Nutzpflanzen auf (z. B. Erde – Agrarwirtschaft) und suche die Anbaugebiete von Bananen, Sojabohnen, Reis und Zitrusfrüchten. Benenne diese.

7. Halbiere eine Kartoffelknolle. Kann aus jeder Hälfte eine neue Kartoffelpflanze heranwachsen? Stelle Vermutungen an. Überprüfe diese im ▶ Versuch und erläutere das Versuchsergebnis.

8. Inhaltsstoffe von Nutzpflanzen lassen sich in Versuchen nachweisen. Führe bei einer Kartoffel, Banane, Erdnuss und Möhre den ▶ Stärkenachweis, ▶ Traubenzucker-Nachweis und ▶ Fettnachweis durch. Zu welchen Ergebnissen kommst du?

9. Stelle den Nährstoffgehalt der folgenden Samen als ▶ Säulendiagramm dar. Wähle für 100 % eine Säule von 10 cm.

	Eiweiße	Kohlenhydrate	Fette	sonstige Stoffe
Roggen	9 %	70 %	2 %	19 %
Reis	7 %	76 %	0,5 %	16,5 %
Hirse	12 %	68 %	4 %	16 %
Soja	40 %	24 %	19 %	17 %

1 % = 1 Teil von 100 Teilen

10. Du sollst zum Thema „Die Kartoffel – eine wichtige Nutzpflanze" einen ▶ Kurzvortrag halten. Schreibe in Stichworten deine Gedanken und ermittelten Informationen auf. Ordne diese in Gestalt einer Mindmap.

4. a) Wie heißen die Getreidearten? **b)** Nenne für jede Getreideart zwei auffällige Merkmale.

A

B

C

D

Zeig, was du kannst

Im Sommer finde ich im Laubwald selten blühende Pflanzen. Wie kommt das?

Weshalb sind Hecken in der Landschaft so wichtig?

Nicht alle Teiche gleichen sich. Woran liegt das?

Lebensräume in unserem Umfeld

Welche Tiere nutzen einen einzeln stehenden Baum?

Selbst auf einer Mauer leben Pflanzen und Tiere. Wie schaffen sie das?

Wie ist ein Leben in einer Pflasterritze möglich?

Was gibt es auf unserem Schulgelände?

1. a) Die Fotos links zeigen Lebensräume, die auf dem Schulgelände oft zu finden sind. Benennt sie.
b) Überlegt, welche Lebensbedingungen an den unterschiedlichen Standorten herrschen. Nennt Unterschiede.
c) Findet heraus, über welche Lebensräume euer eigenes Schulgelände verfügt.

2. Bildet Gruppen und untersucht einzelne Lebensräume genauer: Wie viel Licht erhalten die Pflanzen? Ist der Boden ausreichend feucht oder eher trocken? Gibt es einen Schutz vor zu starkem Wind? Legt eine Tabelle an und tragt die Ergebnisse ein.
Tipp: Nutzt – wenn an der Schule vorhanden – auch ▶ Licht-, Wind- und Feuchtigkeitsmessgeräte. Lasst euch die Bedienung durch eure Lehrkraft zeigen.

Lebens-raum	Licht	Temperatur	Feuchtigkeit	Boden
Rasen	sonnig/ halbschattig	warm/ heiß	gering	…
Teich	…	…	…	
Pflaster				
…				

3. Tragt in eine Zeichnung des Schulgeländes ein, wo sich Grünflächen (Rasen, Wiesen) befinden. Wo wachsen Kletterpflanzen die Wände empor? Wo wachsen Laub- und Nadelbäume? Benutzt für die Kartierung Symbole wie in der Abbildung unten. Erfindet bei Bedarf eigene Symbole.

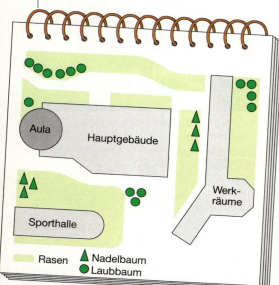

4. Einen Regenmesser könnt ihr leicht selbst bauen:
a) Schneidet das obere Drittel einer Plastikflasche mit der Schere waagerecht ab. Steckt es umgekehrt als Trichter in den unteren Teil. Klebt beide Teile mit Klebeband zusammen.
b) Füllt einige Glasmurmeln oder Steine hinein, damit die Flasche nicht umfällt. Markiert in 5 cm Höhe mit wasserfestem Stift einen Nullpunkt. Füllt bis zu dieser Höhe Wasser in den Regenmesser.
c) Die Niederschlagsmenge messt ihr mit dem Lineal vom Nullpunkt aus. Ein Millimeter Höhe entspricht einem Liter Niederschlag pro Quadratmeter Fläche.

Lebensräume in unserem Umfeld

5. Erklärt, wie „Trittpflanzen" zu ihrem Namen gekommen sind. An welche Lebensbedingungen sind sie gut angepasst?

6. a) Sammelt typische Trittpflanzen wie Breitwegerich und Löwenzahn. Nennt gemeinsame Merkmale.
b) Versucht, einen Löwenzahn samt Wurzel aus der Erde zu ziehen. Warum gelingt dies nur selten?

7. a) Messt die Temperatur auf beiden Seiten einer Mauer und in unterschiedlicher Höhe. Vergleicht auch die Feuchtigkeit des Bodens. Hängen die Unterschiede mit der Himmelsrichtung zusammen?
b) Ist der Bewuchs auf beiden Seiten der Mauer gleich? Legt eine Tabelle an. Begründet die Unterschiede.
c) Betrachtet die Blätter der Mauerpflanzen. Warum sind einige von ihnen dick und fleischig?

8. a) Wie gelangen Kletterpflanzen ans Licht, ohne selbst einen dicken Stamm auszubilden? Betrachtet Sprosse und Blätter verschiedener Kletterpflanzen ganz genau. Zeichnet die „Kletterhilfen".
b) Kletterpflanzen verschönern nicht nur kahle Wände, sie sind auch sehr nützlich. Benennt die Vorteile „grüner Wände" mithilfe der unten abgebildeten Symbole.

 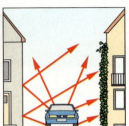

9. Rankhilfen kann man aus Holzleisten, Schraubösen und Drahtseilen leicht selbst herstellen. Vielleicht kann auch an eurer Schule noch eine Wand oder ein Zaun begrünt werden?

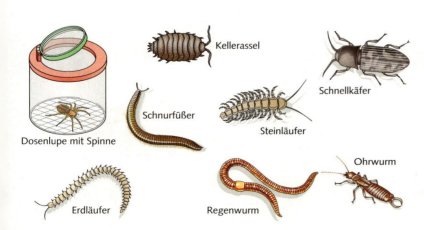

10. Viele Tiere auf dem Schulgelände führen ein verborgenes Leben. Sie leben in Ritzen und Spalten, ja sogar unter Steinen.
a) Hebt Steine oder Gehwegplatten vorsichtig an. Welche der Tiere aus der Abbildung links könnt ihr entdecken?
b) Fertigt ▶ Steckbriefe an. Unter welchen Bedingungen fühlen sich diese Tiere wohl? Denkt an Feuchtigkeit, Temperatur und Helligkeit.

1 „Lebloses" Schulgelände?

Grüne Wände

Kletterpflanzen nutzen verschiedene Strategien, um ans Licht zu gelangen. Selbst kletternde Pflanzen wie der Efeu befestigen sich mit Haftwurzeln an Wänden und Baumstämmen. Schlingpflanzen wie Hopfen und Geißblatt winden sich mit der ganzen Sprossachse um ihre Stütze. Rankgewächse wie die Waldrebe (Clematis) halten sich mit umgebildeten Blättern oder Blattstielen fest.

Kletterpflanzen schützen das von ihnen bewachsene Gebäude vor Wärmeverlust, Regen und übermäßiger Erwärmung. Auch Straßenlärm wird deutlich vermindert.

Begrünte Fassaden werden von verschiedenen Tierarten als Lebensraum genutzt. Amseln und Rotkehlchen finden hier einen Schlaf- und Nistplatz. Wildbienen nutzen den Nektar der Kletterpflanzen als Nahrungsquelle, räuberische Spinnen das Gewirr der Blätter als Jagdrevier.

Lebensräume auf dem Schulgelände

Ein Schulgelände ohne Pflanzen und Tiere wäre undenkbar. Auch dort, wo Beton und Steine das Bild bestimmen, finden sich erstaunlich viele verschiedene Lebensräume. Pflanzen sind oft besonders anpassungsfähig. Auch auf dem Schulgelände haben sie verschiedenen Standorte und Lebensräume erobert.

Als **Lebensraum** bezeichnet man ein Gebiet, das durch seine Besonderheiten bei Feuchtigkeit, Licht, Boden und Temperatur von der Umgebung abgegrenzt ist. In jedem Lebensraum ist eine besondere Gemeinschaft von Pflanzen und Tieren zu finden.

Pflasterritzen

Manche Pflanzen, zu denen auch die **Trittpflanzen** zählen, wachsen dort, wo andere Pflanzen kaum überleben könnten. Ihnen reichen die mit Sand gefüllten Ritzen zwischen Pflastersteinen als Lebensraum. Hier, wo viele Schüler und Lehrkräfte unterwegs sind, müssen sie so manchen „Fußtritt" ertragen. Auch extreme Hitze und Trockenheit machen ihnen zu schaffen. Regenwasser kann im sandigen Boden schnell versickern.

Spezialisten, wie die Trittpflanzen, können hier überleben. Dicht am Boden liegende Blattrosetten und harte Stängel schützen sie vor Beschädigungen durch Fußgänger. Eine tief in die Erde reichende Pfahlwurzel versorgt die Pflanzen mit Wasser auch aus tieferen Bodenschichten.

2 Efeu

Trittpflanzen:
1: Löwenzahn
2: Hirtentäschelkraut
3: Breitwegerich

Tiere, die manchmal im Bereich der Pflasterritze zu beobachten sind, scheuen allesamt das Licht und verkriechen sich tagsüber unter den Steinen. Asseln und Schnurfüßer fressen Pflanzenreste, Erdläufer und Steinkriecher erbeuten Insekten und Regenwürmer.

Trockenmauern

Trockenmauern bestehen aus übereinander geschichteten Natursteinen mit vielen Fugen und Ritzen. Da die Steine viel Sonnenwärme speichern, wachsen hier besonders Wärme liebende Pflanzenarten. Oben auf der Mauerkrone und in den seitlichen Mauerfugen müssen sich Pflanzen wie der Mauerpfeffer oder die ▶ Hauswurz mit wenig Wasser, Erde und Nährstoffen begnügen. Anders sieht es am Mauerfuß aus: Hier lässt der feuchte und mineralstoffreiche Boden auch anspruchsvolle Pflanzen wie Brennnessel und Giersch gedeihen. Dies gilt besonders für die von der Sonne abgewandte feuchtere Mauerseite.

Die warme Oberfläche der Mauer zieht Zauneidechsen an. Ohrwürmer und Spinnen finden in den Spalten zahlreiche Verstecke. Steinhummeln bauen in den Hohlräumen der Mauer ihr Nest.

Pflanzen an Mauern:
A: Mauergerste
B: Klatschmohn
C: Löwenzahn
D: Zimbelkraut
E: Weiße Fetthenne
F: Mauerpfeffer
G: Rispengras
H: Hauswurz
I: Mauerraute
J: Schöllkraut
K: Spitzwegerich
L: Giersch
M: Efeu
N: Brennnessel
O: Kamille

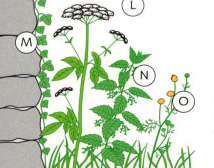

3 Trittpflanzen und Pflanzen an Mauern

Lebensräume in unserem Umfeld

Messgeräte und Messtechnik

Streifzug

Für Untersuchungen im Gelände benutzt man verschiedene Messgeräte.

- An **Regenmessern** kann man die Menge des Niederschlags in Millimetern ablesen.

- **Thermometer** dienen zum Messen der Luft-, Boden- oder Wassertemperatur. Moderne elektronische Geräte messen auf ein Zehntel Grad Celsius genau. Mit **Temperaturfühlern** kann man die Temperatur von Oberflächen ermitteln, etwa die von Mauer- und Pflastersteinen.

- Mit **Lichtmessgeräten** (Luxmetern) kommt man Helligkeitsunterschieden auf die Spur, etwa auf der Licht- und Schattenseite einer Mauer.

- **Windmessgeräte** (Anemometer) sind unverzichtbar zur Messung der Windgeschwindigkeit. Die heute übliche Einheit ist Meter pro Sekunde.

- An **Feuchtigkeitsmessern** (Hygrometern) lässt sich die Luftfeuchtigkeit in Prozent ablesen.

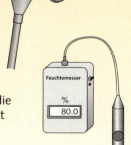

1. Fragt eure Lehrkraft nach den an eurer Schule vorhandenen Messgeräten. Lasst euch erläutern, wozu und wie sie benutzt werden.

2. Erprobt die Bedienung an verschiedenen Standorten auf dem Schulgelände.

Methode: Tiere beobachten und bestimmen wie die Profis

Vorbereitung
Zur Beobachtung von Tieren müsst ihr euch gut vorbereiten. Drei Dinge solltet ihr vor der Beobachtung klären:

1. Welche Tiere sollen beobachtet werden und wo finde ich sie?
2. Wann ist die beste Beobachtungszeit (Tages- und Jahreszeit)?
3. Welche Kleidung brauche ich (zum Beispiel feste Schuhe oder Regenkleidung)?
4. Welche Ausrüstung brauche ich?

Verhalten beim Beobachten
Tiere in der freien Natur sind häufig sehr scheu. Deshalb solltet ihr darauf achten, dass ihr sie nicht verscheucht. Wenn ihr euch ruhig verhaltet und keine hastigen Bewegungen macht, habt ihr gute Chancen, Tiere über einen längeren Zeitraum beobachten zu können.

Ausrüstung
Vögel und Säugetiere sind häufig nur auf größere Entfernung zu beobachten. Mit einem **Fernglas** kann man sie „näher" heranholen und so ungestört betrachten. Kleinere Tiere lassen sich mit einer Lupe bestens beobachten. Eine **Leselupe** ① erfüllt häufig schon diesen Zweck. Da viele Tiere wie Insekten oder Spinnen versuchen zu entkommen, eignen sich **Dosenlupen** ② hierzu besonders gut. Wenn ihr spezielle Einzelheiten wie Insektenaugen oder Spinnenhaare erkennen wollt, benötigt ihr eine ▶ **Stereolupe** ③, die eine starke Vergrößerung ermöglicht. Dieses Instrument ist sehr empfindlich und schwer zu transportieren. Deshalb sollte es besser im Unterrichtsraum verwendet werden.
Geräusche oder Tierstimmen wie den Gesang verschiedener Vögel könnt ihr mit einem **Kassettenrekorder** oder **MP3-Aufnahmegerät** aufzeichnen und später auswerten.

Beobachtungsbogen

von:
Datum: Uhrzeit:
Wetter:
Tierart:
Lebensraum:

Verhalten/Tätigkeit:

Besondere Beobachtung:

Dokumentation
Kurze, aber exakte Notizen helfen euch, die in der Natur gemachten Beobachtungen zu dokumentieren. Praktisch ist ein **Beobachtungsbogen**.
Bei der Auswertung tragt ihr eure Ergebnisse zusammen und überlegt, wie ihr sie euren Mitschülern mitteilen wollt. Ihr könnt einen ▶ **Steckbrief** von Tieren erstellen und Zeichnungen oder Fotos hinzufügen. Ihr könntet auch ▶ **Plakate** gestalten, die informativ sind und zugleich das Klassenzimmer verschönern. Zusätzliche Informationen aus ▶ Bestimmungsbüchern oder dem ▶ Internet können eure Forschungsergebnisse ergänzen.

Lebensräume in unserem Umfeld

Im Umfeld eurer Schule begegnen euch viele Tiere. Je genauer ihr hinschaut, desto mehr Arten werdet ihr entdecken. Aber wie bekommt ihr heraus, wie sie heißen? Das ist ein Fall für Tierdetektive. Wichtig ist, dass ihr die Tiere möglichst genau betrachtet.
Dabei ermittelt ihr, ob es sich um ein **Wirbeltier** oder ein wirbelloses Tier handelt. Alle Wirbeltiere besitzen ein gegliedertes **Skelett** aus Knochen oder Knorpeln, das sie stützt. Als Hauptstütze dient ihnen eine Wirbelsäule. Alle Fische, Lurche, Kriechtiere, Vögel und Säugetiere sind Wirbeltiere.

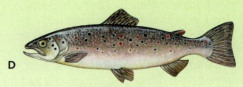

1 Verschiedene Wirbeltiere. A *Grasfrosch;* **B** *Kleiber;* **C** *Maulwurf;* **D** *Bachforelle;* **E** *Ringelnatter*

Tiere, die keine Wirbelsäule besitzen, heißen **Wirbellose.** Bei ihnen werden die weichen Körperteile oft durch eine äußere Hülle geschützt und in einer stabilen Form gehalten. So eine Außenhülle kann ein Panzer (z. B. Käfer), eine Schale (z. B. Schnecken) beziehungsweise eine mehr oder weniger feste Haut (z. B. Regenwürmer) sein.
Ein wichtiges Merkmal, auf das Tierforscher bei der Bestimmung wirbelloser Tiere zurückgreifen, ist die Anzahl der Beine.

Beispielsweise haben alle Insekten drei Beinpaare und Spinnentiere vier. Ermittelt also zunächst die Anzahl der Beinpaare, um euer Tier zu bestimmen. Der untenstehende **Bestimmungsschlüssel** hilft euch dabei. Um eure Detektivarbeit fortzuführen, benötigt ihr weitere Informationen, die ihr aus bebilderten
▶ **Bestimmungsbüchern** oder im
▶ Internet (z. B. www.natur-lexikon.com) beziehen könnt.

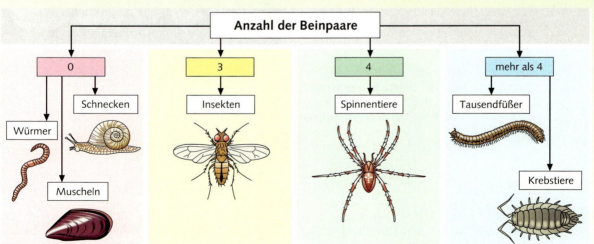

2 Einfacher Bestimmungsschlüssel für Wirbellose.

107

Methode

Wie Baumdetektive vorgehen

Im Umfeld eurer Schule wachsen eine Menge Pflanzen. Wenn du ihre Namen herausfinden willst, gibt es ein paar Tipps, die dir die Arbeit erleichtern können.

Zuerst schaust du dir die ganze Pflanze an. Entscheide, ob du einen ▶ **Baum,** einen ▶ **Strauch** oder eine ▶ **krautige Pflanze** vor dir hast.

Wenn du erkannt hast, dass eine Pflanze entweder ein Baum oder ein Strauch ist, kannst du die **Wuchsform** betrachten. Manche Bäume wie z. B. eine Eiche sind schon an diesem Merkmal zu erkennen. So hat eine Eiche eine sehr breite Krone mit starken, knorrigen Ästen. Eine Fichte dagegen hat eine viel schlankere Krone und ihre Äste wachsen bogenförmig nach oben.

1 Eiche

2 Fichte

Als echter Baumdetektiv wirst du dir jedoch vor allem die Blätter genauer ansehen. Entscheide zuerst, ob dein Baum **einfache** oder **zusammengesetzte Blätter** besitzt.
Bei zusammengesetzten Blättern wachsen an einem Blattstiel mehrere kleine Teilblättchen.

Betrachte dann die **Form der Blätter.** Es gibt ganz unterschiedliche Formen.

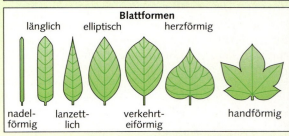

Jetzt kannst du dir noch den **Blattrand** genauer ansehen. Oft siehst du hier kleine Zähnchen oder runde Einbuchtungen. Es gibt aber auch noch weitere Möglichkeiten.

Beim Bestimmen von Bäumen und Sträuchern muss man immer mehrere Merkmale miteinander vergleichen. Wenn du dabei sorgfältig vorgehst, sollte es dir mit einiger Übung leicht fallen, die Bäume und Sträucher in der Umgebung deiner Schule zu bestimmen. Wenn du über einen Baum mehr als den Namen erfahren möchtest, kannst du zusätzlich ein ▶ Bestimmungsbuch für heimische Pflanzen verwenden.

Lebensräume in unserem Umfeld

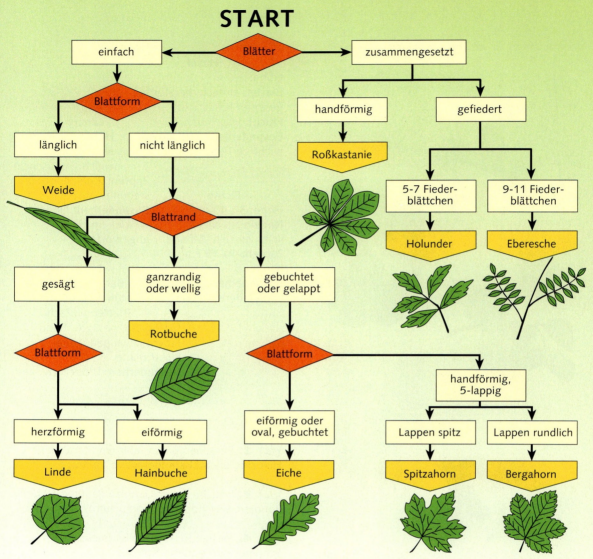

Wenn du eine Sammlung getrockneter Blätter aufbewahren möchtest, kannst du ein **Herbarium** anlegen. Beachte dabei folgende Hinweise:

1. Lege die Blätter einzeln zwischen die Seiten einer Tageszeitung. Achte darauf, dass sie nicht geknickt sind. Schreibe dann auf einem Zettel Datum und Fundort auf und lege ihn dazu.
2. Beschwere den Zeitungsstapel mit Büchern, damit die Blätter gepresst werden.
3. Nimm die Blätter nach etwa zwei Wochen wieder heraus und klebe sie auf weißes Papier oder Zeichenkarton.
4. Klebe auf jede Seite nur ein Blatt und beschrifte die Seiten sorgfältig mit Namen, Fundort, Datum und besonderen Merkmalen der Pflanze.

Eberesche (Vogelbeere)
Fundort: Braunschweig
Datum: 10.07.06
Blattmerkmale: gefiedertes Blatt
Besonderheit: rote Beeren

Hier gibt es weitere Informationen: www.baumkunde.de

Bäume und Sträucher im Umfeld der Schule

Hasel
Höhe: 2-6 m
Blätter: einfach, herzförmig, gesägter Rand
Frucht: Haselnuss
Besonderheit: reife Nüsse wichtige Tiernahrung

Lärche
Höhe: 25-30 m
Nadeln: kurz und weich, in Büscheln
Zapfen: 2 cm, eiförmig, stehend
Besonderheit: Nadeln werden im Herbst abgeworfen

Fichte
Höhe: 30-40 m
Nadeln: stachelig spitz, einzeln stehend
Zapfen: 10-15 cm, hängend
Besonderheit: häufig verwendetes Bauholz

Bergahorn
Höhe: 20-25 m
Blätter: einfach, fünflappig, gesägter Rand
Frucht: zwei geflügelte Nussfrüchte
Besonderheit: Propellerflieger!

📖 **1.** Ordne die Steckbriefe den Bildern zu.

📖 **2.** Für einen Baum fehlt der Steckbrief. Hier sind die ▶ „Baumdetektive" gefragt!

📖 **3.** Welche dieser Gehölze gehören zu den Bäumen, welche zu den Sträuchern?

📝 **4.** Fertige für weitere Bäume auf dem Schulgelände ▶ Steckbriefe an.

📝 **5.** Sammle im Winter knospende Zweige und versuche sie zu bestimmen.

Die Rosskastanie:
Ein Baum in Zahlen

Höhe: bis 25 m
Kronendurchmesser: bis 10 m
Anzahl der Blätter: 250 000
Fläche der Blätter: 2500 m²
Wasserverdunstung pro Tag: 250 l
Holzproduktion pro Tag: 500 g
Sauerstoffproduktion in den ersten 25 Wachstumsjahren: 45 t

junge Kastanie, rotblättrige Form

Lebensräume in unserem Umfeld

Winterknospen

Stieleiche

Birke

Spitzahorn

Esche

Heckensträucher mit Früchten

Weißdorn

Vogelbeere

Schwarzdorn (Schlehe)

Heckenrose

Schwarzer Holunder

Baumrallye
- Markiert auffällige Bäume und Sträucher des Schulgeländes mit Nummernkärtchen.
- Tragt die Nummern auf einer Übersichtszeichnung des Schulgeländes ein.
- Eure Mitschülerinnen und Mitschüler suchen die so markierten Gehölze auf und versuchen sie zu bestimmen wie die ► „Baumdetektive".

Rinden-Rubbelbilder
- Sucht Bäume mit einer interessanten Borke.
- Befestigt weißes Papier am Stamm (**Tipp:** Kreppband!).
- Rubbelt mit Wachskreide oder Zeichenkohle vorsichtig über das Blatt.
- Finden eure Mitschülerinnen und Mitschüler die Bäume auf dem Schulgelände mithilfe eurer Zeichnung wieder?

111

Die Hecke als Lebensraum

📖 **1. a)** Welche Farben besitzen die Früchte der meisten Heckensträucher? Welche Vorteile haben diese Farben?
b) Woher hat der Vogelbeerbaum seinen Namen?

📖 **2.** Abbildung 1 zeigt eine Auswahl typischer Heckenbewohner. Ordnet den Tieren die Namen aus der Liste richtig zu.

✏️ **3.** Findet heraus, wie die gezeigten Tiere die Hecke nutzen (Nahrungsquelle, Unterschlupf, Brut- oder Jagdrevier ...). Fertigt ▶ Steckbriefe an.

✏️ **4.** Erläutert den unterschiedlichen Aktionsradius der Heckenbewohner.

✏️ **5.** Zur Untersuchung von Insekten und anderen Kleintieren eignet sich folgende Fangmethode: Hängt einen Regenschirm kopfüber an einen Ast und schüttelt vorsichtig die Zweige.
Tipp: ▶ Dosenlupe!

🔍 **6.** Markiert an einer Hecke mit Pflöcken und Maßband Abschnitte von 10 m Länge. Bestimmt in Kleingruppen, welche Bäume, Sträucher, Kletterpflanzen und Kräuter dort wachsen. Dokumentiert eure Ergebnisse in einer Skizze wie im Beispiel unten (Maßstab 1:50, d. h. 2 cm auf dem Papier entsprechen 1 m). Vergleicht die verschiedenen Heckenabschnitte.

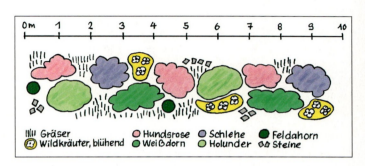

🔍 **7.** Messt mithilfe geeigneter ▶ Messgeräte Temperatur, Lichtstärke und Windgeschwindigkeit in unterschiedlichen Abständen zur Hecke (0, 1, 5, 10, 20 m). Übertragt die Werte in einen Protokollbogen wie unten abgebildet.

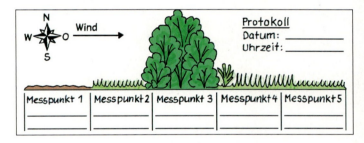

✏️ **8.** Für eure eigene Wild- oder Vogelhecke reichen bereits wenige Meter Platz, zum Beispiel an einem bereits vorhandenen Zaun.
a) Recherchiert in Gärtnereien, Baumschulen sowie im Internet nach geeigneten Heckengehölzen.
b) Legt die Hecke an: Pflanzt die Sträucher im Abstand von 80–100 cm. Hebt die Löcher tief genug aus und mischt etwas Kompost unter die Erde.

Lebensräume in unserem Umfeld

Hecken sind „lebende Zäune"

Grundstücke werden oft durch Holz- oder Drahtzäune voneinander abgegrenzt. Biologisch sinnvoller als ein Zaun ist allerdings das Anpflanzen einer **Hecke**. Besonders Hecken, die sich aus vielen verschiedenen Straucharten zusammensetzen, bieten zahlreichen Tier- und Pflanzenarten einen geeigneten Lebensraum. In naturnahen Hecken hat man bis zu 100 Pflanzen- und 1000 Tierarten gezählt!

Ältere Hecken sind aus mehreren Schichten aufgebaut. Zur **Bodenschicht** gehören die klein bleibenden Moose, Flechten und Pilze. In der **Krautschicht** wachsen typische Heckenkräuter wie Taubnessel und Klette. Die oberste Etage schließlich bilden die Pflanzen der **Strauchschicht** wie Hasel und Holunder. Sträucher wie Weißdorn, Heckenrose und Schlehe schützen sich durch Dornen und Stacheln vor Tierfraß.

Hecken sind vielfältige Lebensräume

Heckenpflanzen dienen vielen Tieren als **Nahrungsquelle**. Wildbienen, Hummeln und Schmetterlinge leben vom Nektar und Pollen der Blüten. Die zum Herbst reifenden, leuchtend rot oder blau-schwarz gefärbten Früchte von Schneeball, Weißdorn oder Felsenbirne werden besonders von Vögeln gern gefressen. Sie verbreiten dabei die Samen der Sträucher. Eichhörnchen und Rötelmaus können mit ihren scharfen Nagezähnen auch die harten Schalen der Haselnüsse öffnen.

In den dichten Zweigen der Hecke finden Sing- und Wacholderdrossel, Goldammer und Zaunkönig gut geschützte **Nistplätze**. Igel, Kröten und Blindschleichen suchen die Hecke auf, wenn sie einen sicheren **Unterschlupf**, ein Versteck vor Fressfeinden oder ein Winterquartier benötigen. Der seltene Neuntöter, das Hermelin und räuberische Laufkäfer hingegen nutzen die Hecke gerade als **Jagdrevier**.

Hecken bieten Schutz

Hecken erfüllen in Landschaft und Garten wichtige Aufgaben: Als **Sichtschutz** schützen sie vor allzu neugierigen Blicken. Als **Windbremse** bewahren sie den Boden vor Austrocknung. Der Laubmantel dichter Hecken wirkt als **Lärmschutz**. Hecken **filtern Staub und Abgase** aus der Luft und sorgen so für ein gesundes Mikroklima.

Tiere der Wildhecke:
Igel, Neuntöter, Erdkröte, Hermelin, Schnirkelschnecke, Zaunkönig, Laufkäfer, Kleiner Fuchs, Goldammer, Rötelmaus

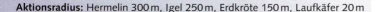

Aktionsradius: Hermelin 300 m, Igel 250 m, Erdkröte 150 m, Laufkäfer 20 m

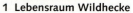

1 Lebensraum Wildhecke

Der Baum als Lebensraum

> **Waldkauz**
> Lebensraum (LR): Wälder, …
> Nahrung (N): Mäuse, …
> Besonderheiten/
>   Verhalten (B): …
> Feinde (F): …

1. a) Fertige nach dem Muster rechts die in Abbildung 1 fehlenden Steckbriefe an.
b) Zeichne auf eine große Pappe den Umriss eines Baumes. Gestalte aus den Steckbriefen und weiterem Bildmaterial eine Collage vom „Lebensraum Baum".

2. Oben siehst du ein Eichhörnchen, rechts Eichelhäher, Eichenwickler und Eichengallwespe. Finde heraus, auf welche Weise diese Tiere die Eiche als Lebensraum nutzen. Berichte.

3. Die kugelförmigen Gebilde, die sich auf der Unterseite vieler Eichenblätter finden, sind durch die Eiablage der Eichengallwespe entstanden. Untersuche im Sommer und Frühherbst Eichen- und Buchengallen. Zeichne und beschrifte einen Querschnitt.

4. Die vom Specht ins Holz gezimmerten Bruthöhlen finden bald schon „Nachmieter". Finde mithilfe des Buches heraus, wie z. B.
▸ Siebenschläfer und ▸ Fledermaus die Quartiere nutzen könnten.

5. 2005 wurde die Rosskastanie zum „Baum des Jahres" gewählt. Finde heraus, welcher Baum im aktuellen Kalenderjahr der „Baum des Jahres" ist. Warum wurde er ausgewählt?

6. Stelle in einer Tabelle zusammen, wie unterschiedliche Tierarten die Eiche als Lebensraum nutzen, ohne sich dabei gegenseitig Konkurrenz zu machen.

Teil der Eiche	genutzt von	genutzt als
Baumkrone	Trauerschnäpper	Ausguck zur Insektenjagd
Baumstamm	…	…
…		

Lebensräume in unserem Umfeld

Bäume und Sträucher sind unverzichtbar
Bäume und Sträucher erfüllen auf dem Schulgelände wichtige Aufgaben: Sie spenden Schatten und filtern Staub aus der Luft. Sie schützen vor Lärm und versorgen uns mit Sauerstoff. Und nicht zuletzt verschönern sie den Schulhof!

Eine Eiche – Lebensraum und Nahrungsquelle
Nicht nur Schüler und Lehrkräfte, auch viele Tierarten finden Bäume attraktiv. Auf einer einzigen Eiche hat man über 250 Vogel-, Säugetier- und Insektenarten nachgewiesen! Sie alle nutzen den Baum als Lebensraum, jede Art jedoch auf ihre ganz besondere Weise: als Unterschlupf, als Rast- und Brutraum oder auch nur zur Nahrungssuche. Verschiedene Tierarten können so problemlos nebeneinander leben, ohne sich gegenseitig **Konkurrenz** zu machen. Am Beispiel der auf einer Eiche lebenden Vögel lässt sich dies gut verdeutlichen.

Der **Trauerschnäpper** nutzt die obersten Äste der Baumkrone als Ausguck und fängt von dort aus im Flug Insekten.

Der ▶ **Baumläufer** klettert in Spiralen den Baumstamm empor und sucht dabei in den Ritzen der Borke nach Insekten und deren Larven.

Die **Blaumeise** hängt auf der Suche nach Kleintieren mit dem Bauch nach oben an den äußersten Ästen der Baumkrone.

Die **Singdrossel** findet Würmer und Schnecken auf dem schattigen, feuchten Boden am Fuße des Baumes.

Der nachtaktive **Waldkauz** nutzt die Eiche als Ruheplatz während des Tages.

Neben den Vögeln nutzen auch Säugetiere und Insekten ganz bestimmte Bereiche der Eiche als Lebensraum. So legt die **Waldmaus** ihren Bau im dichten Geflecht der Wurzeln an. Erst in der Dämmerung geht sie auf Nahrungssuche. Der ▶ Baummarder hingegen bewohnt als hervorragender Kletterer verlassene Baumhöhlen und Nester in der Baumkrone.

Der **Maikäfer** frisst mit Vorliebe die jungen Blätter der Eiche. Bei massenhaftem Vorkommen kann er erhebliche Schaden anrichten. Beim **Braunen Bär**, einem häufig vorkommenden Nachfalter, sind es die bärenartig behaarten Raupen, die sich vom Eichenlaub ernähren.

Trauerschnäpper

Blaumeise
LR: Kronenrand
N: Insekten
B: guter Kletterer, Höhlenbrüter
F: Sperber, Habicht

Waldkauz

Baummarder

Maikäfer

Brauner Bär
LR: Baumkrone
N: Larven, fressen Laub
B: nachtaktiv, rote Hinterflügel
F: Singvögel, Fledermaus

Baumläufer

Singdrossel
LR: bodennahen Schichten
N: Gehäuseschnecken, Beeren
B: flötender Gesang
F: Sperber, Habicht

Waldmaus
LR: Boden
N: Insekten, Samen, Früchte
B: klettert und springt gut
F: Eule, Hermelin, Katze

1 Lebensraum Eiche

Der Teich als Lebensraum

✏️ **1.** Messt mithilfe eines Maßbandes den zu untersuchenden Teich aus und fertigt von diesem auf einem DIN-A4-Blatt eine ungefähr maßstabsgetreue Grundrisszeichnung an. Diese benötigt ihr später für weitergehende Arbeiten.

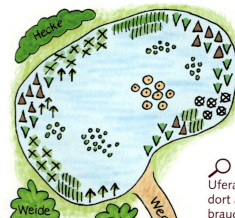

✏️ **2.** Bildet eine Fotogruppe, die Fotos vom Teich macht. Haltet charakteristische Teichmerkmale in Fotos für die ▶ Sachmappe fest. Ihr könnt auch eine Videokamera nutzen.

🔍 **3. a)** Bildet Teams. Legt Uferabschnitte fest. Bestimmt dort auffällige Pflanzen. Ihr braucht dazu Bestimmungsbuch und Schreibmaterial. Haltet die Ergebnisse auf einem ▶ Beobachtungsbogen fest.
b) Tragt eure Ergebnisse in eine Grundrisszeichnung vom Teich ein. Verwendet für die einzelnen Pflanzenarten jeweils ein anderes farbiges Symbol.

✏️ **4.** Gestaltet von einigen Uferpflanzen für die ▶ Sachmappe einen ▶ Steckbrief. Berücksichtigt dabei, welche Ansprüche die Pflanzen jeweils an ihren Lebensraum stellen.

🔍 **5. a)** Bildet Teams und verteilt euch um den Teich. Beobachtet, welche Tiere sich dort aufhalten und wie sie sich verhalten.
b) Bestimmt die Tiere und notiert sie. Sucht nach Gründen, weshalb sich die Tiere gerade dort aufhalten.

✏️ **6.** Fertigt von einigen Tieren einen ▶ Steckbrief für die ▶ Sachmappe an.

📖 **7.** Welche Pflanzenzonen erkennst du in untenstehendem Foto?

🔍 **8. a)** Bildet Teams, um Kleintiere des Teiches zu fangen und zu bestimmen. Hierfür benötigt ihr Kescher, Gläser, Glasdeckel (z. B. Petrischalen), Lupen, Bestimmungsbuch.
b) Zieht den Kescher mehrmals durchs Wasser und übertragt die gefangenen Kleintiere in das mit Wasser gefüllte Glas. Versucht, einige der Tiere zu bestimmen.
c) Ihr könnt ein Tier auch in eine mit Wasser gefüllte Petrischale übertragen und es dann mit der ▶ Lupe oder dem ▶ Binokular betrachten. Setzt dieses danach wieder in den Teich.

Lebensräume in unserem Umfeld

Lebensraum Teich

Teiche sind wertvolle Lebensräume mit besonderen Pflanzen- und Tierarten, die wir meist nur an stehenden Gewässern finden. Solche Feuchtgebiete wurden vom Menschen geschaffen und sind öfter in Dörfern, Kleinstädten und Parkanlagen zu finden, jedoch auch als Schulteich in einem Schulgelände. Wenn wir es zulassen, kann sich an den Ufern und im Wasser von Teichen ein vielfältiger Pflanzenwuchs mit typischen Pflanzenzonen entwickeln. Das ist jedoch bei Fischteichen nicht der Fall. Dort steht die Fischzucht an erster Stelle.

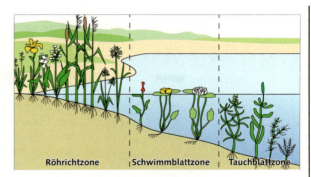

2 Teichquerschnitt mit Pflanzenzonen

Lebewesen in der Röhrichtzone

Den Teich umgibt ein Gürtel verschiedenster Pflanzenarten. Hier wachsen zum Beispiel Schilfrohr, Rohrkolben, Wasser-Schwertlilie, Froschlöffel und Pfeilkraut. Schon zeitig im Frühjahr leuchten die gelben Blüten der Sumpfdotterblume. Diese Pflanzen sind an das Leben am und im Wasser angepasst. Viele solcher Sumpfpflanzen besitzen ausladende oder tiefe Stängel- und Wurzelsysteme, mit denen sie sich im schlammigen Untergrund verankern. Selbst wenn der Wasserspiegel im Sommer sinken sollte, vertrocknen die Pflanzen nicht. Ihre Blätter sind meist großflächig, ziemlich dünn und weisen kaum einen Verdunstungsschutz auf.

Zwischen den im Wasser stehenden Stängeln tummeln sich im Frühsommer frisch geschlüpfte Molche und ▶ Kaulquappen von Fröschen und Kröten.
Wenn man still am Ufer sitzt, kann man auch zahlreiche Insektenarten wahrnehmen. Zu ihnen gehören Libellen. Die Blaugrüne Mosaikjungfer zum Beispiel erreicht eine Länge von 8 cm und eine Flügelspannweite zwischen 2 und 11 cm. Begegnen sich zwei Männchen, kommt es zu einem Luftkampf. Paarungsbereite Libellen dagegen vereinigen sich zu einem Paarungsrad und lassen sich an einem Pflanzenstängel nieder. Das Weibchen legt seine Eier dicht unter der Wasseroberfläche an Wasserpflanzen ab. Besonders auffällig sind flink auf der Wasseroberfläche hin und her flitzende Wasserläufer. Ihre Beine tragen am Ende viele kleine Härchen, die es ihnen ermöglichen, auf dem Wasser zu laufen.

Lebewesen in der Schwimmblattzone

Die auffälligsten Pflanzen der Schwimmblattzone sind die Seerosen mit den weißen und die Teichrosen mit den gelben Blüten. Ihre Blätter enthalten luftgefüllte Hohlräume, sodass sie wie ein Schlauchboot auf dem Wasser schwimmen können. Von den Blättern führen lange Stängel zu den Wurzeln, mit denen sie sich im Teichboden verankern. In dieser Zone sind auch Froschbiss und Teichlinsen zu finden.
Fische verstecken sich im Schutz dieser Pflanzen. Wasserschnecken raspeln von den Pflanzen den Algenbewuchs ab. Auf den Blättern ruhen Libellen und Käfer. Frösche halten dort nach Nahrung Ausschau.

Lebewesen der Tauchblattzone

In diesem Bereich ist vom Ufer aus kein Pflanzenwuchs erkennbar. Trotzdem gibt es unterhalb der Wasseroberfläche Kammlaichkraut, Hornblatt oder Tausendblatt. Sie liefern neben Grünalgen den Tieren unter Wasser den lebensnotwendigen Sauerstoff.

3 Schilfrohr mit Ausläufern

1 Rohrkolben mit Libellen (Paarungsrad)

Pflanzen im und am Teich

Wasserknöterich

Aussehen: Stängel mit langgestielten, lanzettlichen Blättern; an der Wasseroberfläche bilden sich länglich-eiförmige Schwimmblätter; rosarote Blütenähre
Vorkommen: in Teichen mit schlammigem Grund; Landform auf nassen Wiesen

1. Fertige zum Pfeilkraut und zur Sumpfdotterblume jeweils einen ▶ Steckbrief für die ▶ Sachmappe an.

2. Ordne die abgebildeten Pflanzen den verschiedenen Pflanzenzonen des Teiches zu.

Rohrkolben

Aussehen: schmale, lange, schwertförmige Blätter; 1–2 m hohe Stängel mit samtartigen, walzenförmigen, schwarzbraunen Kolben
Vorkommen: Uferbereiche; Sümpfe; Moore; Gräben; flaches Wasser

Tausendblatt

Aussehen: Blätter fein zerteilt; jeweils zu viert am Stängel
Vorkommen: unterhalb der Wasseroberfläche stehender oder langsam fließender Gewässer

Sumpfdotterblume

Froschlöffel

Aussehen: feste, löffelartige Blätter; kleine, rötlichweiße dreiteilige Blüten; bis 1 m hoch
Lebensraum: Uferbereich; Sümpfe; flaches Wasser

Pfeilkraut

Seerose

Aussehen: große, herzförmige Schwimmblätter; große, weiße, sternförmige Blüten
Vorkommen: nährstoffreiche, stehende oder langsam fließende Gewässer

Lebensräume in unserem Umfeld

Tiere im und am Teich

Pinnwand

📝 **1.** Fertige zum Gelbrandkäfer einen ▶ Steckbrief für die ▶ Sachmappe an.

📝 **2.** Schreibe auf, wie Stechmückenlarven, Rückenschwimmer, Gelbrandkäfer und ▶ Fische im Wasser atmen können.

Wasserläufer

Aussehen: grauer, schlanker Körper; 1 Paar Fühler; 1 Paar kurze Vorderbeine; 2 Paar sehr lange, dünne Hinterbeine
Lebensweise: läuft ruckartig rudernd mit den fein behaarten Beinen auf der Wasseroberfläche; Insekten und andere Nahrung werden mit den Vorderbeinen festgehalten und ausgesaugt

Blaugrüne Mosaikjungfer

Aussehen: Großlibelle, die beim Ruhen die Flügel ausgebreitet lässt; Hinterleib schwarz-grün gestreift, beim Männchen die drei letzten Abschnitte schwarz-blau
Lebensweise: an Kleingewässern; Männchen besuchen und verteidigen meist mehrere Kleingewässer, zwischen denen sie hin und her fliegen, um sich dort mit Weibchen zu paaren

Teichhuhn

Aussehen: entengroß; schwarzbraunes Gefieder; rote Stirnplatte; roter Schnabel mit gelbem Rand
Lebensweise: läuft geschickt über Blätter von Schwimmpflanzen, um Wasserinsekten, Schnecken oder Laich zu suchen; Nest zwischen dichten Pflanzen in Ufernähe

Gelbrandkäfer

Rückenschwimmer

Aussehen: grünlich bis braun gefärbte Wanze; sehr lange, behaarte Hinterbeine
Lebensweise: schwimmen bäuchlings an der Wasseroberfläche; tragen an der behaarten Bauchunterseite Luftvorrat mit; jagen Wassertiere

Stechmückenlarven

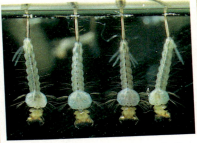

Aussehen: raupenähnlicher, heller Körper; Atemrohr am Hinterleib
Lebensweise: hängen kopfunter an der Wasseroberfläche; fressen Kleinkrebse und Algen

Unterwegs im Laubwald

1. Förster, Jägerinnen und Jäger führen euch gern durch den Wald. Wendet euch an das zuständige Forstamt oder die Jägerschaft. Dort könnt ihr für einen ▶ Lerngang durch den Wald einen Termin und Treffpunkt ausmachen. Überlegt, was ihr mitnehmen müsst.

2. An einem gefällten Baumstamm oder einem frischen Baumstumpf könnt ihr das Alter eines Baumes bestimmen. Jeweils ein heller und ein dunkler Ring zusammen entspricht dem Zuwachs eines Jahres. Der äußere **Jahresring** ist der jüngste. Wie alt war dieser Baum, als er gefällt wurde?

3. Wälder können verschieden aussehen. Betrachtet die Abbildungen und findet heraus, welche Unterschiede zwischen ihnen bestehen.

4. Im Laubwald können wir auf zwei unterschiedliche Bäume treffen, die in ihrem Namen die Bezeichnung „-buche" tragen, die Hainbuche und die Rotbuche. Beschreibe die Unterschiede. Achte auf Blätter, Blüten, Früchte.

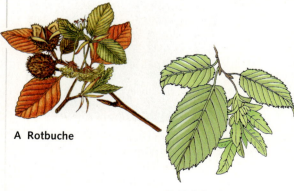

A Rotbuche

B Hainbuche

5. Erstelle eine ▶ Mindmap zur Schichtung des Waldes. Erläutere, warum welches Tier in welcher Schicht lebt.

Lebensräume in unserem Umfeld

Wenn wir in einen Mischwald hineingehen, nehmen wir zunächst ein scheinbares Durcheinander verschiedener Bäume, Sträucher und Kräuter wahr. Sehen wir jedoch genauer hin, lässt sich eine gewisse Ordnung erkennen, die sich auch in anderen Mischwäldern wiederholt.

Wurzelschicht

In dieser Schicht bedeckt Laub den Boden. Es wird von verschiedenen Bodenlebewesen wie Regenwürmern und anderen Kleinstlebewesen zersetzt, wobei sich mineralstoffreicher Boden bildet. In der Laubstreu suchen Wildschweine nach Eicheln und Bucheckern. Dabei wühlen sie diese Schicht um und mischen sie mit dem Waldboden. Im tieferen Untergrund sind Baumwurzeln verankert. Sie geben den Bäumen Halt und versorgen sie mit Wasser und Mineralstoffen. Unter der Erdoberfläche leben Rötelmäuse und Käferlarven.

Moosschicht

Auf dem Boden wachsen verschiedene Moosarten und Pilze. Die Moose erfüllen im Wald eine wichtige Aufgabe. Sie speichern das Niederschlagswasser und geben es nur langsam an den Boden ab. Viele Kleintiere wie Schnecken, Käfer, Spinnen und Ameisen suchen hier Nahrung und Unterschlupf.

Krautschicht

Diese Schicht, in der verschiedene Gräser und Wildkräuter zu finden sind, wird etwa einen Meter hoch. Auch Farne und Keimlinge von Bäumen wachsen hier. Die Zusammensetzung der Kräuter hängt von den jeweils herrschenden Lichtverhältnissen ab. Viele Pflanzen wie das ▶ Buschwindröschen blühen bereits im Frühling, wenn die Bäume noch kein Laub tragen.

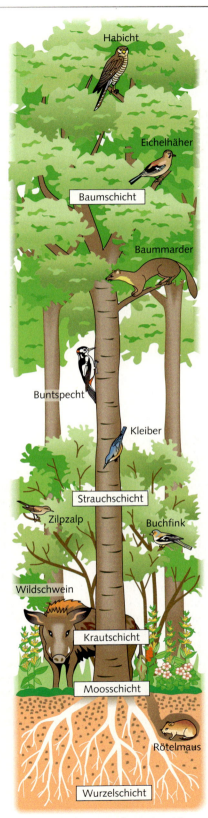

1 Stockwerke im Laubmischwald

Die Insekten wie Wildbienen, Fliegen und Schmetterlinge sind dann in den Blüten auf Nahrungssuche.

Strauchschicht

Hier findet man wenige Arten, die Schatten vertragen wie Hasel, Holunder, Faulbaum und junge Laubbäume. Je mehr Licht durch die Baumkronen dringt, um so üppiger wachsen sie. Sie erreichen eine Höhe von etwa fünf Metern. Besonders auffällig ist eine nur wenige Meter breite Zone von Sträuchern am Waldrand. Sie bremst den Wind und schützt den Wald vor dem Austrocknen. Einige Vogelarten wie Amsel, Buchfink und Zilpzalp nisten in dieser Schicht. Raupen, die sich von den Blättern ernähren, sind eine willkommene Beute für sie.

Baumschicht

Diese Schicht überragt alle anderen Stockwerke des Waldes. Sie kann bis zu 40 Meter hoch werden. Die Baumkronen der Eichen und Rotbuchen überragen fast alle anderen Baumarten wie Hainbuche, Feld- und Bergahorn. Ganz oben in den Wipfeln nisten ▶ Habicht und ▶ Mäusebussard, wo sie meist vor dem ▶ Baummarder geschützt sind. In der Baumrinde finden ▶ Kleiber und ▶ Baumläufer Kleintiere als Nahrung. Der ▶ Buntspecht holt Käfer und Larven mit seiner klebrigen Zunge aus den Bohrgängen im Holz. Die Tiere nutzen die verschiedenen Stockwerke ganz unterschiedlich. So können alle gemeinsam darin leben.

121

März, April, Mai

① Buschwindröschen
② Scharbockskraut
③ Schlüsselblume
A

Juni, Juli, August

④ Aronstab
⑤ Schattenblume
⑥ Waldziest
C

Frühling

Anfang März, wenn die Tage länger werden, erwacht der Wald aus seiner Winterpause. Die ▸Knospen der Bäume schwellen an. In ihnen liegen dicht gedrängt die Blätter und Blüten. Noch sind sie durch lederartige, braune Schuppenblätter geschützt. Dies ist ein wirksamer Schutz gegen Kälte und Austrocknung. Wenn die Bäume noch keine Blätter tragen, fällt das Licht fast ungehindert auf den Waldboden und erwärmt ihn. Nun treiben die ▸Frühblüher aus. Das sind beispielsweise Buschwindröschen, Scharbockskraut und Schlüsselblumen. Sie haben im Jahr vorher Nährstoffe in ihren unterirdischen Speicherorganen angesammelt. Das ermöglicht ihnen einen Vorsprung gegenüber anderen Kräutern, um vorzeitig auszutreiben. Am Ende der Frostperiode, wenn die Wurzeln den Baum wieder mit Wasser versorgen, öffnen sich seine Knospen. Zuerst entfalten sich die Blätter, dann die Blüten. In dieser Zeit fällt der Regen fast ungehindert auf den Boden. Dieses Wasser nehmen die Bäume mit ihren Wurzeln auf. Es steigt über Leitungsbahnen im Stamm und den Ästen bis zu den Blättern auf.

1 Laubwald.
A, B *im Frühling;*
C, D *im Sommer;*
E, F *im Herbst;*
G, H *im Winter*

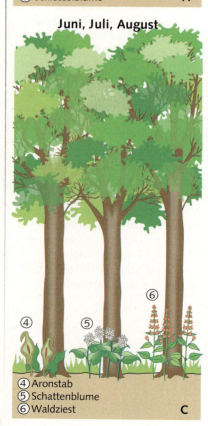

Sommer

Zwischen den Blättern der Bäume haben sich weibliche und männliche Blütenstände entwickelt. Die ▸Bestäubung erfolgt durch den Wind. Nach der ▸Befruchtung entwickeln sich die Früchte mit den Samen. Bei den Rotbuchen nennt man die Früchte Bucheckern. Die Hainbuchen bekommen Früchte mit flügelartigen Blättchen. Im Wald herrscht nun ein Dämmerlicht, denn die Baumkronen haben sich zu einem fast dichten Blätterdach geschlossen. Es lässt nur wenig Licht durch. Die Äste und Zweige wachsen nicht einfach durcheinander, sondern so, dass ihre Blätter so viel Licht auffangen können wie möglich. Es gibt nur wenige Lücken. Lichtblätter sind am günstigsten zur Sonne ausgerichtet. Schattenblätter haben eine größere Blattfläche als Lichtblätter, damit sie viel von dem wenigen Restlicht auffangen können. Der Waldboden liegt im Sommer im Halbdunkel und nur Kräuter und Sträucher, die viel Schatten vertragen, gedeihen dort. Die Frühblüher sind welk geworden und haben Schattenpflanzen wie Waldziest, Schattenblümchen und Aronstab Platz gemacht. Wir erkennen, dass Licht Voraussetzung für das Wachstum der grünen Pflanzen und für die Zusammensetzung des Laubwaldes ist.

122

Herbst

Ab September fallen die ersten Bucheckern vom Baum. Dies ist die Zeit der beginnenden ▶ Laubfärbung. Wenn die Blätter fallen, dringt auch wieder mehr Sonnenlicht auf den Waldboden. Kräuter, die im Sommer blühten, fruchten jetzt und werfen ihre Samen ab. Ihre oberirdischen Sprossteile beginnen zu verwelken.

Eine der wenigen Pflanzen, die erst im Herbst blühen, ist der Efeu, der sich am Boden verbreitet oder an den Bäumen hochrankt. Er blüht im Oktober und fruchtet im November. Der Efeu gehört wie die Stechpalme, ein Strauch mit stacheligen Blattspitzen, zu den Immergrünen Gewächsen. Sie haben derbe, lederartige Blätter, die nicht abfallen und mehrere Jahre überdauern. Sie bilden auch während des Winters bei der ▶ Fotosynthese Nährstoffe. So können sie das Sonnenlicht nach dem ▶ Laubfall bis zum Frühjahr nutzen.

Während die Bäume kahl werden, sammelt sich auf dem Waldboden eine dicke Laubschicht an. Sie bedeckt die unterirdischen Pflanzenteile sowie die von Bäumen und Kräutern abgeworfenen Früchte und Samen und schützt sie vor der Kälte.

Winter

Der Winter bringt für alle Organismen im Wald lebensfeindliche Umweltbedingungen mit sich. Es treten längere Kälteperioden auf, in denen der Boden gefroren ist. Das Wasser erstarrt zu Eis und die Pflanzen können es daher nicht mehr aufnehmen. Der Wald befindet sich jetzt im Zustand der **Trockenruhe**.

Die Tage werden kürzer und die Lichtmenge nimmt ab. Die oberirdischen Teile zahlreicher Kräuter sterben ab. Ihre Samen können überwintern, weil sie durch eine feste Haut vor dem Austrocknen geschützt sind. Andere Pflanzen haben während der Wachstumszeit Nährstoffe in ihren Wurzeln, Knollen oder Zwiebeln für den nächsten Austrieb eingelagert.

Im Winter wirkt das Falllaub auch als Kälteschutz für viele Bodenlebewesen. Sie zersetzen die Blätter. Regenwürmer, Tausendfüßer und andere Laubbewohner fressen sie nach und nach auf. Pilze und Bakterien zersetzen die Reste. Aus den Laubblättern entsteht über mehrere Jahre mineralstoffreicher Waldboden.

Lebensräume in unserem Umfeld

September, Oktober, November

⑦ Efeu   E

Dezember, Januar, Februar

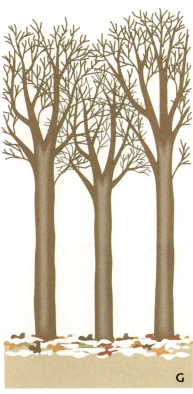

G

Auf einen Blick

Lebensräume

Lebensräume sind Gebiete, die sich durch ihre Besonderheiten wie Feuchtigkeit, Temperatur, Licht- und Bodenverhältnisse mit ihrer jeweils eigenen Tier- und Pflanzenwelt von ihrer Umgebung abgrenzen.

Lebensraum Pflasterritze

Pflasterritzen stellen Kleinstlebensräume für Pflanzen und Tiere dar. Es herrschen dort extreme Lebensbedingungen wie hohe Temperaturen und Trockenheit. Die Lebewesen sind Fußtritten und Verkehr ausgesetzt. „Anpassungskünstler" unter den Pflanzen sind Trittpflanzen wie Breitwegerich und Löwenzahn mit langer Pfahlwurzel. Tierische Bewohner wie Erdläufer, Steinkriecher und Asseln scheuen das Licht und leben tagsüber vorwiegend unter Steinen.

Trockenmauer als Lebensraum

Trockenmauern sind für Pflanzen und Tiere ein trockener und warmer Lebensraum.
Die warmen Oberflächen der Mauer ziehen Wärme liebende Tiere wie Zaun- und Mauereidechsen an. Ritzen, Nischen und Hohlräume bieten Verstecke für Eidechsen, Insekten und Spinnen. Steinhummeln haben dort ihr Nest.

Trockenpflanzen sind durch ihren Blattbau und ein gut ausgebildetes Wurzelsystem an ihren Standort angepasst. Einige dieser Pflanzen wie der Mauerpfeffer können Wasser speichern.

Ein Baum als Lebensraum

Bäume sind in unserem Umfeld unverzichtbar. Sie spenden Schatten, filtern Luft, sorgen für Luftfeuchtigkeit, produzieren Sauerstoff und schützen vor Lärm. Bäume gehören zum Lebensraum vieler Tierarten. Mit einer ausgewachsenen Eiche stehen über 250 Vogel-, Säugetier- und Insektenarten in Beziehung. Sie nutzen auf, an und in ihr unterschiedliche Bereiche zur Nahrungssuche, als Rast- und Brutraum und als Unterschlupf.

Ein Teich als Lebensraum

Ein Teich ist ein wertvoller Lebensraum für verschiedene Tiere. Bestimmte Vögel, Lurche, Fische, Insekten, Schnecken sowie Sumpf- und Wasserpflanzen sind auf dieses Feuchtgebiet angewiesen.
Bei einem naturnahen Teich lassen sich vom Ufer zur freien Wasserfläche hin die Röhrichtzone, die Schwimmblattzone und die Tauchblattzone unterscheiden.

Hecken als Lebensraum

Hecken sind schützenswerte Lebensräume für viele Pflanzen und Tiere. Sie bieten den Bewohnern Nahrung, Schutz und Überwinterungsmöglichkeiten. Alte naturnahe Hecken setzen sich aus einer Bodenschicht, Krautschicht und Strauchschicht zusammen.

Hecken erfüllen in der Landschaft wichtige Aufgaben als Windbremse, Schutz vor Bodenabtrag, Klimaverbesserer und Lärmschutz.

Lebensraum Wald

Laubmischwälder setzen sich aus verschiedenen Baumarten zusammen.
Im Laubmischwald unterscheidet man Bodenschicht, Moosschicht, Krautschicht, Strauchschicht und Baumschicht.
Die jeweiligen Stockwerke gehören zum Lebensraum verschiedener Tiere.
Licht- und Temperaturverhältnisse im Laubmischwald sind ausschlaggebend für dessen unterschiedliches Aussehen während eines Jahres.
Fichtenwäldern fehlt der stockwerkartige Aufbau. Es sind artenarme Monokulturen, die ganzjährig nur sehr wenig Licht am Waldboden aufweisen.

Lebensräume in unserem Umfeld

Zeig, was du kannst

1. Das Vorkommen bestimmter Pflanzen hängt von den Bedingungen am Standort ab. Nenne vier solcher Standortbedingungen.

2. Ordne die folgenden Pflanzen den entsprechenden Lebensräumen zu: Schneeball, Schwertlilie, Zimbelkraut, Buschwindröschen, Mauerpfeffer, Leberblümchen, Rohrkolben, Breitwegerich, Taubnessel, Schlehe, Löwenzahn, Rotbuche
a) Pflasterritze, b) Trockenmauer, c) Hecke, d) Teich; e) Laubmischwald.

3. Die Blattoberflächen von drei Pflanzen wurden untersucht. Die Pflanze A hatte auf der Oberseite 490 Blattporen/mm^2 und auf der Unterseite keine Poren. Pflanze B wies auf der Oberseite 35 Poren/mm^2 und auf der Unterseite 70 Poren/mm^2 auf, Pflanze C auf der Oberseite 0 Poren/mm^2, auf der Unterseite 67 Poren/mm^2.
a) Was erfolgt über die Poren?
b) Bei den Pflanzen handelt es sich um Buschwindröschen, Fetthenne und Seerose. Ordne diese Pflanzen A, B und C zu und begründe deine Entscheidung im Hinblick auf deren Lebensraum.

4. Unter einem Stein findest du die folgenden Tiere.
a) Wie heißen diese?
b) Welche Tiere sind Insekten?

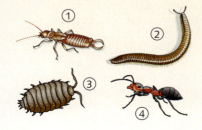

5. In deinem Umfeld gibt es verschiedene Baumarten (a–m). An deren Blättern oder Nadeln erkennst du, wie sie heißen. Nenne ihre Namen.

6. Erläutere, weshalb man Bäume als „grüne Lunge" einer Stadt bezeichnet.

7. Bei einem naturnahen Teich unterscheiden wir verschiedene Zonen, in denen bestimmte Pflanzen vorkommen. Nenne die Zonen und ordne diesen die folgenden Pflanzen zu.
Seerose, Schilfrohr, Sumpfdotterblume, Pfeilkraut, Teichlinsen, Tausendblatt, Froschlöffel, Binsen

8. An einem Teich beobachtest du an einem Schilfstängel folgende Lebewesen.

Um welche Lebewesen handelt es sich? Beschreibe das Verhalten.

9. Nachfolgend siehst du drei Lebewesen, die im Teich leben.

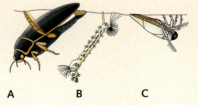

a) Wie heißen die Lebewesen?
b) Wie erfolgt bei diesen Lebewesen die Atmung?

125

Aus dem Leben der Tiere

Warum gibt es keine Frösche in der Wüste?

Wie knacken Eichhörnchen die harten Schalen von Nüssen?

Warum ziehen viele Vögel im Herbst in den Süden?

Weshalb leben die meisten Schlangen und Echsen in warmen Ländern?

Sind Kaninchen kleinere Hasen oder gibt es andere Unterschiede?

Warum können Fische im Wasser nicht ertrinken?

Zwei Kletterkünstler

1. Schreibe auf, was du bisher über Eichhörnchen und Baummarder weißt. Lege hierfür eine ▶ Tabelle auf einem DIN-A4-Bogen an. Zeichne für beide Tiere jeweils eine Spalte. Nach Abschluss deiner Arbeit fällt dir sicher etwas auf. Über welches Tier konntest du mehr schreiben? Begründe das.

2. Fertige vom Eichhörnchen einen ▶ Steckbrief an. Informiere dich dazu im Informationstext des Buches oder in Tierbüchern, Lexika und im ▶ Internet.

3. In der Abbildung ist die Fußsohle des Eichhörnchens abgebildet. Nenne Körpermerkmale, die zeigen, wie Eichhörnchen an das Klettern in Bäumen angepasst sind.

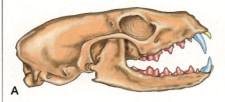

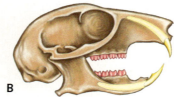

A   B

4. Lies den ▶ Sachtext auf der gegenüberliegenden Seite und schreibe auf, was der Baummarder alles kann. Zum Beispiel: Der Baummarder kann geschickt balancieren, er kann …

6. a) Ordne die beiden Schädel jeweils einem der Kletterkünstler zu. Begründe deine Entscheidung.
b) Benenne die Zahnarten des Gebisses in A und nenne deren Aufgaben. Wie bezeichnet man ein solches Gebiss?
Tipp: Die ▶ Raubtiergebisse von Hund oder Katze können bei der Beantwortung der Aufgabe helfen.

5. Nenne Beispiele, wie Baummarder an ihren Lebensraum angepasst sind.

1 Eichhörnchen im Absprung

Eichhörnchen sind an das Leben in Bäumen angepasst

Beobachtet man Eichhörnchen in Wäldern, Parkanlagen oder Gärten, sieht man, wie die schlanken Tiere flink einen Baumstamm rauf- oder runterklettern. Dabei haken sich die spitzen, langen Krallen der Füße in die Baumrinde. Die Klettersohlen mit den nackten, rauen Hornschwielen bieten sicheren Halt, wenn sie auf den Ästen entlanghuschen. Der buschige Schwanz hilft, das Gleichgewicht zu halten und im Sprung zu steuern. Mit Sprüngen von bis zu 5 Metern können sie sogar in benachbarte Bäume springen.

Aus dem Leben der Tiere

Eichhörnchen sind Nagetiere
Eichhörnchen ernähren sich hauptsächlich von Eicheln, Nüssen, Pilzen sowie von Samen der Fichten- und Kiefernzapfen. Aber auch Eier und Jungvögel stehen auf dem Speiseplan. Die harte Schale vieler Früchte müssen die Tiere zunächst knacken. Will ein Eichhörnchen zum Beispiel eine Nuss öffnen, hält es sie zwischen den Vorderpfoten fest und dreht sie hin und her. Mit den vorderen langen, meißelartigen Zähnen wird die Schale solange durchnagt, bis die begehrte Nuss frei liegt. Diese Zähne heißen Nagezähne. Mit den breiten Mahlzähnen wird die Nuss anschließend zerkaut. Solch ein Gebiss ist ein **Nagetiergebiss**. Beim Nagen der harten Schalen nutzen sich die Zähne allmählich ab. Das ist aber kein Problem, denn die Nagezähne wachsen nach.

Eichhörnchen halten Winterruhe
Steht genügend Nahrung zur Verfügung, legen Eichhörnchen Futtervorräte für den Winter an. In dieser Jahreszeit bleiben sie in ihrem Nest, dem Kobel. Der Kobel ist ein kugelförmiges Geflecht aus Zweigen, das mit Moos und Gras ausgepolstert wird. Ihren Kobel verlassen die Eichhörnchen nur von Zeit zu Zeit für die Nahrungsaufnahme. Mit ihrem guten Geruchssinn finden sie die Vorräte, die sie im Herbst angelegt haben und graben sie wieder aus. Anschließend schlafen sie wieder für einige Tage. Eichhörnchen halten eine ▶ Winterruhe.

2 Eichhörnchen und Baummarder an einer Kiefer mit Kobel

Baummarder sind Raubtiere
Ein Feind des Eichhörnchens ist der **Baummarder**, ein etwa katzengroßes Raubtier. Sein Fell ist braun mit einem gelblichen Fleck an der Kehle. Mindestens ebenso geschickt wie seine Beute bewegt er sich in den Bäumen. Zu seiner Nahrung gehören Kleinsäuger, Vögel, Kriechtiere und Insekten. Seine Lieblingsspeise jedoch sind Eichhörnchen. Diese verfolgt er von Baum zu Baum und von Ast zu Ast, teilweise bis zum Kobel.
Der Baummarder ist hervorragend an seinen Lebensraum angepasst: Der Körper ist lang gestreckt. Die kurzen Beine, von denen die hinteren weit länger und stärker sind als die vorderen, besitzen je fünf Zehen. Die Krallen sind messerscharf und sehr kräftig. Der lange buschige Schwanz unterstützt den Baummarder beim Balancieren. Er besitzt ein kräftiges, mit scharfen Zähnen ausgestattetes **Raubtiergebiss**. Das gute Gehör und der ausgezeichnete Geruchssinn leisten beim Aufspüren und Verfolgen der Beute unentbehrliche Dienste.

Baummarder jagen nachts
Baummarder sind ausgesprochen scheue Tiere. Die Jagd auf Eichhörnchen beginnt meist mit der Abenddämmerung. Äußerst flink schlüpft er dann durch das Dickicht, blitzschnell erklettert er Baumstämme und balanciert auf Ästen. Baummarder bewohnen Baumhöhlen und Felsspalten, aber auch große, verlassene Vogelnester.
Obwohl Baummarder recht wehrhafte Tiere sind, haben sie auch Feinde. Dazu gehören der Fuchs und der selten gewordene Uhu. Auch Greifvögel können für den Baummarder zu einer Gefahr werden.

Feldhase und Wildkaninchen – zwei Fluchttiere

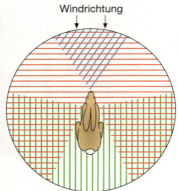

📖 **3.** Wenn ein Feldhase mit der Nase gegen den Wind in seiner Sasse ruht, ist er durch seine Sinnesorgane „rundumgesichert". Erkläre dies anhand der Seh-, Hör- und Riechfelder des Hasen.

📖 **1.** Feldhase und Wildkaninchen haben zwar viele Ähnlichkeiten, doch es gibt auch Unterschiede. Lies den ▶ Sachtext auf der gegenüberliegenden Seite. Notiere in einer Tabelle die Unterschiede und Gemeinsamkeiten zwischen Feldhase und Wildkaninchen. Beachte Körpermerkmale, Verhalten, Lebensweise.

📖 **4.** In der Abbildung ist der Fluchtweg eines Hasen vor einem Hund dargestellt. Erkläre, auf welche Weise der Hase meist erfolgreich vor einem Hund flieht.

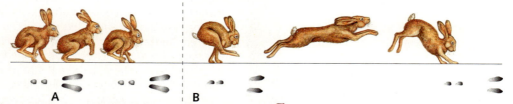

📖 **2.** Erkläre anhand der Abbildung, auf welche Weise Hasen „hoppeln" (A) und warum sie auf der Flucht (B) sehr schnell sein können.

📖 **5.** Erläutere anhand des Lehrbuchtextes: Hasen sind Langstreckenläufer, Kaninchen Kurzstreckenläufer.

1 Feldhase in der Sasse

Ein Leben auf der Flucht
Der **Feldhase** lebt auf Feldern, Wiesen und in lichten Wäldern. Tagsüber ruht er meist in einer flachen Bodenmulde, der Sasse. Er ist **Pflanzenfresser** und geht nachts auf Nahrungssuche. Empfindliche Sinnesorgane warnen den Hasen frühzeitig vor möglichen Gefahren. Die langen „Löffel" nehmen Geräusche aus allen Richtungen wahr. Die seitlich am Kopf liegenden Augen überblicken ein großes Sehfeld. Mit der empfindlichen Nase prüft er ständig die Witterung. Nimmt der Hase eine mögliche Gefahr wahr, duckt er sich bewegungslos in seine Sasse. Die graubraune Tarnfärbung seines Fells bietet zusätzlichen Schutz. Feinde sind neben dem Menschen hauptsächlich Fuchs, Marder und Greifvögel. Wird der Hase aufgespürt, springt er auf und jagt mit langen Sprüngen von bis zu 2,5 m davon. Auf kurzen

Aus dem Leben der Tiere

Strecken kann er bis zu 70 km/h schnell laufen. Kommt der Feind zu nahe, schlägt der Hase in seinem Lauf Haken. Da er eine große Lunge hat und sehr ausdauernd ist, kann er meist entkommen.

Feldhasen sind Einzelgänger

Feldhasen leben als Einzelgänger. Nur zur Paarungszeit kommen Weibchen und Männchen zusammen. Im März bringt die Häsin zum ersten Mal im Jahr 2 bis 4 Junge zur Welt. Die Neugeborenen sind behaart und haben die Augen geöffnet. Sie sind **Nestflüchter** und können im Alter von drei Wochen ihr Versteck verlassen. Feldhasen haben bis zu dreimal im Jahr Nachkommen.

Wildkaninchen leben in unterirdischen Bauen

Wildkaninchen sieht man oft tagsüber in Parks, in Gärten und auf anderen Grünflächen. Sie sind Pflanzenfresser und ernähren sich von Gräsern und Kräutern, aber auch von Baumrinde, Blütenknospen und Gemüsepflanzen. Im Gegensatz zum Hasen sind Wildkaninchen wesentlich kleiner. Sie haben ein weißgraues Fell, wesentlich kürzere Ohren und kürzere Hinterbeine. Sie leben gesellig in Gemeinschaften mit bis zu 30 Tieren. In trockenen sandigen Böden graben sie ein weit verzweigtes System von Gängen und Kammern. Wenn mehrere solcher Baue verbunden sind, entstehen ausgedehnte Kolonien von Wildkaninchen. In diesem Gangsystem finden die Tiere Schutz vor Kälte und Nässe, aber auch vor Feinden. Fuchs, Wiesel, Marder und Greifvögel sind die Feinde der Wildkaninchen. Bei Gefahr trommeln die Wildkaninchen mit ihren Hinterbeinen auf den Boden und warnen so die Kolonie. Blitzschnell verschwinden alle dann in ihrem Bau. Ist jedoch der Fluchtweg zu ihrem Bau abgeschnitten, versucht das Wildkaninchen wie der Feldhase durch Hakenschlagen zu entkommen. Kaninchen ermüden bei der Flucht sehr schnell und fallen ihrem Verfolger daher leicht zum Opfer.

Wildkaninchen haben viele Nachkommen

Kaninchen vermehren sich sehr stark. Vom Frühjahr bis zum Herbst bringt ein Weibchen bis zu 5 Würfe mit jeweils 5 bis 10 Jungen zur Welt. Die jungen Wildkaninchen werden im Bau nackt, blind und hilflos geboren. Es sind **Nesthocker**. Ungefähr drei Wochen lang werden sie gesäugt und sind danach erst selbstständig.

2 Wildkaninchen in ihrem Lebensraum. **A** *Kaninchenbau (Schema);* **B** *Wildkaninchen*

Der Maulwurf – ein Spezialist unter Tage

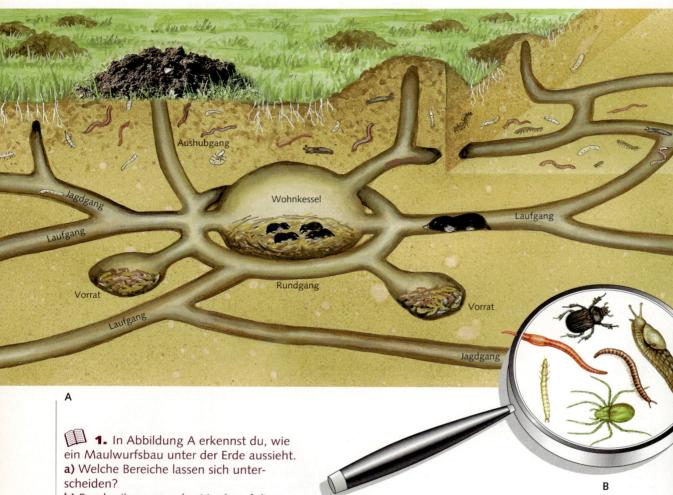

A

1. In Abbildung A erkennst du, wie ein Maulwurfsbau unter der Erde aussieht.
a) Welche Bereiche lassen sich unterscheiden?
b) Beschreibe, wozu der Maulwurf die verschiedenen Bereiche nutzt.

2. Schreibe auf, wie der Körper des Maulwurfs gut an die unterirdische Lebensweise angepasst ist. Berücksichtige dabei die Körperform, den Kopf, die Körperöffnungen, die Beine, das Fell und die verschiedenen Sinnesorgane.

3. Manche Gartenbesitzer sehen den Maulwurf nicht gern in ihrem Garten, andere weisen auf die Nützlichkeit der Tiere hin. Finde Begründungen für die eine und für die andere Meinung.

B

4. a) Nenne einige Beutetiere des Maulwurfs. Die Abbildung B hilft dir dabei.
b) Erkläre, warum das Gebiss des Maulwurfs gut zum Fressen dieser Nahrung geeignet ist.

5. Vergleiche das Insektenfressergebiss (C) des Maulwurfs mit dem ▸ Raubtiergebiss eines Hundes.

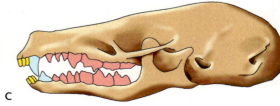

C

Aus dem Leben der Tiere

1 Maulwurf

Ein Leben unter Tage
Du hast sicherlich schon Maulwurfshaufen in Gärten, Parks oder auf Wiesen gesehen. Sie sind der Beweis für die Anwesenheit eines Maulwurfs. Sehen kann man ihn allerdings nur selten, weil er hauptsächlich unter der Erde lebt. In diesem unterirdischen Lebensraum liegt auch sein Wohnkessel. Er ist mit Gras, Moos und anderen Pflanzenteilen ausgepolstert und wird zum Schlafen benutzt. Auch die Jungen werden hier geboren und aufgezogen. Um den Wohnkessel verläuft ein Rundgang, von dem die verschiedenen Laufgänge abzweigen. Die Wände der Gänge sind fest und glatt, sodass sich der Maulwurf schnell in ihnen bewegen kann. Die Laufgänge führen in das Jagdrevier des Maulwurfs. Hier gräbt er lockere, dicht unter der Erdoberfläche verlaufende Jagdgänge. Die losgescharrte Erde wird über besondere Aushubgänge an die Erdoberfläche geschoben. So entstehen die typischen **Maulwurfshügel**.

Jagd auf Bodentiere
Mehrmals am Tag läuft der Maulwurf sein Gangsystem ab und sucht nach eingedrungenen Beutetieren. Seine Nahrung besteht aus Insektenlarven, Käfern, Regenwürmern, Schnecken und manchmal Jungmäusen. Die harten Panzer der Insekten kann er mit den nadelspitzen Zähnen seines **Insektenfressergebisses** leicht knacken. Da er an einem Tag etwa so viel fressen muss wie er selbst wiegt, geht er alle drei bis vier Stunden auf Beutejagd. Maulwürfe sind das ganze Jahr über aktiv.
Im Winter verlegen sie ihr Jagdrevier in tiefere Bodenschichten. Dorthin ziehen sich auch ihre Beutetiere zurück.

In Maulwurfsrevieren hat man Ansammlungen von „angebissenen" Regenwürmern gefunden. Dabei handelt es sich um Vorratsspeicher, mit denen der Maulwurf Zeiten überbrückt, in denen die Nahrung knapp ist. Die Regenwürmer werden durch den Biss gelähmt, sind aber nicht tot und bleiben so noch für einige Zeit frisch.

Ein unterirdischer Spezialist
Der Maulwurf ist an das Leben in der Erde gut angepasst. Der kurze, walzenförmige Körper geht ohne erkennbaren Hals in den Kopf über. Dieser endet vorne in einer durch Knorpel verstärkten Rüsselspitze. Er ist bis auf die Pfoten und die Rüsselspitze von einem schwarzen, samtartigen und sehr dichten Fell bedeckt, das ihn warm hält und vor Nässe schützt. Das Fell hat keine Strichrichtung. So kann sich der Maulwurf in seinen Gängen vorwärts und rückwärts gleichermaßen gut bewegen.

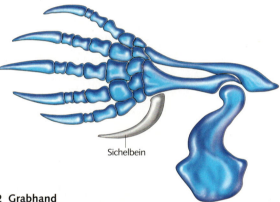

2 Grabhand

Auffällig sind die seitlich am Körper befindlichen **Grabhände.** Die Handflächen zeigen nach hinten. Die fünf kurzen Finger sind teilweise durch Häute miteinander verbunden. Neben den Fingern hat der Maulwurf außerdem noch einen sichelförmigen Knochen. Dieses Sichelbein verbreitert die Hand zusätzlich. Alle Finger haben kräftige und scharfe Krallen. Sie sind für die Wühlarbeit bestens geeignet. Die kurzen Hinterbeine dienen dagegen vorwiegend der Fortbewegung.
Zum Aufspüren der Beutetiere helfen dem Maulwurf sein guter Geruchssinn, sein feines Gehör und sein ausgezeichneter Tastsinn. Die Sehfähigkeit ist dagegen nicht besonders gut.
Die Augen sind klein und im Fell verborgen. Ohrmuscheln fehlen ganz. Mund- und Nasenöffnung sind nach unten gerichtet. Beim Graben werden die Ohren, Mund und Nase durch besondere Hautfalten verschlossen, damit Sand und Erde nicht eindringen können.

Jäger in der Nacht

📖 **1.** Betrachtet den Fledermauskopf genau. Welches Sinnesorgan fällt besonders auf? Was könnt ihr daraus schließen?

📖 **2.** Fledermäuse jagen ihre Beute in der Dämmerung und sogar im Dunkeln. Beschreibt mithilfe des Buchtextes, wie Fledermäuse sich nachts orientieren.

📖 **3.** Worin unterscheidet sich der Bau des Fledermausflügels von dem des Vogelflügels? Betrachtet dazu auch das Skelett eines Vogelflügels und das eines Fledermausflügels und beschreibt die Unterschiede.

Fingerknochen
Mittelhandknochen
Handwurzelknochen
Daumen
Unterarmknochen
Fuß
Oberarmknochen

📝 **4.** Fledermäuse gehören zu den Säugetieren. Listet auf, welche Merkmale der Säugetiere bei den Fledermäusen zu finden sind.

📝 **5.** Stellt auf ▶ Plakaten das Leben einer Fledermausart im Tages- und Jahresverlauf dar.

Aus dem Leben der Tiere

Orientierung der Fledermäuse

In der Dämmerung und nachts gehen Fledermäuse im Sommer auf die Jagd. Sie müssen ständig mit den Flügeln schlagen, um in der Luft zu bleiben. Daher nennt man sie Flatter- oder Fledertiere. Trotz ihrer flatternden Bewegungen und des Zick-Zack-Fluges sind sie äußerst schnelle Jäger.
Ihre Beutetiere sind Käfer, Nachtfalter und andere Insekten. Mit ihren kleinen Augen können die Fledermäuse ihre Beute nur schlecht erkennen. Wie nehmen sie Insekten, die sie im Flug erbeuten, aber dennoch wahr?
Fledermäuse stoßen ständig sehr hohe Töne aus. Es sind Ultraschall-Laute, die wir nicht hören können. Treffen diese Schallwellen auf ein Hindernis, so wird der Schall als Echo zurückgeworfen und mit den großen Ohren aufgefangen. Anhand von Richtung und Stärke der zurückgeworfenen Schallwellen erkennt die Fledermaus Größe und Entfernung eines Gegenstandes. So kann sie Hindernissen ausweichen oder Insekten erbeuten.

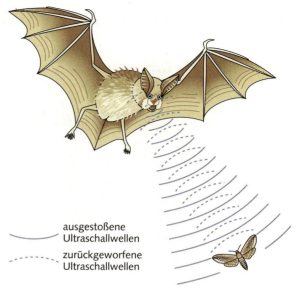

— ausgestoßene Ultraschallwellen
--- zurückgeworfene Ultraschallwellen

1 Orientierung über Ultraschall

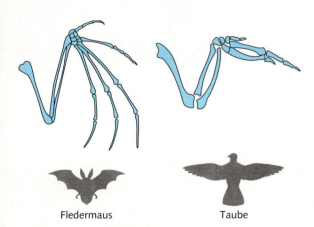

Fledermaus   Taube

2 Flügelskelett von Fledermaus und Vogel

Lebensweise

Tagsüber schlafen Fledermäuse in dunklen Verstecken wie in Höhlen, im Gebälk alter Gebäude oder auch in hohlen Bäumen. Sie krallen sich mit ihren Hinterbeinen fest und hängen mit dem Kopf nach unten.
Fledermausweibchen bringen meist ein Junges pro Jahr zur Welt. Die Neugeborenen sind zunächst nackt und blind. In den ersten Wochen werden sie im Flug mitgenommen, wobei sie sich im Fell der Mutter festklammern. Im Alter von etwa sieben Wochen beginnen die Jungtiere selbst zu fliegen. Im Herbst werden die Insekten knapp. Sie sind jedoch die Hauptnahrung der meisten Fledermausarten in Europa. Um den Winter und das geringe Nahrungsangebot überstehen zu können, fliegen Fledermäuse in frostsichere Winterquartiere. Dort bilden sie oft große Kolonien. So wärmen sie sich gegenseitig und halten ▶ Winterschlaf.

Bau eines Fledermausflügels

Fledermäuse sind ▶ Säugetiere. Abgesehen von den Flügeln ist ihr Körper mit Fell bedeckt.
Ihre Flügel unterscheiden sich stark von Vogelflügeln. Am Skelett sind die Unterschiede besonders gut zu erkennen. Bei Vögeln bilden hauptsächlich die Armknochen den Flügel, bei Fledermäusen sind es die Handknochen. Zwischen den Knochen der Gliedmaßen und dem Schwanz befinden sich Flughäute. Mit ihrer Hilfe können Fledermäuse ausgezeichnet fliegen.
Daumen und Füße ragen über die Flughäute hinaus. Mit ihnen können sich die Fledermäuse festhalten und klettern.

3 Ruhende Fledermäuse

135

Vögel im Umfeld der Schule

📖 **1.** Wo können Vögel brüten? Fertige eine Zeichnung wie in dieser Abbildung an. Zeichne Vogelnester und Nistmöglichkeiten ein. Der Informationstext hilft dir dabei.

📖 **2.** Betrachtet die Abbildungen auf diesen Seiten. Beschreibt, was die Vögel jeweils tun. In welcher Jahreszeit finden die Tätigkeiten statt?

📖 **3.** Während der Brutzeit dürft ihr nicht in die Nistkästen schauen. Beschreibt an Hand der unteren Abbildung, was im Innern des Nistkastens vor sich geht.

🔍 **4.** Sucht im Herbst ein verlassenes Amselnest. Ihr findet es in Gebüschen etwa einen Meter über dem Erdboden. Benutzt bei diesen Arbeiten Schutzhandschuhe.
a) Betrachtet und zeichnet das vollständige Nest von außen. Achtet besonders auf die Auspolsterung.
b) Rupft das Nest vorsichtig mit einer Pinzette auseinander und sortiert die Bestandteile. Findet heraus, um welches Material es sich handelt.
c) Könnt ihr danach das Nest wieder zusammenbauen? Zu welchem Ergebnis kommt ihr? Begründet.

📝 **5. a)** Fertigt gemäß der Abbildung einen Nistkasten für Höhlenbrüter an.
b) Sucht einen geeigneten Platz zum Aufhängen des Nistkastens. Bedenkt dabei die Gefährdungen durch natürliche Feinde der Vögel wie Katzen und durch Witterungseinflüsse wie Wind, Regen oder Schnee.

📝 **6.** Zahlreiche Vögel überwintern bei uns (▶ Standvögel). Richtet für diese Vögel einen Futterplatz ein. **Hinweis:** Nur bei Eis und Schnee füttern.

Herstellung eines Futtergemisches für Vögel:
- 300 g ungesalzenes Schweineschmalz
- 300 g einer Mischung aus Sonnenblumenkernen, kleinen Samen, Haselnussschrot, Weizenkleie, Haferflocken, getrockneten Vogelbeeren
- Nehmt das zimmerwarme Schmalz und knetet die Futtermischung unter, sodass ein Futterbrei entsteht und füllt diesen in einen kleinen Blumentopf. Lagert ihn im Kühlschrank.
- Bietet das Futtergemisch an einem sicheren Platz an. Dazu eignet sich eine Futterglocke, wie ihr sie in der Abbildung seht. Gebt an, welche Vorteile die Futterglocke für die Vogelfütterung bietet.

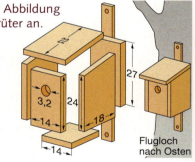

136

Aus dem Leben der Tiere

Wie Vögel nisten

Die verschiedenen Vogelarten bevorzugen unterschiedliche Plätze, wo sie ihre typischen Nester bauen.
- Buchfinken legen ihr Nest meist hoch in Astgabeln von Bäumen an. Man bezeichnet solche Vögel deshalb als **Baumbrüter**.
- Andere Vogelarten suchen Büsche, Hecken und Sträucher als Nistplatz auf. Dazu zählen die Amseln. Sie werden **Buschbrüter** genannt.
- Vögel, die ihre Nester direkt auf dem Boden oder in Bodennähe einrichten, heißen **Bodenbrüter**. Dazu gehören die Hühnervögel, wie die Fasane, denen eine Mulde im Boden genügt.
- Spechte, Meisen und Kleiber nisten in Höhlen oder Nischen. Man nennt sie deshalb **Höhlenbrüter**.

1 Spechte nisten in Höhlen

Im Revier der Amsel

Amseln kannst du das ganze Jahr über beobachten. Sie sind häufig in Gärten, Parkanlagen und auf dem Schulgelände anzutreffen.

Das Männchen erkennst du an seinem schwarzen Gefieder und dem gelben Schnabel. Das Weibchen ist dunkelbraun mit dunklem Schnabel. Wie bei allen **Singvögeln** singen nur die Männchen. Sie locken durch ihren Gesang die Weibchen an und markieren damit gleichzeitig ihr Revier.

Dringt ein Konkurrent in das Revier ein, wird er mit einem aufgeregten „tschik-tschik-tschik" empfangen. Mit gespreiztem Gefieder und vorgestrecktem Schnabel gehen die beiden Widersacher aufeinander los. Die Verfolgungsjagd dauert so lange, bis der Rivale vertrieben ist.

Nestbau und Brutpflege

Innerhalb seines Reviers baut das Amselpaar ein Nest. In einer Hecke formt das Weibchen aus dünnen Zweigen, Grashalmen und feuchter Erde eine Nestmulde, die mit Moos und Laub ausgepolstert wird. In das fertige Nest legt die Amsel vier bis fünf grüne, braun gefleckte Eier. Nach zwei Wochen Brutzeit schlüpfen die nackten, blinden und hilflosen Jungvögel. Es sind **Nesthocker**. Sie müssen von den Eltern gefüttert werden. Von morgens bis abends bringen die Altvögel Nahrung herbei: Insekten, Würmer, Spinnen und Raupen. Schon bei der kleinsten Erschütterung des Nestes reißen die Jungvögel die Schnäbel auf, sie **sperren**. Dabei wird ihr gelber Rachen sichtbar. In diesen Sperrachen stopfen die Eltern die Nahrung. Nach zwei Wochen verlassen die Jungen das Nest. Sie sind **flügge** und beginnen mit den ersten Flugversuchen.

2 Amseln.
A *Bei der Nahrungssuche;*
B *Streit unter Männchen;*
C *Sperrende Jungvögel mit Elternvogel*

Wie sich Vögel fortpflanzen

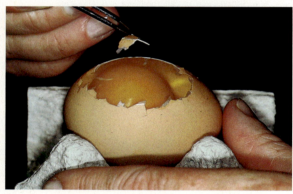

🔍 **1.** Untersucht ein Hühnerei.
Dazu benötigt ihr ein rohes Hühnerei, einen Eierkarton, einen Teelöffel, eine spitze Schere, eine Pinzette, eine flache Schale oder Untertasse und eine Lupe.

a) Legt das rohe Ei in die Mulde eines Eierkartons. Klopft mit dem Teelöffel vorsichtig auf die Oberseite des Eies, so dass in der Kalkschale Risse entstehen und die darunter liegende Haut möglichst nicht beschädigt wird.
Löst nun mit der Pinzette die Kalkschale Stückchen für Stückchen ab, bis eine Öffnung wie in der Abbildung entsteht. Schneidet die Schalenhäute vorsichtig mit der Schere auf.
b) Benennt die Bestandteile des Eies, die ihr durch die Öffnung erkennen könnt. Die Abbildung unten hilft euch dabei.
c) Zeichnet die Lage der Eibestandteile und beschriftet sie.
d) Dreht das offene Ei leicht hin und her und achtet auf die Lage des Dotters. Beschreibt eure Beobachtung.
e) Gießt den Inhalt des Eies vorsichtig in die Schale oder die Untertasse. Sucht die Keimscheibe auf der Dotterkugel.
Zieht vorsichtig mit der Pinzette an den Eischnüren. Was beobachtet ihr?

🔍 **2.** Untersucht ein gekochtes Ei. Welche Eibestandteile findet ihr wieder?

🔍 **3.** Haltet ein größeres Stück von der Eischale und von den Schalenhäuten gegen das Licht. Welche Beobachtung macht ihr? Überlegt die Bedeutung für den Vogelembryo.

📖 **4.** Auf der rechten Seite ist die Entwicklung vom Ei bis zum neugeborenen Vogel dargestellt. Schreibe zu jedem Entwicklungsstadium einen kurzen Text.

📖 **5.** Nennt andere Wirbeltierarten, die sich im Ei entwickeln.

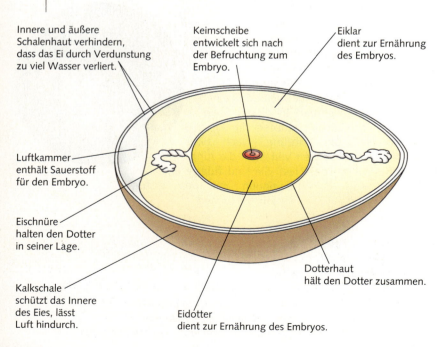

Innere und äußere Schalenhaut verhindern, dass das Ei durch Verdunstung zu viel Wasser verliert.

Keimscheibe entwickelt sich nach der Befruchtung zum Embryo.

Eiklar dient zur Ernährung des Embryos.

Luftkammer enthält Sauerstoff für den Embryo.

Eischnüre halten den Dotter in seiner Lage.

Kalkschale schützt das Innere des Eies, lässt Luft hindurch.

Dotterhaut hält den Dotter zusammen.

Eidotter dient zur Ernährung des Embryos.

Aus dem Leben der Tiere

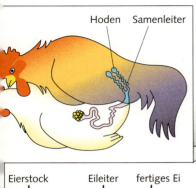

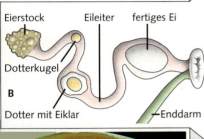

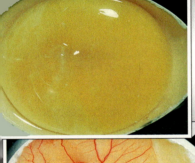

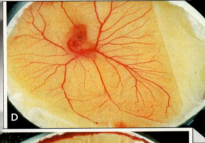

Alle Vögel entwickeln sich im Ei. Das lässt sich am einfachsten an unseren Haushühnern und im Hühnerei beobachten.

Die Entwicklung eines Eies beginnt im **Eierstock** der Henne. Dort wachsen winzige **Eizellen** zu Dotterkugeln heran. An deren Oberfläche befindet sich die **Keimscheibe** mit dem Kern der Eizelle. Die Dotterkugeln wandern nun einzeln durch den Eileiter und entwickeln sich zu einem vollständigen Ei. Nacheinander kommen das Eiklar, die Schalenhäute und die Kalkschale dazu. Kurze Zeit später legt die Henne das Ei.

Ein Küken entsteht nur dann, wenn das Ei vorher **befruchtet** wurde. Dies geschieht bei der Paarung. Der Hahn hockt auf einer Henne und beide pressen ihre Geschlechtsöffnungen aufeinander. So gelangen zahlreiche männliche Geschlechtszellen, die **Spermien**, in den Eileiter und wandern Richtung Eierstock zu einer Dotterkugel. Die Befruchtung ist erfolgt, wenn der Zellkern eines Spermiums mit dem Zellkern einer Eizelle verschmilzt.

Zum Heranwachsen des Embryos ist eine gleichmäßige Temperatur von 38 °C bis 40 °C notwendig. Dazu hockt die Henne auf den Eiern und wärmt sie mit ihrem Körper. Mit dem Schnabel wendet sie die Eier öfter, damit sie gleichmäßig durchwärmt werden. Dabei halten die **Eischnüre** den Dotter so, dass die Keimscheibe immer oben, also in der Nähe der Wärmequelle, bleibt. Aus der Keimscheibe entwickelt sich in etwa drei Wochen das Junge. In dieser Zeit liefern **Dotter** und **Eiklar** alle Nährstoffe, die es zu seinem Wachstum braucht. Am 21. Bruttag drückt das Küken von innen die Kalkschale mit dem **Eizahn**, einem Höcker auf dem Schnabel, auf und schlüpft aus dem Ei.

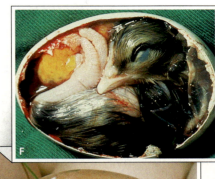

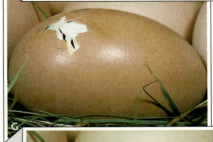

Vom Ei zum Küken. **A** *Paarung;*
B Entstehung; **C** *Dotter mit Keimscheibe;*
D Embryo am 6. Bebrütungstag;
E Embryo am 12. Bebrütungstag;

F *Embryo am 19. Bebrütungstag;*
G *Aufbrechen der Kalkschale;*
H *und* **I** *Küken schlüpft;*
J *der Federflaum trocknet*

Vögel – Wirbeltiere in Leichtbauweise

Federkleid
Der Vogelkörper ist ideal an das Leben in der Luft angepasst. Er ist **stromlinienförmig** gebaut und fast ganz von einem **Federkleid** bedeckt, nur Schnabel und Füße sind ohne Gefieder. Durch die dachziegelartige Anordnung der Federn werden Unebenheiten ausgeglichen. So kann die Luft ohne großen Widerstand vorbeiströmen. Unter den **Deckfedern** bilden die **Daunenfedern** eine wärmende Schutzschicht. Sie schließen viel Luft ein und bewahren den Vogel vor Wärmeverlust. Die Schwanzfedern dienen der Steuerung im Flug. Man bezeichnet sie daher auch als **Steuerfedern**. Die Flügel besitzen große, zum Fliegen notwendige **Schwungfedern**. An ihnen kann man besonders gut den Aufbau einer Feder erkennen. Von einem hohlen Schaft zweigen nach beiden Seiten viele Federäste ab. Sie bilden die Fahnen. Von jedem Federast zweigen wiederum Strahlen ab. Sie sind, wie bei einem Klettverschluss, miteinander verzahnt.

Skelett
Eine weitere Anpassung an den Lebensraum Luft ist das geringe Körpergewicht. Vögel haben ein Knochenskelett wie alle anderen Wirbeltiere. Trotzdem ist ein Vogel wesentlich leichter als ein Säugetier gleicher Größe. In den großen Röhrenknochen befindet sich Luft. Dadurch sind sie erheblich leichter als die mit Mark gefüllten Säugetierknochen. Ein Netzwerk aus knöchernen Verstrebungen verleiht ihnen Stabilität.

Die Wirbelsäule ist starr, da alle Wirbel von der Brust bis zum Schwanz miteinander verwachsen sind. Dadurch können Vögel während des Fluges die richtige

1. In der Abbildung sind die unterschiedlichen Federn eines Vogels dargestellt. Welche Aufgaben haben sie? Lies im Informationstext nach.

2. Beschafft euch möglichst viele unterschiedliche Vogelfedern. Benutzt dabei Schutzhandschuhe. Betrachtet sie genau und sortiert sie nach gemeinsamen Merkmalen. Begründet eure Zuordnung.

3. Untersucht das Skelett eines Brathähnchens.
a) Vergleicht die Knochen mit der Abbildung des Vogelskelettes.
b) Versucht einen Oberarmknochen des Hähnchens zu zerbrechen. Benutzt dabei Arbeitshandschuhe und Schutzbrille.
c) Durchtrennt verschiedene Knochen des Flügel- und Beinskelettes mit einer Laubsäge. Beschreibt und zeichnet den Knochenaufbau.
d) Vergleicht den durchtrennten Knochen des Hähnchens mit nebenstehender Abbildung von Säugetierknochen, die quer aufgeschnitten sind.
e) Welchen Vorteil bringt der Knochenbau der Vögel?

4. Beschreibt die Anpassung der Vögel an das Leben in der Luft. Berücksichtigt dabei den Körperbau, die Ernährungsweise und die Fortpflanzung.

Aus dem Leben der Tiere

Körperhaltung bewahren. Auch die Rippen und das Brustbein sind fest miteinander verbunden. An dem kielförmig gebauten Brustbein sitzen die starken Brustmuskeln, mit denen die Flügel bewegt werden.

Luftsäcke

Eine besondere Einrichtung bei Vögeln sind die **Luftsäcke**. Sie zweigen von der Lunge ab und liegen zwischen den Muskeln und Organen des Rumpfes. Einige reichen bis in die Knochen. In den Luftsäcken kann der Vogel zusätzlich Luft aufnehmen. Dies macht ihn in Bezug auf sein Körpervolumen leichter als ein Säugetier.

Ernährungsweise

Auch die Ernährungsweise der Vögel ist dem Fliegen angepasst. Vögel fressen häufig. Dabei nehmen sie aber immer nur kleine Mengen an Nahrung zu sich. Die Nahrung wird rasch verdaut. Unverdauliche Reste werden schnell ausgeschieden. So wird der Körper nicht durch zusätzliches Gewicht belastet.

Fortpflanzung

Sogar die Art der Fortpflanzung dient der Gewichtsverminderung. Vögel pflanzen sich mithilfe von Eiern fort. Diese reifen nicht gleichzeitig, sondern nacheinander. Sie werden mit zeitlichem Abstand gelegt. So spart der Vogel Gewicht. Außerdem entwickeln sich die Jungen außerhalb des Vogelkörpers. Auch das bringt im Vergleich zu den Säugetieren eine Gewichtseinsparung.

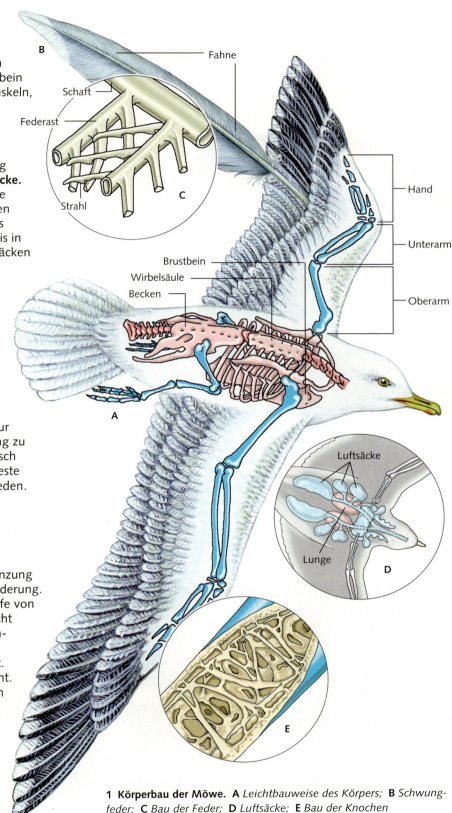

1 Körperbau der Möwe. A *Leichtbauweise des Körpers;* B *Schwungfeder;* C *Bau der Feder;* D *Luftsäcke;* E *Bau der Knochen*

141

Wie Vögel fliegen

📖 **1.** Beschreibt anhand der Abbildung die Flugtechnik der Blaumeise. Achtet dabei auf den Einsatz der Flügel und die Stellung der Schwungfedern.

📖 **2.** Ihr seht auf der Abbildung das Fluggelände eines Mäusebussards. Wie nutzt er unterschiedliche Geländeformationen als Flughilfe? Beschreibt sein Flugverhalten.

📖 **3.** Erklärt die Begriffe „Ruderflug", „Segelflug", „Rüttelflug" und „Schwirrflug". Ordnet sie unterschiedlichen Vogelarten zu. Benutzt dazu den Informationstext.

Flugtechnik
Die Flugtechnik der Vögel ist beim Höckerschwan gut zu beobachten. Bevor der Schwan von einer Wasserfläche auffliegen kann, nimmt er Wasser tretend einen langen Anlauf. Dabei bewegt er die Flügel auf und ab, um die Erdanziehungskraft zu überwinden und den nötigen Auftrieb zu erzeugen.

Beim Abwärtsschlag werden die Flügel schräg nach unten geführt. Die Federn bilden eine geschlossene, luftundurchlässige Fläche. So kann sich der Schwan in der Luft halten und gleichzeitig einen Vorwärtsschub entwickeln.

2 Ruderflug des Höckerschwans

1 Auffliegender Höckerschwan

Aus dem Leben der Tiere

3 Segelflug des Mäusebussards

5 Schwirrflug das Kolibris

Beim Aufwärtsschlag werden die Federn so gedreht, dass die Fahnen der Federn senkrecht stehen und die Luft zwischen ihnen hindurch strömen kann. Die Flügel werden angewinkelt nach oben gezogen, so dass der Flug durch den Luftwiderstand nicht abgebremst wird und der Schwan so wenig wie möglich an Höhe verliert. Diese Art des Fliegens nennt man **Ruderflug.** Er ist die häufigste Art des Vogelflugs. Die Landung erfolgt im **Gleitflug.** Dabei werden die Flügel nicht mehr bewegt, sondern ausgebreitet in der Luft gehalten. Die Anziehungskraft der Erde sorgt dafür, dass der Vogel langsam zu Boden gleitet. Die Flügel bremsen wie ein Fallschirm und der Schwanz wird als Steuer eingesetzt.

Größere Vögel wie der ▶ Mäusebussard können sich auch während des Fluges lange Zeit ohne Flügelschlag in der Luft halten. Sie nutzen bei ihrem Segelflug aufsteigende warme Luftströmungen oder Aufwinde aus, wie das auch Segelflieger tun.

Eine ganz besondere Flugtechnik beherrschen die Kolibris. Sie bewegen ihre Flügel bis zu 70 mal in der Sekunde vor und zurück. Dadurch können sie im **Schwirrflug** auf der Stelle „stehen", senkrecht nach oben oder unten und sogar rückwärts fliegen. Auch der ▶ Turmfalke „steht" beim **Rüttelflug** auf der Stelle. Er benutzt diese Technik, um den Erdboden nach Beutetieren abzusuchen. Dabei bewegt er seine Flügel sehr schnell. Die Schwanzfedern sind breit gefächert gegen die Flugrichtung gestellt und wirken als Bremse.

4 Rüttelflug des Turmfalken

Fliegen

Vögel, Fledermäuse, viele Insekten und von Menschenhand gebaute Flugmaschinen ähneln sich in ihrer Form. Sie fliegen nach denselben physikalischen Gesetzen. Ihr könnt in Gruppen Versuche zum Fliegen durchführen. Vielleicht habt ihr auch eigene Ideen zum Thema „Fliegen".

1. Der beste Papierflieger
Faltet nach der Abbildung A aus einem DIN-A4-Papier einen Flieger. Faltet zunächst entlang der Mittellinie AB und klappt den Bogen wieder auf. Knickt anschließend den Bogen so, dass die Eckpunkte C und D auf die Mittellinie treffen. Macht das Gleiche mit den so entstandenen Eckpunkten E und F. Faltet nun jede Seite längs der Linie GH zurück. Knickt die Flügelenden entlang der Linie IJ.

Unternehmt nun Flugversuche und verbessert die Flugeigenschaften, indem ihr leichte Veränderungen an der Konstruktion vornehmt. Beschwert den Papierflieger an der Spitze mit einer Büroklammer. Wie verändert sich das Flugverhalten? Berichtet.
Beschwert den Papierflieger nun am hinteren Teil. Welches Flugverhalten zeigt er nun?
Kennt ihr noch andere Faltpläne für Papierflieger? Probiert sie aus und vergleicht, welcher am besten fliegt.

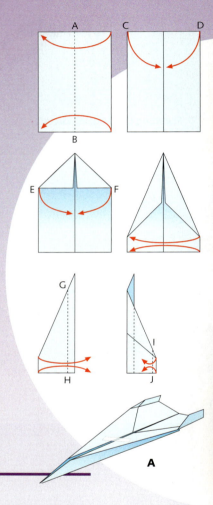

A

2. Das fliegende Ei
Baut Flugmaschinen, die ein Ei transportieren können. Das Ei soll bei der Landung nicht beschädigt werden. Für die Flugmaschine erhält jede Gruppe das gleiche Material:
5 Bögen Papier, 2 Bögen Karton, Seidenpapier, Schere, Klebestift, Klebefilm, Bindedraht, Watte, Schnur, 2 Luftballons, 1 rohes Ei.

Ihr habt 60 Minuten Zeit. Nach dieser Zeit werden alle Flugmaschinen im Freien aus einer Höhe von mindestens vier Metern fallen gelassen.
Ermittelt in einem Wettbewerb, mit welcher Flugmaschine das Ei unbeschädigt auf der Erde ankommt.

3. Das Geheimnis des Auftriebes
Überlegt, wie eine Versuchsanordnung aufgebaut sein muss, mit der man nachweisen kann, dass warme Luft nach oben steigt. Ihr erhaltet für den Versuch folgendes Material:

Teelicht, Glasröhre (Durchmesser 4 cm – 5 cm), Stativ mit Klemmenhalter, Streichhölzer, Daunenfeder.

Fertigt eine Versuchsskizze an. Schreibt die Durchführung auf. Haltet eure Beobachtungen und das Versuchsergebnis in einem Protokoll fest. Erklärt das Verhalten der erwärmten Luft.

Erläutert, wie ein Vogel im Segelflug ohne Flügelschlag an Höhe gewinnen kann.
Führt zum Auftrieb einen weiteren Versuch wie in Abbildung B durch:
Knickt ein Blatt Papier an der schmalen Seite um und klebt es wie ein Fähnchen an einen Bleistift. Was geschieht mit dem Blatt, wenn ihr darüber blast?

Erklärt eure Beobachtungen mithilfe des Querschnittes einer Tragfläche in Abbildung B. Vergleicht die Tragfläche mit einem Vogelflügel.

144

Aus dem Leben der Tiere

4. Federn – Original und Modell
Vergleicht eine Vogelfeder mit einem Modell aus Bindedraht und Papier von gleicher Größe.
Für diesen Versuch braucht ihr:
Eine große Schwungfeder, DIN A4-Papier, Zeichenstift, Schere, Waage und Bindedraht.

Zeichnet die Umrisse der Schwungfeder auf das Blatt Papier und schneidet die Papierfeder aus. Als Schaft verwendet den Bindedraht. Bestimmt das Gewicht der Originalfeder und des Modells mit der Waage. Welche Bedeutung hat das Ergebnis für das Federkleid eines Vogels?

Bewegt das Papiermodell und die Originalfeder hin und her. Vergleicht die Festigkeit.
Biegt den Schaft der echten Feder und den Bindedraht hin und her. Was beobachtet ihr?
Erläutert, welche Vorteile die Eigenschaften der Federn für Vögel haben.

5. Federn – tolles Material mit genialen Eigenschaften
Mithilfe der folgenden Versuche könnt ihr weitere Eigenschaften von Federn überprüfen. Ihr braucht dazu:
Mehrere Schwungfedern und Deckfedern, eine Kerze, einen Trinkhalm, ein Glas Wasser, ein Binokular, Objektträger und Klebstoff.

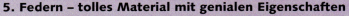

a) Taucht eine Deckfeder in ein Glas mit Wasser und nehmt sie wieder heraus.
Beschreibt, was ihr beobachtet. Erläutert, welchen Vorteil diese Eigenschaft der Federn für die Vögel hat.

b) Haltet eine Schwungfeder wie in Abbildung D vor eine brennende Kerze und versucht, die Flamme mit dem Strohhalm durch die Fahne der Feder hindurch auszublasen. Beschreibt, was ihr beobachtet. Erläutert, welchen Vorteil diese Eigenschaft der Federn für die Vögel hat.

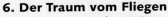
C

D

c) Nehmt eine Deckfeder und streicht zunächst mit den Fingern sanft von der Spule zur Spitze der Feder und anschließend in die andere Richtung. Macht dieselbe Bewegung mehrmals.
Was passiert, wenn ihr von der Spule zur Spitze streicht? Was passiert, wenn ihr von der Spitze zur Spule streicht? Beschreibt eure Beobachtungen und erläutert den Vorteil für die Flugeigenschaften.

d) Betrachtet eine Feder mit offenen und geschlossenen Ästen unter dem ▶ Binokular. Klebt dazu wie in Abbildung C eine Feder an zwei Punkten auf eine feste Unterlage. Fertigt eine ▶ Sachzeichnung an.
Erklärt nun die Beobachtungen aus den Versuchen unter Punkt c).

6. Der Traum vom Fliegen
„Der Traum vom Fliegen ist so alt wie die Menschheit." So beginnt ein Buch über die Geschichte der Fliegerei.
Verschafft euch einen Überblick über die Entwicklung von Flughilfen und Flugmaschinen, von den ersten einfachen Flugversuchen bis zu den heutigen Jets und Space Shuttles. Informationen findet ihr z. B. in Sachbüchern oder im ▶ Internet.
Recherchiert unter folgenden Stichworten:

- Dädalus und Ikarus
- Leonardo da Vinci
- Brüder Montgolfier
- Wilbur und Orville Wright
- Otto Lilienthal
- Graf Zeppelin
- Concorde
- Airbus A380
- Space Shuttle

Stellt eure Ergebnisse in einer Präsentation vor. Dies könnte eine ▶ Ausstellung mit Büchern, Plakaten und kleinen Modellen sein.

145

Spezialisten an Bäumen

A

📖 **1.** Die Zeichnung zeigt Buntspechte bei verschiedenen Tätigkeiten am Baum. Nenne das jeweils dargestellte Verhalten.

📖 **2.** Erläutere, wie Spechte an das Leben an Bäumen angepasst sind.

	Zungen-länge	Schnabel-länge
Schwarzspecht	18 cm	6,3 cm
Buntspecht	6 cm	2,5 cm
Kleinspecht	3 cm	1,4 cm

📖 **3.** Die Schnäbel von Buntspecht (A), Kleiber (B) und Gartenbaumläufer (C) verraten etwas über die Nahrungsorte. Erläutere.

B

C

📖 **4. a)** Erläutere die jeweilige Zusammensetzung der „Speisezettel" von Spechtarten im Verlauf eines Jahres anhand der Diagramme in den unteren Abbildungen.

b) Erläutere am Beispiel von Buntspecht, Schwarzspecht und Kleinspecht, wie sich diese die Nahrung „aufteilen" und wodurch dieses geschieht.

c) Zur Brutzeit im Mai/Juni ändert sich beim Buntspecht die Zusammensetzung der Nahrung. Nenne mögliche Gründe.

Aus dem Leben der Tiere

Im Revier der Spechte

Im Frühjahr kann man im Wald kurze Trommelwirbel hören. Sie stammen von Spechten, die in kurzer Folge mit ihrem Schnabel auf einen trockenen Ast hämmern. Da Spechte nicht wie Singvögel singen können, grenzen sie auf diese Weise ihr Revier ab und locken paarungswillige Weibchen an. Wenn man den Trommelwirbeln nachgeht, findet man häufig einen **Buntspecht**. Er ist etwa so groß wie eine Amsel und schwarz-weiß-rot gekennzeichnet.

Körpermerkmale der Spechte

Spechte sind für das Leben auf Bäumen gut ausgerüstet. Ihre Beine sind kurz, so dass sie sich dicht an den Stamm anschmiegen können. Ihre vier Zehen haben spitze, gebogene Krallen. Zwei Zehen weisen nach vorn und zwei nach hinten. Wenn sie mit diesen **Kletterfüßen** an einem Baum hochhüpfen, dienen die vorderen Zehen als Aufhängehaken, die beiden hinteren stützen die Spechte ab. Der Schwanz ist mit besonders starken Federn besetzt und wird beim Sitzen am senkrechten Stamm gegen diesen gedrückt. So gibt der **Stützschwanz** den Vögeln sicheren Halt.

Mit dem keilförmigen und harten **Meißelschnabel** können Spechte die Borke von Bäumen und morsches Holz leicht abspalten und damit Insektenlarven in ihren Fraßgängen freilegen. In diese schnellt dann die lange, dünne und biegsame **Schleuderzunge** hinein. Die verhornte Zungenspitze trägt harpunenartige Widerhaken. Mit ihr werden größere Beutetiere wie Larven von Käfern aufgespießt. Kleinere bleiben an der klebrigen Zunge haften.

Spechtschmieden

Vor allem in den Wintermonaten, wenn Spechte nur wenige Insekten und Spinnen finden, ernähren sie sich unter anderem von den fettreichen Samen der Kiefern und Fichten. Um an die Samen zu gelangen, „pflücken" sie die Zapfen und klemmen diese in eine Astgabel oder in Risse der Rinde. Nun hämmern sie auf diese ein und legen so unter den einzelnen Zapfenschuppen die Samen frei. Solche Spechtschmieden erkennt man an den vielen Zapfenresten, die am Fuße eines Baumes herumliegen.

Höhlenbrüter

Hat sich ein Buntspechtpärchen gefunden, meißelt es eine Nisthöhle in einen meist schadhaften, morschen Baum. Dort zieht es seine Jungen groß.

1 Buntspechte, Kleiber und Baumläufer an einem alten Baum.
A *Spechtschmiede;* B *Spechtweibchen beim Aufspießen einer Insektenlarve;* C *Bruthöhle des Buntspechtes mit Eiern;* D *Buntspechtmännchen;* E *Stützschwanz;* F *Kletterfuß;* G *Kleiber, auch „Spechtmeise" genannt;* H *Gartenbaumläufer*

Kleiber dagegen sind Nachmieter solcher Höhlen. Sie zimmern sich keine Höhlen selbst. Ist das Einschlupfloch für sie zu groß, verkleben sie es mit Lehm. Den Baumläufern, die stets in Spiralen die Bäume hinaufklettern, genügt eine Nische hinter abstehender Rinde, um dort ein Nest anzulegen.

147

Greifvögel

Greifvögel besitzen leistungsstarke Augen, Greiffüße mit scharfen Krallen und einen Hakenschnabel. Dadurch sind sie gut an die Jagd aus der Luft angepasst. Ihre Beute verschlingen sie mit Haut und Haar. Die unverdaulichen Reste werden nach ca. 24 Stunden als Gewölle wieder ausgewürgt. Zu den häufigsten einheimischen Arten zählen der Mäusebussard und der Turmfalke.

Mäusebussard

Spannweite: ♀ und ♂ 130 cm
Lebensraum: offene Landschaften mit Waldstücken
Lebensweise: jagt von erhöhtem Ansitz aus meist Kleinsäuger, schlägt sie am Boden, frisst auch Aas; ausdauernder Segler
Fortpflanzung: Horst auf hohen Bäumen; Brutzeit März–Juni

Habicht

Spannweite: ♀ 114 cm, ♂ 97 cm
Lebensraum: abwechslungsreiche Waldlandschaften, auch in der Nähe von Siedlungen
Lebensweise: ernährt sich von Tauben, Rebhühnern, Eichhörnchen und Kaninchen; Überraschungsjäger
Fortpflanzung: großer, gut versteckter Horst auf hohen Nadelbäumen; Brutzeit März–Juli

Roter Milan

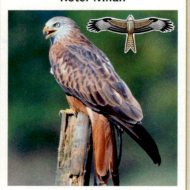

Spannweite: ♀ und ♂ 155 cm
Lebensraum: überwiegend offene Landschaften
Lebensweise: ernährt sich von kleinen Säugetieren und Vögeln, auch von kranken Tieren, Abfall und Aas
Fortpflanzung: Horst auf hohen Bäumen; Brutzeit April–Juni

Turmfalke

Spannweite: ♀ 80 cm, ♂ 77 cm
Lebensraum: Kulturlandschaften; vielfach an Autobahnen und Landstraßen
Lebensweise: ernährt sich von Kleinsäugern, Insekten und Jungvögeln
Fortpflanzung: Horste in alten Krähennestern, Baumhöhlen oder Gebäudenischen; Brutzeit April–Juni

1. Ordne die Flugbilder den entsprechenden Greifvögeln zu.

A

B

C

D

2. Halte einen kurzen ▶ Vortrag über einen Greifvogel deiner Wahl. Informiere dich zusätzlich in Fachbüchern oder im Internet.

Aus dem Leben der Tiere

Mit Fluggeräten fliegen

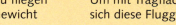

Der Mensch hat zahlreiche Fluggeräte erfunden, mit denen er fliegen kann. Sie haben alle eines gemeinsam: Sie müssen der Erdanziehungskraft entgegen wirken, um nicht abzustürzen.

Auftrieb

Fluggeräte sind schwerer als Luft. Um zu fliegen müssen sie Auftrieb erzeugen, der ihr Gewicht ausgleicht. Dabei spielt die Form der Tragflächen eine wichtige Rolle. Sie sind ähnlich gebaut wie die ▶ Flügel der Vögel. Die Luft strömt oben schneller um den Flügel als unten. Ab einer bestimmten Strömungsgeschwindigkeit entsteht oberhalb des Flügels ein geringerer Luftdruck als unterhalb. Dadurch wird der Vogel oder das Fluggerät nach oben gedrückt und in der Luft gehalten.

Manche Fluggeräte, wie das Luftschiff oder der Heißluftballon, besitzen keine Tragflächen. Luftschiffe sind mit einem Gas gefüllt, das leichter ist als Luft. Die erhitzte Luft im Heißluftballon ist leichter als die umgebende Kaltluft. So entsteht der Auftrieb.

Vorwärtsschub

Um mit Tragflächen Auftrieb zu erzeugen, müssen sich diese Fluggeräte schnell genug gegen den Luftwiderstand vorwärts bewegen. Vögel schlagen mit den Flügeln, um diesen Vorwärtsschub zu erreichen. Schwere Vögel wie Schwäne müssen zusätzlich Anlauf nehmen. Flugzeuge und viele andere Fluggeräte erzeugen den Vorwärtsschub mit Motorkraft durch Propeller oder Düsen. Beim Hubschrauber sind die Rotorblätter ähnlich geformt wie die Tragflächen von Flugzeugen und erzeugen gleichzeitig den Auftrieb und den Vorwärtsschub. Deshalb kann ein Hubschrauber aus dem Stand aufsteigen. Gleitschirmflieger erhalten den Vorwärtsschub, indem sie mit ihrem Fluggerät ein steiles Gelände hinunter rennen. Ein Heißluftballon kann und braucht keinen Vorwärtsschub zu entwickeln. Die Flugrichtung und die Geschwindigkeit hängen vom Wind ab.

2 Fluggeräte. A *Hubschrauber;* B *Luftschiff;* C *Gleitschirm;* D *Heißluftballon;* E *Segelflugzeug*

1. Segelflugzeuge haben keinen Motor. Erläutert, wie es bei diesen Flugzeugen zum Auftrieb und Vorwärtsschub kommt. Denkt daran, wie diese Flugzeuge gestartet werden.

2. Haltet einen Kurzvortrag über ein Fluggerät eurer Wahl. Informiert euch zusätzlich im Internet oder in Fachbüchern. Vielleicht berät euch ein Hobbyflieger.

Eidechsen lieben warme Lebensräume

📖 **1.** Beschreibe anhand der Abbildung, wie sich Eidechsen fortbewegen. Das Modell in Aufgabe 7 kann zur Veranschaulichung dienen.

📖 **2.** In der Abbildung auf der gegenüberliegenden Seite ist ein Zauneidechsenpaar dargestellt. Beschreibe die Unterschiede zwischen Weibchen und Männchen.

✏️ **3.** Erstelle von der Zauneidechse einen ▶ Steckbrief. Informiere dich dazu auch in Tierbüchern, Lexika und im ▶ Internet.

📖 **4.** Wenn man einen Garten eidechsenfreundlich anlegen möchte, muss man auf bestimmte Merkmale achten. Nenne typische Merkmale für den Lebensraum der Eidechsen.

📖 **5.** Die nebenstehenden Abbildungen A, B, C zeigen Stationen aus der Entwicklung von Zauneidechsen. Beschreibe die Abbildungen.

📖 **6.** Vergleiche die Entwicklung der Eidechsen mit der Entwicklung von Lurchen und der Entwicklung von Vögeln. Lege eine Tabelle für jeder Tiergruppe an und notiere Unterschiede und Gemeinsamkeiten.

🔍 **7.** Anhand des Modells lässt sich die Fortbewegung von Echsen veranschaulichen. Fertige nach der Anleitung das Modell. Stelle den zu Aufgabe 1 dargestellten Bewegungsablauf dar und vergleiche die Bewegung am Modell mit der Bewegung in der Wirklichkeit.

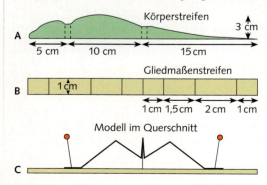

Du benötigst Zeichenkarton; Klebstoff; 4 Stecknadeln; Platte aus Styropor (ca. 30 cm x 10 cm); Schere; Bleistift; Lineal
Zeichne auf Zeichenkarton einen Körperstreifen (Abbildung A) und 2-mal den Gliedmaßenstreifen (Abbildung B) mit den angegebenen Maßen. Knicke die Gliedmaßenstreifen wie in Abbildung C. Klebe sie an den angegebenen Stellen mit Klebstoff an den Körperstreifen. Hefte das Eidechsenmodell mit Stecknadeln auf der Styroporunterlage fest.

Aus dem Leben der Tiere

1 Zauneidechsen: Männchen oben, Weibchen unten

Was sind Eidechsen?
An warmen und trockenen Sommertagen kann man manchmal Zauneidechsen beobachten, wie sie sich schnell fortbewegen. Die kurzen Beine stehen seitlich am Körper, der Bauch berührt fast den Boden. Mit schlängelnden Körperbewegungen kriechen die Eidechsen flink auf dem Boden und auch an Mauern und Bäumen. Eidechsen gehören in die Klasse der ▶ **Kriechtiere**. In unserer Heimat leben hauptsächlich die Zauneidechse und die Waldeidechse.

Eidechsen sind wechselwarme Tiere
Eidechsen haben eine Haut aus festen Hornschuppen. Sie schützt vor Austrocknung und Verletzungen. Weil dieser Schuppenpanzer nicht mitwächst, müssen sich Eidechsen von Zeit zu Zeit häuten. Unter der abgestreiften Haut hat sich bereits die neue Haut gebildet. Bei warmem sonnigem Wetter können sich Eidechsen schnell und ausdauernd bewegen. Bei niedrigen Temperaturen ist auch ihr Körper kalt und sie liegen starr in ihrem Versteck. Die Körpertemperatur der Eidechsen ist von der Umgebungstemperatur abhängig, sie sind somit **wechselwarm**. Den Winter überstehen sie in ▶ **Winterstarre** in einem Versteck.

Wovon ernähren sich Eidechsen?
Eidechsen können gut sehen und hören. Besonders gut entwickelt ist ihr Geruchssinn. Mit ihrer Zunge, die sie in kurzer Abfolge hervorstrecken, können sie Beutetiere riechen. Haben sie durch das „Züngeln" eine Beute wahrgenommen, stoßen die Eidechsen blitzschnell zu und verschlingen sie unzerkaut. Zauneidechsen fressen Fliegen, Heuschrecken, Würmer und Spinnen.

Fortpflanzung
Zauneidechsen leben als Einzelgänger. Nur zur Fortpflanzungszeit sind Weibchen und Männchen für kurze Zeit zusammen. Etwa vier Wochen nach der Paarung legt das Weibchen an einer warmen Stelle im Boden 5 bis 15 Eier ab. Anschließend verscharrt es das Gelege. Die Eier werden durch die Wärme des Bodens ausgebrütet. Sie sind von einer weichen schützenden Haut umgeben. Die Entwicklung dauert etwa acht Wochen. Nach dem Schlüpfen sind die jungen Zauneidechsen sofort selbstständig und können alleine nach Nahrung suchen.

2 Haut der Zauneidechse. **A** *Häutung;* **B** *abgestreifte Haut*

151

Schlangen – Fortbewegung ohne Beine

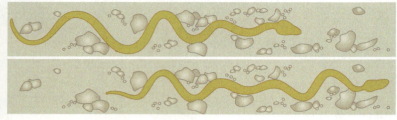

📖 **1.** Beschreibe anhand des nebenstehenden Textes und der Abbildungen oben, wie sich die Ringelnatter fortbewegt.

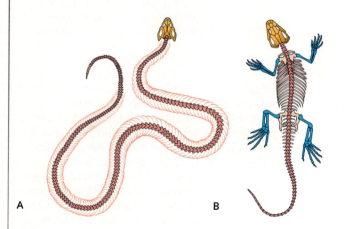

📖 **2.** Vergleiche die Skelette einer Schlange (A) mit dem Skelett einer Eidechse (B). Welche Gemeinsamkeiten, welche Unterschiede kannst du feststellen?

📖 **3.** Eidechsen und Schlangen sind ▶ Wirbeltiere. Erkläre diese Aussage anhand der Abbildungen A und B.

A   B

🔍 **4.** Erläutere mithilfes eines ▶ Modells, wie sich beim Öffnen des Mauls einer Kreuzotter der Giftzahn aufrichtet und beim Schließen wieder zurückklappt. Fertige dazu nach der Anleitung das Modell an und beschrifte die Teile anhand der Abbildung auf der gegenüberliegenden Seite.

Du benötigst: Zeichenkarton; kariertes Heftpapier; 3 Druckknöpfe; 1 dicke Nähnadel; 1 Brettchen (ca. 20 x 18 cm) aus weichem Holz; Bleistift; Lineal; Schere.

Übertrage die Flächen aus dem Teileplan nach den angegebenen Maßen auf kariertes Heftpapier. Klebe die Zeichnung auf Zeichenkarton. Schneide die Bauteile aus. Steche an den Punkten •A mit der Nähnadel ein Loch. Befestige die Bauteile an den Punkten •B mit Reißbrettstiften auf dem Holzbrett. Orientiere dich bei dem Zusammenbau an dem Bauplan. Verbinde die jeweiligen Teile an den Punkten •A so durch Druckknöpfe, dass die Teile beweglich sind.

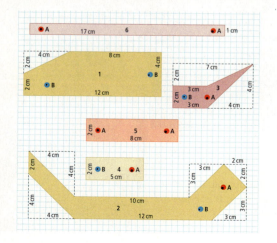
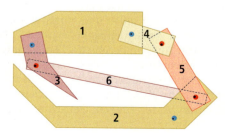

Aus dem Leben der Tiere

Auch Schlangen sind Kriechtiere

Ebenso wie die Echsen gehören auch Schlangen zu den ▶ Kriechtieren. Bei uns leben Ringelnatter, Schlingnatter und Kreuzotter. Sie sind selten geworden und stehen unter Naturschutz. Wird eine Schlange beim Sonnenbaden überrascht, schlängelt sie sich lautlos davon. Wie kann sie sich ohne Beine so wendig fortbewegen?

Schlangen laufen auf den Rippen

Schlangen haben eine Wirbelsäule mit vielen beweglichen Wirbeln und Rippenpaaren. Seitlich am Körper verlaufen starke Muskeln. Sie bewegen beim „Schlängeln" die Rippen nacheinander nach vorne. Dabei werden die Schuppen auf der Bauchseite aufgerichtet, in den unebenen Boden gestemmt und verankert. Werden die Schuppen anschließend wieder angelegt, schiebt sich der Schlangenkörper nach vorn. Schlangen brauchen also eine raue Oberfläche zur Fortbewegung. Auf Glas würden sie hin und her rutschen, ohne vorwärts zu kommen.

Ringelnattern verschlingen Frösche

Ringelnattern erkennt man an den hellen Flecken hinter dem Kopf. Sie können nicht nur auf dem Boden kriechen, sondern auch in Sträuchern und Bäumen klettern und ausgezeichnet mit seitlichen Schlängelbewegungen schwimmen und tauchen. Ringelnattern leben meist in feuchten Gebieten. Sie ernähren sich hauptsächlich von Fröschen, Molchen und kleineren Fischen. Hat eine Ringelnatter beispielsweise einen Frosch wahrgenommen, nähert sie sich lautlos und stößt dann plötzlich mit dem Kopf zu. Die nach hinten gerichteten Zähne packen den Frosch fest. Die Beute wird unzerkaut verschlungen.

Kreuzottern sind Giftschlangen

Eine Kreuzotter erkennt man an dem dunklen Zickzackband auf dem Rücken. Sie ist eine Giftschlange. Meist lauert die Kreuzotter unbeweglich auf Beute, zum Beispiel eine Maus. Kommt ein Beutetier in ihre Reichweite, beißt die Kreuzotter mit ihren **Giftzähnen** blitzschnell zu. Bevor sie zubeißt, richten sich in ihrem Oberkiefer zwei Giftzähne auf, die sonst in einer Hautfalte verborgen sind. Beim Schlangenbiss wird Gift durch eine kleine Öffnung in den Zähnen in die Beute gespritzt. Das Gift ist für die Maus tödlich.

Die Kreuzotter verschlingt auch Beutetiere, die größer als ihr Kopf sind. Dazu kann sie Ober- und Unterkiefer „aushängen". Das ist nur möglich, weil die beiden Hälften ihres Unterkiefers vorn nur durch ein elastisches Band miteinander verbunden sind. Sie können deshalb seitlich auseinanderweichen und unabhängig voneinander bewegt werden. Auf diese Weise kann sich das Maul so vergrößern, dass das Beutetier durchpasst. Durch schiebende Bewegungen wird das Beutetier nach und nach verschlungen. Die Kreuzotter gehört zu den **lebend gebärenden** Kriechtieren. Die Jungen besitzen schon bei der Geburt voll entwickelte Giftdrüsen und Giftzähne.

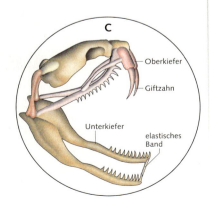

1 Kreuzotter. A *Schlängelbewegung;* **B** *Kopf mit Giftzähnen;* **C** *Kopfskelett.*

153

Einheimische Kriechtiere

Name: Europäische Sumpfschildkröte
Vorkommen: in stehenden oder langsam fließenden Gewässern; Ostdeutschland (selten)
Aussehen: 25 cm lang; dunkler Panzer mit gelben Tupfen; Kopf und Beine können unter den Panzer zurück gezogen werden
Nahrung: Kleintiere

Name: Blindschleiche

Name: Mauereidechse
Vorkommen: in trockenen, felsigen Gebieten des Rheintals und seinen Nebentälern
Aussehen: bis 20 cm lang; Schuppenkleid überwiegend bräunlich
Nahrung: Kleintiere

Name: Smaragdeidechse
Vorkommen: sonnige Lebensräume mit vielen Steinen; vorwiegend Süddeutschland (selten)
Aussehen: größte einheimische Eidechse; bis 40 cm lang; Schuppenkleid überwiegend grünlich mit schwarzen Punkten
Nahrung: Kleintiere

Name: Schlingnatter (Glattnatter)
Vorkommen: Wälder, Gebüsche; stellenweise häufigste einheimische Schlange
Aussehen: bis 75 cm lang; Schuppenkleid braun oder grau mit mehreren Reihen dunkelbrauner Flecken
Nahrung: vorwiegend Eidechsen; ungiftig

1. Worin unterscheiden sich Schildkröten von anderen Kriechtieren?

2. Informiere dich über die Blindschleiche und ergänze zu der Abbildung einen ▶ Steckbrief.

3. Erstelle einen ▶ Steckbrief von der ▶ Kreuzotter und von der ▶ Ringelnatter. Vergleiche die Tiere und stelle die Unterschiede und die Gemeinsamkeiten in einer Tabelle dar.

Aus dem Leben der Tiere

Kriechtiere warmer Länder

Pinnwand

Name: Mississippi-Alligator
Vorkommen: Flüsse und Sümpfe im Südosten der USA
Aussehen: 4 bis 6 m lang; Zähne bei geschlossenem Mund nicht sichtbar
Nahrung: Fische, Wasservögel, Säugetiere

Name: Brillenschlange (Kobra)
Vorkommen: südliches Asien
Aussehen: 150 bis 180 cm lang; kann sich aufrichten und den Nacken, der eine brillenartige Musterung hat, zu einer Scheibe spreizen
Nahrung: Lurche, Kriechtiere, Vögel und Kleinsäuger; giftig

Name: Netz-Python
Vorkommen: Regenwald in Südost-Asien
Aussehen: 8 bis 10 m lang; oberseits gelblich-braun mit dunkler netzförmiger Zeichnung
Nahrung: Vögel, Säugetiere und Eidechsen; tötet die Beute durch Umschlingen; ungiftig

Name: Seychellen-Riesenschildkröte
Vorkommen: einige Inseln im westlichen Indischen Ozean
Aussehen: bis 157 cm lang und 100 cm hoch; bis 215 kg schwer; Beine säulenartig; kann bis 180 Jahre alt werden.
Nahrung: Pflanzen

Name: Gemeines Chamäleon

Name: Komodo-Waran
Vorkommen: einige Inseln im Indischen Ozean
Aussehen: 2 bis 3 m lang; größte Echse der Welt; Schuppenkleid dunkel und sehr hart
Nahrung: Säugetiere bis zur Größe von Hirschen, Aas

1. Ergänze zu der Abbildung einen ▶ Steckbrief über das Chamäleon.

2. Erstellt im Team ▶ Steckbriefe von weiteren Kriechtieren möglichst mit Abbildungen. Ordnet die Steckbriefe nach Herkunftsregion des Kriechtieres auf einer Weltkarte zu. Stellt anschließend ein ▶ Informationsplakat zusammen.

3. In warmen Ländern gibt es mehr und größere Kriechtierarten als bei uns. Nenne Gründe für diese Erscheinung.

Saurier – Kriechtiere vergangener Zeiten

1 Saurier vor 270 bis 135 Millionen Jahren

1. Sammelt Informationen in Fachbüchern und im ▶ Internet zu verschiedenen Saurierarten. Erstellt jeweils ▶ Steckbriefe möglichst mit Abbildungen und mit Angaben von Größe, Körperbau und Lebensweise des Sauriers. Stellt anschließend ein ▶ Plakat zusammen.

2. Die pflanzenfressenden Langhalsechsen wurden bis 26 m lang. Berechne, wie viele Tiere des ▶ Mississippi-Alligators, eines der größten heutigen Kriechtiere, man hintereinanderlegen müsste, um diese Länge zu erreichen.

Es gibt kaum Tiere, die uns so faszinieren, wie die Saurier. Die ausgestorbenen Saurier bevölkerten vor 270 bis 70 Millionen Jahren die Erde. Heute finden wir von ihnen noch viele Spuren wie Knochen, Zähne, Eierschalen und Fußabdrücke. Wissenschaftler versuchen, wie bei einem Puzzle, aus den Einzelspuren ein möglichst genaues Bild vom Aussehen und von der Lebensweise dieser ausgestorbenen Tiere zusammenzusetzen. Mithilfe moderner Computeranimationen kann man diese urzeitlichen Tiere wieder „zum Leben erwecken" und sich somit eine nahezu realistische Vorstellung von ihnen machen. Saurier waren Kriechtiere. Sie hatten eine schuppige Haut. Zum Schutz vor Feinden besaßen manche Arten Panzer aus Hornplatten oder spitze Stacheln

Aus dem Leben der Tiere

2 Saurier vor 135 bis 70 Millionen Jahren

auf der Haut. Die Nachkommen schlüpften aus Eiern. Saurier lebten bevorzugt in warmen Erdregionen und kamen in allen Lebensräumen vor. Verschiedene Arten der **Flugsaurier** herrschten in der Luft, **Fischsaurier** im Wasser und **Dinosaurier** auf dem Land. Manche Saurierarten lebten in Herden zusammen, andere vermutlich als Einzelgänger. Man findet Spuren von friedlichen Pflanzenfressern, aber auch von räuberischen Fleischfressern. Bei den Dinosaurierarten gab es neben vierfüßigen Arten auch solche, die nur auf den Hinterbeinen liefen.
Bei vielen Sauriern staunen wir immer wieder über die enormen Körpermaße mancher Arten. Der bisher größte Skelettfund eines Sauriers hat eine Länge von etwa 50 m. Andere Knochenfunde aus der Saurierzeit zeigen aber auch, dass es viele Saurier von der Größe heutiger Kriechtiere gab. Wissenschaftliche Funde belegen, dass vor etwa 65 Millionen Jahren die Dinosaurier in relativ kurzer Erdzeit von der Erdoberfläche verschwanden. Auch die Fischsaurier und die Flugsaurier – wie viele andere Tier- und Pflanzenarten – starben aus. Als Ursache vermuten die meisten Wissenschaftler heute den gigantischen Einschlag eines Himmelskörpers. Dieser hat große Mengen Staub in die Atmosphäre geschleudert und für Abkühlung des Klimas und meterhohe Staubablagerungen gesorgt. Dem Zeitalter der Saurier folgte nun das Zeitalter der Vögel und Säugetiere.

Lurche lieben es feucht

📖 **1.** Beschreibe anhand der Abbildungen die Fortbewegung der Frösche im Wasser und auf dem Land.

📝 **2.** Welche Übungen im Sport erinnern an die Fortbewegungen von Fröschen?

📖 **3.** Beschreibe anhand der Abbildung auf der nebenstehenden Seite, auf welche Weise der Frosch Beute fängt.

📖 **4.** Eine Fliege sitzt still auf einem Seerosenblatt in Reichweite eines Frosches. Sie wird trotzdem nicht gefressen. Erläutere.

📖 **5.** Vergleiche das Skelett des Frosches mit dem Skelett von ▶ Eidechsen, ▶ Vögeln und ▶ Fischen. Wie ist das Skelett an die Lebensweise angepasst?

Leben zwischen Wasser und Land

An warmen Frühsommerabenden kann man häufig in der Nähe von Teichen und Tümpeln das laute Quaken von **Wasserfröschen** hören. Schallblasen seitlich am Kopf verstärken die Geräusche. Männchen des Wasserfrosches versuchen mit ihrem „Froschkonzert" die Weibchen zur Paarung ins Wasser zu locken. Nähert man sich einem Frosch, springt er ins Wasser und taucht unter.
Da Frösche sowohl im Wasser als auch auf dem Land leben, zählt man sie zu den Lurchen oder Amphibien. In der griechischen Sprache bedeutet dieses Wort „in beidem lebend". Zu dieser Tiergruppe gehören auch Kröten, Unken, Salamander und Molche.

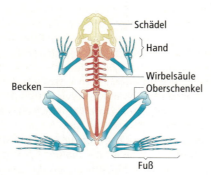

1 Skelett des Frosches

158

Aus dem Leben der Tiere

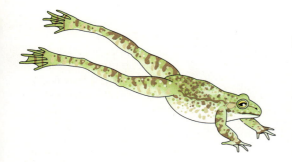

Schutz vor Feinden

Wasserfrösche sind hervorragend an ihre Umgebung angepasst. Wenn sie unbeweglich am Ufer eines Tümpels auf dem Blatt einer Seerose sitzen und auf Beute lauern, erkennt man sie kaum. Ihre Körperoberseite mit der grün-schwarzen Zeichnung verschwimmt fast mit dem Untergrund. Wegen dieser **Tarnfärbung** werden Frösche häufig von ihren Feinden übersehen. Gleichzeitig nimmt der Frosch jede Annäherung eines Feindes wahr. Frösche können gut hören und spüren Erschütterungen des Bodens. Die großen Augen sitzen oben auf dem Kopf und ermöglichen einen guten Rundumblick nach vorn und hinten.

Fortbewegung an Land und im Wasser

An Land bewegen sich Frösche meist hüpfend oder springend vorwärts. Bei Sprüngen drücken sie die langen Hinterbeine kräftig gegen den Boden ab und strecken den Körper. So können sie bis zu einem Meter weit springen. Bei der Landung federn die vorgestreckten kurzen Vorderbeine den Sprung ab. Im Wasser können sich Frösche schnell und geschickt fortbewegen. Beim Schwimmen ziehen sie beide Hinterbeine gleichzeitig an und stoßen sie dann kräftig nach hinten. Zwischen den fünf Zehen spannen sich dabei die **Schwimmhäute**. Die kurzen Vorderbeine sind eng an den Körper angelegt. Der Froschkörper nimmt so eine stromlinienförmige Gestalt an.

Frösche „schießen" ihre Beute ab

Frösche jagen alles, was sich bewegt und die passende Größe hat. Insekten und Würmer sind ihre Hauptnahrung. Hat ein hungriger Frosch zum Beispiel eine Fliege erblickt, verfolgt er zunächst die Beute mit den Augen. Befindet sie sich im richtigen Abstand, dreht er sich in Richtung des Ziels. Dann schleudert er blitzschnell die vorne im Maul angewachsene Zunge heraus. Die Fliege wird „abgeschossen" und bleibt an der klebrigen **Klappzunge** haften. Anschließend wird die Zunge zurückgezogen und die Beute unzerkaut verschluckt. Frösche haben keine Zähne.

2 Beutefang beim Wasserfrosch

Wie Frösche atmen

Frösche können lange Zeit tauchen. Im Wasser gelangt der Sauerstoff direkt durch die dünne Haut in die Blutgefäße. Eine solche Atmung bezeichnet man als **Hautatmung**. An Land atmen die Frösche zusätzlich mit der Lunge. Durch ständiges Heben und Senken der Kehlhaut saugen sie Luft durch die Nasenlöcher in den Mundraum, anschließend wird die Luft in die Lungen heruntergeschluckt. Frösche sind also auch **Lungenatmer**. Sie können somit sowohl im Wasser als auch auf dem Land leben. Frösche halten sich wie die anderen Lurche außerhalb des Wassers meist dort auf, wo es feucht ist. Der Schleim aus Schleimdrüsen in der Haut hält die Hautoberfläche feucht und verhindert, dass der Körper austrocknet. Daher werden Lurche auch als **Feuchtlufttiere** bezeichnet. Ihre Körpertemperatur passt sich der Umgebungstemperatur an. Lurche sind ▶ wechselwarme Tiere.

Den Winter verbringen Lurche eingegraben im Boden oder im Uferschlamm in einer ▶ Winterstarre. Die Sauerstoffversorgung erfolgt dann ausschließlich über die Haut.

159

1 Paarung und Entwicklung des Grasfrosches

Von der Kaulquappe zum Frosch

Wasserfrösche locken ihre Weibchen durch Froschkonzerte an. **Grasfrösche** dagegen lassen nur ein leises Knurren hören, wenn sie im März für einige Tage in ihren Laichgewässern um Weibchen werben. Wird ein Weibchen angelockt, so springt das Männchen auf dessen Rücken und umklammert es mit beiden Vorderbeinen. Kurz darauf beginnt das Weibchen mit der Eiablage. Während es bis zu 4000 Eier ins Wasser ablegt, stößt das Männchen eine milchige Spermienflüssigkeit aus, die die Eier befruchtet. Alle Eier kleben in einem Laichklumpen zusammen. Jedes Ei ist von einer Gallerthülle umgeben, in der sich die befruchtete Eizelle teilt und der Embryo entwickelt.

Nach ein bis zwei Wochen schlüpft eine etwa sechs Millimeter lange Larve, die **Kaulquappe**. Zunächst bleibt sie an der Eihülle hängen, von der sie sich jetzt ernährt. Mit zunehmender Größe wächst auch ihr Ruderschwanz, mit dem sie sich fortbewegt. Sie atmet mithilfe büschelartiger Außenkiemen am Kopf.

Nach etwa drei Wochen verschwinden die Außenkiemen. Sie werden von einer Hautfalte überwachsen. So entstehen Innenkiemen wie bei Fischen. Mit ihren feinen Hornzähnchen raspelt die Kaulquappe den grünen Belag von Pflanzen und Steinen ab. Nach gut fünf Wochen ist sie etwa vier Zentimeter lang. Die Hinterbeine beginnen zu wachsen. Danach entwickeln sich die Vorderbeine. Bei ▶Molchen hingegen entwickeln sich die Vorderbeine zuerst. Die Kiemen bilden sich zurück, und die Lungen beginnen zu arbeiten.

Nach etwa 12 Wochen hat sich aus der Kaulquappe ein zwei Zentimeter großer Frosch entwickelt. Diesen Gestaltwandel bezeichnet man als **Metamorphose**. Der junge Frosch ernährt sich jetzt von Insekten, Würmern und Schnecken. Nach drei Jahren können sich Grasfrösche fortpflanzen. Ihre Lebensdauer kann zehn Jahre und mehr betragen.

160

Aus dem Leben der Tiere

Tiere bestimmen

Methode

Wenn man den Namen einer unbekannten Tierart bestimmen will, kann man einen **Bestimmungsschlüssel** benutzen. Dieser enthält geordnet Abbildungen und Beschreibungen besonderer Merkmale.
Wie gehst du vor, wenn du nach dem Bestimmungsschlüssel zum Beispiel den Namen einer Lurchart bestimmen willst? Beginne beim Startpunkt. Du kannst dich dann jeweils zwischen zwei Möglichkeiten entscheiden. Erkennst du die Merkmale richtig, so gelangst du von Entscheidung zu Entscheidung schließlich zum Namen der gesuchten Tierart.

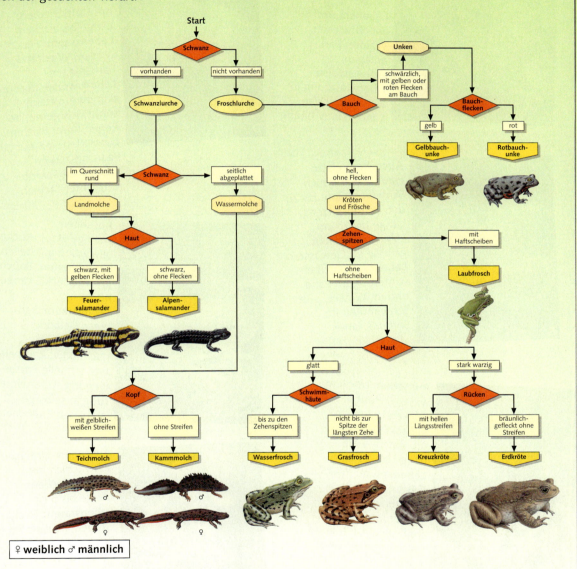

♀ weiblich ♂ männlich

📖 **1.** Arbeitet paarweise zusammen und betrachtet die beiden Pinnwände ▶ Froschlurche und ▶ Schwanzlurche.
a) Bestimmt mithilfe dieses Bestimmungsschlüssels die Artnamen der auf den Pinnwänden abgebildeten Lurche.
b) Erstellt einen Bestimmungsweg für den Bergmolch.

📖 **2.** Gib an, wodurch sich die Schwanzlurche von den Froschlurchen unterscheiden.

📖 **3.** Nenne ein Merkmal, durch das sich Frösche und Kröten unterscheiden.

Pinnwand

Froschlurche

A

Aussehen: glatte Haut, heller Bauch; Schwimmhäute nicht ganz bis zu den Zehenspitzen; Länge ca. 10 cm
Lebensraum: Feuchtwiesen, Wälder, Parkanlagen
Lebensweise: Überwinterung im Wasser oder an Land; relativ häufig

D

Aussehen: glatte Haut, heller Bauch, Rücken laub-grün bis graubraun, dunkler Seitenstreifen; Zehenspitzen mit Haftscheiben; Länge bis zu 5 cm
Lebensraum: Feuchtwiesen, Waldränder, Parkanlagen
Lebensweise: tag- und dämmerungsaktiv; sonnt sich gerne; bei Regen unter Blättern; guter Kletterer, nur zur Paarungszeit im Wasser; Überwinterung unter Steinen

B

Aussehen: glatte Haut, heller Bauch; Schwimmhäute bis zu den Zehenspitzen; Länge bis 15 cm
Lebensraum: lebt gesellig an Gewässern
Lebensweise: Überwinterung an Land und im Wasser; guter Schwimmer; im Sommer laute „Froschkonzerte"

E

Aussehen: warzige Haut, Rücken olivfarben mit hellen Längsstreifen, Bauch grau gefleckt, Länge bis 8 cm
Lebensraum: sandiges Gelände
Lebensweise: nachtaktiv; krabbelartige schnelle Fortbewegung; Überwinterung in selbstgegrabenen Erdlöchern

C

Aussehen: trockene, warzige Haut; Rücken bräunlich gefleckt, Bauch schmutzig-weiß; Länge bis 13 cm
Lebensraum: Wälder, Gärten, Wiesen
Lebensweise: Überwinterung an Land; im Frühjahr oft lange Laichwanderungen; nachtaktiv

F

Aussehen: Unterseite schwärzlich mit gelben Flecken; Länge bis 5 cm
Lebensraum: Teiche, Gräben, Pfützen im Bergland
Lebensweise: Überwinterung an Land; selten

1. Außerhalb von Europa gibt es Lurche wie Ochsenfrosch, Goliathfrosch oder Tigersalamander von sehr großer Körpergröße. Dagegen findet man aber auch Lurche wie den Erdbeerfrosch, der sehr klein ist. Erstelle von solchen Lurcharten mit außergewöhnlichen Körpergrößen jeweils einen ▶ Steckbrief und gestalte dazu ein ▶ Informationsplakat.

Aus dem Leben der Tiere

Schwanzlurche

Aussehen: Haut schwarz ohne Flecken; Länge bis 16 cm
Lebensraum: lebt in Alpen, bevorzugt feuchte Waldgebiete und Wiesen oberhalb der Baumgrenze.
Lebensweise: ist nicht an Gewässer gebunden; bei feuchtem Wetter aktiv; lebt gesellig
Larvenentwicklung: Weibchen bringt am Land 2 lebende Junge ohne Kiemen zur Welt

Aussehen: Schwanz seitlich abgeplattet; Kopf gelblich-weiße Seitenstreifen; Länge ca. 11 cm
Lebensraum: während der Laichzeit im Wasser, sonst in gewässernahen Gärten oder Wäldern
Lebensweise: Überwinterung an Land und im Wasser; nachtaktiv

Bergmolch

Aussehen: Rücken dunkel marmoriert und beim Männchen schieferblau, beim Weibchen grau-braun; Bauch rötlich ungefleckt; Länge 8–12 cm
Lebensraum: bevorzugt Gewässer in Berglandschaften, auch im Hochgebirge
Lebensweise: Überwinterung in Wassernähe unter Laub und Steinen, selten im Wasser

Aussehen: Haut schwarz mit gelben Flecken; Länge bis 25 cm
Lebensraum: hügeliges Gelände mit Laubwald und Gestrüpp in Gewässernähe
Lebensweise: bei Regenwetter aktiv; hält Winterschlaf in demselben Versteck; lebt gesellig
Larvenentwicklung: Befruchtete Eier entwickeln sich im Körper der Weibchen, Larven mit Außenkiemen werden ins Wasser ablegt; bei der Metamorphose der Larven bleibt der Schwanz erhalten.

Aussehen: Schwanz seitlich abgeplattet; Kopf ohne Streifen; Länge ca. 18 cm
Lebensraum: stehende Gewässer wie Gräben, Tümpel, Teiche mit Pflanzenbewuchs
Lebensweise: lebt in Ufervegetation, versteckt sich unter Steinen und in Erdlöchern; nur zum Laichen im Wasser

1. Manche Lurche wie der Feuersalamander und die Baumsteigerfrösche (Pfeilgiftfrösche) scheiden Gifte über Hautdrüsen aus. Sammle im ▶ Internet Informationen über diese Tatsache. Halte zu diesem Thema einen kurzen ▶ Vortrag.

Fische – angepasst an das Leben im Wasser

📖 **1.** Wie heißen die Körperteile des Karpfens? Finde die entsprechenden Bezeichnungen.

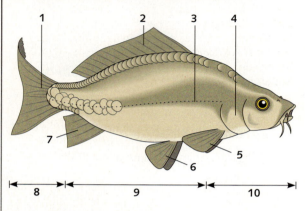

📝 **2.** Beobachtet die Art der Fortbewegung bei Fischen im Aquarium oder in einem Teich. Fertigt ein ▶ Beobachtungsprotokoll an.

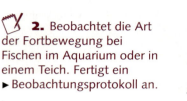

📝 **3.** Informiert euch über unterschiedliche Körperformen von Fischen. Stellt Beispiele auf einem ▶ Plakat dar.

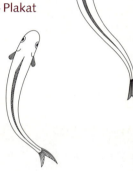

📖 **4.** Nenne zwei Besonderheiten der Haut, die den Körper des Fisches schützen.

🔍 **5.** Baut zwei Modelle der „Fischhaut" mit verschiedenen Schuppenanordnungen. Orientiert euch beim Bau an den nebenstehenden Abbildungen.
a) Schneidet aus dickerer Pappe Schuppen aus (etwa dreimal so groß wie ein Fingernagel). Klebt sie mit Fotokleber in unterschiedlicher Anordnung auf groben Stoff.
b) Überprüft, wie sich die unterschiedliche Anordnung der Schuppen auf die Eigenschaften der „Fischhaut" auswirkt.

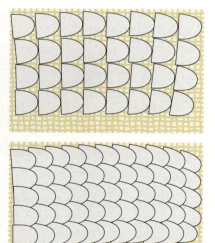

🔍 **6.** Wie gelingt es den Fischen, sich in unterschiedlichen Tiefen des Gewässers aufzuhalten? Führt dazu den folgenden Versuch durch.
a) Baut mithilfe der Abbildung ein Schwimmblasenmodell.
b) Blast den Ballon unterschiedlich stark auf. Beschreibt eure Beobachtungen.
c) Erläutert anschließend anhand des Ergebnisses, wie die Schwimmblase eines Fisches funktioniert.

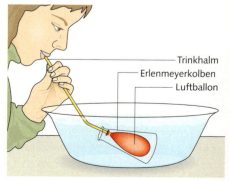

Aus dem Leben der Tiere

Körperform

Bei Goldfischen, die zu den karpfenartigen Fischen gehören, kann man leicht beobachten, wie sie mühelos durchs Wasser gleiten, bewegungslos verharren und dann wieder mit wenigen Schwanzschlägen davonschwimmen. Ihr Körper ist lang gestreckt, und der Kopf geht ohne Hals in den Körper über. Er verschmälert sich zum Kopf- und zum Schwanzende. Durch diese **Stromlinienform** können sich die Fische besonders leicht im Wasser fortbewegen.

Aber nicht alle Fischarten sind so gebaut. In den Meeren leben auch Arten mit abweichenden Körperformen, beispielsweise Plattfische wie Schollen.

1 Goldfisch

Flossen

Mit den Flossen bewegen sich die Fische fort und steuern auch ihre Körperlage. Die Fortbewegung ermöglichen Muskeln, die sich abwechselnd zusammenziehen und wieder erschlaffen. Dadurch verursachen sie ein starkes Hin- und Herschlagen des Schwanzes mit der Schwanzflosse. Diese drückt gegen das Wasser und der Fisch wird dabei schlängelnd vorwärts getrieben. Brust- und Bauchflossen dienen vor allem der Steuerung. Rücken- und Afterflossen verhindern wie der Kiel eines Schiffes das seitliche „Umkippen".

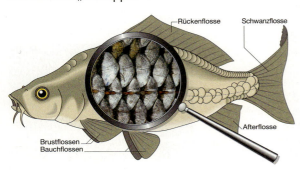

2 Karpfen *(äußerer Bau)*

Haut und Seitenlinienorgan

Die Haut von Fischen ist von einer glitschigen Schleimschicht bedeckt. Diese fördert das mühelose Gleiten durchs Wasser. In der Haut liegen dünne, dachziegelartig übereinander liegende Knochenplättchen, die Schuppen. Sie schützen den Körper vor Verletzungen.

An beiden Körperseiten sieht man in einer Linie angeordnete Poren. Sie führen zu Sinneszellen des Seitenlinienorgans, mit denen der Fisch kleinste Änderungen der Wasserströmung wahrnehmen und so bei Dunkelheit Hindernissen ausweichen kann.

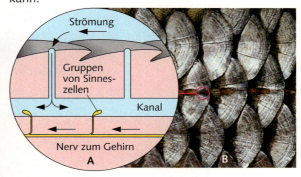

3 Seitenlinienorgan. **A** *Haut im Querschnitt (Schema);* **B** *Schuppen (Foto)*

Schwimmblase

Ein Fisch kann bewegungslos im Wasser schweben. Dies wird durch die Schwimmblase, einen gasgefüllten Hautsack, erreicht. Schwimmt der Fisch in tieferes Wasser, wird die Schwimmblase durch den zunehmenden Schweredruck des Wassers zusammengedrückt. Dabei wird Gas an feine Blutgefäße in der Wand der Schwimmblase abgegeben. Beim Aufsteigen gelangt Gas aus den Blutgefäßen in die Schwimmblase. Sie wird vergrößert. So erhält der Fisch Auftrieb und kann nach oben schwimmen.

4 Auftrieb im Wasser

Fische atmen unter Wasser

🔍 **1.** Untersucht die Kiemen eines Fisches mit einer Lupe. Beschreibt ihren Aufbau.

📖 **2.** Halte einen kurzen ▶ Vortrag über die Atmungsvorgänge eines Fisches.
a) Erläutere dabei seine Atembewegungen und beschreibe den Weg des Atemwassers. (A: Einatmung, B: Ausatmung)
b) Wodurch werden die empfindlichen Kiemen geschützt?

📖 **3.** Wasserpflanzen in Aquarien dienen nicht nur zur Dekoration. Erläutere ihre Aufgabe (▶ Fotosynthese).

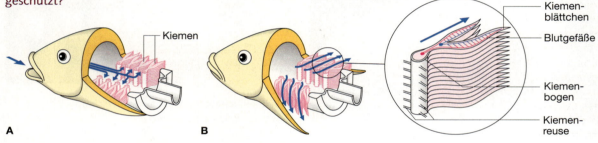

A B

Atmungsorgane
Die Atmungsorgane der Fische sind die **Kiemen.** Sie liegen an den Kopfseiten und sind nach außen durch die Kiemendeckel geschützt.
Die Kiemen bestehen aus vier knöchernen Kiemenbögen. An jedem Kiemenbogen sitzen feste Kiemenreusen. Sie halten Schweb- und Schmutzteilchen zurück und dienen für die zarten Kiemenblättchen als Schutz vor Verletzungen.
Die roten Kiemenblättchen befinden sich gegenüber den Kiemenreusen. Sie sind fächerartig aufgeteilt. In ihnen fließt durch feine Blutgefäße Blut.

Atmen unter Wasser
Beim Atmen öffnet und schließt der Fisch ständig sein Maul. Dabei werden die Kiemendeckel angelegt und abgespreizt.
Öffnet der Fisch sein Maul, strömt Wasser durch die Mundhöhle zu den Kiemenblättchen. Dort wird Sauerstoff, der im Wasser gelöst ist, vom Blut aufgenommen. Im Blut gelöstes Kohlenstoffdioxid wird an das Wasser abgegeben. Diesen Vorgang bezeichnet man als ▶ Gasaustausch.
Schließt der Fisch sein Maul, wird das Wasser an den Kiemenbögen vorbei nach außen gedrückt.
Bei der Kiemenatmung muss also ständig frisches Wasser an den Kiemen vorbeiströmen.

Die meisten Fischarten sind bei der Atmung darauf angewiesen, dass die Kiemen feucht und damit funktionsfähig sind. An Land verkleben sie und der Fisch erstickt.

Ausnahmen
Einige Fischarten bilden Ausnahmen. Aale zum Beispiel können sich über kurze Strecken auf feuchten Wiesen fortbewegen. Warum ersticken sie nicht?
Bei diesen Fischen öffnet sich der Kiemendeckel nur wenig. So bleiben die Kiemen auch auf dem Trockenen längere Zeit feucht. Zusätzlich können Aale Sauerstoff über die Haut aufnehmen, sodass sie einige Zeit an Land überleben können.

1 Aal

Aus dem Leben der Tiere

Wie Fische sich fortpflanzen

📖 **1.** Beschreibt die einzelnen Stadien der Entwicklung am Beispiel der Bachforelle. Fertigt zu jeder Entwicklungsstufe eine Skizze an.

📝 **2.** Nicht alle Fische pflanzen sich so fort wie die Bachforelle.
Sucht Beispiele für andere Arten der Fortpflanzung und Entwicklung bei Fischen und stellt sie auf Plakaten dar (zum Beispiel Hai, Seepferdchen).

📖 **3.** Welche Vorteile bringt es für den Hai, lebende Junge zur Welt zu bringen?

Bachforellen zur Laichzeit

Bachforellen leben als Einzelgänger in klaren, sauerstoffreichen Gewässern. Nur von Oktober bis Januar finden sich Männchen und Weibchen zur Fortpflanzung zusammen. Mit kräftigen Schlägen der Schwanzflosse baut das Weibchen eine Mulde im Bachbett. In diese Bodenvertiefung legt es etwa 2000 gelbliche Eier, die man als **Laich** bezeichnet. Unmittelbar danach gibt das Männchen über dem Laich die Spermienflüssigkeit mit Spermien ab. Die Spermien schwimmen zu den Eizellen, die sich in den Eiern befinden, und befruchten sie. Nach der Befruchtung kümmert sich das Forellenpaar nicht mehr um die Eier.

Vom Ei zum Jungfisch

In jedem befruchteten Ei entwickelt sich ein **Embryo**. Nach etwa zwei Monaten schlüpfen die jungen Forellen. Zunächst nennt man sie Forellenlarven, weil sie noch nicht die vollständige Gestalt eines erwachsenen Fisches besitzen. In einem Dottersack am Bauch der Larven ist ein Nahrungsvorrat für die ersten Tage enthalten. Innerhalb von sechs Wochen sind die unvollkommenen Larven zu voll ausgebildeten Jungforellen herangewachsen. Wenn der Dottersack aufgezehrt ist, sind alle Flossen ausgebildet und die Schwimmblase ist funktionsfähig. Die Jungforelle ist nun 2,5 cm lang. Sie ernährt sich von Kleinlebewesen im Wasser.

Ungewöhnliches Fortpflanzungsverhalten

▶ Guppys und einige Haiarten bringen lebende Junge zur Welt. Die Jungtiere schlüpfen im Mutterleib aus dem Ei. Wenn sie geboren werden, sind sie schon recht selbstständig und daher besser vor Feinden geschützt. So überlebt eine größere Zahl von Jungtieren.

1 Entwicklung der Bachforelle.
A *Bachforellenpaar;* **B** *Eier;* **C** *schlüpfende Larve;* **D** *Larven mit Dottersack;* **E** *Jungforelle*

2 Hai

167

Pinnwand: Süßwasserfische

Aal

Länge: 100–150 cm
Lebensraum: Flüsse und Seen, zur Fortpflanzung im Meer
Lebensweise: Bodenbewohner; ernährt sich als Breitkopfaal räuberisch, als Spitzkopfaal überwiegend pflanzlich
Fortpflanzung: wandert zur Paarung aus den Flüssen in die Sargassosee vor der Küste Amerikas; Larven werden mit der Strömung zurück nach Europa

Stichling

Länge: 5–8 cm
Lebensraum: meist pflanzenreiche, stehende Gewässer
Lebensweise: ernährt sich von Würmern und Wasserinsekten
Fortpflanzung: das Männchen baut ein Nest und bewacht die darin abgelegten Eier und Jungfische

Regenbogenforelle

Länge: 60–80 cm
Lebensraum: Bäche und klare Seen
Lebensweise: stammt aus den USA, in Europa eingeführt; wird häufig in Fischteichen als Speisefisch gezüchtet; ernährt sich räuberisch
Fortpflanzung: laicht im Winter in Bodenmulden

Hecht

Länge: 100–150 cm
Lebensraum: größere Fließgewässer und pflanzenreiche Seen
Lebensweise: Lauerjäger, kann auch größere Fische überwältigen
Fortpflanzung: Laichzeit im Frühjahr, laicht an verkrauteten Stellen, oft auf überschwemmten Wiesen

Lachs

Länge: 50–100 cm
Lebensraum: junge Lachse in Flüssen, erwachsene Tiere im Meer; durch Flussbegradigungen und Verunreinigungen in Mitteleuropa selten geworden
Lebensweise: ernährt sich überwiegend von kleinen Fischen
Fortpflanzung: wandert zur Paarung aus dem Meer in die Quellgebiete von Flüssen; stirbt nach der Ablage und Besamung der Eier

---

1. Vergleiche das Fortpflanzungsverhalten der dargestellten Fischarten. Stelle Gemeinsamkeiten und Unterschiede in einer Tabelle dar.

2. Nur einer der Fische betreibt Brutpflege. Welcher ist es? Was versteht man unter den Begriffen „Brutfürsorge" und „Brutpflege"?

Aus dem Leben der Tiere

Meeresfische

Pinnwand

Kabeljau (Dorsch)

Länge: 70–100 cm
Lebensraum: Atlantik, Ostsee
Lebensweise: lebt in großen Schwärmen; ernährt sich von Heringen und anderen Fischen
Fortpflanzung: laicht im Frühjahr

Gefleckter Katzenhai

Länge: 60–100 cm
Lebensraum: Nordsee, Mittelmeer, Atlantik; bevorzugt mit Algen, z. B. Tang, bewachsene Fels- und Sandküsten
Lebensweise: nachtaktiv; ernährt sich von Fischen und Krebsen
Fortpflanzung: große Eier werden einzeln an Tang abgelegt

Scholle

Länge: 50–90 cm
Lebensraum: Nordsee, Ostsee, Mittelmeer und Atlantik
Lebensweise: Plattfisch, vergräbt sich gerne im Sand; ernährt sich von Würmern, Krebsen und Muscheln
Fortpflanzung: laicht im Winter in großer Tiefe

Lebensräume von Fischen

Hering

Länge: 30–40 cm
Lebensraum: Atlantik, Nordsee, Ostsee
Lebensweise: Hochseefisch, der in riesigen Schwärmen lebt; kommt abends zur Nahrungssuche an die Wasseroberfläche
Fortpflanzung: laicht im Frühjahr in flachen Küstengewässern

1. Vergleiche und beschreibe die Lebensweise der abgebildeten Fischarten.

2. Stelle bei Katzenhai, Hering und Scholle einen Zusammenhang zwischen Aussehen und Lebensweise her.

3. Besucht ein Fischgeschäft.
a) Welche Fischarten werden als Speisefische angeboten?
b) Informiert euch über einige Produkte, die aus Fisch hergestellt werden. Erstellt Plakate mit Speisefischen und daraus hergestellten Nahrungsmitteln.

Herbst – die Tage werden kürzer und kälter

1. Beschreibt, woran ihr erkennt, dass der Herbst kommt. Ihr könnt dazu Plakate mit Zeichnungen und Fotos gestalten.

2. a) Messt ab dem Ende der Sommerferien regelmäßig, z. B. in der großen Pause die Lufttemperatur an einer schattigen Stelle auf dem Schulhof. Erstellt ein ▶ Diagramm zur Entwicklung der Tagestemperaturen bis Weihnachten.
b) Ihr könnt euer Diagramm mit Aussagen zum Wetter an den einzelnen Tagen ergänzen.

3. a) Viele Vogelarten fliegen im Herbst in den Süden. Welche kennt ihr? Warum tun sie das? Informationen findet ihr im Text auf der nächsten Seite.
b) Informiert euch über die Zugziele einiger Arten und schätzt die Länge der Zugwege.

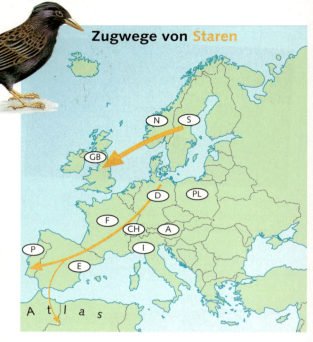

Zugwege von Staren

4. a) Stare und Störche sind in Mitteleuropa heimisch. Informiert euch über ihre Lebensweise. Informationen findet ihr z. B. unter http://www.natur-lexikon.com. Haltet einen kurzen ▶ Vortrag.
b) Betrachtet die Karten und macht Aussagen zu den Zugwegen von Staren und Störchen.

5. Tiere, die Nahrungsvorräte für den Winter anlegen, tragen zur Verbreitung von Pflanzen bei. Erläutert diese Aussage.

Aus dem Leben der Tiere

Vorbereitungen auf den Winter

Ab August werden die Tage wieder kürzer und die Anzahl der Sonnenstunden nimmt ab. Am 23. September beginnt der Herbst nach dem Kalender. Er endet am 21. Dezember, wenn der Winter anfängt. Pflanzen und Tiere bereiten sich in dieser Jahreszeit auf den Winter vor.

Im Herbst verändern viele Pflanzen ihr Aussehen sehr deutlich. Die grünen Blätter färben sich gelb, rot und braun, bevor sie schließlich abfallen (▸ Laubfall). Bei anderen Pflanzen sterben die oberirdischen Teile ganz ab. Zuvor haben die Pflanzen im Sommer **Vorratsspeicher** wie ▸ Zwiebeln oder ▸ Knollen in der Erde gebildet, aus denen sie im Frühjahr neu austreiben können.

Tiere haben ganz unterschiedliche Strategien, wie sie den Winter überstehen können. Viele fressen sich dicke **Fettpolster** an, andere Tierarten legen sich im Herbst **Nahrungsvorräte** für den Winter an und suchen geeignete Plätze, an denen sie vor der größten Kälte geschützt sind ▸ (Winterschlaf, Winterruhe, Winterstarre, aktive Überwinterung).

Tiere wie das Eichhörnchen oder der Eichelhäher sammeln Vorräte für den Winter. Der Eichelhäher kann bis zu 10 Eicheln in seinem Kehlsack transportieren und trägt dazu nicht selten noch eine im Schnabel. Die ▸ Früchte versteckt er als Wintervorrat im Boden, Rindenspalten oder Ritzen. Da er aber nicht alle Verstecke wiederfindet, können viele der Eicheln auskeimen und zu neuen Bäumen heranwachsen. Der Vogel trägt damit zur Verbreitung der Eiche bei.

1 Eichelhäher

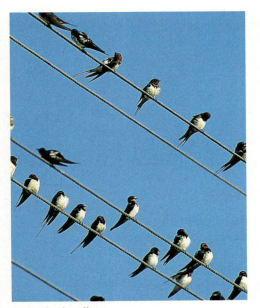

2 Rauchschwalben

Zugvögel verlassen ihre Brutgebiete

Schon Ende August kann man beobachten, wie sich Rauch- oder Mehlschwalben auf Leitungsdrähten sammeln. Sie verlassen ihre Brutgebiete bei uns, weil sie im Winter nicht mehr genügend Insekten als Nahrung finden würden. Auch andere Vögel wie Störche oder Stare ziehen im Herbst in wärmere Gebiete, um der Kälte und dem Nahrungsmangel im Winter zu entgehen. Viele dieser Zugvögel suchen die Mittelmeerländer oder Nordafrika auf. Einige Arten wie die Störche fliegen bis Südafrika, viele Stare überwintern in England.

Der **Vogelzug** wird durch die abnehmende Tageslänge, die zurückgehenden Temperaturen und den Nahrungsmangel gegen Ende des Sommers ausgelöst. Außerdem besitzen Zugvögel eine „innere Uhr", die den ungefähren Zeitpunkt des Abflugs angibt. Während des Flug orientieren sich die Vögel am Stand der Sonne oder nachts am Sternenhimmel. Auch das Magnetfeld der Erde können sie wahrnehmen und zur Orientierung nutzen.

Aktiv durch den Winter

📖 **1.** Auf dieser Seite sind zwei Tierarten abgebildet, die im Winter nicht aktiv sind. Finde heraus, um welche es sich handelt und begründe deine Entscheidung.

📖 **2.** Im Winter schützen wir uns mit besonderer Kleidung vor der Kälte. Welche Schutzeinrichtungen helfen Tieren bei Kälte?

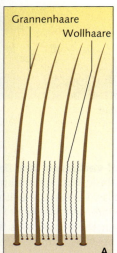

📖 **3.** Beschreibe die Unterschiede zwischen Sommerfell (A) und Winterfell (B) des Hermelins.

📖 **4.** Ein Zitronenfalter hängt bei Frost an einem Ast. Erkläre, warum er nicht erfriert.

📝 **5.** Manche Tiere sind im Winter besonders gefährdet. Nenne Maßnahmen, mit denen wir den Tieren im Winter helfen können.

Aus dem Leben der Tiere

Nicht alle einheimischen Tiere haben wie die ▸ Zugvögel die Möglichkeit, in den warmen Süden zu fliegen, um dort den Winter zu verbringen. Deshalb sind sie an die lebensfeindliche Winterzeit auf unterschiedliche Weisen angepasst.

Winteraktive Tiere

Rehe, Wildschweine und Füchse sind den Winter über aktiv. Sie brauchen auch während der Wintermonate Nahrung. Damit sie Energie sparen, bewegen sie sich aber möglichst wenig. Viele Säugetiere haben sich im Herbst, wenn es zahlreiche Früchte gibt, ein Winterpolster angefressen. Das hilft ihnen, ungünstige Bedingungen wie beispielsweise hohen Schnee oder Dauerfrost zu überstehen.

Während wir uns mit Mänteln oder Schals vor Kälte schützen, bekommen diese Arten ein besonders dichtes Winterfell. Das Haarkleid der Tiere wird im Herbst nach und nach ausgetauscht und durch einen dichteren Pelz mit zusätzlichen langen Wollhaaren ersetzt. Zwischen den Haaren wird Luft festgehalten. Sie ist ein schlechter Wärmeleiter und dient dadurch als Isolierschicht. Wir kennen diesen Felltausch von Hunden und Hauskatzen. Aber auch Wildtiere wie Wölfe und Hasen schützen sich so. Im Frühjahr wird dann ein neues Sommerfell gebildet. Beim Hermelin unterscheidet sich das Winterfell auch in der Farbe vom Sommerpelz. Im Winter ist der Pelz weiß wie der Schnee und dient so gleichzeitig der Tarnung.

Während Zugvögel den Winter über in wärmere Regionen ziehen, bleiben Standvögel bei uns. Auch sie gehören zu den winteraktiven Tierarten. Wir können sie häufig auf ihrer Nahrungssuche beobachten. Amseln, Rotkehlchen und Stieglitz sind solche Standvögel. Aber auch Greifvögel wie der Mäusebussard verbringen den Winter hier. Bei hohen Minustemperaturen plustern Standvögel ihr Gefieder auf und speichern Luft zwischen den ▸ Federn. Unsere Daunenjacken funktionieren nach dem gleichen Prinzip.

1 Fuchs

2 Aufgeplustertes Rotkehlchen

Frostschutzmittel im Tierreich

Würde die Körperflüssigkeit im Tierkörper gefrieren, könnten sich feine Eiskristalle bilden und die Körperzellen zerstören. Um das Gefrieren zu verhindern, produzieren einige Tiere eine Art „Frostschutzmittel". Diesen „Trick" benutzen einige Frösche und Insektenarten. Blattläuse können so Temperaturen von −14°C überleben. Der Zitronenfalter übersteht kurzfristig sogar Temperaturen von −20°C.

Tierschutz im Winter

Gerade im Winter sollten Störungen vermieden werden, die den Wildtieren zusätzlichen Stress bereiten. Die Energievorräte könnten dann durch Aufwecken oder Fluchtreaktionen zu früh aufgebraucht werden. Da viele Tiere im Winter geschützte Plätze in Laubhaufen, Höhlen oder Baumstämmen aufsuchen, können wir ihnen helfen, indem wir unsere Gärten möglichst naturnah gestalten und Überwinterungsmöglichkeiten schaffen.

Viele Naturfreunde bieten den Tieren im Winter zusätzliche Nahrungsquellen an. So werden Vögel mit Vogelfutter versorgt. An Futterstellen lassen sich die Tiere leicht beobachten. Allerdings sollte nur bei starkem Frost und geschlossener Schneedecke regelmäßig gefüttert werden.

3 Meisen am Futternetz

173

Überleben auf Sparflamme

📖 **1.** Obwohl viele Tiere nicht in wärmere Länder ziehen können, kann man sie im Winter nicht sehen. Nenne Beispiele für solche Tierarten. Wo halten sie sich im Winter auf?

📖 **2.** Beschreibe die Unterschiede zwischen Winterruhe, Winterstarre und Winterschlaf. Erstelle eine Tabelle.

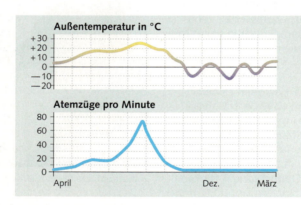

✏️ **3.** Tiere wie Zauneidechse, Siebenschläfer und Eichhörnchen haben unterschiedliche Methoden entwickelt, um im Winter den Energieverbrauch zu senken. Haltet kurze ▸ Vorträge über die drei Tierarten und ihre Energiesparmaßnahmen im Winter.

📖 **4.** Vergleiche die drei Diagramme, in denen der Jahresverlauf der Außentemperatur und die Körperfunktionen von drei Tierarten mit unterschiedlichen Winteranpassungen dargestellt sind. Ordne sie den Begriffen Winterruhe, Winterstarre und Winterschlaf zu. Begründe deine Entscheidung.

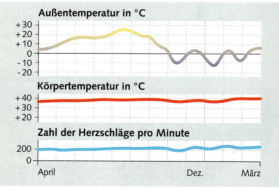

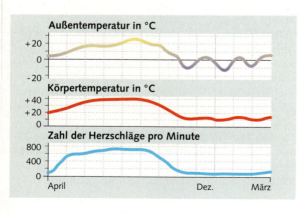

📖 **5.** Erkläre, weshalb sich Zauneidechsen im Gegensatz zu Igeln im Herbst kein spezielles Fettgewebe anlegen.

Aus dem Leben der Tiere

Im Winter ist das Nahrungsangebot für Tiere stark eingeschränkt. Sie können deshalb auch nur wenig ▶ Energie über die Nahrung zu sich nehmen. Es gibt verschiedene Möglichkeiten, wie Tiere Energie sparen.

Winterschlaf
Kleinere Säugetiere wie Igel, ▶ Fledermäuse, Siebenschläfer oder Feldhamster verschlafen die kalte Jahreszeit in frostsicheren Verstecken. Sie verbringen dort den ganzen Winter, bis im Frühjahr wärmere Temperaturen einsetzen. Igel überwintern in Laubhaufen und Feldhamster in Schlafkammern unter der Erde. Fledermäuse suchen sich frostgeschützte Höhlen und Siebenschläfer nutzen häufig Nistkästen für Vögel oder Baumhöhlen als Winterquartiere. Dort senken sie ihren Energiebedarf auf ein Minimum. Der Pulsschlag und die Atmung werden stark verringert. Die Körpertemperatur sinkt bis auf 5 °C ab. Die meisten Winterschläfer leben in dieser Zeit von den im Herbst angefressenen Fettreserven.

1 Feldhamster

2 Dachs

Winterruhe
Säugetiere wie das ▶ Eichhörnchen sieht man im Winter nur selten. Sie verschlafen einen Großteil der kalten Jahreszeit in kugelförmigen Nestern, den Kobeln. Dieser ist mit Laub und anderen Materialien ausgepolstert. In den Schlafphasen nehmen Körpertemperatur und die Zahl der Herzschläge nur minimal ab. Von Zeit zu Zeit erwachen die Eichhörnchen aus ihrer Winterruhe. Sie fressen dann Nüsse, Eicheln und Bucheckern, die sie im Herbst gesammelt und versteckt oder vergraben haben.
Auch Dachse und Bären halten in geschützten Unterkünften Winterruhe. Sie legen sich jedoch keine Vorräte an, sondern fressen sich im Sommer eine dicke Speckschicht an. Während des Winters dient diese Fettreserve als Energiequelle. Wenn die Tiere vorübergehend erwachen, gehen sie zusätzlich auf die Suche nach Fressbarem.

Winterstarre
Bei wechselwarmen Tieren wie ▶ Kriechtieren, ▶ Lurchen oder ▶ Fischen ist die Körpertemperatur von der Umgebungstemperatur abhängig. Den Tieren fehlt ein schützendes Fell oder Federkleid. Um nicht zu erfrieren, graben sich beispielsweise Kröten ins frostsichere Erdreich ein. Fische suchen den wärmeren Gewässergrund auf. Dort fallen sie in Winter- oder Kältestarre und alle Lebensaktivitäten, die Energie benötigen, werden nahezu eingestellt. Auf das Anlegen von Energiereserven im Herbst sind diese Tiere also nicht angewiesen. Wenn jedoch bei extrem kalten Temperaturen die Ruheplätze gefrieren, können sich die Tiere nicht bewegen, um sich tiefer einzugraben. Sie sterben dann den Erfrierungstod.

3 Karpfen

Spezialisten im Eis

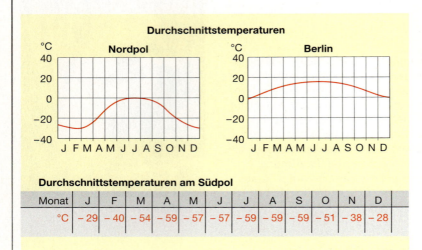

Durchschnittstemperaturen am Südpol

Monat	J	F	M	A	M	J	J	A	S	O	N	D
°C	−29	−40	−54	−59	−57	−57	−59	−59	−59	−51	−38	−28

1. a) Die Klimadiagramme zeigen Durchschnittstemperaturen am Nordpol und in Berlin. Beschreibt die Temperaturen im Jahresverlauf in einem kurzen Text.
b) Fertigt mithilfe der Angaben in der Tabelle ein ▶ Diagramm für den Südpol an.
c) Wie unterscheiden sich Sommer und Winter in den Polargebieten? Welche Unterschiede bestehen zwischen Nord- und Südpol? Notiert eure Ergebnisse.

2. a) Plant einen einfachen ▶ Versuch, durch den ihr herausfinden könnt, ob Fell, Federn und Fett vor Kälte schützen. Führt den Versuch durch.
b) Schreibt ein ausführliches ▶ Versuchsprotokoll.
c) Wenn ihr herausfinden wollt, warum Pinguine bei extremer Kälte dicht beieinander stehen, könnt ihr einen Modellversuch mit mehreren zusammengebundenen Reagenzgläsern durchführen. Ein Reagenzglas mit warmem Wasser steht für einen Pinguin.
Tipp: Die abgebildeten Gegenstände sind nützlich bei der Versuchsdurchführung.

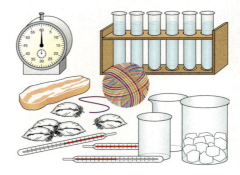

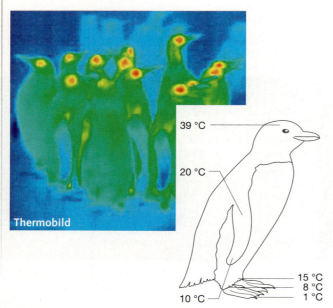

Thermobild

3. Eisbären und Pinguine sind perfekt an ihre Lebensräume angepasst. Informiert euch über Anpassungsmerkmale. Bildet einen Eisbären und einen Pinguin jeweils auf einem DIN-A3-Blatt Papier ab. Kennzeichnet körperliche Besonderheiten durch Pfeile und kurze Texte.

4. Fertigt Lebensbilder des Eisbären und des Kaiserpinguins an. Sammelt dafür Informationen zu folgenden Stichwörtern: Nahrung, Überwinterung, Zusammenleben mit Artgenossen, Aufzucht der Jungen, Gefahren. Gestaltet Plakate. Präsentiert sie in der Klasse.

5. Warum friert der Pinguin auf dem Eis nicht fest? Das Thermobild der Pinguine gibt euch Hinweise.

Aus dem Leben der Tiere

Überleben in den Polargebieten

Große Flächen der Polargebiete sind von Eis bedeckt. Die **Arktis**, das Nordpolargebiet, ist ein eisbedecktes Meer.
Von Oktober bis März herrschen Dunkelheit, strenger Frost und eisige Schneestürme.
Viele **Eisbären** (▸ Säugetiere) überwintern in selbst gegrabenen Schneehöhlen. Dort bringen die Bärinnen auch ihre Jungen zur Welt. Während der Wintermonate zehren die Eisbären von ihrer bis zu 4 cm dicken und 100 kg schweren Fettschicht unter der Haut. Ein dichtes Fell schützt sie vor Kälte. Im Frühjahr sind die Eisbärenmütter abgemagert. Sie begeben sich auf die Jagd. Robben, aber hin und wieder auch Walrosse, sind ihre Hauptnahrung.

Eisbären sind für das Leben in der Arktis gut ausgerüstet. Ihr Körper ist mit dichtem Fell bedeckt, nur Nasenspitze und Fußballen sind unbehaart. Das Fell wirkt weiß, weil die äußeren Haare hohl sind. Dadurch wird die Wärmeisolation erhöht. Die dunkle Haut nimmt Wärme von außen auf. Eisbären bewegen sich geschickt auf Schnee und Eis. Die breiten, krallenbewehrten Tatzen und Schwimmhäute zwischen den Zehen wirken wie Schneeschuhe. Mühelos klettern Eisbären auf Eisschollen oder Eisberge. Von dort aus nehmen sie Beute selbst aus größter Entfernung wahr.
Auch im Wasser können sie sich sehr gut fortbewegen. Die Stromlinienform ihres Körpers trägt dazu bei, dass sie ausdauernd und schnell schwimmen können. Sie wurden schon bis zu 100 km vom Land oder von Eisfeldern entfernt angetroffen.

2 Eisbären

In der **Antarktis**, dem Kontinent am Südpol, ist der Boden ständig gefroren. Im Sommer wird es selten über −10 °C warm. Im Winter, der im Mai beginnt, sinken die Temperaturen bis auf −50° C. Die **Kaiserpinguine** (▸ Vögel) suchen jetzt ihre Brutplätze auf dem Eis auf.
Viele Tiere stehen dicht beieinander und bilden eine Kolonie. So wärmen sie sich gegenseitig.

Obwohl Pinguine ständig auf der Eisfläche stehen, wenn sie nicht im Wasser sind, frieren ihre Füße auf der Oberfläche nicht fest. Mit einer Wärmebildkamera kann man untersuchen, an welcher Stelle ein Tier Wärme an die Umgebung abgibt. Das Wärmebild von Pinguinen zeigt, dass die Temperatur in Flossen, Beinen und Füßen wesentlich niedriger ist als im Körperkern und im Kopf. Über die Füße wird kaum Wärme an die Umgebung abgegeben, sodass das Eis unter den Füßen der Pinguine nicht schmilzt. Diese Anpassungserscheinung sorgt auch dafür, dass der Wärmeverlust der Tiere sehr gering ist. Ein weiteres Anpassungsmerkmal sind die Pinguinfedern. Sie liegen schuppenartig übereinander. Durch diese Anordnung entsteht eine wasserundurchlässige Schicht. Darunter liegende Daunen schützen den Körper auch vor Unterkühlung. Ebenso wie bei den Eisbären sorgt eine dicke Fettschicht für Schutz vor Kälte und dient als Energiereserve.

1 Kaiserpinguine

177

Wie leben Pflanzen und Tiere in der Wüste?

1. Wüsten gibt es nicht nur in Afrika, sondern auch in anderen Erdteilen. Zeichnet in die Kopie einer Weltkarte die großen Wüsten der Erde und ihre Namen ein. Nehmt einen Atlas zu Hilfe.

2. Sicherlich habt ihr schon etwas über Wüsten gehört, gelesen oder Berichte im Fernsehen darüber gesehen. Berichtet, was ihr über Wüsten wisst. Erstellt eine ▶ Mindmap zum Thema.

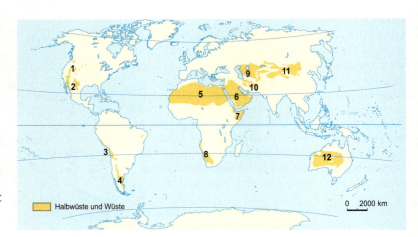

3. Wüsten sind extreme Lebensräume. Mit welchen Umweltbedingungen müssen Pflanzen, Tiere und Menschen in der Wüste zurechtkommen? Stellt euer Wissen auf einem ▶ Plakat übersichtlich dar.

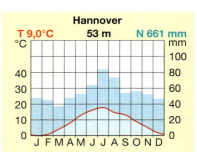

4. Bilma ist eine Stadt in Niger. Sie liegt in der Sahelzone. Hannover ist eine Stadt in Niedersachsen. Welche Informationen liefern euch die beiden Diagramme? Vergleicht Jahrestemperaturen und Niederschläge von Bilma mit denen von Hannover.

5. Sucht in Lexika, Erdkundebüchern, Fachbüchern oder im ▶ Internet nach Pflanzen und Tieren, die in Wüsten leben. Ihr könnt euch auch in Gartenbaufachgeschäften und in Zoos oder Botanischen Gärten erkundigen. Erstellt ▶ Steckbriefe ausgewählter Pflanzen und Tiere. Stellt besonders heraus, wie sie an die extremen Bedingungen des Wüstenlebens angepasst sind.

6. Die Abbildung zeigt Abschnitte vom Saguarokaktus. Erkläre das unterschiedliche Aussehen.

A nach längerer Trockenheit
B nach Regen

7. Die Hauswurz ist eine Pflanze, die in unseren Breiten wächst. Sie hat dicke, fleischige Blätter und kurze Wurzeln. Die Hauswurz braucht nur wenig Wasser. Damit ähnelt sie den Wüstenpflanzen.
a) Vergleiche die Hauswurz mit den „Lebenden Steinen" auf der nebenstehenden Seite. Suche nach Gemeinsamkeiten.
b) An welchen Standorten kommt die ▶ Hauswurz bei uns vor? Begründe deine Meinung.

Aus dem Leben der Tiere

1 Dromedar, angepasst an extreme Hitze und Dürre.
A *Fell;*
B *lange Wimpern;*
C *verschließbare Nüstern;*
D *Hornschwielen an den Gelenken;*
E *breitflächiger Fuß*

Dromedare – ein Leben in der Hitzewüste

Dromedare werden von den Beduinen als Reit- und Lasttiere eingesetzt. Sie sind in mehrfacher Weise an den extremen Lebensraum Wüste angepasst. Ein dichtes Fell schützt das Dromedar nachts vor Kälte und tagsüber vor Hitze. Außerdem kann das Tier seine Körpertemperatur bis auf 42 °C ansteigen lassen. Erst dann beginnt es zu schwitzen. Die Ohren sind durch dichte Behaarung, die Augen durch lange Wimpern vor Flugsand geschützt. Die Nasenlöcher kann das Dromedar schließen.
Beim Laufen verhindern breitflächige Füße ein tiefes Einsinken in den Sand. Harte Hornschwielen an den Füßen, den Beingelenken sowie an der Brust schützen vor der Hitze des Bodens.

Im Gegensatz zum Menschen kommt ein Dromedar bis zu einer Woche ohne Wasser aus. Gelangt das Tier an eine Wasserstelle, kann es in wenigen Minuten bis zu 100 Liter Wasser aufnehmen. Von diesem Wasser zehrt das Dromedar dann auf dem Weitermarsch. Das im Höcker gespeicherte Fett kann als „Reserve" genutzt werden.

2 Wüstenpflanzen.
A *Saguaro;* B *„Lebende Steine"*

Wüstenpflanzen

Um in der Wüste überleben zu können, müssen Pflanzen an die extremen Umweltbedingungen angepasst sein. Dabei wenden sie unterschiedliche Überlebenstricks an.
Manche Pflanzen haben dicht unter der Erdoberfläche ein riesiges Wurzelsystem, mit dem sie jeden Regen- oder Tautropfen aufsaugen. Bäume wie die Akazien dringen hingegen mit ihren Wurzeln bis zu 35 m tief direkt bis zum Grundwasser vor.
Kakteen sind ausgezeichnete Wasserspeicher. Der Saguarokaktus zum Beispiel sammelt in seinem „Stamm" einige tausend Liter Wasser, mit dem er bis zu zwei Jahre Trockenheit überleben kann. Er ist ein Riese unter den Kakteen, kann bis zu 15 m hoch werden und ein Gewicht von zehn Tonnen erreichen.
„Lebende Steine" zeigen eine besondere Überlebensstrategie. Da sie in ihren dickfleischigen Blättern viel Wasser sammeln, werden sie gern von durstigen Tieren gefressen. Weil sie aber durch ihr steinähnliches Aussehen hervorragend an die Umgebung angepasst sind, werden sie von den Tieren oft übersehen.

179

Methode

Lernen im Team

Selbstständiges Lernen macht viel Spaß, besonders wenn man in Gruppen zusammenarbeiten kann. Es klappt besser, wenn jeder seine Ideen einbringt. Auf diesen Seiten findet ihr Vorschläge, wie ihr ein Thema in Gruppen erarbeiten könnt. Die Vorschläge geben euch Hilfen, wie man Lernen im Team planen und durchführen kann.

Gruppen bilden
Oft arbeiten Schülerinnen und Schüler zusammen, die sich gut verstehen. Ihr könnt aber auch Interessengruppen bilden, in denen Schülerinnen und Schüler zusammenarbeiten, die sich für die gleichen Themen interessieren.

Das Arbeiten im Team hat viele Vorteile:
- Arbeitsteilung: Aufgaben können auf alle Gruppenmitglieder verteilt werden.
- Spezialisten: Jedes Teammitglied kann seine besonderen Fähigkeiten in die gemeinsame Arbeit einbringen.
- Für den Erfolg der Arbeit sind alle verantwortlich.

Thema vereinbaren
Legt innerhalb der Klasse ein gemeinsames Thema fest. So könnt ihr zum Beispiel darstellen, wie Pflanzen, Tiere und Menschen in extremen Lebensräumen leben.

Thema in Arbeitsaufträge aufteilen
Das Thema „Leben in extremen Lebensräumen" besprecht ihr zunächst gemeinsam. Zerlegt das Thema in einzelne Arbeitsaufträge. Beschriftet dazu Karten mit Fragen oder Unterthemen, die euch an diesem Thema interessieren.

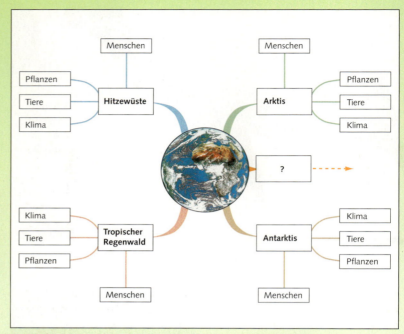

1 Mindmap zum Thema „Leben in extremen Lebensräumen"

Tipp: Sammelt alle Karten und ordnet sie übersichtlich auf einem Plakat.

Eine ▶ Mindmap zum Thema verschafft euch eine Übersicht und gibt Anregungen für einzelne Arbeitsaufträge.

Regeln für die Arbeit im Team
- Jedes Mitglied macht mit und gibt sein Bestes.
- Jedes Mitglied hört zu, wenn andere reden und lässt andere ausreden.
- Alle gehen fair und höflich miteinander um.
- Probleme und Störungen werden offen angesprochen.

2 Ein Team probiert die Kartentechnik aus

Aus dem Leben der Tiere

3 Informationen am PC beschaffen

4 Versuche durchführen

Leben in Eis und Kälte

Sabine Hansmeier 6a
Maria Vanutis 6a
Kyrill Lange 6a
Werner Haasmann 6a

5 Deckblatt einer Sachmappe

Informationen beschaffen
Als Hilfe für die Arbeit könnt ihr Bücher, Zeitschriften, Prospekte, Bilder, Videos oder Suchmaschinen im ▶ Internet benutzen. Manchmal ist es auch sinnvoll, Fachleute zu befragen. Euer Auftrag führt häufig zu Beobachtungen, Versuchen und Messungen.
Habt ihr ausreichend Material gesammelt, erstellt ihr einen Arbeitsplan mit Zeitleiste. Überlegt, welche Materialien ihr braucht und wie ihr eure Arbeit präsentieren wollt.

Durchführen von Versuchen, Untersuchungen, Bau von Modellen
Bevor ihr mit der Durchführung eines ▶ Versuchs beginnt, muss er schriftlich geplant und von eurer Lehrerin oder eurem Lehrer kontrolliert werden.
Die einzelnen Schritte sind dabei immer gleich: Problemstellung, Vermutung, Versuchsplanung, Versuchsdurchführung, Beobachtung und Versuchsauswertung.
Das ▶ Versuchsprotokoll kann durch Fotos und Zeichnungen ergänzt werden. Auch das Beschreiben wichtiger Sicherheitsmaßnahmen ist erforderlich.

Erstellen einer Präsentation
Jedes Team stellt die Ergebnisse seiner Experimente, Befragungen und Erkundungen zusammen. Dazu eignet sich eine ▶ Sachmappe. Sie muss eine Gliederung mit entsprechenden Seitenzahlen enthalten.
Formuliert eure Texte selbst. Wichtig sind Versuchsprotokolle und Dokumentationen von Lerngängen und Befragungen. Sie ermöglichen einen Einblick, wie ihr zu euren Arbeitsergebnissen gekommen seid.
Nachdem die einzelnen Gruppen die Klasse über ihr Thema und die Ergebnisse informiert haben, könnt ihr die Ergebnisse aller Gruppen zusammenführen. In einer ▶ Ausstellung mit übersichtlichen Zeichnungen und große Fotos könntet ihr das Thema der Öffentlichkeit präsentieren.

Ideen zur Präsentation
- Sachmappe, Ausstellung, Fotoreportage, Videofilm
- Wandzeitung, Plakat, Folien
- Demonstration von Modellen oder Experimenten
- Rollenspiel
- Powerpointpräsentation

6 Präsentation mithilfe eines Computers

181

Wie kann man Tiere ordnen?

Graugans

Weißstorch

Sperber

Mäusebussard

Stockente

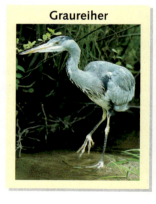

Graureiher

Höckerschwan

Schwarzstorch

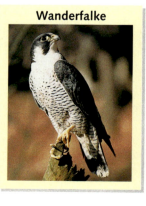

Wanderfalke

📖 **1.** Alle abgebildeten Vögel haben bestimmte Merkmale. Ordne die Vögel zu Gruppen. Begründe deine Ordnung.

📖 **2.** Ordne anhand der Abbildung auf der gegenüberliegenden Seite den Bergfink den verschiedenen Gruppierungen des Tierreiches zu. Begründe deine Zuordnung.

📖 **3.** Betrachte die Pinnwand „Körperbau und Leistungen von Wirbeltieren".
a) Vergleiche die Atmungsorgane der Wirbeltiere miteinander. Nenne wesentliche Unterschiede zwischen Kiemen- und Lungenatmung.
b) Beschreibe den Aufbau der Haut bei den Lurchen. Vergleiche diesen dann mit dem Aufbau bei einem Kriechtier. Schließe aus dem Hautaufbau, welchen Lebensraum Lurche und welchen Kriechtiere bevorzugen.
c) Beschreibe die Fortpflanzung und Entwicklung bei den verschiedenen Wirbeltierklassen und vergleiche sie miteinander.

✂ **4.** Schneide aus Zeitschriften oder Internetseiten Tierbilder aus. Ordne sie nach Gruppen und klebe sie in dein Heft. Begründe dein Ordnungsschema.

Aus dem Leben der Tiere

1 Verwandtschaft der Wirbeltiere

Damit die große Vielfalt der Tiere überschaubar wird, hat man verwandte Tiere mit gleichen Merkmalen zu Gruppen zusammengefasst. Betrachtet man nur wenige gemeinsame Merkmale, so können viele Tiere in einer Gruppe zusammengefasst werden. Eulen, Greifvögel, Gänse, Störche und Sperlingsvögel haben als gemeinsamen Merkmale ein Federkleid und Flügel als Vordergliedmaßen. Diese Tiere sind zusammengefasst zu der **Klasse** der **Vögel**.
Innerhalb der Klasse lassen sich die Tiere nach weiteren gemeinsamen Merkmalen weiter in **Ordnungen** unterteilen. Man unterscheidet in der Klasse der Vögel mehrere Ordnungen wie zum Beispiel die Ordnungen der Eulenvögel, der Greifvögel, der Gänsevögel, der Schreitvögel oder der Sperlingsvögel.
Zu der Ordnung der Sperlingsvögel gehören zum Beispiel Sperlinge, Finken, Meisen, Drosseln und Schwalben. Diese Tiere unterscheiden sich zwar durch bestimmte Merkmale voneinander, sind aber dennoch eng miteinander verwandt. Sie bilden **Familien** in der Ordnung der Sperlingsvögel. Innerhalb einer Tierordnung gibt es also mehrere Familien. Die Vögel aus der Familie der Finken erkennt man an den verschieden ausgeprägten kräftigen Körnerfresser-Schnäbeln.
In jeder der einzelnen Familien gibt es wiederum mehrere **Gattungen**. Zu jeder Gattung gehören dann die verschiedenen **Arten**. Die Vertreter verschiedener Arten unterscheiden sich häufig nur durch kleine Merkmalsunterschiede. Zur Gattung Fink gehören Arten wie der Buchfink, der ein anders gefärbtes Gefieder als der Bergfink hat.

183

Körperbau und Leistungen von Wirbeltieren

	Fische	Lurche
Klasse		
Fortbewegung	schwimmen	springen, kriechen, schwimmen
Atmung	Kiemenatmung	blau: Luftwege rosa: Gewebe für den Gasaustausch Kiemenatmung bei Larven; Lungen- und Hautatmung bei erwachsenen Tieren
Körperbedeckung	Knochenschuppen in drüsenreicher Haut	schleimbedeckte, drüsenreiche Haut
Körpertemperatur	wechselwarm	wechselwarm
Fortpflanzung/Entwicklung	Befruchtung außerhalb des Körpers; aus Eiern entwickeln sich Larven	innere Befruchtung bei Schwanzlurchen, äußere bei Froschlurchen; aus Eiern entwickeln sich Larven

Aus dem Leben der Tiere

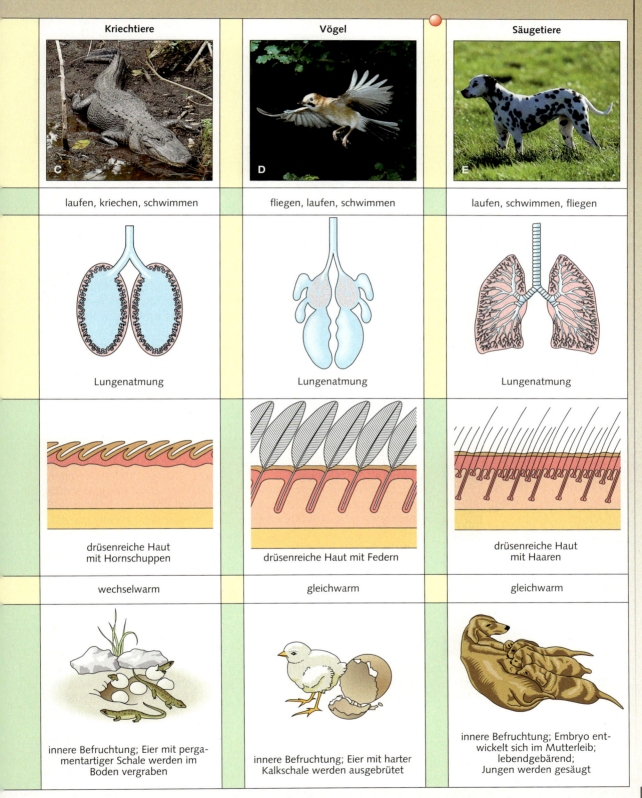

Auf einen Blick

Säugetiere

Eichhörnchen sind Nagetiere mit einem Nagetiergebiss. Ihr Körper und ihre Lebensweise zeigen die Anpassung an das Leben in Bäumen.
Baummarder haben ein Raubtiergebiss und können hervorragend in Bäumen klettern.
Feldhasen und Wildkaninchen sind Fluchttiere mit einem Pflanzenfressergebiss. Feldhasen leben als Einzelgänger, ihre Jungen sind Nestflüchter. Wildkaninchen leben gesellig in unterirdischen Bauen. Ihre Nachkommen sind Nesthocker.
Maulwürfe mit ihrem walzenförmigen Körper und den Grabhänden sind an das Leben in unterirdischen Gängen angepasst. Maulwürfe besitzen ein Insektenfressergebiss.
Fledermäuse finden ihre Beute im Flug mithilfe von Ultraschall-Lauten.

Vögel

Zur Fortpflanzung legen Vögel Eier. Jungvögel entstehen nur in befruchteten Eiern. Bis zum Schlüpfen ernähren sich die Jungvögel von Dotter und Eiklar.
Vögel haben einen stromlinienförmigen Körper. Durch Flügel, Federn und die Leichtbauweise des Skeletts sind Vögel an das Fliegen angepasst. Bei den Federn unterscheidet man Schwung-, Deck- und Daunenfedern. In Luftsäcken, die mit den Lungen verbunden sind, kann der Vogel zusätzlich Luft aufnehmen.

Kriechtiere

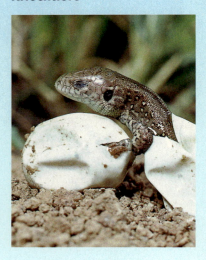

Kriechtiere sind wechselwarme Tiere. Sie haben eine Haut aus Hautschuppen und müssen sich beim Wachsen häuten. Eidechsen laufen auf Beinen. Schlangen dagegen besitzen keine Gliedmaßen. Sie kriechen schlängelnd auf Bauchschuppen.
Kriechtiere entwickeln sich aus Eiern. Aus ihnen schlüpfen vollständig entwickelte Tiere.

Lurche

Lurche sind Feuchtlufttiere. Die Atmung erfolgt über Lungen und durch die Haut.
Die Eier der meisten Lurche entwickeln sich im Wasser. Aus ihnen schlüpfen Larven, die sich zu erwachsenen Tieren entwickeln. Die Umwandlung der Larven mit Kiemen zu Lurchen mit Lungen, nennt man Gestaltwandel oder Metamorphose.

Fische

Der stromlinienförmige Körper der Fische ist mit Schuppen bedeckt. Die Bewegung erfolgt mit Flossen. Eine Schwimmblase unterstützt das Schweben in verschiedenen Wassertiefen. Fische atmen mit Kiemen.
Zur Fortpflanzung werden die Eier im Wasser befruchtet. Aus ihnen schlüpfen Fischlarven mit einem Dottersack als Nahrungsspeicher.

Anpassung an Jahreszeiten und Klimazonen

Gleichwarme Säugetiere bekommen durch Haarwechsel ein wärmendes Winterfell. Viele Säugetiere sind im Winter aktiv, andere halten Winterruhe oder Winterschlaf. Atmung, Herztätigkeit und Körpertemperatur sind im Winterschlaf herabgesetzt. Die meisten bei uns heimischen Vögel sind Zugvögel. Vögel, die auch im Winter bei uns bleiben und Nahrung finden, nennt man Standvögel oder Teilzieher.
Eisbären sind an das Leben im arktischen Klima spezialisiert. Ein dichtes Fell und eine dicke Fettschicht isolieren den Körper vor Wärmeverlust.
Ein dichtes Federkleid und eine Fettschicht schützen Pinguine in der Antarktis vor extremer Kälte. Dromedare sind an das Leben in der Wüste angepasst. Sie können in ihrem Körper Wasser und in den Höckern Fett als „Reserve" speichern.

Aus dem Leben der Tiere

📖 **1.** Welche der Aussagen a) – k) treffen auf welche der Tierarten Eichhörnchen (1), Baummarder (2), Feldhase (3), Wildkaninchen (4), Maulwurf (5) und Fledermaus (6) zu? Das Tier …
a) … lebt ausschließlich in einem unterirdischen Bau;
b) … ist ein Nagetier;
c) … orientiert sich mit Hilfe von Schallwellen;
d) … ist ein Raubtier;
e) … frisst gelegentlich Vogeleier und Jungvögel;
f) … ist ein geschickter Kletterer;
g) … ist ein Insektenfresser;
h) … ist ein ausdauernder Läufer;
i) … lebt gesellig in Kolonien.
j) … ist Pflanzenfresser
k) … ist vorwiegend nachtaktiv.

📖 **2.** Erkläre die Begriffe Nesthocker und Nestflüchter. Nenne zu jedem Begriff drei Beispiele.

📖 **3.** Vögel sind Wirbeltiere in Leichtbauweise. Was macht Vögel so leicht? Wähle aus. Stromlinienform, Federn aus Horn, kräftige Flugmuskulatur, keine Zähne, starkes Brustbein, Schnabel aus Horn, Luftsäcke, starre Wirbelsäule, luftgefüllte Knochen, kleines Kopfskelett, dünne Knochen, fehlende Harnblase, schnelle Verdauung, Entwicklung der Jungen außerhalb des Körpers, Reifung und Ablage einzelner Eier.

📖 **4.** Benenne die einzelnen Teile eines Vogeleies und die jeweiligen Aufgaben.

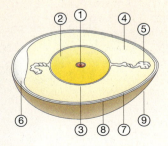

📖 **5.** Was ist ein Eizahn?

📖 **6.** Wie heißen folgende Flugformen?
a) Vorwärtsflug ohne Flügelschlag; verliert an Höhe.
b) Der Vogel „steht" mit propellerartigen Flügelschlägen in der Luft.
c) Mit ausgebreiteten Flügeln werden Aufwinde ausgenutzt.
d) Flügel werden auf und ab geschlagen; Vorwärtsflug.
e) Flügel werden schnell auf und nieder bewegt; der Schwanz ist gegen die Flugrichtung gespreizt.

📝 **7.** Was versteht man unter einem Schlangenhemd?

📖 **8.** Bei Kälte und großer Hitze begegnen wir bei uns im Freien keinen Eidechsen. Nenne dafür Gründe.

📖 **9.** Benenne die mit Ziffern gekennzeichneten Teile des Skeletts eines Froschlurches.

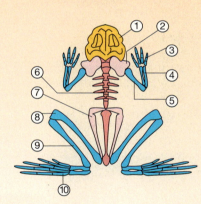

📖 **10.** Erkläre den Fachausdruck Amphibium.

📖 **11.** Ein Frosch springt ins Wasser und taucht erst nach 50 Minuten auf. Wie ist das möglich?

📖 **12.** Erkläre den Begriff Metamorphose an einem Beispiel.

📖 **13.** Beschreibe, auf welche Weise ein Frosch seine Beute fängt.

📖 **14.** Wähle die zutreffenden Begriffe aus und ordne sie den Ziffern der Abbildung zu. Kiemen, Kiemenblättchen, Kiemenbogen, Schwimmblase, Kiemendeckel, Blutgefäß, Kiemenhöhle, Kiemenreuse, Seitenlinienorgan.

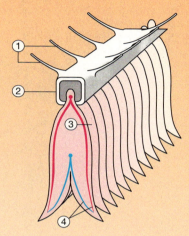

📖 **15.** Erkläre, weshalb Fische an Land ersticken.

📖 **16.** Die Fortbewegung der Fische im Wasser unterstützen bestimmte Körperbaumerkmale. Nenne wenigstens drei Merkmale.

📖 **17.** Was haben Lachs und Aal gemeinsam? Erkläre.

📝 **18.** „Fisch" ist ein Nahrungsmittel und wird zum Teil durch intensive Fischerei gewonnen. Nenne Speisefische aus dem Süßwasser, nenne Speisefische aus dem Meer.
In welcher Art gelangt der Fisch auf unseren Speisezettel? Besuche dazu die Fischabteilung eines Lebensmittelgeschäftes.

📖 **19.** Tiere überwintern auf unterschiedliche Weise. Erkläre die Begriffe und nenne jeweils zwei Beispiele für
a) aktive Überwinterung,
b) Winterruhe,
c) Kälte- oder Winterstarre.

Zeig, was du kannst

187

Naturschutz bei uns und anderswo

Warum hat man gerade diesen Baum unter Naturschutz gestellt?

Weshalb protestieren die Jugendlichen?

Warum steht dieses Schild hier?

Warum sind blühende Ackerrandstreifen so wertvoll?

Weshalb beschlagnahmt der Zoll bestimmte Reiseandenken?

Wie können wir Kröten vor dem Tod auf der Straße bewahren?

Naturschutz fängt vor der Haustür an

1. Die drei Schüler stehen vor dem recht verwitterten Schild. Es ist nicht mehr zu lesen, wie man sich im Wald verhalten soll. Du weißt es sicherlich? Informiere dich zum Beispiel beim Förster und entwirf ein neues Schild mit den wichtigsten Hinweisen.

2. a) Wähle ein gefährdetes heimisches Wildtier aus, zum Beispiel Biber (A), Wolf (B), Fischotter (C), Luchs (D). Finde heraus, weshalb sein Bestand gefährdet ist, und schlage geeignete Schutzmaßnahmen vor.
b) Überlege, wer sich durch diese Schutzmaßnahmen beeinträchtigt fühlen könnte, und begründe dies.

3. Zeichne einen Garten, in dem sich Igel, aber zum Beispiel auch Frösche, Kröten, Insekten und verschiedene Vögel wohlfühlen. Informiere dich dazu zuerst über die Lebensweise und die Bedürfnisse dieser Tiere.

4. a) Informiere dich über die Bedeutung des Schildes „Naturschutzgebiet".
b) Welche Naturschutzgebiete gibt es in deiner näheren Umgebung? Was gilt dort als besonders schützenswert?

Naturschutz bei uns und anderswo

Bach ist nicht gleich Bach

Folge dem Bachlauf auf dieser Seite. Abbildung 1 zeigt, dass der Bach in diesem Bereich, im Unterlauf, sehr gradlinig verläuft. Die Ufer sind hier ausgemäht und das Wasser kann schnell fließen. Rechts und links liegen Viehweiden und stark gedüngte Wiesen. Die Ausscheidungen der Tiere und die Düngerreste werden mit dem Regen in den Wasserlauf gespült. Bachlebewesen sind in diesem Teil kaum noch zu finden, da sie den hohen Nährstoffeintrag durch Dünger nicht vertragen. Abbildung 2 zeigt den Oberlauf desselben Baches. Hier, in der Nähe seiner Quelle, hat eine Naturschutzorganisation in mühevoller Arbeit den Bach vor Jahren renaturiert. Der Bach schlängelt sich jetzt wieder natürlich durch die Landschaft.

1 Begradigter Bachlauf im Unterlauf

Steine liegen im Bachbett. Die angrenzenden Flächen werden weder als Viehweide noch als Ackerfläche genutzt. Zahlreiche Schwarzerlen wurden damals durch Schüler einer benachbarten Schule angepflanzt. Schwarzerlen vertragen es, mit den Wurzeln im Wasser zu stehen. Die Wurzeln befestigen das Ufer und bieten gleichzeitig Halt und Versteckmöglichkeiten für Fische und andere Bachbewohner. Die Baumkronen spenden Schatten. Das Laub bietet eine Nahrungsgrundlage für Pflanzen fressende Kleinstlebewesen im Bach.

Naturschutzarbeit ist notwendig

Natürliche Lebensräume verschwinden nicht nur, wenn man Bäche und Flüsse begradigt, sondern zum Beispiel auch, wenn neue Bau- oder Industriegebiete entstehen und Straßen gebaut werden. Der Mensch schränkt die natürlichen ▸ Lebensräume der Tiere und Pflanzen immer stärker ein oder vernichtet sie sogar. Hier setzt Naturschutzarbeit an. Zum Beispiel werden ▸ Fangzäune für Kröten an stark befahrenen Straßen errichtet. Auf dem Weg zu ihren Laichorten werden die Kröten in Sammeleimer entlang der Fangzäune gelenkt und anschließend über die Straße getragen. Naturnahe Gärten bieten beispielsweise Igeln und anderen Tieren Nahrung und

▸ Überwinterungsmöglichkeiten. Fledermauskästen bieten ungestörte Schlafplätze und ersetzen die immer weniger werdenden Unterschlupfmöglichkeiten in alten Gebäuden und hohlen Bäumen. Auch du kannst dich in verschiedenen Naturschutzprojekten engagieren und dazu beitragen, dass Lebensräume für Pflanzen, Tiere und Menschen geschützt und erhalten werden. Zahlreiche Umweltschutz- und Naturschutzverbände wie zum Beispiel der NABU und der BUND bieten Aktionen und Arbeitsgruppen für Kinder und Jugendliche an.

2 Renaturierter Bach im Oberlauf

Menschen verändern, gefährden und schützen ihre Umwelt

1. Vermutlich seid ihr schon in Gegenden gewesen, die ihr als besonders schön empfunden habt. Vielleicht haben euch Landschaften, einzelne Bäume, Baumgruppen, Blumenwiesen, ein Park oder ein Gewässer besonders gefallen.
a) Fotografiert in eurer Umgebung Naturobjekte, die euch durch ihre Seltenheit, Eigenart oder Schönheit aufgefallen sind.
b) Begründet jeweils, weshalb ihr gerade diese Aufnahme gemacht habt.
c) Dokumentiert eure Ergebnisse für eine ▸ Ausstellung auf ▸ Plakaten.

2. a) Stellt zusammen, wo es in eurer Umgebung oder in eurem Landkreis Naturschutzgebiete gibt. Informiert euch beispielsweise bei der zuständigen Naturschutzbehörde.
b) Tragt die Ergebnisse in einer Übersichtskarte ein, die euch zur Verfügung gestellt wird.
c) Bildet für jedes Naturschutzgebiet eine Gruppe. Informiert euch, weshalb dieses Gebiet unter Schutz gestellt wurde und haltet einen kurzen ▸ Vortrag.
d) Dokumentiert eure Ergebnisse in einer ▸ Ausstellung.

3. Straßenrandstreifen werden bisweilen mehrmals im Jahr von Straßenmeistereien gemäht.
a) Bildet zwei Gruppen Pro und Contra für das Mähen von Randstreifen und tauscht eure Argumente aus.
b) Wie könnte ein Kompromiss aussehen?
c) In einigen Gegenden sind Ackerrandstreifen unter Schutz gestellt worden. Was bedeutet diese Maßnahme und welche Gründe können hierfür vorliegen?

4. In den nebenstehenden Abbildungen seht ihr, wie der Mensch in die Landschaft eingreift.
a) Beschreibt die Abbildungsfolge.
b) Welche Folgen ergeben sich für die Natur?
c) Wie lassen sich Folgeschäden mindern?

5. Wie würdest du gegenüber einem Menschen reagieren, der eine ▸ geschützte Pflanze gepflückt hat?

6. a) Wie können wir Tiere im Winter schützen? Informiere dich beispielsweise auf den Seiten „Aktiv durch den Winter."
b) Nenne Argumente für und gegen Fütterungen von Wildtieren im Winter.

Naturschutz bei uns und anderswo

Die Schönheit der Natur gilt es zu bewahren
Beim Wandern bekommen wir viele verschiedene Eindrücke von der uns umgebenden Natur. Oft bleiben Erinnerungen an eine schöne Aussicht zurück, an eine bunte Blumenwiese, an einen bunten Schmetterling auf einer Blüte, an einen plätschernden Bergbach. Die Anblicke haben uns Freude bereitet und wir wünschen uns, dass diese Vielfalt an verschiedenen Lebensräumen, Formen und Farben erhalten bleibt.
Der Mensch greift aber immer wieder gestaltend in die Landschaft ein. So werden zum Beispiel für Straßen und Schienenwege zum Teil schützenswerte Gebiete geopfert. Dadurch wird Pflanzen und Tieren ihr Lebensraum genommen. Nicht wenige Arten gehen dadurch unwiederbringlich verloren, ebenso durch chemische Schädlings- und Unkrautbekämpfung in der Landwirtschaft.

Naturschutzgebiete
Um die Vielfalt an Lebensräumen zu erhalten, hat man **Naturschutzgesetze** geschaffen. In ihnen ist beschrieben, welche Gebiete zu schützen sind. Gebiete, in denen Pflanzen und Tiere besonders stark geschützt sind, werden als **Naturschutzgebiete** bezeichnet. In diesen geschützten Landesteilen soll sich die Tier- und Pflanzenwelt möglichst ungestört vom Menschen entfalten können. So steht zum Beispiel die niedersächsische Elbtalaue mit den jahreszeitlich überschwemmten Auwäldern und Wiesen entlang des Elbufers unter besonderem Schutz. Dort können sich gefährdete Pflanzen und Tiere ungestört entwickeln. So ist beispielsweise die Zahl der selten gewordenen Seeadler in den letzten Jahren auf 20 Brutpaare angewachsen. Solche Schutzgebiete darf man in der Regel nur mit einem Führer oder nur auf vorgegebenen Wegen betreten.

2 Naturschutzgebiet. **A** *Seeadler;* **B** *Auwald*

1 Nationalpark Harz

Nationalparks
Nationalparks in Niedersachsen wie das „Niedersächsische Wattenmeer" und der „Harz" schützen große Landschaftsräume. Im Nationalpark Wattenmeer gibt es Schutzzonen mit unterschiedlich strengen Bestimmungen. Dort können Vögel ungestört Nahrung suchen und ihre Jungen großziehen. Zur Zugzeit rasten dort zum Beispiel bis zu 100 000 Gänse, wenn sie aus ihren sibirischen Brutgebieten in wärmere Gebiete ziehen sowie von dort auch wieder auf ihrem Rückflug. Geführte Wege durch den Nationalpark Harz ermöglichen Touristen unmittelbare Naturerlebnisse ohne störende Einflüsse auf die Natur. Informationstafeln entlang der Hauptwege geben wichtige Informationen zu Verhaltensweisen und Besonderheiten im Gebiet. Inzwischen streifen auch wieder Wildkatzen und Luchse durch den Harz, die dort von der Verwaltung des Nationalparks ausgewildert wurden.

193

Geschützte Tiere

Fischotter

Lebensraum: Saubere, fischreiche Gewässer mit Sand- und Kiesbänken; Ufer mit Bäumen, Gebüsch und dichter Pflanzenzone
Ursachen des Rückgangs: Verfolgung als „Fischräuber" und Pelztier; intensive Nutzung der Flusstäler; Verschmutzung der Gewässer; Beseitigung des Uferbewuchses
Schutzmaßnahmen: Wiederherstellen naturnaher Bäche und Flüsse, Verbesserung der Wasserqualität; Einschränkung des Bootssports, Angelns und Campens an Gewässern mit Ottervorkommen

Biber

Lebensraum: Ströme wie z. B. Donau, Elbe und deren Nebenflüsse; Auwälder mit Pappeln und Weiden
Ursachen des Rückgangs: Ausrottung durch Menschen, um Heilmittel, Parfüm oder Pelze zu gewinnen; Abholzung der Auwälder; Kanalisierung und Verunreinigung der Flüsse
Schutzmaßnahmen: Wiederherstellung geeigneter, naturnaher Lebensräume; durch Biberreservate nimmt die Anzahl wieder zu

Schwalbenschwanz

Lebensraum: Offenes Gelände wie Felder, Wiesen und Gärten mit Doldengewächsen wie Wilde Möhren, Kümmel, Dill, Gelbe Rübe, Bibernell und andere Blütenpflanzen
Ursachen des Rückgangs: Einsatz von chemischen Spritzmitteln und Dünger in der Landwirtschaft, sodass die Futterpflanzen der Raupen verdrängt werden.
Schutzmaßnahmen: Erhaltung ungespritzter und ungedüngter Ackerrandstreifen; Zunahme der Pflanzenvielfalt durch brach liegende Felder

1. Nenne gemeinsame Ursachen für den Rückgang von Fischotter und Biber.

2. Beschreibe die Ansprüche, die ein Schwalbenschwanz an seinen Lebensraum stellt.

3. Begründe, weshalb Rote Listen für uns notwendig sind.

Was ist eine Rote Liste?
In den Roten Listen werden Tier- und Pflanzenarten veröffentlicht, die durch den Einfluss des Menschen gefährdet sind. Sie brauchen besonderen Schutz. Es sind darin folgende Stufen der Gefährdung genannt:
Als **ausgestorben** gelten Arten, die bei uns verschwunden sind. **Vom Aussterben bedroht** sind Arten, deren Überleben unwahrscheinlich ist, wenn keine Schutzmaßnahmen ergriffen werden. Bei **stark gefährdeten** und **gefährdeten Arten** wird danach unterschieden, wie weit die Bestände zurückgegangen sind. **Selten** sind Arten, die in einem bestimmten Gebiet nicht mehr auftreten, woanders aber noch vorkommen.

Naturschutz bei uns und anderswo

Geschützte Pflanzen

Gelbe Teichrose

Lebensraum: Stehende und langsam fließende, nährstoffarme Gewässer
Ursachen des Rückgangs: Wasserverunreinigung durch Dünger und andere Nährstoffe; Wellenschlag von Motorbooten; Ufernutzung durch Viehweiden und Badestellen
Schutzmaßnahmen: Reinhaltung der Bäche, Seen und Teiche; Schutz der See- und Flussufer; Einschränkung des Bootsverkehrs

Kornrade

Lebensraum: Früher weitverbreitetes Wildkraut in Getreideäckern besonders im Roggen
Ursachen des Rückgangs: Mechanische und chemische Unkrautbekämpfung; Überdüngung der Felder; verbesserte Saatgutreinigung mit Auslese der giftigen Samen
Schutzmaßnahmen: Erhaltung nicht gespritzter Ackerrandstreifen; Ansiedlung auf Feldern in Freilichtmuseen oder Botanischen Gärten

1. Begründe, warum es wichtig ist, die Lebensräume seltener Pflanzen zu schützen.

2. Stelle aus dem Kreisdiagramm eine Rangfolge der verschiedenen Ursachen für die Verdrängung der Pflanzen auf. Nenne jeweils ein Beispiel zu jeder Ursache.

3. Beschreibe, wie Naturschützer und Landwirte zusammenarbeiten können, um seltene Pflanzen zu erhalten.

Geflecktes Knabenkraut

Lebensraum: Orchidee auf feuchten Wiesen und Flachmooren
Ursachen des Rückgangs: Häufiges Mähen und Düngen der Feuchtwiesen; Trockenlegung der Wiesen durch Gräben und Rohre; Ausgraben und Sammeln
Schutzmaßnahmen: Erhaltung der Feuchtwiesen als Naturschutzgebiete; schonendes, spätes Mähen

Was die Wildpflanzen verdrängt

195

Lernen im Team

Wir schützen Lurche

Zu den Lurchen zählen Kröten, Unken, Frösche und Molche. Sie wandern im Frühling von ihren Winterlebensräumen zu den Laichgewässern. Ihre Wanderwege führen oft über Straßen, wo viele von ihnen überfahren werden. Wie ihr den Lurchen helfen und euch aktiv für den Naturschutz einsetzen könnt, erfahrt ihr hier.

1. Lurche bestimmen
Erkundigt euch bei der Naturschutzbehörde des Landkreises oder einer Naturschutzgruppe des NABU oder BUND nach Betreuern eines Krötenzauns. Begleitet sie bei der Arbeit. Helft beim Einsammeln und Bestimmen der Lurche. Zieht zur Sicherheit eine Warnweste an, wenn ihr einen Betreuer begleitet. Folgende Fragen können euch dabei helfen: Wie können wir die verschiedenen Arten unterscheiden? Welche auffälligen Merkmale weisen sie auf? Welche Unterschiede gibt es zwischen männlichen und weiblichen Tieren? Benutzt die Seite „Wir bestimmen Tiere". Erstellt für jede Tierart einen ▶ Steckbrief. Ihr braucht Schreibmaterial und gegebenenfalls ein Bestimmungsbuch.

2. Einen Krötenzaun erkunden
Eine anderes Team befragt einen Betreuer, der sich um einen Krötenzaun kümmert, über die Anlage eines Krötenzauns. Denkt an das Anziehen einer Warnweste. Es können folgende Fragen gestellt werden: Wie werden die Lurche gefangen? Wie viele Tiere sind es z. B. in einer Woche? Warum steht der Krötenzaun nur auf einer Straßenseite? In welchen Monaten wird der Zaun errichtet? Hat das Wetter Einfluss auf die Wanderung der Lurche? Welchen? Ordnet eure Informationen für einen kurzen ▶ Vortrag, den ihr vor der Klasse haltet.

3. Der Lebensraum der Lurche
Durchstreift mit einem Betreuer die Landschaft beiderseits der Straße, wo der Krötenzaun aufgebaut ist. Achtet darauf, dass ihr nicht auf einen Lurch tretet. Untersucht den Waldboden auf wandernde Lurche. Lasst euch das Laichgewässer und das Winterquartier der Lurche zeigen. Beschreibt das Laichgewässer. Schätzt, wie weit es vom Winterquartier entfernt ist. Kann man schon Laich entdecken? Wie sieht er aus? Wo wird er abgelegt? Welches auffällige Verhalten zeigen weibliche und männliche Kröten? Ordnet eure Informationen. Schreibt einen Bericht. Zeichnet eine Karte, in der ihr das Laichgewässer, die Straße, den Krötenzaun und das Winterquartier eintragt. Ihr benötigt Schreibmaterial und einen Fotoapparat. Haltet einen kurzen ▶ Vortrag vor der Klasse.

Ausstellung über Wanderung und Schutz der Lurche
Gestaltet mit den Ergebnissen der einzelnen Teams eine ▶ Ausstellung über die Wanderung und den Schutz der Lurche. Ihr braucht Plakatkarton, Fotos, die angefertigten Steckbriefe, Fotokleber und Filzschreiber. Heftet die Plakate an eine Stellwand und präsentiert sie in der Pausenhalle.

Naturschutz bei uns und anderswo

Wir schützen Insekten in unserer Umgebung

Schmetterlinge, ▶ Hummeln und andere Insekten sind in ihrem Bestand gefährdet. Die Ursachen liegen im Rückgang des Nahrungsangebots und dem Verlust von geeigneten Nist- und Versteckmöglichkeiten. Wir können mit einfachen Mitteln zur Verbesserung dieser Situation in unseren Gärten und auf dem Schulgrundstück beitragen.

1. Haus für Schmetterlinge

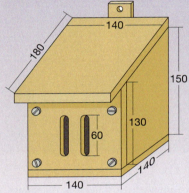

a) Materialliste: 80 cm x 28 cm Kieferleimholzplatte 18 mm dick, eine Stichsäge, eine Holzraspel, einen Schraubendreher, einen Bohrer von 10 mm Ø, 4 Schrauben 30 mm, wasserfesten Holzleim
b) Bauteile: 1 Dach 180 mm x 140 mm, 1 Boden 140 mm x 140 mm, 2 Seitenteile 150/ 130 mm x 120 mm, 1 Rückwand 150 mm x 140 mm, 1 Frontwand 130 mm x 140 mm, 1 Aufhängeleiste 250 mm x 50 mm
c) Bauanleitung: Für die Einschlupflöcher bohren wir jeweils zwei gegenüberliegende Löcher im Abstand von 60 mm und sägen den Zwischenraum 10 mm breit aus. Wir leimen die Teile zusammen. Nur die Frontwand wird mit 4 Schrauben befestigt, damit wir den Kasten reinigen und kontrollieren können. Das Holz braucht nicht gestrichen zu werden.

Der richtige Platz sollte etwa 2 Meter hoch, an einer Wand oder in einem Baum sein und eine sonnige, windgeschützte Südlage haben.

2. „Wilde Ecke" für Insekten
a) Futterpflanzen: In einigen Bereichen des Gartens können Wildstauden wie Wiesenkerbel, Wilde Möhre oder Distel gepflanzt werden. Samenmischungen dieser und vieler anderer Wildkräuter kann man im Blumenhandel oder in einer Samenhandlung kaufen. Auch die Große Brennnessel sollte angepflanzt werden, da sie eine sehr wichtige Futterpflanze für viele Schmetterlingsraupen darstellt. Durch das Anlegen einer ▶ Hecke mit geeigneten Wildgehölzarten wird der Lebensraum für Schmetterlinge und zahlreiche andere Insekten zusätzlich erweitert.

b) Nisthilfe: In einer abgelegenen Ecke des Gartens graben wir alte, unbehandelte Zaunpfähle oder Baumstämme ein. Mit verschiedenen Bohrern von 3-8 mm Ø versehen wir das Holz an der Südseite mit vielen etwa 8 cm tiefen Löchern. Darin können Wildbienen, Grab- und Faltenwespen ihre Brut aufziehen.

3. Hummel-Nistkasten
a) Materialliste: Wir brauchen zu den bereits genannten Werkzeugen noch einen Hammer und ein Stecheisen, eine Leimholzplatte von 80 cm x 25 cm, 4 Schrauben 30 mm

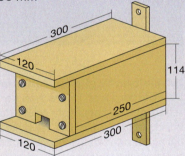

b) Bauteile: 2 Platten (Boden/ Dach) 300 mm x 120 mm, 2 Seitenwände 250 mm x 114 mm, 1 Frontwand 120 mm x 114 mm, 1 Rückwand 114 mm x 84 mm, 1 Aufhängeleiste 250 mm x 45 mm x 18 mm
c) Bauanleitung: In die Frontplatte sägen wir zwei 15 mm tiefe Einschnitte im Abstand von 35 mm und stechen das Flugloch aus. Nachdem wir die Seiten, den Boden und das Dach zusammengeleimt haben, schrauben wir die Frontplatte und die Leiste an. Wir füllen den Innenraum zur Hälfte mit trockenem Moos. Diese Nisthilfe hängen wir an einen ähnlichen Platz wie den des Schmetterlingskastens.

Lernen im Team

Naturschutz im Urlaub

1. Das Schild weist auf eine besondere Form eines Schutzgebietes hin.
a) Informiere dich über Nationalparks in Deutschland und in anderen Teilen der Welt. Stelle ein Beispiel vor.
b) Welche Regeln muss deine Schulklasse beachten, wenn sie zum Beispiel einen Ausflug in den Nationalpark Niedersächsisches Wattenmeer unternimmt?

Umweltverträglicher Tourismus

Bei Wanderungen im Harz, in der Dünenlandschaft der Nordseeküste oder auch im Stadtwald vor deiner Haustür hast du vielleicht schon Barrieren oder kleine Zäune an den gekennzeichneten Wanderwegen bemerkt. Die Zäune sollen die Besucherströme lenken. Sie sorgen dafür, dass die natürlichen Lebensräume abseits der Wege nicht zertrampelt und zerstört werden und dass wild lebende Tiere in ihren Ruhezonen ungestört bleiben.

Auch der so genannte „Sanfte Tourismus" hat zum Ziel, dass Touristen die Natur zwar möglichst unmittelbar und ursprünglich erleben können. Gleichzeitig sollen Erholungssuchende aber der Natur am Urlaubsort nicht schaden oder sie verändern. Das wird zum Beispiel durch Müllvermeidung oder das Einrichten von Picknickplätzen erreicht. Aber auch geführte Wanderungen oder Safaris tragen dazu bei. Die Belastung der Umwelt kann auch durch eine Anreise mit öffentlichen Verkehrsmitteln vermindert werden.

Fernreisen ermöglichen faszinierende Einblicke in andere Kulturen und unbekannte Naturlandschaften. Allerdings müssen sich Reisende darüber bewusst sein, dass durch Flugreisen die Umwelt stark belastet wird.

Reiseandenken

Schlangen und Krokodile gelten als gefährlich für den Menschen. Allerdings ist der Mensch inzwischen durch den Handel mit Stiefeln, Taschen und Gürteln aus Schlangen- oder Krokodilleder zu einer viel größeren Gefahr für zahlreiche Reptilienarten geworden.

Millionen von lebenden Tieren und Pflanzen sowie eine Vielzahl an Produkten von wild lebenden Tier- und Pflanzenarten werden jedes Jahr nach Europa eingeführt. Durch den Handel mit geschützten Tier- und Pflanzenarten und ihren Produkten gehen viele Bestände dieser Tiere und Pflanzen in den Ursprungsländern mehr und mehr zurück oder die Arten werden sogar ausgerottet. Die Mitnahme solcher Reiseandenken steht daher unter Strafe.

Es ist jedoch noch wichtiger, dass sich das Bewusstsein der Reisenden verändert und sie durch ihr Verhalten die Natur am Urlaubsort nicht gefährden oder zerstören, sondern sie schützen und erhalten.

Naturschutz bei uns und anderswo

Artenschutz

Pinnwand

Nashörner waren zu allen Zeiten sehr begehrt. Gegerbte Nashornhaut diente in Indien und China als Schild gegen Speere und Pfeile. Das Horn war in Europa, Afrika und Asien als Rohmaterial für geschnitzte Schwert- und Dolchgriffe, Gürtelschnallen und andere Schnitzereien sehr gefragt oder wurde als Trinkbecher genutzt. Noch heute gilt das Nasenhorn in der traditionellen asiatischen Medizin als Heilmittel für zahlreiche Krankheiten. Der Handel mit Nasenhorn ist verboten. Trotzdem führte vor allem die Wilderei fast zum Aussterben einiger Nashornarten.

† TRAURIGE HITLISTE
Im Jahre 2006 gab es weltweit nur noch ca.

22.000	Eisbären
5.000 – 7.500	Tiger
1.600	Pandabären
500	Antarktische Blauwale
200	Cross River Gorillas
65	Java-Nashörner
40 – 65	Kaukasus-Leoparden

1. Nenne Ursachen für die Gefährdung einiger der in der Hitliste genannten Tiere.

2. Erkundige dich in einer Zoohandlung, woher die Zierfische und Ziervögel stammen, die dort verkauft werden.

Washingtoner Artenschutzübereinkommen

Seit der Mensch, begünstigt durch moderne Transportmittel, die ganze Welt bereist und immer größere Mengen an Waren in seine Heimat importieren kann, hat sich auch ein wachsender weltweiter Wildtierhandel entwickelt.

Zahlreiche wild lebende Tiere aus allen Teilen der Erde wurden gefangen und in Zoos oder Zirkussen zur Schau gestellt.

Pelztierhändler und deren Kunden sorgten dafür, dass weltweit zum Beispiel die Bestände von Ottern, Bibern und Seehunden dezimiert wurden. Viele Millionen Afrikanischer Elefanten wurden getötet, damit aus ihren Stoßzähnen, dem Elfenbein, beispielsweise Billardkugeln, Schmuck oder Klaviertastenbeläge hergestellt werden konnten.

Als immer mehr Wildtierarten die Ausrottung durch den Tierhandel drohte, haben einige Staaten 1975 einen Vertrag zum Schutz der gefährdeten Tiere und Pflanzen geschlossen, das **Washingtoner Artenschutzübereinkommen.** Die internationale Abkürzung lautet „CITES" für „Convention on international Trade in Endangered Species of Wild Fauna and Flora".

Dieses Übereinkommen soll sicher stellen, dass der Handel mit Tieren und Pflanzen nicht zur Ausrottung von Arten beiträgt.

199

Auf einen Blick

Naturschutz vor der Haustür

Ein begradigter Bach wird von Naturschützern in seinen natürlichen Verlauf zurückgebaut. Schwarzerlen festigen das Ufer, spenden Schatten und bieten Tieren Unterschlupf und Nahrung. Der Eintrag von Dünger wird unterbunden, sodass Kleinstlebewesen im Wasser überleben.

Menschen verändern, gefährden und schützen ihre Umwelt

Menschen gefährden Pflanzen und Tiere, indem sie ihre Lebensräume vernichten, sie mit Schädlingsbekämpfungsmitteln behandeln oder ihre Nahrungsquellen und Unterschlupfmöglichkeiten einschränken.

Der Naturschutz sichert die Lebensgrundlagen für Pflanzen, Tiere und Menschen. Wer die Natur achtet, sorgt für die Zukunft vor. Naturschutzgebiete dienen dem Erhalt der natürlichen Lebensräume für Pflanzen und Tiere. Sie sollen sich darin ungestört vom Menschen entfalten können.

Geschützte Pflanzen

Gelbe Teichrose, Kornrade und Geflecktes Knabenkraut sind geschützte Pflanzen. Die Ursachen für ihren Rückgang liegen hauptsächlich in der Zerstörung ihrer Lebensräume sowie in der Entwässerung der Landschaft und der Unkrautbekämpfung.

Geschützte Tiere

Fischotter und Biber zählen zu den geschützten Tieren. Die Bestände dieser beiden Pelztiere sind zurückgegangen, weil der Mensch sie verfolgte, die Flusstäler veränderte und die Gewässer verschmutzte.

Rote Liste

In der Roten Liste werden Tier- und Pflanzenarten aufgeführt, die entweder ausgestorben, vom Aussterben bedroht, gefährdet oder selten sind.

Schutz der Lurche

Zu ihnen gehören Kröten, Unken, Frösche, Salamander und Molche. Sie wandern im Frühling von ihren Winterquartieren zum Laichgewässer. Durch Krötenzäune beugt man vor, dass sie auf der Straße nicht überfahren werden.

Insektenschutz

Schmetterlinge, Wildbienen, Hummeln, Falt- und Grabwespen sind in ihrem Bestand gefährdet, weil ihr Nahrungsangebot zurückgeht und ihnen Nist- und Versteckmöglichkeiten fehlen. Durch die Aussaat von Futterpflanzen und den Bau von Nisthilfen und Schutzhäuschen können wir ihnen helfen.

Naturschutz im Urlaub

Im Urlaub soll man sich gegenüber der Natur rücksichtsvoll verhalten. Umweltverträglicher Tourismus sorgt dafür, dass Besucherströme die natürlichen Lebensräume von Pflanzen und Tieren nicht zerstören. Dieser „Sanfte Tourismus" verbindet Naturerlebnisse im Urlaubsort mit den Zielen des Umweltschutzes und dient damit zur Schonung von Landschaft, Luft und Wasser.

Artenschutz

Der Handel mit Reiseandenken von geschützten Pflanzen und Tieren ist verboten. So dürfen keine Waren aus Schlangen- oder Krokodilleder eingeführt werden. Produkte von Nashörnern waren früher so begehrt, dass man diese Tiere stark verfolgte, was fast zu deren Aussterben führte. Das Washingtoner Artenschutzübereinkommen verbietet den Handel mit geschützten Wildtieren und Pflanzen sowie Produkten, die aus ihnen hergestellt werden.

Naturschutz bei uns und anderswo

1. Durch welche Eingriffe des Menschen werden Pflanzen- und Tierarten gefährdet? Erläutere die Zusammenhänge.

2. Beschreibe, welche Folgen die Errichtung einer Autobahn für die Natur hat.

3. Nenne einige geschützte Pflanzen. Erkläre, warum sie vom Aussterben bedroht sind.

4. Warum gilt für geschützte Pflanzen folgende Regel? Ansehen immer. Abpflücken nie!

5. Beschreibe, welche Maßnahmen zur Erhaltung der Fischotter- und Biberbestände durchgeführt werden.

6. Lurche sind Feuchtlufttiere. Welchen Einfluss hat das auf ihre Wanderung?

7. Betrachte die Karte und beschreibe, zu welcher Jahreszeit die Kröten in welchem Lebensraum leben oder wandern.

8. Erkläre, warum man zur Begründung eines Naturschutzgebietes eine Rote Liste benötigt.

9. Nenne mögliche Gründe für den Rückgang der Schmetterlinge und Hummeln.

10. Betrachte die Abbildung vom nachgebauten Brutplatz der Erdhummeln und beschreibe, welche Materialien dazu gebraucht werden. Erstelle eine Bauanleitung.

11. In welcher Weise kann die Landschaft durch den Tourismus belastet werden? Nenne einige Beispiele.

12. Man kann z. B. mit dem Auto, Bus, Zug oder Flugzeug in den Urlaub reisen. Begründe, welches Verkehrsmittel dem „Sanften Tourismus" entspricht.

13. Nashörner sind in ihrem Bestand stark gefährdet. Nenne einige Gründe.

14. Manche Tiere müssen für die Mode sterben. Berichte über einige Beispiele.

15. Vergleiche Rasen und Wiese jeweils aus der Sicht eines Naturfreundes und eines Sportlers. Stelle ihre Standpunkte dar.

16. Beschreibe erwünschte und unerwünschte Eigenschaften der Ackerwildkräuter.

17. Sieh dir eine Landkarte deiner Umgebung an und nenne Naturschutzgebiete und Nationalparks in deiner Nähe.

18. Viele Menschen sind der Meinung, dass es Wichtigeres gäbe, als sich für den Schutz von Pflanzen und Tieren einzusetzen. Wie ist deine persönliche Meinung dazu?

19. Im Harz wurden Luchse ausgesetzt. Sie gehörten vor langer Zeit zu den heimischen Tierarten. Auch Wölfe sollen wieder eingebürgert werden. Wie stehst du zu diesen Maßnahmen?

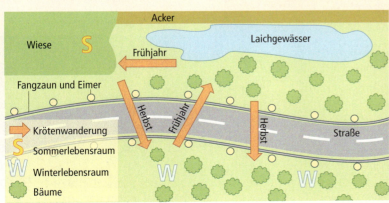

Zeig, was du kannst

Weshalb muss ich nur beim schnellen Schwimmen immer tief Luft holen?

Manchmal brauche ich einfach Sport. Danach fühle ich mich so richtig wohl. Woran liegt das?

Volleyballspiel macht mir Spaß. Wie kann ich meinen Körper trainieren, dass ich noch mehr Leistung bringe?

Ich bin fit und fühl' mich wohl

Wie ernähre ich mich gesund?

Gestern hat mir jemand eine Zigarette angeboten. Wie soll ich mich künftig verhalten?

Nach dem Training bin ich immer durstig und bekomme ordentlich Hunger. Woran liegt das?

Das Skelett gibt dem Körper Halt

1. Untersuche das Skelett aus der Biologiesammlung mithilfe des Notizzettels.

Forschungsaufträge am Skelett

- Gesamtzahl der Knochen des menschlichen Skeletts: ○ 153, ○ 211 oder ○ 317?
- Länge der größten und der besonders kleinen Knochen bestimmen. Hinweis: Der mit nur 2,7 mm kleinste Knochen des Skeletts befindet sich im Mittelohr.
- Anzahl der Knochen, aus denen die Hand besteht, bestimmen. Beweglichkeit des Handgelenks und der Finger feststellen.
- Unterschiede zwischen Röhrenknochen und Plattenknochen bestimmen. Beispiele für beide Typen finden.
- Hohlräume des Skeletts nennen und die in ihnen geschützt liegenden Organe aufzählen.

2. a) Versuche möglichst viele der in Abbildung 1 gezeigten Knochen an deinem Körper zu ertasten. Beginne mit Schlüsselbein und Brustbein.
b) Baue mit einem Partner ein „lebendes Skelett". Beschrifte dazu Kreppbandstreifen mit den Namen der Knochen und klebe sie auf die Kleidung deines Partners. Präge dir die Namen der Knochen gut ein.

3. a) Vergleiche das Skelett der Arme und Beine. Erkennst du Gemeinsamkeiten im Aufbau? Stelle die einander entsprechenden Knochen in einer Tabelle gegenüber.
b) Begründe, warum die Knochen der Beine die kräftigsten des ganzen Körpers sein müssen.

Armskelett	Beinskelett
Oberarm	Oberschenkel
Elle	…

5. a) Baue aus den abgebildeten Materialien ein einfaches Modell für Röhrenknochen.
b) Erkunde mithilfe von Büchern oder anderen Gewichten, welche Belastungsrichtung Röhrenknochen besonders gut verkraften.

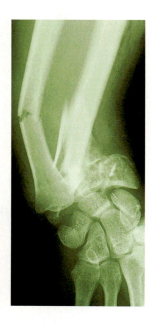

4. a) Erkennst du die Verletzung auf dem Röntgenbild? Welcher Knochen ist betroffen? Wie könnte der Schaden entstanden sein? Berichte auch von eigenen Verletzungen.
b) „Der Knochen lebt!" Begründe diese Aussage mithilfe der Abbildung unten. Denke auch daran, wie sich Knochen beim Wachstum verändern und was nach einem Knochenbruch geschieht.

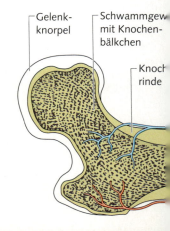

Gelenkknorpel — Schwammgew mit Knochenbälkchen — Knoch rinde

Ich bin fit und fühl' mich wohl

Das Skelett stützt den Körper

Bewegungen bei Sport und Spiel werden erst möglich durch eine stabile innere Stütze: das **Skelett**.
Das **Armskelett** ermöglicht zum Beispiel das Schlagen des Balles mit dem Tennisschläger. Das **Beinskelett** trägt das Gewicht des Körpers beim Laufen und Springen. Ober- und Unterschenkel sind deshalb besonders kräftig gebaut. Damit der Sportler diese Bewegungen ausführen kann, müssen seine Gliedmaßen mit der **Wirbelsäule** beweglich verbunden sein. Diese Verbindungen werden durch **Schulter- und Beckengürtel** hergestellt. Die Wirbelsäule stützt das Skelett und hält es aufrecht. An ihr sind die übrigen Teile des Skeletts befestigt.

Das Skelett schützt den Körper

Kleine Stöße und Verletzungen lassen sich gerade beim Sport nicht vermeiden. Bekommt ein Spieler zum Beispiel einen Tennisball an den Kopf, so ist das Gehirn durch das **Kopfskelett** gut schützt. Ähnlich schützt der **Brustkorb** das Herz und die empfindliche Lunge. Die zwölf Rippenpaare des Brustkorbs sind hinten mit der Wirbelsäule und vorn zum Teil mit dem Brustbein verbunden und bilden so einen schützenden Korb.

Knochen sind stabil

Röhrenknochen sind innen markhaltig. Kalziumsalze („Kalk") in den Knochen sorgen dafür, dass sie sehr fest sind, der Knochenknorpel macht sie elastisch. Der Oberschenkel kann eine Last von 1,5 t tragen!

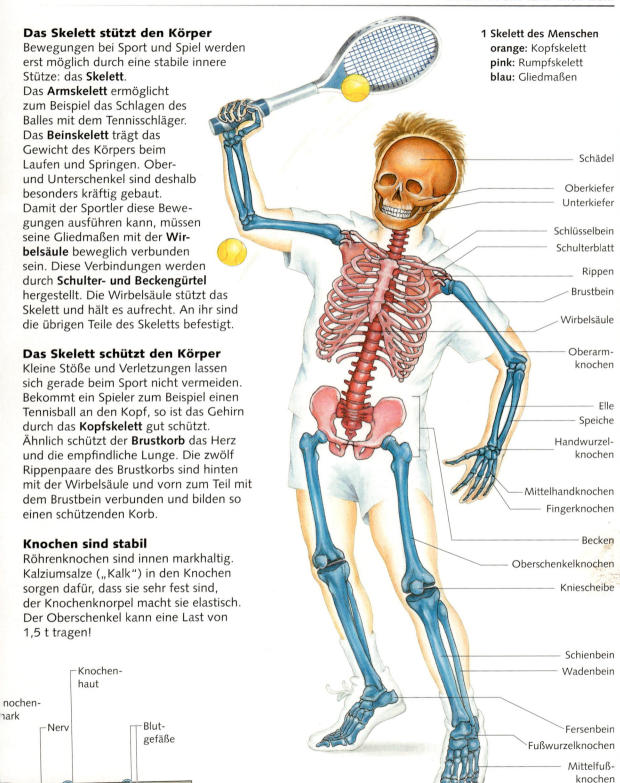

1 Skelett des Menschen
orange: Kopfskelett
pink: Rumpfskelett
blau: Gliedmaßen

2 Röhrenknochen

205

Die Wirbelsäule – Hauptstütze des Skeletts

📖 **1. a)** Beuge deinen Rumpf nach vorn, nach hinten und zur Seite. In welchem Bereich sind welche Bewegungen möglich? Wo ist die Beweglichkeit am größten?
b) Ertaste am Rücken deines Partners die Wirbelsäule. Welche der Teile in Abbildung 1C fühlst du dabei?

🔍 **2. a)** Hebe deinen Schulranzen wie in den Abbildungen gezeigt. Spürst du einen Unterschied in der Belastung der Wirbelsäule?
b) Demonstriere Familienmitgliedern das richtige Heben z. B. eines Getränkekastens.

🔍 **3. a)** Biegt mit 40 cm langen und ca. 2 mm dicken Drahtstücken die abgebildeten „Wirbelsäulen" nach. Achtet auf die unterschiedliche Krümmung.
b) Belastet die Modelle z. B. mit einem Murmelsäckchen. Wann beginnen die Drähte sich zu biegen? Welche Form verträgt die höhere Belastung? Welches Modell ähnelt der menschlichen Wirbelsäule?

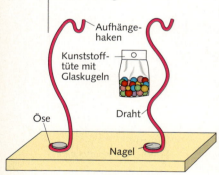

✏️ **4.** Ermittelt durch eine Befragung die Zeit, die ihr täglich in sitzender Haltung verbringt. Berechnet den Durchschnittswert und beurteilt die Ergebnisse.

📖 **5. a)** Wo können beim krummen Sitzen Schäden auftreten? Vergleicht dazu die Abbildung rechts mit Abbildung 1B.
b) Wie können solche Haltungsschäden vermieden werden? Bedenkt auch die Bedeutung passender Sitzmöbel.

Die Wirbelsäule hält den Körper aufrecht

Als stabile, aber dennoch bewegliche Säule durchzieht die Wirbelsäule den Körper. Von der Seite betrachtet ist sie in Form eines „Doppel-S" gekrümmt. Dadurch kann sie beim Laufen und Springen Stöße abfedern.

Die Wirbelsäule besteht aus über 30 knöchernen **Wirbeln,** die durch elastische Knorpelscheiben voneinander getrennt sind. Diese **Bandscheiben** geben den notwendigen Spielraum für Bewegungen beim Drehen und Beugen. Außerdem wirken sie wie Stoßdämpfer. Die einzelnen Wirbel werden durch starke Bänder und Muskeln zu einer Einheit verspannt.

Kreuzbein und **Steißbein** bestehen aus miteinander verwachsenen Wirbeln. Sie sind nur wenig beweglich.

Zwischen Wirbelkörper und Wirbelbogen liegt das **Wirbelloch**. Übereinander gereiht bilden diese Öffnungen den Wirbelkanal. Hier verläuft gut geschützt das empfindliche Rückenmark, ein wichtiger Nervenstrang.

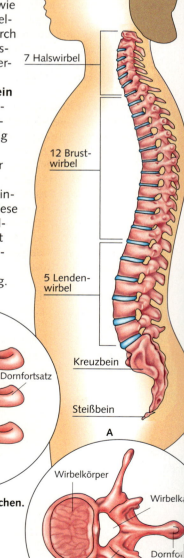

1 Wirbelsäule des Menschen.
A *Gesamtansicht;*
B *Ausschnitt aus der Lendenwirbelsäule;*
C *Lendenwirbel in der Ansicht von oben*

206

Ich bin fit und fühl' mich wohl

Arbeiten mit Modellen

Methode

Modelle veranschaulichen die Wirklichkeit und helfen, sie besser zu verstehen. Dabei werden nur bestimmte Eigenschaften und Merkmale des Originals dargestellt. Modelle werden immer dann eingesetzt, wenn komplizierte Sachverhalte besonders anschaulich gezeigt werden sollen.

Ein Beispiel: Das Modell der Wirbelsäule
Die Wirbelsäule ist ein kompliziert gebautes Gebilde. Die einzelnen Wirbel besitzen einen nur schwer verständlichen Bau mit verschiedenen Fortsätzen und Gelenkflächen. Zusammengehalten und stabilisiert wird das Ganze zusätzlich durch verschiedene Bänder und Muskeln.

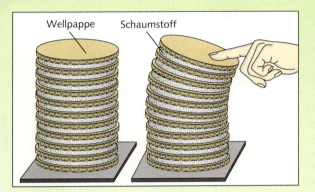

Bauanleitung:
- Schneide 11 runde Scheiben aus Wellpappe und 10 aus Schaumstoff (0,5 cm dick) heraus. Der Durchmesser sollte ca. 5 cm betragen.
- Verbinde die Teile mit Kunststoffkleber oder Silikon.

1 Einfaches Modell der Wirbelsäule

Modelle machen Kompliziertes einfach
Mit dem oben abgebildeten Modell kannst du den **Bau der Wirbelsäule** sehr viel leichter durchschauen. Auf Anhieb erkennst du, dass sie sich im Wesentlichen aus nur zwei Bestandteilen zusammensetzt. Dies zeigt folgende Tabelle:

Original	Modell
Wirbelkörper	Scheiben aus Wellpappe
Bandscheiben	Scheiben aus Schaumstoff

Das Modell veranschaulicht aber noch mehr. Mit einfachen Versuchen kannst du dir die **Funktion der Wirbelsäule** verdeutlichen:
- Drückst du das Modell von oben zusammen, verformt sich nur der Schaumstoff. Du erkennst daran, dass die Bandscheiben für die Stoßdämpferwirkung der Wirbelsäule verantwortlich sind.
- Belastest du das Modell seitlich, biegt es sich zur Seite. Auf diese Weise wird die seitliche Beweglichkeit der Wirbelsäule verdeutlicht.

Modelle zeigen nicht alles
Auch wenn das Modell den Bau und die Funktion der Wirbelsäule recht gut veranschaulicht, so hat es doch auch seine Grenzen:
- Der unterschiedliche Bau von Hals-, Brust- und Lendenwirbeln wird nicht gezeigt.
- Im Modell sind weder das Wirbelloch noch die Dornfortsätze zu erkennen. Das Gleiche gilt für die stabilisierenden Bänder und Muskeln.
- Es ist nicht erkennbar, dass die Wirbel im Brustbereich mit den Rippen verbunden sind.
- Im Bereich der Lendenwirbelsäule ist auch eine Drehbewegung möglich. In unserem Modell wird dies nicht deutlich.

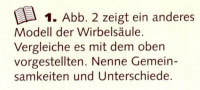

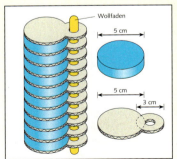

2 Verbessertes Modell der Wirbelsäule

📖 **1.** Abb. 2 zeigt ein anderes Modell der Wirbelsäule. Vergleiche es mit dem oben vorgestellten. Nenne Gemeinsamkeiten und Unterschiede.

📖 **2.** Welches Modell ähnelt eher der „echten" Wirbelsäule? Welche Merkmale werden zusätzlich dargestellt? Ergänze die Tabelle.

207

Gelenke machen uns beweglich

📖 **1. a)** Der Flickflack rechts zeigt, wie beweglich unser Körper ist. Welche Gelenke sind bei dieser Übung beteiligt?
b) Suche an deinem Körper nach Gelenken und untersuche, in welche Richtung sie beweglich sind. Beginne bei den Armen und Beinen. Denke aber auch an den Kopf und die Wirbelsäule.

🔍 **2. a)** Stülpe ein 30 cm langes Stück einer Papp- oder Teppichbodenröhre über den Ellenbogen. Versuche nun, dich zu kämmen oder in einen Apfel zu beißen. Was stellst du fest?
b) Befestige mit Kreppband den Daumen an der Handfläche. Welche Tätigkeiten sind jetzt fast unmöglich? Erkläre den Satz: „Der Daumen macht die Hand zu unserem vielseitigsten Werkzeug."

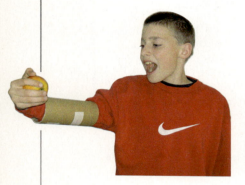

✍️ **3.** Untersuche am Skelett aus der Biologiesammlung die Beweglichkeit von Hüftgelenk, Knie, Ellenbogen und Handgelenk. Erstelle eine Tabelle der Kugel- und Scharniergelenke. Finde weitere Beispiele.

Kugelgelenke	Scharniergelenke
Hüftgelenk	...
...	...

📖 **4.** Mit welchen Gelenktypen lassen sich die abgebildeten Gegenstände vergleichen? Suche weitere technische Gelenke in deiner Umgebung.

🔍 **5. a)** Baut aus den abgebildeten Materialien das Modell eines Scharniergelenks.
- Schneidet aus einer der Papprollen seitlich einen etwa 3 cm breiten Steifen heraus.
- Klebt mit Heiß- oder 2-Komponenten-Kleber die Rundhölzer seitlich an die „Gelenkenden".
- Schiebt beide „Knochen" ineinander und überprüft die Bewegungsmöglichkeiten.

b) Wie könntet ihr das Modell eines Kugelgelenks bauen?
Material-Tipp: aufgeschnittene Bälle verschiedener Größe, Holzkugeln und Rundhölzer.

Ich bin fit und fühl' mich wohl

Aufbau eines Gelenks
Gelenke verbinden Knochen beweglich miteinander. Alle Gelenke besitzen dabei einen gemeinsamen Bauplan: Immer passt das Ende des einen Knochens, der **Gelenkkopf,** genau in die Vertiefung des anderen Knochens, die **Gelenkpfanne.** Beide Knochenenden sind durch eine feste und elastische **Gelenkkapsel** miteinander verbunden, die durch Muskeln und Bänder zusätzlich verstärkt wird. Die Gelenkflächen sind vom glatten **Gelenkknorpel** überzogen. Er federt Stöße elastisch ab und schützt so bei Bewegungen vor Beschädigungen. Im Gelenkspalt befindet sich außerdem ein Gleitmittel, die **Gelenkschmiere.** Sie vermindert die Reibung im Gelenk zusätzlich.

Das Kugelgelenk
Obwohl der Oberschenkel fest mit dem Becken verbunden ist, kann sich das Bein in fast alle Richtungen frei bewegen. Das Hüftgelenk ist damit ein typisches **Kugelgelenk.**

Das Scharniergelenk
Das Ellenbogengelenk dagegen lässt sich nur in eine Richtung bewegen. Weil es damit an das Scharnier einer Tür erinnert, zählt man es zu den **Scharniergelenken.** Hierzu gehören auch das Knie- und die Fingergelenke.

Besondere Gelenktypen
Die Drehung des Kopfes ermöglichen die beiden oberen Halswirbel. Sie sind durch ein **Drehgelenk** miteinander verbunden. Der Daumen kann sich gegenüber der Handwurzel in zwei Richtungen bewegen, ähnlich einem Reiter auf seinem gesattelten Pferd: nach vorne und hinten sowie nach links und rechts. Man nennt dies ein **Sattelgelenk.**
Der Daumen erhält damit eine Sonderstellung unter den fünf Fingern der Hand: Er kann der Handfläche gegenübergestellt werden und erlaubt so das präzise Zugreifen.

Gelenkverletzungen
Im Kniegelenk kommen **Knorpelverletzungen** besonders häufig vor. Hier bilden zwei halbmondförmige Knorpelscheiben, die Menisken, den Rand der Gelenkpfanne. Werden sie bei seitlichen Drehbewegungen zwischen den Knochen eingeklemmt, können im Knorpel Risse entstehen. Diese Verletzungen nennt man Meniskusschäden.
Zu **Bandverletzungen** kommt es, wenn Gelenkbänder übermäßig gedehnt werden. Knickt man z. B. im Sprunggelenk heftig um, reißen die seitlichen Gelenkbänder. Solche Bänderrisse sind typische Sportverletzungen.

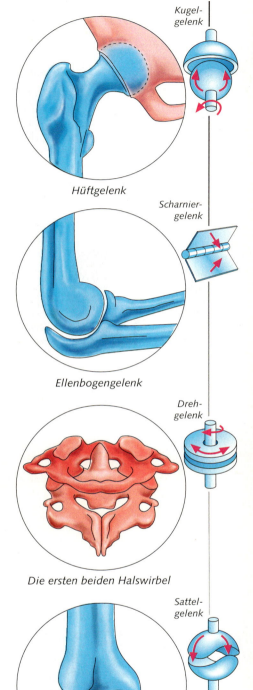

2 Gelenktypen

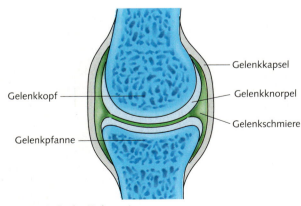

1 Bau eines Gelenks (Schema)

Muskeln brauchen Training

Unser Sportlehrer ist ein richtiger Sklaventreiber. Zuerst verspricht er, dass wir die ganze Stunde Basketball spielen... Und dann müssen wir uns erst 10 Minuten „aufwärmen"! Wie überflüssig!

1. a) Lies die Aussage des Schülers. Stimmst du ihm zu?
b) Fragt eure Sportlehrkraft, warum es zu Beginn des Sportunterrichts erforderlich ist, sich aufzuwärmen. Welche Übungen werden empfohlen?

2. a) Nimm deine Schultasche in die Hand und hebe sie durch das Beugen des Unterarms. Umfasse dabei mit der freien Hand den Oberarm. Erfühle den arbeitenden Muskel und beschreibe seine Veränderung.
b) Lege die Hand auf den Tisch und drücke mit aller Kraft auf die Tischplatte. Umfasse mit der anderen Hand den Oberarm, diesmal von hinten. Beschreibe, wie sich der Muskel anfühlt.

3. a) Spiele mit den Fingern einer Hand auf dem Tisch „Klavier". Was kannst du auf dem Handrücken beobachten? Nimm die Abbildung unten zu Hilfe.

b) Finde durch Abtasten heraus, wo die Muskeln für die Bewegung der Finger sitzen.

4. a) Oberhalb der Ferse kannst du die stärkste Sehne deines Körpers ertasten. Wie heißt sie? Benenne auch die rechts gezeigten Knochen des ▶ Skeletts beim Menschen.
b) In der Kniekehle kann man deutlich zwei Sehnen ertasten. Welche Aufgabe haben die dazugehörigen Muskeln?

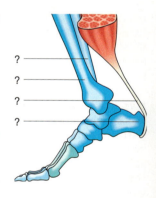

5. a) Welche Sportarten werden durch die Symbole dargestellt?
b) Demonstriere die für jede Sportart typischen Bewegungsabläufe. Nenne stark beanspruchte Muskelgruppen.

6. Erkundet das Sportangebot in eurer Umgebung. Berichtet auch von Sportarten, die ihr selbst ausübt. Welche Sportarten halten den ganzen Körper fit und beugen Haltungsschäden vor?

7. a) Vergleiche das von Schülern gebaute ▶ Modell mit der Realität. Vervollständige dazu die Tabelle.

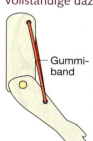
Gummiband

Modell	Realität
Gummiband	...
...	...

b) Was stellt das Modell gut dar? Was stimmt mit der Funktionsweise der Armmuskeln nicht überein?

Ich bin fit und fühl' mich wohl

Muskeln arbeiten zusammen

Mehr als 600 Muskeln sorgen dafür, dass Menschen laufen und springen, sich strecken und bücken können. Allein daran, dass du einen fröhlichen oder traurigen Gesichtsausdruck machst, sind über 30 Gesichtsmuskeln beteiligt!

Feinbau des Muskels

Jeder Muskel setzt sich aus vielen einzelnen, mikroskopisch dünnen **Muskelfasern** zusammen. Außen ist er von einer festen **Muskelhülle** umgeben, die dem Muskel die typische Form einer Spindel verleiht. An beiden Enden geht die Muskelhülle in ein reißfestes Band, die **Sehne,** über. Sehnen verbinden den Muskel mit den Knochen, mit denen sie fest verwachsen sind. Die stärkste Sehne unseres Körpers ist die Achillessehne, die vom Wadenmuskel zum Fersenbein führt. Seine volle Kraft entfaltet der Muskel nur dann, wenn sich alle Muskelfasern gleichzeitig zusammenziehen.

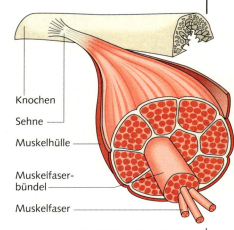

2 Feinbau des Muskels

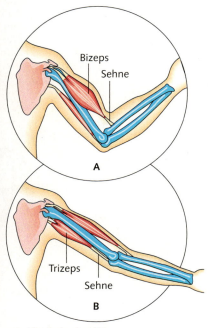

1 Muskeln des Oberarms.
A *Bizeps beim Armbeugen;*
B *Trizeps beim Armstrecken*

Vorn am Oberarm befindet sich ein besonders kräftiger Muskel, der Bizeps. Verkürzt er sich, so wird der Unterarm gebeugt. Den Bizeps nennt man deshalb auch **Beuger.** Um den Arm wieder zu strecken, muss sich der Muskel auf der Rückseite des Oberarms verkürzen. Hier liegt der **Strecker** des Unterarms, der Trizeps. Beuger und Strecker arbeiten abwechselnd und in entgegengesetzter Richtung, sie sind **Gegenspieler.** Zur Bewegung eines Gelenks leisten also immer mindestens zwei Muskeln „Teamarbeit". Verkürzt sich ein Muskel, wird er dicker und fühlt sich hart an.

Bewegung hält fit

Regelmäßige sportliche Bewegung kräftigt die Muskeln. Sie nehmen an Umfang zu und werden leistungsfähiger. Wenig benutzte Muskeln werden mit der Zeit schwächer. Oft kommt dies vor, wenn Muskeln wegen einer Verletzung nicht benutzt werden können.
Sportverletzungen werden durch ein **Aufwärmtraining** und Dehnübungen vermieden. Die Muskulatur wird dabei gut durchblutet und mit Sauerstoff versorgt. Die Muskeln werden elastisch und besser dehnbar.
Etwa zwölf Stunden nach einer ungewohnten Belastung können Muskelschmerzen auftreten. Dieser „**Muskelkater**" entsteht durch winzige Risse in den Muskelfasern. Die Beschwerden verschwinden nach wenigen Tagen.

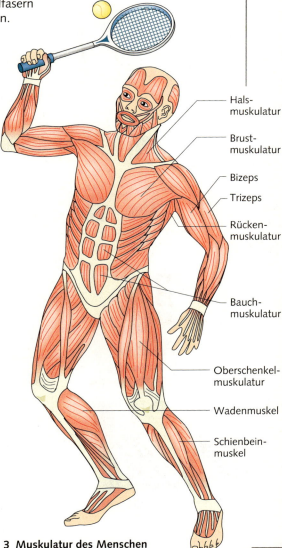

3 Muskulatur des Menschen

211

Bewegte Schule

Muskeltraining im Klassenzimmer

Folgende Übungen verhindern, dass du durch zu langes Sitzen unbeweglich und steif wirst. Außerdem fördern sie die Konzentration!

- Wiederhole jede Übung 5 x mit jeweils 2 Sekunden Pause.
- Halte die Muskelspannung 5 Sekunden aufrecht.
- Brich die Übung ab, wenn du Schmerzen spürst.

Stärkung der Halsmuskeln:
Drücke den Kopf gegen die gefalteten Hände.

Stärkung der Rückenmuskeln:
Ziehe die Ellenbogen kräftig auseinander.

Stärkung der Brustmuskeln:
Presse die Handflächen fest aufeinander.

Stärkung des unteren Rückens:
Richte den Rücken gegen den Widerstand auf.

Fit durch die „aktive Pause"

hk Kassel – „Die aktive Pause ist nach Beschluss der Schulkonferenz zentraler Bestandteil unseres neuen Schulprogramms" berichtet Henning Martens, Schulleiter der Kasseler Goetheschule.

Dabei geht es nicht nur um positive Auswirkungen auf die Gesundheit. „Wir beobachten, dass unsere Schüler ausgeglichener und konzentrationsfähiger werden, wenn sie sich in der Pause ausreichend bewegen. Bewegung wirkt sich also auch auf die schulischen Leistungen positiv aus", ist Martens überzeugt. Als Grundausstattung hat jede Klasse eine Spielekiste erhalten. Der Verleih größerer Geräte – wie z. B. der Stelzen – wird von älteren Schülern organisiert. Ins Rollen kam die Aktion auf Initiative einiger Eltern: Sie wollten nicht länger hinnehmen, dass ihre Kinder den größten Teil des Vormittags mit „Stillsitzen" verbringen. Gleiches gilt für das „Herumhängen" in der Freizeit: Vor dem PC und dem Fernseher kommt eine ausreichende Bewegung oft zu kurz. Die Folgen sind bekannt: Haltungsschäden, Atembeschwerden, Kreislaufprobleme. In der Schule kommen Leistungsschwäche und Konzentrationsstörungen hinzu.

1. Hier findet ihr Beispiele für aktive Pausenspiele. Probiert sie aus und überlegt euch weitere. Stellt sie auch anderen Klassen vor.

2. Auf welche Weise tragen die Beispiele auf dieser Seite dazu bei, den Körper fit zu halten?

Dehnübungen zum Aufwärmen

Beim so genannten „Stretching" werden die Muskeln vor dem Sport behutsam gedehnt und erwärmt. Halte die Spannung der Muskeln immer einige Sekunden lang an!

1 nach vorne neigen, Ferse auf den Boden drücken

2 Fuß ans Gesäß hochziehen, Becken vorschieben

3 seitliche Rumpfbeugen

4 Hüfte nach vorn abwärts drücken

Ich bin fit und fühl' mich wohl

Was dir dein Rücken krumm nimmt …!

Richtiges Sitzen, Heben und Tragen will gelernt sein! Deshalb mahnen Eltern oft: „Sitz gerade!" oder „Geh' nicht so krumm!" Falsche Haltungen führen bereits bei vielen Kindern und Jugendlichen zu Verformungen der Wirbelsäule. Rückenschmerzen oder sogar ein Bandscheibenvorfall können die Folge sein.

Rundrücken

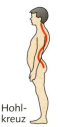
Hohlkreuz

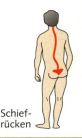
Schiefrücken

📖 **3.** Vergleicht die Abbildungen oben mit der gesunden ▶ Wirbelsäule. Wodurch könnten die Verformungen entstanden sein?

📝 **4.** Die drei Fotos rechts zeigen Fehlhaltungen, die die Wirbelsäule einseitig belasten. Nennt mögliche Folgen. Demonstriert, wie die richtige Haltung aussehen müsste.

„Sport ist Mord?"

Das Gegenteil ist richtig! Regelmäßige Bewegung hält fit, gesund und beweglich. Dennoch können Verletzungen auftreten. Um diese zu vermeiden, ist das Aufwärmen ein Muss! Sportverletzungen kommen viel seltener vor, wenn die Muskulatur durch das übliche „Einlaufen" oder Dehnübungen auf die Anstrengung vorbereitet wurde.

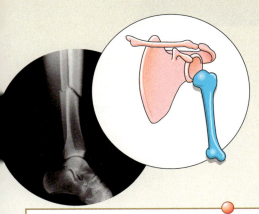

LEXIKON der Sportverletzungen

Bei einer **Prellung** werden Blutgefäße verletzt. Das austretende Blut lässt das Gewebe anschwellen. Es entsteht ein schmerzhafter Bluterguss.
Bei zu starker Dehnung der Gelenkkapsel springt der Gelenkkopf aus der Gelenkpfanne. Eine solche **Ausrenkung** muss vom Arzt umgehend wieder eingerenkt werden.

Ein **Knochenbruch** entsteht, wenn der Knochen bei einem Sturz überlastet wird. Durchstoßen die spitzen Knochenenden die Haut, spricht man von einem offenen Bruch.
Werden Gelenkbänder oder Sehnen überlastet, können sie reißen. Ein solcher **Bänderriss** muss manchmal operativ zusammengenäht werden.

📖 **5.** Ordnet die Verletzungen links den passenden Beschreibungen aus dem Lexikon zu.

📖 **6.** Als Erstversorgung bei Sportverletzungen wird das betroffene Gelenk ruhig gestellt und gekühlt. Begründet diese Maßnahmen.

213

Schönheit und Fitness – kritisch betrachtet

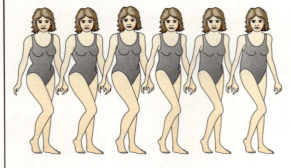

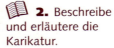 **2.** Beschreibe und erläutere die Karikatur.

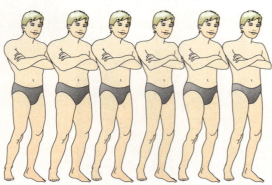

3. Gib mögliche Gefahren und Risiken von Piercings an.

1. Mithilfe der Abbildungen wurde in einem Test überprüft, welche Frau und welcher Mann als besonders attraktiv gelten.
a) Beschreibe, worin sich jeweils die Abbildungen der Frauen unterscheiden.
b) Die meisten Personen fanden die erste Frau links oben attraktiv. Welches Schönheitsideal verbirgt sich dahinter?
c) Betrachte die Abbildungen der Männer. Welcher Mann steht hier für das Schönheitsideal? Begründe.

4. „Wahre Schönheit kommt von innen". Was ist damit wohl gemeint?

5. Die nebenstehenden Bilder zeigen Schönheitsideale aus unterschiedlichen Zeiten.
a) Vergleiche beide Bilder und beschreibe die Unterschiede.
b) Erkläre, warum früher ein anderes Schönheitsideal galt als heute.
c) Nenne mögliche Risiken, die mit dem jeweiligen Schönheitsideal verbunden sind.

Ich bin fit und fühl' mich wohl

Der kritische Blick in den Spiegel

Vermutlich ist dir diese Situation vertraut: Du stehst vor dem Spiegel und betrachtest kritisch dein Äußeres. Liegen die Haare richtig, ist die Haut wirklich rein, bin ich nicht zu dick?
Fragen wie diese sind ganz normal. Spätestens mit Beginn der Pubertät entwickeln viele Jugendliche ein anderes Gefühl für ihren Körper und ihr Aussehen. Sie beurteilen ihr Äußeres jetzt kritisch und überprüfen ihre Wirkung auf Gleichaltrige: Komme ich gut an, bin ich attraktiv und schön?

Schönheitsideale

Viele Mädchen und Jungen orientieren sich an Vorbildern aus Fernsehen, Internet und Zeitschriften. Dabei eifern sie „Schönheitsidealen" wie superschlanken Models, perfekt gestylten Popstars oder Sportidolen nach: Mädchen streben dann häufig eine schlanke Idealfigur an und beäugen kritisch jedes zusätzliche Gramm auf der Waage. So besteht die Gefahr, dass sie zu dünn werden und damit ihrer Gesundheit schaden. Viele Jungen möchten dagegen einen kräftigen, muskulösen Körper mit breiten Schultern und flachem Bauch haben. Um ihren Vorbildern ähnlich zu sein, gehen einige Jugendliche in Fitness-Studios, andere treiben viel Sport. Unser Körperbau lässt sich jedoch nur begrenzt beeinflussen.

Manche Mädchen und Jungen wünschen sich ein Tatoo oder ein Piercing. Eine Tätowierung ist jedoch schmerzhaft und bleibt dauerhaft erhalten. Das spätere Entfernen eines unmodern gewordenen Tatoos ist nur schwer möglich. Und auch ein Piercing bringt Probleme mit sich: beim Sport muss es abgeklebt werden, um ein Abreißen zu verhindern. An Piercings ist die Entzündungsgefahr groß. Beim Entfernen bleiben Narben in der Haut zurück.

2 Bin ich attraktiv?

Schönheitsideale im Wandel

Ein Blick in die Geschichte zeigt, dass sich das Idealbild von Schönheit immer wieder geändert hat. So galten im 17. Jahrhundert Frauen mit üppigen Körperformen und typisch weiblichen Rundungen als schön. Damals konnten sich nur die Wohlhabenden satt essen, Arme waren dagegen schlank. Dick zu sein war ein Statussymbol. Vergleichbares galt für die Bräunung der Haut: Eine blasse Haut war Schönheitsmerkmal der Reichen. Arme Bauern, die draußen arbeiten mussten, hatten eine braune Haut. Heute dagegen gilt Bräune als attraktiv. Sie steht für Urlaub, Erholung und Fitness. Manche helfen deshalb ein wenig nach und gehen in Sonnenstudios. Auch hier gibt es Gefahren: Zuviel Sonnenbaden lässt die Haut frühzeitig altern und kann sogar zum Hautkrebs führen.

Schönheitsideale orientieren sich nur an äußeren Körpermerkmalen. Wer den Vorbildern aus Mode, Musik und Sport übertrieben nacheifert, verliert den Blick für das Wesentliche. Der Charakter eines Menschen und seine Persönlichkeit sind viel wichtiger. Schließlich will keiner nur die schlechte Kopie eines Idols oder Stars sein. Zudem ändert sich häufig unsere Einschätzung von Mitmenschen, wenn wir diese näher kennen lernen: Der erste Eindruck von Schönheit und Attraktivität verblasst dann, und wir nehmen den Menschen als Ganzes wahr. Seine Schwächen, aber auch seine Stärken werden erst jetzt deutlich.

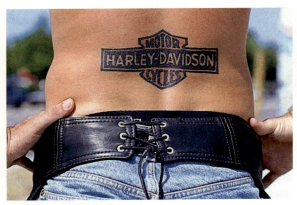

1 Ein schönes Tatoo?

Vom Acker auf den Tisch

📖 **1.** Die Abbildungen zeigen verschiedene Wege, die die Sonnenenergie vom Maisfeld bis auf unseren Teller nehmen kann.
a) Beschreibe diese Wege in eigenen Worten.
b) Ergänze die Beschreibung mit weiteren Beispielen.

🔍 **2.** Kaue einige Maiskörner aus der Dose und berichte, wie sie schmecken. Welche Inhaltsstoffe könnten deiner Meinung nach im Mais zu finden sein?

📝 **3.** Schreibe alle Zutaten auf, die man zur Zubereitung einer Pizza braucht. Finde heraus, woher die Zutaten kommen oder woraus sie hergestellt werden. Lege eine Tabelle an.

Zutaten	Herkunft
Mehl	Getreide
Tomatenmark	Tomaten

📝 **4.** Was kann alles aus Tomaten hergestellt werden? Schaue dazu auch in die Lebensmittelregale eines Supermarkts und schreibe alle Produkte auf.

🔍 **5.** Untersuche Winterstreufutter für Vögel. Sortiere dazu die einzelnen Pflanzensamen. Kannst du einzelne Samen benennen?

📖 **6.** Pflanzensamen enthalten viel Fett und sind für das Wintervogelfutter deshalb besonders geeignet.
a) Begründe diese Aussage.
b) Welche Samen, die auch im Vogelfutter vorkommen, werden auch für die Herstellung von Lebensmitteln für den Menschen verwendet?

Ich bin fit und fühl' mich wohl

Gemüse im Kino?
Wer während eines Kinobesuches Popkorn isst, denkt wohl kaum darüber nach, woraus die Knabberei hergestellt wurde. Das Grundprodukt ist der Mais, der weltweit auf großen Feldern angebaut wird. Im Laufe von einigen Monaten wachsen aus den Maiskörnern mannshohe, kräftige Pflanzen heran, an denen die typisch gelben Maiskolben reifen. Der Wachstumsvorgang und die Fruchtbildung sind nur mithilfe der ▶ Fotosynthese möglich, bei der durch Einwirkung der Sonnenenergie Traubenzucker und Stärke gebildet werden. Diese Fotosyntheseprodukte werden neben Eiweiß und Fett in den Maiskörnern gespeichert. Damit ist Mais ein wertvolles Nahrungsmittel, das wir Menschen in Form von Gemüsemais oder als Popkorn genießen können. Die verschiedenen ▶ Nährstoffe, die nicht nur im Mais enthalten sind, brauchen wir Menschen für alle körperlichen und geistigen Leistungen.

Sonne im Fleisch?
Mais wird auch an Rinder, Schweine und Hühner verfüttert. Auf diese Weise bekommen auch die Tiere Energie und Baustoffe für alle ihre Lebensvorgänge. Bei der Rinder- und der Schweinemast sollen die Tiere möglichst viel Muskelfleisch aufbauen. Isst der Mensch nun das Fleisch dieser Tiere, verwertet er damit **indirekt** die Sonnenenergie, die von der Maispflanze aufgenommen wurde. Diese Energieumwandlungen finden auch während der Entstehung anderer Nahrungsmittel statt wie bei Kartoffeln, Getreide, Milch und Eiern.

Energiegehalt und Energiebedarf
Der Energiegehalt von Lebensmitteln wird heute in Kilojoule (kJ) angegeben. 100 g Kohlenhydrate und 100 g Eiweiß liefern etwa gleich viel Energie.
In 100 g Fett sind allerdings doppelt so viel Kilojoule enthalten. So hat 100 g mageres Hühnerfleisch etwa 600 kJ im Gegensatz zu 100 g fettem Schweinefleisch mit 1100 kJ.
Der Energiebedarf eines Menschen ist von vielen Faktoren abhängig und ändert sich im Laufe seines Lebens. Während ein 10- bis 13-Jähriger am Tag 8400 bis 9600 kJ braucht, sinkt der Bedarf bei Menschen über 60 Jahren auf etwa 7500 kJ. Extrembergsteiger dagegen benötigen wegen der überdurchschnittlichen körperlichen Belastung 30 000 kJ oder mehr pro Tag.

Lebensmittel – Mittel zum Leben

1. Ihr findet auf der Verpackung von Fruchtjogurtsorten eine Liste mit allen Zutaten dieses Lebensmittels.
a) Schreibt alle Zutaten des Jogurts auf und vergleicht eure Listen miteinander. Wo gibt es Übereinstimmungen?
b) Auf dem Etikett findet man auch „Nährwertangaben". Welche Information erhaltet ihr dadurch? Versucht, die Zutaten den verschiedenen Nährstoffgruppen zuzuordnen.
c) Vergleicht die Angaben zum Energiegehalt der Jogurtarten. Welchen Einfluss hat der Fettgehalt auf den Energiegehalt?

Nachweisreaktionen für Nährstoffe

Kohlenhydrat (Stärke)

Tiefblaue Verfärbung beim Auftropfen von Jodlösung

Kohlenhydrat (Traubenzucker)

Wasser   Traubenzuckerlösung

Grünfärbung auf dem Glucose-Teststreifen

Fett

Olivenöl
Wasser

Durchsichtiger bleibender Fettfleck auf dem Filterpapier

Eiweiß

Wasser   Eiklar

Grünfärbung auf dem Eiweiß-Teststreifen

2. Wie könnt ihr euch einen Fruchtjogurt selbst herstellen? Stellt eine Zutatenliste auf und vergleicht sie mit den gekauften Sorten.

3. Untersucht bei folgenden Lebensmitteln, ob sie Stärke, Traubenzucker, Fett oder Eiweiß enthalten: Vollkornbrot, Knäckebrot, Kartoffel, Milch, Eiklar, Eidotter, Obstsaft, zerkleinertes Fleisch, Butter, Kaffee, Mineralwasser, Tee.

Tipps: Wenn nötig, zerkleinert das Lebensmittel und gebt etwas Wasser hinzu. Legt eine Tabelle für alle untersuchten Lebensmittel an, so dass ihr alle Ergebnisse übersichtlich eintragen könnt. Vergleicht eure Ergebnisse mit denen eurer Klassenkameraden.

Ich bin fit und fühl' mich wohl

4. „Am liebsten würde ich nur von Vollmilchschokolade leben", sagt Julian.
a) Finde mithilfe der Angaben auf der Verpackung heraus, wie viel Kohlenhydrate, Fette und Eiweiße in 100 g Vollmilchschokolade enthalten sind.
b) Ein Jugendlicher sollte am Tag etwa 320 g Kohlenhydrate, 80 g Eiweiß und 60 g Fett zu sich nehmen. Wie viel Schokolade müsste Julian am Tag essen, um genügend Kohlenhydrate zu bekommen? Ist damit auch sein Bedarf an Eiweiß und Fett gedeckt? Welche lebenswichtigen Stoffe fehlen völlig in der Schokolade?
c) Beurteile abschließend, ob die „Schokoladendiät" eine gute Alternative zu einer abwechslungsreichen Ernährung ist. Begründe deine Meinung.

5. Nach schweren Umweltkatastrophen wie Erdbeben oder Überschwemmungen drohen oft viele Menschen zu verhungern. In einer ersten Hilfsaktion werden die Einwohner zum Beispiel mit Mehl, Erbsen und Speiseöl versorgt. Begründe, warum gerade diese Lebensmittel für die Grundversorgung ausgewählt werden.

6. Schaue auf die Zutatenliste von Mineralwasser, Apfelschorle, Eistee und Cola-Getränken.
a) Liste die Zutaten auf.
b) Welche Getränke erscheinen dir als Durstlöscher besonders geeignet zu sein? Begründe deine Wahl.

7. Fettarme Wurst wird oft als besonders gesund bezeichnet und teuer verkauft. Was ist das Besondere an dieser Wurst? Untersuche eine normale und eine fettarme Fleischwurst auf ihren Wasser- und Fettgehalt. Stelle die Ergebnisse in einem ▶ Diagramm dar und vergleiche sie. Beachte die ▶ Sicherheitsbestimmungen.

Bestimmung des Wassergehalts:
Ziehe von einer Fleischwurst die Pelle ab und zerkleinere die Wurstmasse. Wiege ein Becherglas und gib 20 g Wurstmasse in das Glas. Erhitze sie langsam unter ständigem Rühren, bis kein Wasser mehr verdampft. Die Masse sollte auf keinen Fall dabei anbrennen. Damit noch restliches Wasser verdunsten kann, stelle das Becherglas einen Tag lang an einem warmen Ort. Was musst du anschließend tun, um den Wassergehalt in g angeben zu können?

Bestimmung des Fettgehalts:
Die entwässerte, gewogene Fleischwurstportion wird mit Waschbenzin bedeckt, gut vermengt und anschließend filtriert. Welche Wirkung hat das Waschbenzin? Lass den Filterrückstand einen Tag lang unter dem Abzug stehen. Wie bestimmst du dann den Fettgehalt der Wurst?

219

Lebensmittel – Mittel zum Leben

Alle Menschen dieser Erde müssen essen, um zu leben. Bei den Chinesen kommt täglich Reis auf den Tisch, dazu gibt es z. B. Soja- und Bambussprossen. Die Europäer essen gerne Kartoffeln oder Nudeln mit Fleisch und Gemüse. Auch wenn die tägliche Nahrung sehr unterschiedlich sein kann, enthalten alle unsere Lebensmittel die drei lebenswichtigen Nährstoffgruppen: Kohlenhydrate, Eiweiße und Fette. Sie bilden auf der ganzen Welt die Grundlage für eine ausreichende Versorgung des Körpers.

Kohlenhydrate

Damit unsere Muskeln gut arbeiten und auch unser Gehirn leistungsfähig ist, müssen wir jeden Tag in ausreichender Menge Kohlenhydrate zu uns nehmen. Sie sind für den Menschen die lebenswichtigen Energiespender. So wie für das Auto der Kraftstoff unentbehrlich ist, sind die Kohlenhydrate für den Menschen die **Betriebsstoffe.** Zu ihnen zählt die ▶ **Stärke,** die zum Beispiel in Kartoffeln und Getreideprodukten vorkommt. Aber auch alle Arten von **Zucker,** die in Obst, Gemüse und Süßwaren zu finden sind, gehören zu den Kohlenhydraten.

Eiweiße

Die Eiweiße, die man auch Proteine nennt, sind als **Baustoffe** für den Menschen lebenswichtig. Sie werden für das Wachstum des Körpers, die Erneuerung unserer Zellen und ein gut funktionierendes Abwehrsystem des Körpers benötigt. Eiweiße sind im Ei und in anderen tierischen Produkten wie Fleisch, Fisch und Milch enthalten. Es gibt aber auch pflanzliche Eiweißquellen wie Erbsen, Bohnen, Linsen, Nüsse und Kartoffeln. Wenn man tierische und pflanzliche Eiweiße in einem Gericht kombiniert, wie zum Beispiel bei „Kartoffeln und Quark", hat man eine optimale Versorgung erreicht, die besonders für Kinder und Jugendliche im Wachstumsalter wichtig ist.

Fette

Fette sind wertvolle Energielieferanten und gehören deshalb auch zu den **Betriebsstoffen.** Ein Gramm Fett liefert etwa doppelt so viel Energie wie ein Gramm Kohlenhydrat. Fette dienen einerseits als Energiereserve bei Hunger und körperlichen Anstrengungen, andererseits helfen sie bei der Aufnahme und Bildung einiger ▶ Vitamine. In Maßen genossen sind auch Fette für eine gesunde Ernährung notwendig. Besonders ▶ **Meeresfisch** und pflanzliche Lebensmittel wie Öle und Nüsse enthalten wertvolle Fette. Einige Nahrungsmittel bestehen jedoch zu einem großen Anteil aus Fett, ohne dass man es sieht oder deutlich herausschmeckt. Solche „versteckten" Fette finden wir in Wurst, Käse, Pommes frites und in vielen Schokoladenprodukten. Täglicher Verzehr von fettreichen Nahrungsmitteln kann zu Übergewicht und gesundheitlichen Problemen führen.

Vitamine, Mineralstoffe und Spurenelemente

Auch wenn wir ausreichend Kohlenhydrate, Eiweiße und Fette zu uns nehmen, kann es sein, dass zu einer gesunden Ernährung wesentliche Stoffe fehlen. So beobachtete man im Mittelalter, dass Seeleute auf langen Reisen trotz ausreichender Nahrung an schmerzhaften Erkrankungen

1 Inhaltsstoffe unserer Nahrungsmittel

Ich bin fit und fühl' mich wohl

des Zahnfleischs litten, nichts mehr essen konnten und schließlich starben. Den Seeleuten fehlte das lebenswichtige Vitamin C, das in frischem Obst und Gemüse vorkommt.

Heute kennt man 13 unterschiedliche **Vitamine**, die mit Großbuchstaben bezeichnet werden. Vitamine wirken schon in kleinsten Mengen und beeinflussen so lebenswichtige Vorgänge. Der menschliche Körper kann sie nicht selber herstellen. Das Vitamin D ist für Kinder und Jugendliche besonders wichtig, denn es unterstützt den Aufbau von Knochen und Zähnen.

Wer intensiv Sport treibt, braucht ausreichend

Vitamine, Mineralstoffe

Ballaststoffe

Wasser

Mineralstoffe. Das Magnesium ist ein solcher Mineralstoff, der für die störungsfreie Arbeit der Muskulatur – auch der des Herzens – unentbehrlich ist. Bei Muskelkrämpfen kann man sich mit Magnesiumtabletten helfen, aber auch in grünem Gemüse, in Salat und Petersilie ist reichlich Magnesium enthalten. Da man beim Sport zusätzlich Mineralstoffe mit dem Schweiß verliert, muss für genügend Nachschub gesorgt werden. Kalzium, Kalium und Natrium sind weitere Mineralstoffe, die für den Aufbau von Knochen und Zähnen und die Herz – Nerven- und Muskeltätigkeit besonders wichtig sind.

Um die Versorgung mit **Spurenelementen** wie Eisen, Zink und Jod müssen wir uns wenig Sorgen machen. Man braucht sie nur in allerkleinsten Mengen, um den Bedarf zu decken. Ernähren wir uns abwechslungsreich und gesund, nehmen wir Vitamine, Mineralstoffe und Spurenelemente in ausreichender Menge mit der Nahrung auf.

Ballaststoffe

In einigen Lebensmitteln sind Stoffe vorhanden, die im Darm nicht verdaut werden können. Diese pflanzlichen Faserstoffe, die man Ballaststoffe nennt, findet man reichlich in Vollkornprodukten, Obst und Gemüse. Ballaststoffe füllen unseren Magen und lassen uns eher satt sein. Auch wird der Nahrungsbrei im Darm schneller transportiert und so können schädliche Abbauprodukte besser ausgeschieden werden.

Wasser

Jeden Tag verliert der menschliche Körper über den Urin, die Haut und die ▶ Atmung mindestens 2 Liter Wasser. Diese Menge muss wieder aufgefüllt werden, denn Nieren, Herz, Kreislauf und Gehirn brauchen reichlich Flüssigkeit, um störungsfrei zu funktionieren. Wasserreiche Lebensmittel wie Gurke, Melone, Kohl, Salat und viele Obstsorten können zusammen mit ausreichendem Trinken von überwiegend ungesüßten Getränken unseren Flüssigkeitsbedarf decken.

Nährstoffbedarf

Wie viel Kohlenhydrate, Fett und Eiweiß sollte man zu sich nehmen, um sich gesund zu ernähren? Der Bedarf an Nährstoffen ist für jeden Menschen unterschiedlich hoch. Er ist abhängig vom Alter, Geschlecht, von der Körpergröße, dem Gewicht und der körperlichen Aktivität. Ein Kind, das noch im Wachstum ist, braucht verständlicherweise mehr Nährstoffe als ein alter Mensch. Ein 11 bis 12 Jähriger sollte reichlich Kohlenhydrate, ausreichend Eiweiß und wenig Fett zu sich nehmen.

Immer gut drauf

📖 **1.** Jonas (obere Bildfolge) und Michel (untere Bildfolge) sind Freunde und gehen in dieselbe Klasse. Beschreibe die Tagesabläufe der beiden Jungen mithilfe der Abbildung. Welche Unterschiede fallen dir auf?

📖 **2.** Die Mahlzeiten von Jonas und Michel unterscheiden sich in der Zusammensetzung und der Menge von Nährstoffen. Sie haben deshalb auch einen unterschiedlichen Energiegehalt. Du findest die entsprechenden Angaben in Kilojoule (kJ) auf den Bildfolgen und der Abbildung 1. Liste die Zahlen für Jonas und Michel getrennt auf, addiere sie und vergleiche.

📖 **3.** Lebewesen benötigen auch während des Schlafes und der körperlichen Ruhe Energie. Welche Organe des Körpers sind dafür verantwortlich?

📖 **4. a)** Stelle in zwei getrennten Listen die in der Abbildung dargestellten Tätigkeiten der beiden Jungen zusammen. Schreibe z. B.: „2 Stunden Computerspiele". Berücksichtige dabei, dass beide etwa 10 Stunden schlafen und 6 Stunden in der Schule lernen.

b) Ordne jeder Tätigkeit den entsprechenden Energieaufwand zu. In der Abbildung 1 rechts findest du dazu die notwendigen Angaben. Für die 5 Stunden, die an dem Tag nicht im Einzelnen angegeben worden sind, kannst du für jeden Jungen 1000 kJ berechnen.
c) Addiere die Werte für jeden der beiden Jungen und vergleiche.
d) Vergleiche für jeden Jungen den Gesamtenergiegehalt seiner Nahrung mit dem jeweiligen Gesamtenergieaufwand.

✎ **5.** Überlege, wie sich der Körper von Jonas und Michel mit der Zeit verändern würden, wenn jeder Tag so abliefe?

✎ **6.** Mache Vorschläge, durch welche Maßnahmen Jonas und Michel im Laufe der Woche Nahrungszufuhr und Energieaufwand ausgleichen könnten?

✎ **7.** Stelle deinen eigenen Energieaufwand für die Nachmittage und Abende einer Woche auf und vergleiche deine Ergebnisse mit denen deiner Mitschülerinnen und Mitschüler.

Ich bin fit und fühl' mich wohl

15⁰⁰–17⁰⁰ Uhr   18⁰⁰–19⁰⁰ Uhr   19³⁰ Uhr

4000 kJ

1800 kJ

Während unserer gesamten Lebenszeit benötigt unser Körper Energie. Rund um die Uhr arbeiten alle inneren Organe des Menschen wie Herz, Lunge und auch das Gehirn. Um diese lebenswichtigen Vorgänge aufrecht zu erhalten, ist ständig Energie nötig – auch wenn wir schlafen. Hinzu kommt noch der Energiebedarf für körperliche und geistige Leistungen, wie sie zum Beispiel in der Schule erwartet werden. Deshalb müssen wir regelmäßig essen. Die Lebensmittel enthalten die notwenigen Nährstoffe, die unseren Körper mit dieser Energie versorgen.

Sind die Zufuhr und der Aufwand von Energie im Laufe einer Woche in etwa ausgeglichen, bleibt das Körpergewicht ungefähr gleich. Regelmäßige sportliche Bewegung hilft uns dabei. Außerdem wird das Herz trainiert und der Körper gut durchblutet. So werden alle Organe ausreichend mit Sauerstoff versorgt, was auch dem Gehirn zugute kommt. Ernähren wir uns ausgewogen und treiben regelmäßig Sport, steigern wir unsere Leistungsfähigkeit und schaffen damit gute Voraussetzungen für ein gesundes Leben.

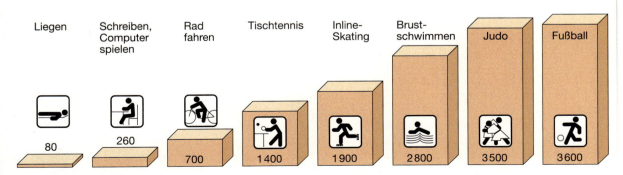

Liegen	Schreiben, Computer spielen	Rad fahren	Tischtennis	Inline-Skating	Brust-schwimmen	Judo	Fußball
80	260	700	1400	1900	2800	3500	3600

1 Energieaufwand für verschiedene Tätigkeiten in kJ pro Stunde

223

Ausgewogene Ernährung

📝 **1.** Entwickelt einen Fragebogen zu den Essgewohnheiten eurer Mitschüler und Mitschülerinnen. Denkt dabei auch an mögliche Zwischenmahlzeiten. Orientiert euch an dem Fragebogen „Meine Essgewohnheiten".

📝 **2.** Lasst den Fragebogen von möglichst vielen Schülerinnen und Schülern anonym ausfüllen. Wertet die Antworten aus. Teilt euch in vier Gruppen auf. Jede Gruppe stellt die Ergebnisse für nur eine Mahlzeit auf einem Plakat dar: Frühstück, Mittagessen, Abendbrot oder Zwischenmahlzeiten.

📝 **3.** Wie beurteilt ihr die Umfrageergebnisse? Fallen bestimmte Ernährungsgewohnheiten auf? Welche Bedeutung hat es eurer Meinung nach, wenn man beim Essen häufig allein ist?

Fragebogenaktion „Meine Essgewohnheiten"

Frühstück
Kreuze an, was für dich jeweils gilt, wenn du an dein Frühstück eines Schultages denkst.

- ☐ Brot/Toast mit Marmelade oder Honig
- ☐ Brot/Toast mit Nussnugatcreme
- ☐ Brot/Toast mit Käse oder Wurst
- ☐ Müsli oder Cornflakes
- ☐ Obst
- ☐ Milch oder Kakao
- ☐ Obstsaft
- ☐ Kaffee oder Tee
- ☐ Wasser
- ☐ Ich trinke nichts
- ☐ Ich esse nichts
- ☐ Ich esse allein
- ☐ Ich esse mit mindestens einem Familienmitglied zusammen

📖 **4.** Schreibe alle Lebensmittel eines Tages auf, die du zu dir nimmst. Ordne sie den Gruppen der Abbildung 1 auf der folgenden Seite zu.

📖 **5.** Im Text auf der folgenden Seite findest du Vorschläge von Ernährungswissenschaftlern für eine optimale Zusammenstellung der Nahrung. Prüfe anhand deiner Liste aus Aufgabe 4, ob du dich mit deinen Lebensmittelportionen in etwa daran gehalten hast. Wie kannst du deine Lebensmittelauswahl noch verbessern?

📖 **6.** Schau dir die Zusammensetzung der Mahlzeiten von Jonas und Michel auf der vorherigen Seite noch einmal an. Welche Lebensmittelgruppe kommt bei Jonas gar nicht vor? Was kann er tun, um sich abwechslungsreicher zu ernähren?

📖 **7.** Mache einen Vorschlag für einen Tagesplan mit drei Hauptmahlzeiten und zwei Zwischenmahlzeiten. Berücksichtige dabei die Empfehlungen der Ernährungswissenschaftler.

📖 **8.** Beschreibe die nebenstehende Abbildung, in der die Leistungsbereitschaft eines Menschen im Tagesverlauf gezeigt ist. Begründe, warum zu Beginn des Tages ein Frühstück besonders wichtig ist.

📖 **9.** Wie könnte sich eine kleine Zwischenmahlzeit am Nachmittag auf die Leistungskurve auswirken?

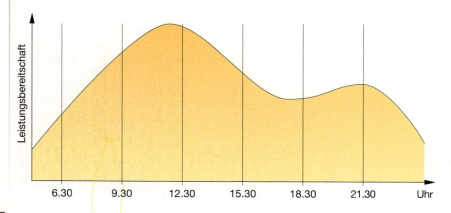

Ich bin fit und fühl' mich wohl

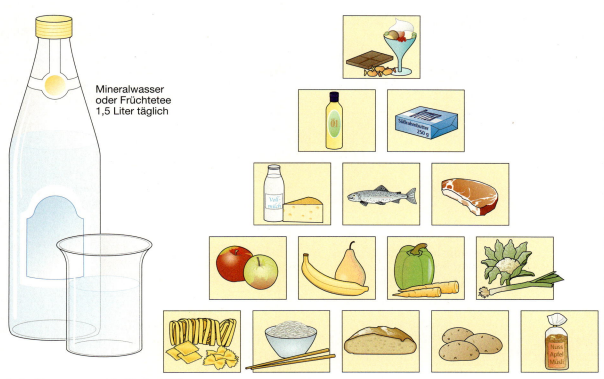

1 Ernährungspyramide (Stufenbild)

Die richtige Auswahl

Wenn wir Lebensmittel einkaufen, finden wir in den Regalen ein großes Angebot, aus dem wir wählen können. Wie aber treffen wir die richtige Wahl? Ernährungswissenschaftler sagen, dass es keine supergesunden, aber auch keine „verbotenen" Lebensmittel gibt. Es kommt vielmehr darauf an, wie oft und in welcher Menge wir von einer bestimmten Lebensmittelgruppe essen. Wenn wir darauf achten, uns abwechslungsreich zu ernähren, haben wir die besten Voraussetzungen für eine gesunde Ernährung. In der Abbildung 1 sind die wichtigsten Erkenntnisse in einem Stufenbild zusammengefasst.

Lebensmittel aus der unteren breiten Stufe wie Vollkornbrot, Kartoffeln, Nudeln, Müsli und Reis sollten wir reichlich mit 4 bis 5 Portionen am Tag genießen. Sie enthalten Kohlenhydrate, die uns über lange Zeit mit Energie versorgen. Unter einer Portion versteht man z. B. eine Scheibe Brot oder 2 bis 3 Kartoffeln.
Auch aus der Obst- und Gemüsegruppe solltest du 4 bis 5 Mal am Tag zugreifen. So nimmst du genügend Vitamine und Mineralstoffe zu dir.
Bei Fleisch, Fisch, Milch und Milchprodukten reichen 2 bis 3 Portionen.

Butter, Schmalz oder Wurst enthalten tierische Fette, die möglichst nicht zu oft auf den Tisch kommen sollten. Pflanzliche Öle jedoch wie z. B. das Olivenöl, das man in der Salatsoße oder zum Braten verwenden kann, oder auch Nüsse sind gesund und lebenswichtig.
An der Spitze der Nahrungstreppe findest du alle stark zuckerhaltigen Lebensmittel wie Schokolade, süße Getränke, Eis, Kuchen und andere Süßigkeiten. Wenn du diese Produkte nur hin und wieder genießt, ist das in Ordnung.

Gut durch den Tag

Wir Menschen sind im Laufe eines Tages nicht immer gleich leistungsstark. Nach der langen Nacht müssen wir unsere Energiereserven wieder auffüllen. Ein Frühstück mit ausreichend Kohlenhydraten hilft uns dabei. Auch kleine Zwischenmahlzeiten am Vormittag und Nachmittag können dazu beitragen, während des Tages leistungsfähiger zu bleiben. Neben der richtigen Auswahl der Lebensmittel darf man auch die Zufuhr von Wasser nicht vergessen. Wer über den Tag verteilt 1,5 bis 2 Liter Wasser, Früchtetee oder Apfelschorle trinkt, versorgt seinen Körper mit ausreichend Flüssigkeit und fördert so die Arbeit der inneren Organe.

Fix und fertig

Hühnersuppe-Zutaten:
1 kg Suppenhuhn
2 l Wasser
500 g Lauch und Möhren
1 Bund Suppengrün
1 Zwiebel
100 g Nudeln
Pfeffer, Salz
Petersilie

Fertigprodukt Hühnersuppe (Zutatenliste)
76 % Hartweizengrießteigwaren
jodiertes Speisesalz
Geschmacksverstärker:
  Mononatriumglutamat,
  Dinatriuminositat,
  Dinatriumgarylat
Hefeextrakt
Aroma (mit Ei)
Hühnerfett (1 g)
Gemüse (Sellerie, Lauch, Karotten, Tomaten, Zwiebeln)
Stärke
Kräuter
Curcuma
Molkeerzeugnis

1. Woraus wird eine echte Hühnersuppe hergestellt? Vergleiche die Angaben mit den Zutaten der Tütensuppe. Welche Übereinstimmungen und welche Unterschiede stellst du fest? Was fällt dir besonders auf?

2. Aus ▶ Kartoffeln werden viele unterschiedliche Produkte hergestellt. Legt eine Tabelle an und vergleicht das Naturprodukt Kartoffel mit dem Fertigprodukt Kartoffelchips. Ihr braucht dazu die Verpackung von Chips.
a) Listet die Inhaltsstoffe beider Produkte und deren Gewichtsanteile auf.
b) Wie viel mal mehr Energie stecken in 100 g Chips im Vergleich zu 100 g Kartoffeln?
c) Ermittelt den Durchschnittspreis von 100 g Kartoffeln. Beachtet, dass meist der Kg-Preis angegeben wird! Was kosten 100 g Chips? Vergleicht die Ergebnisse und begründet die Unterschiede.

Viele Menschen greifen heutzutage zu Fertigprodukten, wenn sie nicht lange in der Küche stehen wollen. Wer fragt sich schon, was zum Beispiel in der Hühnersuppe aus der Tüte alles enthalten ist? Beim näheren Hinsehen kann man feststellen, dass in vielen Fertigprodukten erwartete Inhaltsstoffe fehlen oder nur in ganz geringer Menge vorhanden sind. Bei der industriellen Herstellung versucht man deshalb durch die Verwendung von so genannten „Zusatzstoffen" diesen Mangel auszugleichen.
So dienen **Aromastoffe,** die oft künstlich hergestellt werden, und **Geschmacksverstärker** dem Zweck, das Fertigprodukt möglichst schmackhaft zu machen. Selbst **Farbstoffe** sorgen dafür, dass zum Beispiel Vanillepudding leckerer schmeckt, weil er gelb gefärbt ist. Soll eine Speise nicht wässrig, sondern besonders cremig erscheinen, helfen **Emulgatoren** und Verdickungsmittel. Gegen den Verderb der Produkte wirken **Konservierungsmittel** und **Antioxidantien.**

Manche Zusatzstoffe erscheinen auf der Zutatenliste unter einer E-Nummer und nicht mit ihrer vollständigen Bezeichnung. So finden wir E 250 als Pökelsalz „Natriumnitrit" vorwiegend in Fleisch- und Wurstprodukten. Es kann durchaus wichtig sein zu wissen, welcher Stoff sich hinter den E-Nummern verbirgt, denn manche Zusatzstoffe stehen im Verdacht, Allergien auszulösen.
Wer auf eine gesunde, vitaminreiche Ernährung Wert legt, wird seine Nahrung aus frischen Zutaten selbst herstellen und auf Fertigprodukte weitgehend verzichten.

Ich bin fit und fühl' mich wohl

Gesund und lecker

Lernen im Team

Ein „Zwei-Gänge-Menü", das gesund ist und gut schmeckt, selbst herzustellen, ist gar nicht so schwer. Dazu findet ihr hier zwei Rezeptvorschläge, die ihr mit eigenen Ideen ergänzen könnt.

1. Einkauf der Lebensmittel
Lest die beiden Rezepte für die „Schnelle Pizza" und das „Früchtetiramisu" durch. Stellt eine Zutatenliste auf und berechnet die Einkaufsmengen für die gesamte Klasse. Organisiert den Einkauf.

2. Zubereitung des Menüs
Welche Geräte braucht ihr zur Herstellung beider Gerichte? Welche Arbeitsschritte sind nötig? Stellt die erforderlichen Zutaten zusammen und verteilt die einzelnen Aufgaben in eurer Gruppe.

Schnelle Pizza (Rezept für eine Person)
Bestreiche 2 Scheiben Vollkornbrot mit 40 g Tomatenmark und würze mit italienischen Kräutern. Würfle eine halbe rote Paprika und vermische sie mit 2 Esslöffeln Maiskörnern aus der Dose. Verteile die Gemüsemischung auf den bestrichenen Brotscheiben und bestreue sie mit 40 g geriebenem Käse. Überbacke die „Pizzen" 10 bis 15 min im Ofen, bis der Käse geschmolzen ist.

Früchtetiramisu (Rezept für eine Person)
Wasche etwa 80 g frische Früchte (z. B. Erdbeeren, Himbeeren oder Pfirsiche) und schneide sie in Stücke. Gib sie zusammen mit 10 g Zucker oder Sirup in eine Schüssel und lasse sie 20 min ziehen. Zerbrösele 15 bis 20 g Löffelbiskuit möglichst fein. Rühre unter 150 g Naturjogurt (1.5 % Fett) ein Tütchen Vanillezucker. Jetzt schichte die einzelnen Zutaten in ein hohes Glas: Zuerst kommt die Hälfte des Löffelbiskuit auf den Boden, dann die Hälfte der Früchte, dann die Hälfte des Jogurts. Schichte 3 weitere Lagen in gleicher Reihenfolge darüber.
Zum Schluss streue 5 g gehackte Mandeln darüber und lasse das Tiramisu durchziehen.

Zutaten	Energie in kJ	Eiweiß in g	Kohlenhydrate in g	Fett in g
100 g Vollkornbrot	1000	7	46	1
40 g Tomatenmark	90	1	3	0
100 g Paprika	140	1	6	0,4
50 g Mais	180	8	8	4
40 g Emmentaler	700	12	0	12
80 g Früchte	110	0,8	4	0,3
10 g Zucker/Sirup	65	0	10	0
15 g Löffelbiskuit	200	1,2	10	0,5
5 g Mandeln	130	1	0,5	2,7
150 g Jogurt	130	4	6	2

3. Berechnung der Nährwerte
Berechnet mit Hilfe der Tabelle, wie viel Energie, Kohlenhydrate, Eiweiß und Fett die Gerichte enthalten.
a) Ein Jugendlicher sollte ca. 9000 kJ am Tag zu sich nehmen. Wie groß ist die Energiemenge, die er mit Pizza und Tiramisu seinem Körper zuführt?
b) Bei einer ausgewogenen Ernährung sollte man etwa viermal so viel Kohlenhydrate wie Eiweiß und Fett essen. Stellt das Mengenverhältnis dieser Nährstoffgruppen für die Pizza und das Tiramisu fest und vergleicht es mit den geforderten Angaben. Berichtet euern Klassenkameraden, was ihr herausgefunden habt.

Gut gekaut ist halb verdaut

🔍 **1.** Beiß in einen Apfel und betrachte die Zahnabdrücke an der Bisskante. Welche Zähne sind beim Abbeißen, welche beim Kauen beteiligt? Wie „arbeitet" die Zunge?

🔍 **2.** Betrachte deine Zähne mit einem Taschenspiegel. Welche Zahntypen kannst du unterscheiden?

🔍 **3. a)** Überprüfe mit Färbetabletten aus der Apotheke oder dem Drogeriemarkt, ob du beim Zähneputzen den Zahnbelag vollständig entfernt hast. An welchen Stellen hält sich der Belag („Plaque") besonders hartnäckig?
b) Beschreibe mithilfe von Abbildung 3 das richtige Putzen der Zähne. Korrigiere bei Bedarf deine gewohnte Technik.

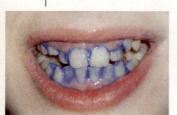

Alarm im Zahn
Karies bleibt ein Problem

Braunschweig: Schulzahnärzte schlagen Alarm: Bereits bei 75% der 12-Jährigen hat die Zahnfäule deutliche Spuren hinterlassen.

„Gründe für diesen Trend sind mangelnde Zahnpflege sowie Süßigkeiten und zuckerhaltige Getränke", erläutert Schulzahnarzt Peter Bohr. „Im klebrigen Zahnbelag können sich Bakterien hervorragend vermehren. Die Bakterien zersetzen zuckerhaltige Speisereste und bilden dabei Säuren. Wirken diese lang genug auf den Zahn ein, wird zuerst der Zahnschmelz, später auch das Zahnbein zerstört. Schmerzen treten leider erst dann auf, wenn sich Zahnhöhle und Wurzelhaut bereits entzündet haben." Verhindern, so Zahnarzt Bohr, lässt sich die Karies nur durch sorgfältige Zahnpflege und regelmäßige Besuche beim Zahnarzt.

📖 **4.** Erläutere mithilfe des Zeitungsartikels die Entstehung von Karies.

📝 **5.** Stehen die Zähne schief oder „auf Lücke" im Kiefer, können sie durch eine Zahnspange korrigiert werden.
a) Welche Probleme können bei Fehlstellungen der Zähne auftreten?
b) Erkunde Genaueres über Art und Dauer einer kieferorthopädischen Behandlung.

📝 **6. a)** Welche Zahnflächen lassen sich mit Zahnseide besonders gut reinigen? Lass dir die richtige Anwendung zeigen.
b) Fluoridhaltige Zahncremes schützen die Zähne besonders gut. Recherchiere, wie Fluorid auf die Zähne wirkt.
c) Sind Zahnpflege-Kaugummis ein Ersatz für das Zähneputzen? Begründe.
d) Warum sollte man Süßigkeiten mit dem rechts abgebildeten Zahnschutz-Symbol bevorzugen?

Ich bin fit und fühl' mich wohl

Zähne zerkleinern die Nahrung

Vorne im Kiefer sitzen die **Schneidezähne**. Mit ihren schmalen, fast scharfen Kanten sind sie zum Abbeißen gut geeignet. Unterstützt werden sie dabei von spitzen **Eckzähnen**. Sie halten zähe Teile der Nahrung fest. Beim Kauen werden die Nahrungsbrocken zwischen den breiten Kauflächen der **Backenzähne** zerquetscht und zermahlen, bevor sie schließlich heruntergeschluckt werden können.

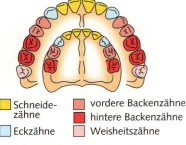

☐ Schneidezähne ☐ vordere Backenzähne
☐ Eckzähne ☐ hintere Backenzähne
☐ Weisheitszähne

1 Milchgebiss (innen) und Dauergebiss (außen)

Milchgebiss und Dauergebiss

Bei Kleinkindern entwickelt sich bis zum Alter von 2 bis 3 Jahren zunächst das **Milchgebiss** mit 20 Zähnen. Etwa vom 6. Lebensjahr an wachsen im Kiefer die Zähne des **Dauergebisses** heran. Sie schieben die Milchzähne vor sich her, bis diese schließlich locker werden und ausfallen. Das vollständige Dauergebiss des Erwachsenen besteht aus 32 großen, bleibenden Zähnen. Die hintersten Backenzähne, die oft erst nach dem 23. Lebensjahr erscheinen, nennt man Weisheitszähne.

Aufbau des Zahnes

Den sichtbaren Teil des Zahnes, die **Zahnkrone,** überzieht eine porzellanähnliche Schicht. Dieser Zahnschmelz ist die härteste Substanz des Körpers. Er schützt den Zahn lebenslang vor Abnutzung. Darunter befindet sich das knochenähnliche Zahnbein.
Die **Zahnwurzel** sitzt unsichtbar im Kieferknochen. Hier ist das Zahnbein von Zahnzement überzogen. Haltefasern der Wurzelhaut sorgen für eine feste Verankerung des Zahnes im Kiefer.
Die **Zahnhöhle** wird von Blutgefäßen durchzogen. Sie versorgen den Zahn mit Nährstoffen und Sauerstoff. Nerven machen ihn temperatur- und schmerzempfindlich. Zähne sind also keine toten Werkzeuge, sondern lebende Körperteile.

Gesunde Zähne durch gute Pflege

Unsere Zähne werden täglich stark beansprucht. Trotz ihrer Härte bleiben sie deshalb nur bei sorgfältiger Pflege gesund. Nach jeder Mahlzeit sollten die Zähne 3 Minuten lang gründlich gesäubert werden.
Regelmäßige Vorsorgeuntersuchungen beim Zahnarzt sorgen dafür, dass bereits kleine kariöse Stellen erkannt und rechtzeitig behandelt werden. Mit dem Bohrer wird zunächst das kranke Zahnmaterial entfernt. Anschließend wird das Loch durch eine Füllung (Plombe) verschlossen.

Kauflächen kräftig schrubben

Außenflächen kreisend bürsten

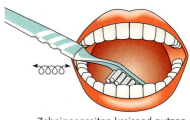

Zahninnenseiten kreisend putzen

3 Richtige Putztechnik

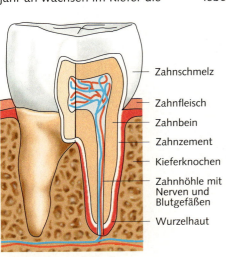

Zahnkrone
Zahnwurzel

– Zahnschmelz
– Zahnfleisch
– Zahnbein
– Zahnzement
– Kieferknochen
– Zahnhöhle mit Nerven und Blutgefäßen
– Wurzelhaut

2 Bau eines Backenzahnes

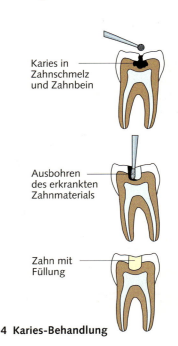

Karies in Zahnschmelz und Zahnbein

Ausbohren des erkrankten Zahnmaterials

Zahn mit Füllung

4 Karies-Behandlung

Der Weg der Nahrung durch den Körper

🔍 **1.** Versuche, im Handstand mit einem Strohhalm aus einem Becher zu trinken. Gelangt das Getränk entgegen der Schwerkraft in den Magen? Vergleiche mit Abbildung 1B. Erkläre.

📖 **2. a)** Nenne die Aufgaben aller im Text fett gedruckten Organe. Fertige dazu eine Tabelle der einzelnen „Verdauungs-Stationen" an.
b) Der Text nennt vier verschiedene Verdauungsflüssigkeiten. Notiere auch deren Funktion.

Verdauung bedeutet Zerkleinerung
Ein Käsebrötchen enthält wichtige ▶ Nährstoffe: das Kohlenhydrat Stärke, sowie Fette und Eiweiße. Damit diese vom Körper genutzt werden können, müssen sie schrittweise in ihre kleinsten Bestandteile zerlegt werden. Diesen Vorgang nennt man **Verdauung.**

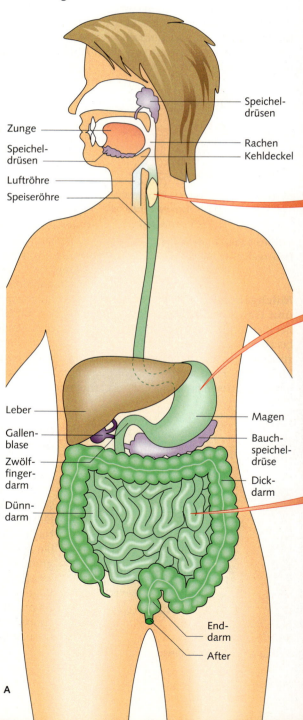

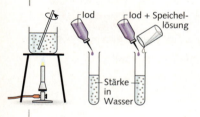

🔍 **3. a)** Gib eine Messerspitze Stärke in 300 ml Wasser. Koche die Aufschwemmung unter Rühren auf und lasse sie dann auf ca. 37 °C abkühlen.
b) Gieße 2 Reagenzgläser mit der Stärkeaufschwemmung halb voll. Gib je 3 Tropfen ▶ Jod-Kaliumiodidlösung hinzu.
c) Gib in ein Reagenzglas zusätzlich etwas Mundspeichel und schüttle vorsichtig. Beobachte die Veränderungen über 30 min.
d) Fertige ein ▶ Versuchsprotokoll an.

📝 **4.** Verdauungsorgane machen sich oft erst dann bemerkbar, wenn sie nicht richtig „funktionieren". Recherchiere die Ursachen von Durchfall, Verstopfung und Erbrechen.

A

Ich bin fit und fühl' mich wohl

Verdauung beginnt im Mund
Beim Kauen wird die Nahrung durch die Zähne mechanisch zerkleinert. **Speicheldrüsen** sondern täglich etwa 1,5 Liter Speichel ab, der den Bissen gleitfähig macht. Speichel enthält außerdem ein Verdauungsenzym, das Stärke in Zuckerbausteine zerlegt.

Von der Zunge wird der Bissen an den Gaumen gedrückt und dann geschluckt. So gelangt er in die 25 cm lange Speiseröhre. Die Muskeln der **Speiseröhre** ziehen sich hinter dem Speisebrocken wellenförmig zusammen und befördern ihn so schubweise in den Magen.

Nützliche Säure im Magen
Der sich im **Magen** sammelnde Speisebrei wird durch Bewegungen der Magenmuskulatur kräftig durchgeknetet. Dabei wird er mit Magensaft vermischt. Magensaft wird in den Drüsen der Magenschleimhaut produziert und enthält verdünnte Salzsäure. Sie tötet Bakterien und Keime ab, die mit der Nahrung aufgenommen werden. Magensaft trägt außerdem dazu bei, dass Eiweißstoffe in ihre Bausteine aufgespalten werden.

Komplette Zerlegung der Nährstoffe im Dünndarm
Durch einen ringförmiger Muskel am Magenausgang, den Pförtner, wird der Nahrungsbrei portionsweise in den 3 bis 4 m langen **Dünndarm** abgegeben. Dort wird er von wellenförmigen Bewegungen der Darmwandmuskulatur langsam weitertransportiert.
In den ersten Abschnitt des Dünndarms, den Zwölffingerdarm, geben Gallenblase und Bauchspeicheldrüse Verdauungsflüssigkeiten mit Verdauungsenzymen ab. Die Gallenflüssigkeit wird in der Leber erzeugt. Sie zerlegt Fette in kleinste Tröpfchen und unterstützt so deren Verdauung. Die Verdauungssäfte der Bauchspeicheldrüse und weitere aus der Dünndarmwand sorgen dafür, dass bisher noch nicht vollständig verdaute Kohlenhydrate, Eiweiße und Fette in ihre Bestandteile zerlegt werden.

Ins Blut und auf die Reise
Die Innenwand des Dünndarms wird durch viele Falten, auf denen winzige fingerförmige Dünndarmzotten sitzen, auf über 150 m² vergrößert. Durch die dünne Wand der Darmzotten gelangen die zerlegten Nährstoffbausteine ins ▶ **Blut**. Über den ▶ Blutkreislauf werden sie dann zu allen Körperzellen transportiert und versorgen diese mit Energie und Baustoffen.

Im Dickdarm: Nur nichts verschwenden
Unverdauliche Reste, die ▶ Ballaststoffe, gelangen in den **Dickdarm**. Dort werden dem noch flüssigen Brei Wasser und Mineralstoffe entzogen, die der Körper noch verwenden kann. So eingedickt sammeln sich die unverdaulichen Reste im Enddarm und werden schließlich als Kot durch den **After** ausgeschieden.

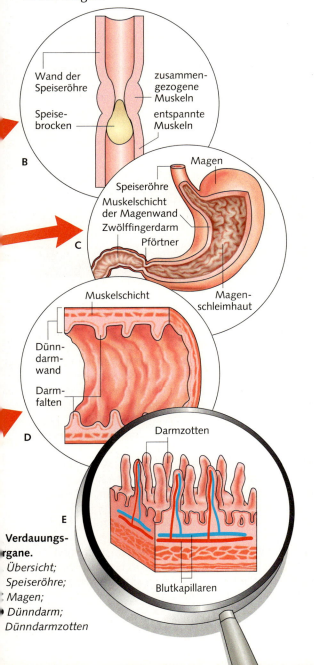

2 Zerlegung der Nährstoffe (Schema)

Nährstoffkette
Verdauungsenzym
Grundbausteine
Blutgefäß

Verdauungsorgane.
Übersicht;
Speiseröhre;
Magen;
Dünndarm;
Dünndarmzotten

231

Wem geht die Puste aus?

1. Stelle fest, wie lange du den Atem anhalten kannst. Führe den Versuch zweimal durch. Zum ersten Mal, nachdem du etwa zehnmal tief ein und ausgeatmet hast, zum zweiten Mal sofort nach 20 Kniebeugen. Notiere die Zeiten und suche eine Erklärung für das Ergebnis.

2. a) Stelle die Zahl deiner Atemzüge pro Minute fest. Zähle nur beim Einatmen. Notiere dir die Anzahl der Atemzüge bei ruhigem Sitzen und nach einem 50-m-Sprint über den Schulhof.
b) Stellt eine Tabelle mit den Ergebnissen aller Schülerinnen und Schüler eurer Klasse zusammen. Sucht eine Erklärung für die Unterschiede.

3. Auf dem Notizzettel findet ihr Angaben, welche Luftmenge pro Stunde ein Mensch bei unterschiedlichen Tätigkeiten braucht. Stellt diese Angaben als ▶ Säulendiagramm dar und bewertet das Ergebnis.

Benötigte Luftmenge pro Stunde:	
Schlafen	280 l
Liegen	400 l
Stehen	450 l
Gehen	1000 l
Radfahren	1400 l
Schwimmen	2600 l
Bergsteigen	3100 l
Rudern	3600 l

4. a) Beobachte deine Atembewegungen im Liegen. Lege dabei deine Hände locker auf den Brustkorb und auf den Bauch. Atme tief ein und aus. Beschreibe deine Beobachtungen.
b) Lege ein Maßband um deinen Brustkorb. Atme tief ein und miss dann den Brustumfang. Miss erneut nach dem Ausatmen. Erkläre die Messergebnisse mithilfe der Abbildungen 2 und 3.

5. Findet heraus, wie viel Luft ihr mit jedem Atemzug ein- und ausatmet. Fangt dazu eure Atemluft beim Ausatmen in einem Kunststoffbeutel (z. B. 3 l Gefrierbeutel) ein. Zum Messen der Luftmenge schließt den Beutel durch Drehen und drückt ihn komplett unter Wasser, das ihr in einen Eimer mit Literskala (z. B. Kleistereimer) gefüllt habt. Die Anhebung des Wasserspiegels verrät euch, wie viel Luft sich in dem Beutel befindet.
a) Holt tief Luft und atmet dann so weit wie möglich aus. Notiert die Menge der ausgeatmeten Luft.
b) Wiederholt den Versuch, pustet aber nur so viel Luft in den Beutel, wie ihr bei einem ruhigen Atemzug ausatmet. Vergleicht mit dem Ergebnis des vorhergehenden Versuches.
c) Bittet einen Erwachsenen, den Versuch durchzuführen. Haltet alle Ergebnisse in einer übersichtlichen Tabelle fest. Versucht Erklärungen für die Unterschiede zu finden.

Ich bin fit und fühl' mich wohl

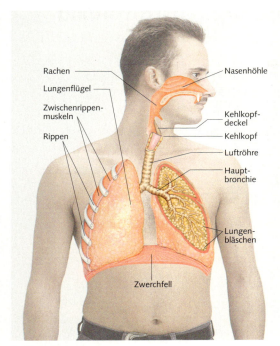

1 Atmungsorgane

Der Weg der Atemluft
Beim Einatmen strömt die Luft durch die beiden Nasenlöcher in die **Nasenhöhle.** Die Wände der Nasenhöhle sind mit einer Schleimhaut überzogen. Diese Schleimhaut erwärmt die eingeatmete Luft und befeuchtet sie. Außerdem sorgt sie dafür, dass Staub und Krankheitserreger am Schleim haften bleiben. Atmet man durch den Mund ein, kann es durch die ungereinigte kalte Luft zu Erkrankungen der Atemwege kommen.
Durch den **Rachen** gelangt die Luft zum **Kehlkopf.** Hier trennen sich Luftröhre und Speiseröhre. Die eingeatmete Luft strömt weiter in die Luftröhre. Diese wird durch Knorpelringe ständig offen gehalten. Beim Schlucken wird die Luftröhre durch den Kehlkopfdeckel verschlossen, damit keine Speiseteile eindringen können. Geschieht dies trotzdem einmal, so haben wir uns „verschluckt". Dann wird der Fremdkörper durch heftiges Husten wieder aus der Luftröhre entfernt.
Im Brustraum teilt sich die Luftröhre in zwei **Bronchien.** Diese führen zu den beiden Teilen der **Lunge,** den Lungenflügeln. In der Lunge verzweigen sich die Bronchien in immer kleineren Kanäle. Diese feinen Bronchienäste enden in den kugelförmigen ▶ **Lungenbläschen.** In der Lunge befinden sich etwa 500 Millionen Lungenbläschen. Sie bilden die Endstation für die eingeatmete Luft. Von hier aus wird sie auf demselben Wege wieder ausgeatmet.

Der Brustkorb arbeitet wie ein Blasebalg
Die Luft bewegt sich nicht von selbst durch unseren Körper. Sie muss abwechselnd eingesogen und ausgestoßen werden. Beide Vorgänge kannst du gut an einem Blasebalg beobachten, den man beim Aufpumpen von Luftmatratzen benutzt. Genau so wirkt die Verkleinerung und die Vergrößerung des Brustraumes. Daran ist vor allem das **Zwerchfell** beteiligt, eine dünne Muskelhaut, die quer durch den Bauchraum gespannt ist. Zum Einatmen zieht sich das Zwerchfell nach unten. Der Brustraum vergrößert sich und mit ihm erweitern sich die Lungenflügel. Nun wird Luft in die Lunge gesogen. Wölbt sich das Zwerchfell anschließend wieder nach oben, wird die Lunge zusammengedrückt und presst die Atemluft nach außen. Durch die Bewegung des Zwerchfells wird auch die Bauchdecke leicht nach außen gedrückt. Man spricht deshalb von der **Bauchatmung.**
Bei tieferen Atembewegungen wird die Bauchatmung von der **Brustatmung** unterstützt. Dabei bewegen sich die Rippen schräg nach oben. Brustraum und Lunge erweitern sich und die Luft wird tief eingesogen. Kehren die Rippen in ihre Ausgangsstellung zurück, wird die Luft zum Ausatmen wieder herausgepresst.

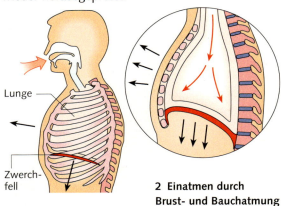

2 Einatmen durch Brust- und Bauchatmung

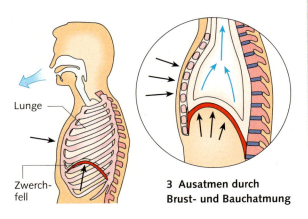

3 Ausatmen durch Brust- und Bauchatmung

Auf der Spur von Sauerstoff und Kohlenstoffdioxid

🔍 **1.** Untersucht, wie lange eine Kerzenflamme in frischer Luft und in ausgeatmeter Luft brennt. Die Abbildung zeigt euch, wie ihr die ausgeatmete Luft einfangen könnt. Messt die Brenndauer der Kerzenflamme mit einer Stoppuhr. Überlegt, warum unterschiedliche Ergebnisse zustande kommen. Welche Hinweise ergeben sich für die Zusammensetzung von frischer Luft und ausgeatmeter Luft?

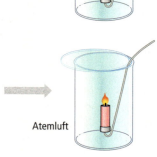

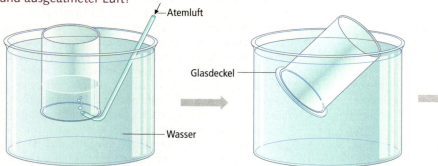

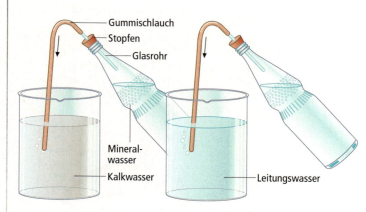

🔍 **2.** Untersucht das Gas, das aus Mineralwasser sprudelt. Schüttelt die Flasche vorsichtig, wenn die Gasentwicklung nachlässt. Leitet das Gas durch Kalkwasser und durch Leitungswasser. Beschreibt eure Beobachtungen.
Was schließt ihr daraus?
Tipp: Kohlenstoffdioxid trübt Kalkwasser.

Sicherheitshinweis:
Kalkwasser erhaltet ihr von eurer Lehrerin oder eurem Lehrer. Kalkwasser ist ätzend. Schutzbrille tragen! Nicht trinken!

🔍 **3.** Eure Lehrerin oder euer Lehrer pustet mithilfe eines Gummischlauches vorsichtig Atemluft durch Kalkwasser. Dann führt ihr einen ähnlichen Versuch durch, indem ihr mit einem Blasebalg Frischluft durch Kalkwasser leitet. Vergleicht die Beobachtungen mit dem Ergebnis aus Aufgabe 2. Welche Aussagen könnt ihr nun zur Zusammensetzung der Atemluft machen?

📖 **4.** Fasse mit deinen eigenen Worten zusammen, was mit der eingeatmeten Luft im Körper passiert. Nutze dazu den Informationstext.

Ich bin fit und fühl' mich wohl

Warum wir atmen

Die Luft besteht aus einem Gemisch verschiedener Gase. Die wichtigsten sind Stickstoff (N_2), Sauerstoff (O_2) und Kohlenstoffdioxid (CO_2). Der Stickstoff spielt bei der Atmung keine Rolle.
Die Frischluft, die wir einatmen, enthält 21 % (Prozent) Sauerstoff und nur wenig Kohlenstoffdioxid, zusammen mit den Edelgasen gerade mal 1 %. In der Ausatmungsluft sind dagegen nur 17 % Sauerstoff vorhanden, aber rund 4 % mehr Kohlenstoffdioxid. Zusammen mit den Edelgasen sind es nun 5 %. Unser Körper nimmt also Sauerstoff auf und gibt dafür Kohlenstoffdioxid ab. Diesen Vorgang nennt man ▶ Gasaustausch.

Mithilfe des aufgenommenen Sauerstoffes können wir aus den ▶ Nahrungsmitteln Energie für alle Lebensvorgänge gewinnen. Ein Teil dieser Energie ist gespeichert im ▶ Traubenzucker, der mit dem Blut zu allen Körperzellen transportiert wird.
Dort wird der Traubenzucker aufgenommen und im Innern der Zelle mithilfe des Sauerstoffs „verbrannt". Hierbei wird Energie freigesetzt. Als Abfallprodukt entsteht Kohlenstoffdioxid.
Vor allem in den Muskel- und Gehirnzellen ist der Energiebedarf sehr hoch. Je stärker die Muskeln beansprucht werden, desto mehr Sauerstoff zur Verbrennung benötigen sie. Wir atmen dann schneller und tiefer, um dem Körper mehr Sauerstoff zuzuführen.

	eingeatmete Luft	ausgeatmete Luft
Sauerstoff	21 %	17 %
Stickstoff	78 %	78 %
Kohlenstoffdioxid und Edelgase	1 %	5 %
Summe	100 %	100 %

1 Zusammensetzung der Luft

Gasaustausch in den Lungenbläschen

Durch die Luftröhre gelangt die eingeatmete Luft bis in die Lunge. Wie aber kommt der Sauerstoff von dort in alle Zellen des Körpers und das Kohlenstoffdioxid wieder heraus?
Dieser Gasaustausch findet in den Lungenbläschen statt. Die Lungenbläschen sind mit einem Netz von kleinsten Blutgefäßen überzogen. Die Wände dieser Blutgefäße und die Wände der Lungenbläschen sind so dünn, dass die Sauerstoffteilchen durch sie hindurch gelangen und ins Blut wandern. Mithilfe der ▶ roten Blutkörperchen werden sie dann in alle Zellen des Körpers transportiert.
Auf dem umgekehrten Wege kommen die Kohlenstoffdioxidteilchen aus den Körperzellen in die Lunge. Sie verlassen die Blutgefäße rund um die Lungenbläschen und gelangen in die Lunge. Von dort werden sie mit der Atemluft ausgeatmet.

„Gute" Luft hält fit

Wichtig für eine gesunde Atmung ist gute Luft, das heißt Luft mit dem vollen Sauerstoffanteil und geringem Kohlenstoffdioxidanteil. Achtet darauf, dass eure Zimmer zu Hause und eure Unterrichtsräume möglichst oft gelüftet werden. Bewegt euch viel im Freien. Atmet tief durch, damit die gesamte Lunge mit frischer Luft gefüllt wird.

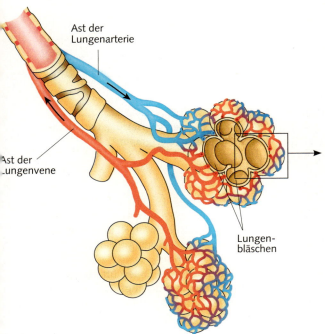

2 Bronchie mit Lungenbläschen

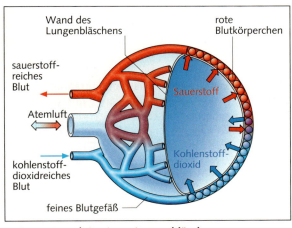

3 Gasaustausch in einem Lungenbläschen

Mit Tabellen und Diagrammen arbeiten

Tabellen erstellen
Oft lassen sich die Ergebnisse von Versuchen oder Beobachtungen gut in einer Tabelle zusammenfassen. Rechts seht ihr das Ergebnis eines Versuches zur Atmung. Alle Schüler und Schülerinnen einer Klasse zählten ihre Atemzüge in Ruhe und unmittelbar nach 20 Kniebeugen.

Tipps zum Erstellen einer Tabelle:
1. Überlegt euch zunächst die Einteilung der Tabelle. Wie groß müssen die Spalten sein? Welche Beschriftung ist wichtig? Eignet sich Quer- oder Hochformat?
2. Zieht die Linien sauber mit einem Lineal.

Atmung bei unterschiedlicher Belastung

	Atemzüge pro Minute	
	in Ruhe	nach 20 Kniebeugen
Marcel	23	38
Tina	20	41
Ferhat	21	30
Dennis	27	44
Nils	21	39
Dunja	25	35
Kevin	22	34

1 Ergebnistabelle eines Schülerversuchs

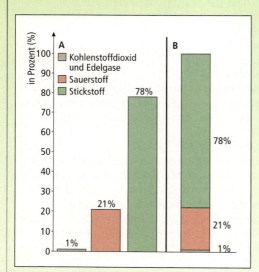

2 Zusammensetzung der Frischluft.
A *Säulendiagramm;* B *Streifendiagramm*

Diagramme lesen und erstellen
Um Größen nicht nur als Zahl, sondern auch als Bild deutlich zu machen, stellt man sie in einem Diagramm dar. Diagramme kommen in unterschiedlichen Formen vor. Sehr häufig findet man Säulendiagramme und Kreisdiagramme.
In den Beispielen links und rechts ist die Zusammensetzung der Frischluft als Diagramm dargestellt. Den größten Teil des Diagramms nimmt der Stickstoff als Hauptanteil der Luft ein.

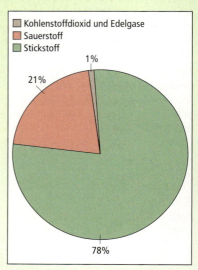

3 Zusammensetzung der Frischluft als Kreisdiagramm

Tipps zum Erstellen eines Säulendiagramms:
1. Überlegt euch zunächst die Länge und Einteilung der senkrechten Achse. Für Prozentangaben eignet sich eine Höhe von 10 cm = 100 mm. Dann entspricht 1 % einer Säulenlänge von 1 mm.
2. Sucht eine passende Beschriftung.
3. Wenn ihr alle Säulen aufeinander stellt, erhaltet ihr einen Streifen von 100 mm Länge, also 100 %.
Man spricht dann von einem **Streifendiagramm**.

📖 **1.** Auf der vorherigen Seite findet ihr in einer Tabelle die Zusammensetzung von eingeatmeter Luft (Frischluft) und ausgeatmeter Luft (Atemluft). Fertigt von beiden ein Säulendiagramm an und vergleicht beide Diagramme.
Wenn ihr die Bilder auf zwei Folien übertragt und beide Folien übereinander legt, lassen sich die Unterschiede besonders gut erkennen.

Ich bin fit und fühl' mich wohl

Verlaufsdiagramme zeigen Veränderungen

Bei vielen Versuchen braucht man längere Zeit, um eine Entwicklung zu beobachten. Solche Ergebnisse lassen sich gut in einem Verlaufsdiagramm darstellen. Dazu wird die waagerechte Achse mit einer Zeiteinheit versehen. Auf der senkrechten Achse befindet sich eine Messwertskala. Die in bestimmten Zeitabständen gemessenen Werte werden eingetragen und mit Linien verbunden.

Das rechte Beispiel zeigt die Veränderung des Kohlenstoffdioxidanteiles in der Luft eines Klassenzimmers im Verlaufe eines Schultages.

2. a) Beschreibt genau, was in dem nebenstehenden Verlaufsdiagramm dargestellt ist.
Was ist die Ursache für das Auf und Ab der beiden Kurven?
b) Ordnet die Kurven den Vorgängen zu:
A In den Pausen werden alle Fenster nur gekippt.
B In den Pausen werden alle Fenster weit geöffnet.

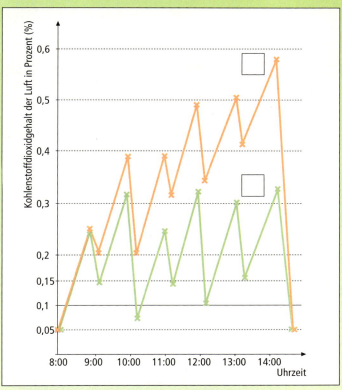

4 Kohlenstoffdioxid in der Luft eines Klassenzimmers

Von einer Tabelle zum Verlaufsdiagramm

Die Schüler einer Klasse überprüfen in Partnerarbeit den Puls vor, während und nach einer Belastung. Der Versuch dauert sieben Minuten. Zu Beginn und zu jeder vollen Minute misst der Partner den Puls der Versuchsperson.

Nach einer Minute macht die Versuchsperson 60 Sekunden lang rasche Kniebeugen. Die beiden unteren Abbildungen zeigen euch die Ergebnistabelle und das dazugehörige Verlaufsdiagramm.

3. Führt den im nebenstehenden Text beschriebenen Versuch selbst durch und fertigt euer persönliches Diagramm wie in der unteren Abbildung an.

Zeit nach Versuchsbeginn in Minuten	Puls in Herzschlägen pro Minute
Beginn	92
1	92
2	136
3	118
4	108
5	100
6	96
7	96

A

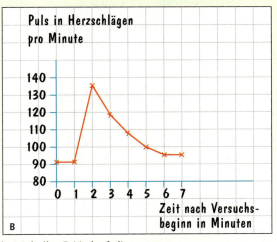

B

5 Entwicklung des Pulses bei körperlicher Belastung. **A** *Ergebnistabelle*, **B** *Verlaufsdiagramm*

Rund ums Blut

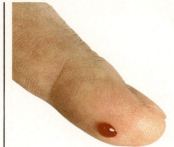

📖 **1.** Beschreibe die Zusammensetzung des Blutes und gib die Aufgaben der einzelnen Blutbestandteile an. Erstelle eine Tabelle.

📖 **2.** Kleinere Wunden hören von selbst auf zu bluten. Beschreibe, wie dieser Vorgang abläuft. Die Abbildungen und Texte auf dieser Seite helfen dir dabei.

Zusammensetzung des Blutes

Die Blutmenge eines Erwachsenen beträgt etwa 5 bis 6 Liter. Das Blut besteht aus flüssigen und festen Bestandteilen. Die Blutflüssigkeit nennt man **Blutplasma.** Es besteht zum größten Teil aus Wasser. Das Blutplasma ist das wichtigste **Transportmittel** in unserem Körper. Es befördert Nährstoffe und andere lebenswichtige Stoffe in alle Zellen unseres Körpers und nimmt von dort Abfallstoffe wieder mit. Außerdem ist das Blutplasma für die gleichmäßige Verteilung der Körperwärme zuständig.

Unter dem Mikroskop werden die festen Bestandteile des Blutes sichtbar, die Blutzellen. Dazu zählen die **roten Blutkörperchen.** Ihre Farbe erhalten sie durch den roten Blutfarbstoff Hämoglobin. Die wichtigste Aufgabe der roten Blutkörperchen besteht im Transport von ▶ Sauerstoff und ▶ Kohlenstoffdioxid.
Die **weißen Blutkörperchen** bekämpfen Krankheitserreger, die durch Wunden in die Blutbahn eingedrungen sind. Die dritte Gruppe der Blutzellen bilden die **Blutplättchen.** Sie sind an der Blutgerinnung beteiligt.

1 Blutgefäß mit Blutbestandteilen (Schema)

Wie Blut gerinnt

Wenn Wunden bluten, werden die bei einer Verletzung eingedrungenen Fremdkörper aus der Wunde gespült. Kleine Wunden hören jedoch bereits nach wenigen Minuten auf zu bluten. Das Blut gerinnt, sobald es mit Luft in Berührung kommt.
An diesem Vorgang sind die Blutplättchen beteiligt. Sie sammeln sich an der Wundstelle und geben einen Stoff frei, der dafür sorgt, dass an dieser Stelle ein Netz aus langen Eiweißfäden entsteht. In diesem **Fibrinnetz** bleiben die Blutplättchen und die roten und weißen Blutkörperchen hängen und verschließen die Wunde. Nach einiger Zeit entsteht aus dem eingetrockneten Blut Schorf.

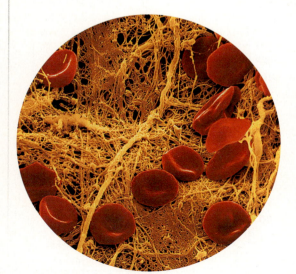

2 Fibrinnetz mit roten Blutkörperchen

Ich bin fit und fühl' mich wohl

Blutende Verletzungen

1 Eine Sturzverletzung

Das Pflaster darf nur auf der unverletzten Haut festkleben.
Bei allen blutenden Wunden muss sicher sein, dass der Verletzte den notwendigen Impfschutz gegen Wundstarrkrampf hat. Dies kann man beispielsweise im Impfpass nachlesen.

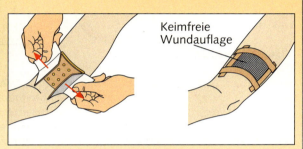

2 Anlegen eines Pflasterverbandes

Im Alltag kann es leicht zu kleineren oder größeren blutenden Verletzungen kommen. Jetzt ist schnelle und richtige Hilfe notwendig.
Wertvolle Hinweise erhältst du unter der Internet-Adresse www.drk.de. Die notwendigen Kenntnisse erlernt man auch in einem **Erste-Hilfe-Kurs**.
Beachte bei allen Hilfsmaßnahmen, dass du zum Eigenschutz stets Schutzhandschuhe trägst.

Was muss ich tun ...

... bei einer Schürfwunde?
Bei einem Sturz vom Fahrrad oder beim Fußballspielen wird oft an den Knien oder Ellenbogen die Haut abgerieben. Die Wunde blutet nur ganz wenig, stattdessen ist eine farblose, wässerige Flüssigkeit in der Wunde zu sehen. Bei solchen Schürfwunden ist die Gefahr einer Infektion durch Verschmutzung gering. Es genügt deshalb meist, die Wunde zu reinigen und mit einem sauberen, keimfreien Verband – am besten aus einem noch ungeöffneten Verbandspäckchen aus dem Verbandskasten – abzudecken oder an der Luft trocknen und dann abheilen zu lassen.

... bei einer mäßig blutenden Wunde?
Manche Verletzungen bluten stärker, da sie so tief gehen, dass Blutgefäße in der Haut aufgerissen werden. Je nach Größe der Wunde verwendet man ein Pflaster oder man legt ein keimfreies Mullkissen auf und befestigt es mit Pflaster auf der Haut.

... bei einer stark blutenden Wunde?
Ein Blutverlust von etwa einem Liter bedeutet bei Erwachsenen bereits **Lebensgefahr**. Eine starke Blutung muss daher unbedingt zum Stillstand gebracht werden. Oft genügt das Anlegen eines Druckverbandes. Dabei darf die Wunde auf keinen Fall berührt oder mit irgendeinem Mittel behandelt werden! Zuerst wird eine sterile Wundauflage auf die Wunde gelegt. Danach macht man mit einem zusammengelegten Dreieckstuch – aus dem Verbandskasten – oder einem Handtuch einen ersten Umschlag. Nun wird ein ungeöffnetes Verbandspäckchen als Druckpolster über die Wunde auf den ersten Umschlag gelegt und mit einem zweiten Tuch festgehalten. Dieser zweite Umschlag wird fest, aber nicht zu kräftig verknotet. Wichtig ist, dass die verletzte Stelle hochgehalten oder hoch gelagert wird. Dann muss so schnell wie möglich mit dem **Notruf 112** Hilfe herbeigerufen werden.

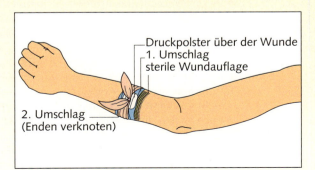

3 Anlegen eines Druckverbandes

Unser Blut ist immer in Bewegung

🔍 **1.** Baut euch ein einfaches Stethoskop (Hörrohr), um die Herztöne eurer Mitschülerinnen und Mitschüler hören zu können.
Verwendet dazu zwei Trichter und einen Schlauch. Beschreibt, was ihr hört.

🔍 **2.** Findet heraus, was der Puls und der Herzschlag miteinander zu tun haben.
Benutzt dazu euer Hörrohr. Arbeitet wie auf dem Bild in Dreiergruppen zusammen.
Formuliert euer Ergebnis als Merksatz.

🔍 **3. a)** Probiert aus, an welchen Stellen des Körpers man seinen Puls fühlen kann. Eine gut geeignete Stelle zeigt das Foto unten.
b) Zählt die Pulsschläge in einer Minute. Wiederholt die Zählung mehrmals – im Sitzen, nach einer körperlichen Anstrengung, nach einer darauf folgenden Ruhepause. Haltet die Ergebnisse in einer Tabelle fest.

🔍 **4.** Untersucht, wie ein Blasebalg funktioniert.
Verfolgt den Weg der Luft.
Sucht nach Parallelen zur Arbeit des Herzens.
Findet für beide einen gemeinsamen Begriff.

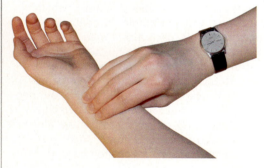

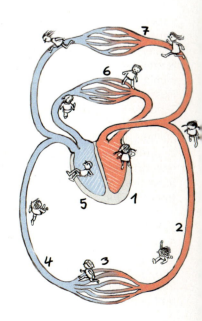

🔍 **5.** Erfindet ein Kreislaufspiel auf dem Schulhof. Die Zeichnung rechts hilft euch dabei.
a) Überlegt zunächst, welche Stationen des Blutkreislaufes in der Zeichnung dargestellt sind.
Sucht für die Positionen 1 bis 7 die passenden Bezeichnungen.
Dabei helfen euch die Abbildungen und der Informationstext.
b) Zum Ablauf des Spieles einige Anregungen:
– Der Weg des Blutes kann mit Kreide auf den Boden gezeichnet werden.
– Einige von euch stellen die roten Blutkörperchen dar, andere die wichtigsten Organe im Blutkreislauf.
– Die roten Blutkörperchen transportieren Sauerstoff und Kohlenstoffdioxid (bunte Karten). Macht euch Gedanken über die Farben der Karten und den Austausch.

Ich bin fit und fühl' mich wohl

Blutgefäße transportieren Stoffe durch unseren Körper

Unser Körper braucht ständig Sauerstoff und Nährstoffe. Das Blut transportiert diese Stoffe zu allen Körperzellen. Gleichzeitig werden Kohlenstoffdioxid und weitere Abfallprodukte von den Zellen abtransportiert. Das Blut fließt in „Röhren", die Gefäße oder **Adern** heißen. Diese Blutgefäße durchziehen den ganzen Körper in einem dichten Netz. Zusammen haben sie eine Länge von etwa 1400 km.
Alle Blutgefäße, die das Blut vom Herzen wegführen, nennt man **Arterien**, und alle Blutgefäße, die zum Herzen hinführen, heißen **Venen**.

Zwei Kreisläufe

Auf seinem Weg durch den Körper durchwandert das Blut zwei Kreisläufe. Verfolgen wir den Weg des Blutes genauer. Aus der linken Herzkammer gelangt es zunächst in das größte Blutgefäß, die Körperarterie oder **Aorta**. Diese verästelt sich in viele kleinere Gefäße, die das Blut in alle Teile des Körpers transportieren. Die Verzweigungen sind schließlich so fein, dass sie nur noch mit dem Mikroskop zu sehen sind. Man nennt sie dann Haargefäße oder **Kapillaren**. Ihre Wände sind so dünn, dass durch sie der Sauerstoff und die Nährstoffe in die Zellen abgegeben und das Kohlenstoffdioxid sowie weitere Abfallstoffe aufgenommen werden können.

Durch die Venen fließt das Blut zurück in die rechte Hälfte des Herzens. Damit ist der **Körperkreislauf** beendet.

Nun schließt sich der **Lungenkreislauf** an. Das kohlenstoffdioxidreiche Blut wird von der rechten Herzkammer in die Lungenarterie gepresst. Diese verzweigt sich und führt zu den beiden Lungenflügeln. Dort gibt das Blut über die Lungenbläschen das Kohlenstoffdioxid an die Atemluft ab und nimmt gleichzeitig Sauerstoff auf. Das sauerstoffreiche Blut strömt nun über die Lungenvene zurück in die linke Hälfte des Herzens. Damit ist der Lungenkreislauf beendet.
Nun beginnt wieder der Körperkreislauf.

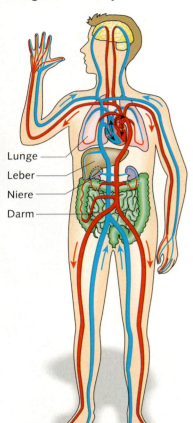
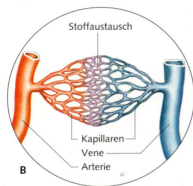

1 Blutgefäße im Körper. A *Kreissystem*; B *Kapillare*

Das Herz – eine starke Pumpe

Das Herz treibt das Blut durch den Körper. Es ist ein faustgroßer kräftiger Hohlmuskel, der im ▶ Brustkorb liegt.
Der Herzmuskel arbeitet ohne Unterbrechung ein Leben lang. Das Herz ist im Inneren durch die **Herzscheidewand** in zwei Hälften getrennt. Links und rechts befinden sich jeweils ein **Vorhof** und eine **Herzkammer**. Diese arbeiten beim Pumpen des Herzens zusammen. Wenn sie sich erweitern, saugen sie das Blut aus den Venen an, wenn sie sich zusammenziehen, drücken sie das Blut in die Arterien. Das Herz arbeitet somit wie eine Saug-Druck-Pumpe. Die Druckwelle des Blutes kann man als Pulsschlag spüren.

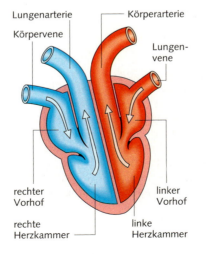

2 Das menschliche Herz (Schema)

241

Lernen im Team

Rauchen

In den letzten Jahren wird mehr und mehr über die Probleme des Rauchens gesprochen. Zudem gilt seit August 2007 in einigen Bundesländern Rauchverbot in Behörden, Krankenhäusern und Schulen. Knapp 20 Millionen Deutsche über 15 Jahre rauchen regelmäßig. Während jedoch die Zahl der erwachsenen Raucher in den letzten Jahren abgenommen hat, rauchen Jugendliche schon ab 12 Jahren heute mehr als früher. Dabei ist Rauchen extrem gesundheitsschädlich: Es gibt fast kein Organ des menschlichen Körpers, welches davon nicht geschädigt wird.

Außerdem ist Rauchen sehr teuer – was könnte sich ein Raucher alles leisten, wenn er zum Nichtraucher würde? Ist es wirklich so schwer, mit dem Rauchen aufzuhören? Sind die Raucher alle süchtig? Oder geht es eher darum, dass man den Freunden imponieren und nicht als „Memme" dastehen will? Mit den folgenden Anregungen könnt ihr die Antworten auf diese und viele weitere Fragen herausfinden.

1. Wie kann ich „Nein" sagen?

Wieso fangen Jugendliche an zu rauchen, obwohl es teuer und schädlich ist? Kann man wirklich nicht „Nein" sagen? Wie verhält sich eine Clique, wenn jemand nicht rauchen will? Ist Rauchen wirklich „cool"? Und: Was kann man tun, wenn man zwar nicht rauchen, seine Freunde aber auch nicht verlieren und zum Außenseiter werden will?
Viele dieser Fragen könnt ihr sicher aus eigener Erfahrung beantworten. Natürlich könnt ihr auch eine ▶ Umfrage durchführen und Jugendliche befragen, wie sie zu dem Thema stehen.
Um die Ergebnisse der Klasse vorzustellen, könntet ihr zum Beispiel eine ▶ Gesprächsrunde zum Thema organisieren, ein Rollenspiel vorbereiten oder einen „Ratgeber für beliebte Nichtraucher" schreiben.

> **WWW-TIPP**
> Geeignete Suchstichworte sind z.B. „rauchen", „Kosten", „Nikotinsucht", „Tabakabhängikeit" und Kombinationen dieser Begriffe.
> Informative Seiten zum Thema sind „www.bzga.de" und „www.rauchfrei.de".

2. Kosten

Sicher weißt du ungefähr, wie teuer eine Packung Zigaretten ist. Aber wie viel geben Raucher pro Tag, pro Monat, pro Jahr oder in zehn Jahren für das Rauchen aus?
Um diesen und ähnlichen Fragen nachzugehen, könnt ihr z. B. eine ▶ Umfrage durchführen und Raucher zu den Kosten des Rauchens befragen. Wichtig ist, dass ihr euch gut überlegt, wie ihr eure Ergebnisse übersichtlich und interessant darstellen könnt. Ihr könnt die Daten in Tabellen zusammenstellen und ▶ Diagramme zeichnen. Ihr könnt aber auch eine Collage anfertigen, die zeigt, was ein Raucher sich alles hätte kaufen können, wenn er zum Beispiel fünf Jahre lang nicht geraucht hätte. Oder fällt euch eine bessere Methode ein, die Ergebnisse darzustellen?

Ich bin fit und fühl' mich wohl

3. Gesundheitliche Risiken

Sicher hat jeder von euch schon oft gehört, dass Rauchen sehr gesundheitsschädlich ist. Aber stimmt das wirklich? Und wenn ja, warum ist das so und wo genau liegen die Risiken? Findet heraus, welche Krankheiten durch das Rauchen verursacht werden, wie viele Menschen in Deutschland (und auf der Welt) jedes Jahr an den Folgen des Rauchens sterben und wie viele Jahre ein Raucher durchschnittlich früher stirbt als ein Nichtraucher. Was genau ist Passivrauchen und welche Folgen hat es? Zusätzlich könnt ihr auch den nebenstehenden Modellversuch durchführen. Stellt eure Ergebnisse in einer Präsentation vor. Dazu könnt ihr eine kleine ▶ Ausstellung mit dem Versuch und ▶ Plakaten erstellen. Der folgende Modellversuch zeigt sehr anschaulich, was Zigarettenrauch in den feinen Strukturen der ▶ Bronchien und der Lunge bewirkt:

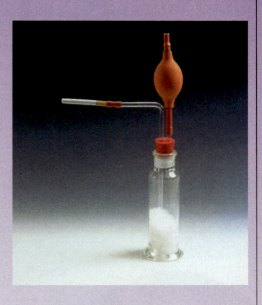

Material:
- Waschflasche
- Kolbenprober oder Blaseball
- passender Stopfen mit 2 Löchern
- 2 Glasröhrchen, davon 1 gewinkelt
- 2 kurze Schlauchstückchen
- angefeuchtete Watte
- Zigarette

Durchführung:
Die Apparatur wird so zusammengebaut, dass man wie in der Abbildung gezeigt, Luft durch die Zigarette in die Flasche mit der feuchten Watte saugen kann. Auf diese Weise „raucht" die Maschine nun eine Zigarette (Abzug!). Danach holt man die Watte heraus und beschreibt, wie sie sich verändert hat.

Fragen zur Versuchsauswertung:
Für welches Körperteil steht die Watte hier im ▶ Modell? Was bedeutet eure Beobachtung für die Wirkung von Zigarettenrauch auf den Körper?

4. Süchtig?

Sind alle Raucher süchtig oder abhängig? Warum fällt es so schwer, mit dem Rauchen aufzuhören? Gibt es Hilfsprogramme? Fragt hierzu gezielt Raucher, ob sie lieber aufhören würden zu rauchen, ob sie es schon einmal versucht haben und warum sie es vielleicht nicht geschafft haben. Haben sie Entzugserscheinungen gehabt und wie sahen die aus? Sammelt eure Ergebnisse und überlegt euch, wie ihr sie am besten vorstellen könnt.

243

Über Tausend Gifte

Teer	10 mg
Nikotin	0,8 mg
Kohlen-monoxid	10 mg

1. Nach dem Gesetz ist auf jeder Zigarettenpackung aufgedruckt, wie viel Nikotin (N) und Kondensat (Teer, K) eine Zigarette enthält. Berechnet wie viel kg Teer ein Raucher in 20 Jahren aufnimmt, wenn er täglich 20 Zigaretten raucht.
Hinweis: 1 g = 1000 mg, 1 kg = 1000 g

2. Sammelt Presseartikel zur Diskussion um das Rauchverbot in öffentlichen Gebäuden und Verkehrsmitteln. Gestaltet dazu mit Plakaten eine Leseecke in eurer Klasse. Führt eine Pro- und Contra-Diskussion zu diesem Thema durch.

Forscher in New York untersuchten das Blut von gesunden Kindern, deren Mütter oder Väter ca. 10 Zigaretten täglich in Anwesenheit ihrer Kinder rauchen. Man fand im Kinderblut hohe Konzentrationen von Stoffwechselprodukten des Nikotins und des Teerkondensats. Diese Stoffe gelten als Krebserreger und fördern die Entstehung von Asthma. Seit langem ist bekannt, dass Neugeborene von Raucherinnen ein geringeres Geburtsgewicht haben und später unter Entwicklungsstörungen leiden können.

3. Lest den oben stehenden Artikel und überlegt, wie sich Raucherinnen und Raucher verhalten sollten, damit sich Kinder gesund entwickeln können. Wie könnt ihr euch vor dem Passivrauchen schützen? Stellt dazu eine Liste mit Verhaltensregeln auf.

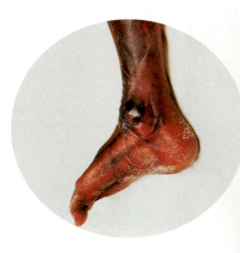

Die schädlichsten Gifte

Mit dem Zigarettenrauch nimmt ein Raucher über 1000 verschiedene giftige Substanzen zu sich. Dazu gehören vor allem Nikotin, Teerstoffe und Kohlenstoffmonooxid.

Nikotin ist ein Stoff, der abhängig macht. Nikotin lässt den Blutdruck steigen und das Herz schneller schlagen. Es bewirkt, dass sich die feinen Blutgefäße verengen. Dadurch wird die Haut weniger durchblutet. Sie erscheint grau und blass. Bei starkem Rauchen kann es zu Durchblutungsstörungen in den Organen und auch in den Beinen und Füßen führen. Im Extremfall stirbt das Bein langsam ab (Raucherbein).

Kohlenstoffmonooxid verhindert, dass das Blut Sauerstoff aufnehmen und transportieren kann. Deshalb wird manchen Rauchern bei den ersten Zügen schwindelig oder übel. Um die Organe dennoch mit ausreichend Sauerstoff zu versorgen, muss das Herz schneller und kräftiger schlagen. Diese Überlastung kann zu schwer wiegenden Herzerkrankungen bis hin zum tödlichen Herzinfarkt führen.

Die **Teerstoffe** im Zigarettenrauch verkleben die Atemwege bis zur Lunge. Dadurch kommt es zu Verschleimungen und Atembeschwerden. Viele der Teerstoffe sind krebserregend. Das Risiko, an Lungenkrebs zu erkranken, ist für Raucher 15 bis 30-mal so hoch wie für Nichtraucher.

Passivrauchen

Als Passivrauchen bezeichnet man die Tatsache, dass Nichtraucher an vielen Orten ungewollt den giftigen Tabakrauch einatmen. Besonders Kleinkinder sind dadurch stark gefährdet. Selbst bei Ungeborenen im Mutterbauch besteht Vergiftungsgefahr, vor allem wenn die Schwangere selbst raucht.

Ich bin fit und fühl' mich wohl

Eine Umfrage planen, durchführen und auswerten

Methode

Die Schülerinnen und Schüler der Klasse 6 gestalten ein Projekt zum Thema „Rauchen". Eine Gruppe möchte herausfinden, in welchen Situationen und zu welchen Anlässen Raucher zur Zigarette greifen. Um möglichst viele Antworten zu erhalten, führen sie eine Umfrage durch. Eine Umfrage bietet sich auch bei vielen anderen Themen an. Beachtet dabei folgende Schritte:

1. Überlegt euch, was ihr wissen möchtet. Entwerft dazu einen Fragebogen. Am einfachsten ist es, wenn man die Antworten nur ankreuzen muss (wie unser Beispiel in Abb. 1 B). Dazu müsst ihr vorher mögliche Antworten formulieren.

2. Wenn ihr auf eine Frage freie Antworten erwartet, braucht ihr einen Kassettenrekorder zum Aufnehmen oder freie Zeilen auf dem Umfragebogen.

3. Macht euch Gedanken, wen ihr befragen möchtet und wo die Umfrage durchgeführt werden soll. Überlegt euch einen Ort, an dem ihr in kurzer Zeit möglichst viele Leute trefft, beispielsweise in der Nähe eines Einkaufszentrums.

4. Es macht mehr Spaß und es ist einfacher, wenn ihr die Umfrage in Teamarbeit durchführt. Überlegt euch in der Gruppe, wer die Fragen stellt und wer die Antworten festhält. Zum Aufschreiben braucht ihr eine feste Schreibunterlage.

5. Wenn ihr Personen ansprecht, begrüßt sie höflich und stellt euch vor. Sagt, wofür ihr die Umfrage macht, und fragt, ob der oder die Angesprochene überhaupt mitmachen möchte.

6. Falls die angesprochene Person zustimmt, könnt ihr mit den Fragen beginnen. Notiert sorgfältig alle Antworten. Am Schluss bedankt ihr euch für das Gespräch und verabschiedet euch. Verwendet für jede befragte Person einen neuen Fragebogen.

7. Wertet die Fragebögen zu Hause oder in der Schule aus. Ihr könnt zu den einzelnen Fragen Strichlisten wie im Abb. 1 B erstellen. Beiträge, die ihr auf Kassetten habt, müssen stichwortartig aufgeschrieben werden. Überlegt euch, wie ihr die Ergebnisse in eurer Klasse vorstellt.

1 Umfrage. A *Durchführung;* **B** *Ergebnisse*

1. Sortiert die Antworten in Abbildung 1 B nach ihrer Häufigkeit und stellt sie zur Präsentation in einem geeigneten ▶ Diagramm dar.

2. Übt das Durchführen einer Umfrage in eurer Klasse. Überlegt euch dazu ein Thema und geht nach den Schritten 1 bis 7 vor.

Auf einen Blick

Körperhaltung und Bewegung

Unser Skelett stützt den Körper und schützt die inneren Organe. Die Wirbelsäule mit mehr als 30 Wirbeln hält den Körper aufrecht und federt durch Bandscheiben zwischen den Wirbeln Stöße ab.
Die Bewegungen des Körpers werden durch Gelenke zwischen den Knochen ermöglicht. Man unterscheidet Kugelgelenke, Scharniergelenke, Sattelgelenke und Drehgelenke.
Bewegungen entstehen durch das Zusammenwirken von Muskeln. Beugemuskeln und Streckmuskeln arbeiten dabei als Gegenspieler. Sehnen verbinden Muskeln mit den Knochen.
Regelmäßige Bewegung gehört zur Gesunderhaltung des Körpers. Sie stärkt die Muskulatur, fördert die Durchblutung und stärkt das Herz-Kreislauf-System.

Ernährung und Verdauung

Nahrungsmittel enthalten die Nährstoffe Kohlenhydrate, Fette und Eiweißstoffe. Kohlenhydrate und Fette liefern Energie. Eiweißstoffe sind Baustoffe für unseren Körper. Viele Nahrungsmittel enthalten zusätzlich lebenswichtige Vitamine, Mineralstoffe, Ballaststoffe und Wasser.
Zu einer gesunden Ernährung gehört ein ausgewogenes Verhältnis der einzelnen Nährstoffe.
Zähne zerkleinern die Nahrung. Bei der Verdauung werden die Nährstoffe in der Nahrung schrittweise in ihre Bausteine aufgespalten. Durch die Dünndarmzotten gelangen diese Stoffe ins Blut.

Blutkreislauf und Atmung

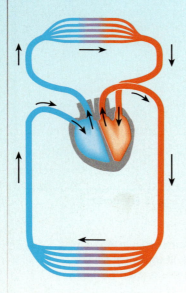

Das Herz pumpt das Blut in Adern durch den Körper. Arterien transportieren das Blut vom Herzen weg, Venen das Blut zum Herzen hin. Das Blut fließt in einem Körperkreislauf und in einem Lungenkreislauf.
Das Blut enthält rote Blutkörperchen, die den Sauerstoff und Kohlenstoffdioxid transportieren. Weiße Blutkörperchen schützen vor Krankheitserregern. Das Blutplasma transportiert vor allem Nähr- und Abfallstoffe. Blutplättchen sorgen für einen Wundverschluss.
Die Atemluft gelangt durch Nase, Rachen, Kehlkopf und Bronchien in die Lunge. Zwerchfell und Zwischenrippenmuskeln vergrößern und verkleinern Brustraum und Lunge und bewirken so das Ein- und Ausatmen.
Der Sauerstoff gelangt über die Lungenbläschen ins Blut und von dort in die Körperzellen. Hier bildet sich Kohlenstoffdioxid, das vom Blut in die Lunge transportiert und von dort ausgeatmet wird.

Gesundheitliche Gefahren durch Rauchen

Nikotin und weitere Schadstoffe im Tabakrauch führen zu gesundheitlichen Schäden. Wenn Menschen dauernd rauchen, werden sie süchtig. Sie sind dann körperlich und psychisch davon abhängig.

Ich bin fit und fühl' mich wohl

📖 **1.** Benenne die unterschiedlich gefärbten Bereiche des Skeletts.

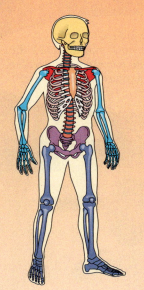

📖 **2. a)** Die Wirbelsäule hat eine bestimmte Form. Benenne diese.
b) Nenne die Abschnitte der Wirbelsäule und die Anzahl der dort befindlichen Wirbel. Was befindet sich an den blau gekennzeichneten Stellen?

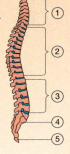

📖 **3.** Die Abbildung zeigt Knochen und Muskeln.
a) Benenne die Knochen 1 bis 4 und die Gelenke G1 und G2.
b) Wie heißen die Muskeln bei M1 und M2?
c) Welche Aufgaben haben jeweils die Muskeln M1 und M2?

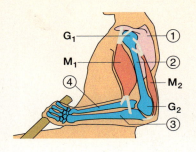

📖 **4.** Benenne die nummerierten Teile des Gelenks.

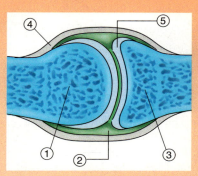

📖 **5.** Benenne die abgebildete Zahnart und die nummerierten Teile. Wie heißen die durch Buchstaben gekennzeichneten Zahnbereiche?

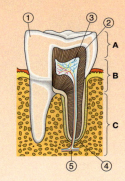

📖 **6. a)** Wie heißt die häufigste Zahnerkrankung und welche Zahnschicht wird dabei zerstört?
b) Mache zwei Vorschläge, wie der Zerstörung vorgebeugt wird.

📖 **7. a)** Nenne die drei lebenswichtigen Nährstoffe unserer Nahrung.
b) Welche vier Bestandteile benötigt unser Körper noch?

📖 **8.** Gib jeweils ein Beispiel für ein gesundes und ein ungesundes Mittagessen an und begründe deine Entscheidung.

📖 **9.** Nenne die einzelnen „Stationen", die die Nahrung in unserem Körper durchläuft, in der richtigen Reihenfolge.

📖 **10.** Benenne die nummerierten Teile der Atmungsorgane.

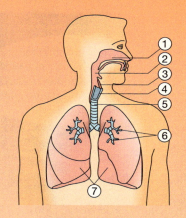

📖 **11.** Beschreibe die Vorgänge in den Lungenbläschen bei der Atmung.

📖 **12.** Ordne den jeweiligen Blutbestandteilen rote Blutkörperchen, weiße Blutkörperchen, Blutplättchen und Blutplasma ihre entsprechenden Aufgaben zu.

📖 **13.** Folgende Abbildung zeigt schematisch den doppelten Blutkreis zusammen mit einigen inneren Organen.
a) Nenne die beiden Kreisläufe.

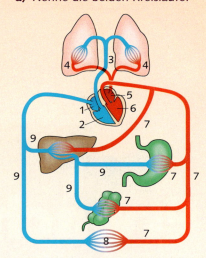

b) Ordne den Ziffern in der Abbildung die zutreffenden Begriffe zu.

Zeig, was du kannst

247

Woran denkt ihr, wenn ihr den Begriff

PUBERTÄT

hört?

Oh je! Hoffentlich werde ich nicht gleich gefragt! Darüber spricht man nicht, haben meine Eltern gesagt. Und schon gar nicht mit Kindern. Außerdem: Wenn ich was dazu sage, kichern sowieso alle nur.

Ich möchte mich gerne schminken und so lange auf Partys gehen, wie ich will, aber meine Eltern verbieten mir ja alles!

Das ist wieder so eine typische Lehrerfrage ... Pubertät bedeutet Sex – das weiß doch jeder! Na ja, immerhin machen wir jetzt endlich mal was zu dem Thema – da kenn' ich mich ja schon ziemlich gut aus. Man muss ja nur mal etwas später den Fernseher einschalten.

Wir entwickeln uns

1. Schau dir die Bildreihe genauer an und schätze das Alter der dargestellten Personen. Wie gehst du dabei vor? Worauf achtest du, wenn du das Alter eines Menschen schätzen sollst? Fertige eine Liste an und erkläre. Welche Veränderungen bringt das Altern eines Menschen mit sich, die man auf Fotos nicht sehen kann?

2. Mit Worten ist oft schwer zu beschreiben, wie sehr sich das Leben mit der Zeit verändert. Du kannst aber eine Collage anfertigen. Hier kannst du mit Bildern zeigen, wie dein Leben vor einigen Jahren aussah, was heute typisch für dich ist und wie du es dir in Zukunft vorstellst. Du kannst auch einfach Bilder von Sachen und Leuten aufkleben, die du früher toll fandest und die du heute toll findest.

3. Viele Jugendliche haben regelmäßig Streit mit den Eltern. Findet mehr darüber heraus. Entwerft einen Fragebogen, um zu klären, ob eure Klassenkameradinnen und -kameraden heute mehr mit den Eltern streiten als vor der Pubertät. Worum geht es bei solchen Streitereien und wie gehen diese meistens aus?
Was ist denn anders als bei kleineren Kindern, wenn man sich nun mehr streitet als früher? Gibt es hierbei Unterschiede zwischen Mädchen und Jungen?

4. Worüber könnten die Jugendlichen auf dem Bild gerade sprechen? Schreibt ein typisches Gespräch auf. Würden sie anders reden, wenn es nur Mädchen oder nur Jungen wären? Beschreibe und erkläre.

5. Beim Lesen von Jugendzeitschriften trifft man meist früher oder später auf eine Seite, auf der die Leser einem Team von Experten alle möglichen Fragen zur Pubertät stellen. Sammelt solche Fragen aus Zeitschriften oder anonym in der Klasse. Stellt besonders häufige oder wichtige Fragen zusammen und findet mehr über mögliche Antworten heraus.

Erwachsen werden

Die Pubertät – Achterbahnfahrt durchs Leben

Die Pubertät ist eine aufregende, turbulente, aber auch anstrengende Zeit. Sie wird häufig mit einer Achterbahnfahrt verglichen: „Mal fühlst du dich bombig, gleich darauf bist du wieder ganz unten." Aber anders als bei einer Achterbahn endet die Pubertät nicht da, wo sie losgegangen ist. Am Ende steht man als Erwachsener da, hat einen veränderten Körper und auch die Gefühle und Ansichten haben sich teilweise grundlegend verändert.

1 Mal ganz oben – mal ganz unten

2 Cliquen auf dem Schulhof

Immer wieder anders

Die Pubertät verläuft bei jedem anders. Daher ist es schwer zu sagen, wie oder was die Pubertät genau ist, wie sie sich anfühlt und wie man am besten damit umgeht. Wichtig ist, mit guten Freunden oder Freundinnen über die Dinge zu reden, die einen beschäftigen. Sie verstehen meist am besten, wie man sich gerade fühlt. Außerdem sollte man andere und ihre Meinungen und Gefühle respektieren.

Auch der Beginn der Pubertät ist bei jedem unterschiedlich. Bei Mädchen liegt er meist zwischen dem 10. und 14. Lebensjahr, bei Jungen etwas später. Mädchen und Jungen, die früher noch gut zusammen spielen konnten, finden sich nun gegenseitig eher albern. Oft bilden sich reine Mädchen- und reine Jungencliquen. Hier tauschen sich die Jugendlichen über Probleme aus und diskutieren ihre Ansichten über Erwachsene, Musik, Kleidung und – ganz wichtig – über das andere Geschlecht.

Frisch verliebt

Auch die erste große Liebe kann jetzt kommen. Manche schwärmen für ein Idol, einen Sportler, einen Popstar oder einen Fernsehstar. Andere verlieben sich in ein Mädchen oder einen Jungen, z. B. aus der Schule, dem Sportverein oder aus der Nachbarschaft. Manchmal ist der erste Partner älter, hat schon mehr Erfahrung als man selber und ist vielleicht auch etwas ungeduldig. Man sollte aber immer nur so viel Nähe zulassen, wie man selber möchte. Eine gute Beziehung hält es aus, wenn einer der beiden noch nicht so weit ist. Auf keinen Fall sollte man seinen Partner drängen, überreden oder gar zu Dingen zwingen, die er oder sie unangenehm findet.

3 Mein großer Schwarm

251

Jungen werden zu Männern

📖 **1.** Bei Babys fällt es noch schwer, das Geschlecht zu erkennen. Woran liegt das? Welches ist der beste Weg, es sicher herauszufinden?

📖 **2.** Zwar sind lange Haare bei uns eher für Frauen typisch, aber selbst langhaarige Männer erkennen wir als Männer. Wie hat sich der Körper des Mannes verändert, dass wir ihn jetzt so leicht als Mann erkennen? Schreibe eine Liste mit Stichpunkten und berichte.

📖 **3.** Nutze für die folgenden Aufgaben die Abbildungen A und B. Gehe dabei in folgenden Schritten vor:
a) Beschreibe zunächst, was in den Abbildungen A und B jeweils zu sehen ist.
b) Erkläre die Aussage der Abbildungen A und B. Beachte dabei auch den Pfeil in der Mitte.
c) Vielleicht ist dir aufgefallen, dass die Balken in Abbildung B links und rechts langsam heller werden und keine klaren Enden haben. Was könnte das zu bedeuten haben? Stelle eine Vermutung auf und begründe sie kurz.

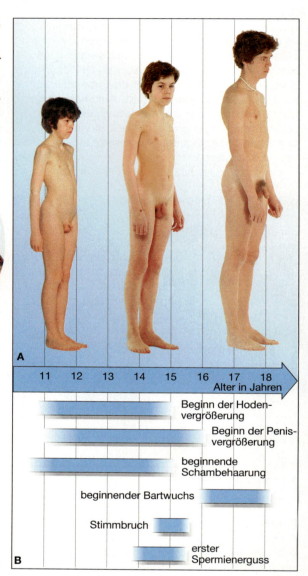

4. Nenne mögliche Ansprechpartner: An wen könnte man sich wenden, wenn man dringende Fragen zum Thema Sexualität hat? Und mit wem kann man „einfach mal so" über Sexualität reden?

📖 **5.** Vielleicht kennst du das Spiel „Tabu". Dabei muss man gesuchte Begriffe umschreiben, ohne dabei bestimmte „Tabu"-Begriffe oder gar den gesuchten Begriff selbst zu benutzen. Wenn man über Sexualität spricht, sollten alle umgangssprachlichen Begriffe tabu sein. Umschreibe drei Begriffe von den Folgeseiten, ohne dabei Umgangssprache zu verwenden.

Hinweis
Die Aufgaben 4 und 5 betreffen Jungen und Mädchen gleichermaßen.

Erwachsen werden

Primäre Geschlechtsmerkmale
Der Körperbau kleiner Kinder unterscheidet sich bei Mädchen und Jungen kaum. Man erkennt ihr Geschlecht daher meist nur an der Kleidung und an der Frisur. Nur die von außen sichtbaren Geschlechtsorgane, beim Jungen also **Penis** und **Hodensack**, ermöglichen eine wirklich sichere Unterscheidung. Da diese Merkmale von Geburt an vorhanden sind, nennt man sie auch **primäre Geschlechtsmerkmale**.

Geschlechtsorgane des Mannes
Zwar sind alle Geschlechtsorgane des Mannes von Geburt an vorhanden, aber sie entwickeln sich in der Pubertät entscheidend weiter. Jungen bemerken, dass ihr Penis länger und der Hodensack größer wird. Im Hodensack befinden sich die beiden **Hoden**. Während der Pubertät wachsen auch sie und beginnen damit täglich mehrere Millionen **Spermien** zu produzieren. Diese werden in den Nebenhoden gespeichert, bis es zum Spermienerguss kommt. Dabei werden sie zusammen mit verschiedenen Flüssigkeiten aus der Vorsteher- und der Bläschendrüse in die Spermienleiter und durch den Harn-Spermien-Leiter nach außen abgegeben. Der erste Spermienerguss ist ein Zeichen dafür, dass ein Junge geschlechtsreif wird.

Sekundäre Geschlechtsmerkmale
Der Körper eines Jungen verändert sich in der Pubertät deutlich: Ihm wächst ein Bart, er bekommt Brusthaare und auch die Achsel- und Schambehaarung erscheint. Darüber hinaus vergrößert sich sein Kehlkopf, sodass er in den Stimmbruch kommt und schließlich eine tiefere Stimme hat. Die Muskulatur wird kräftiger und zeichnet sich unter der Haut deutlich ab. Die Knochen im Schulterbereich wachsen, während das Becken schmal bleibt. Männer bekommen so eine eher kantige Körperform mit Schultern, die breiter als das Becken sind. Diese Merkmale prägen das männliche Erscheinungsbild. Anders als die primären Geschlechtsmerkmale entwickeln sie sich aber erst in der Pubertät. Man nennt sie daher **sekundäre Geschlechtsmerkmale**.

Erektion
Meistens ist der Penis schlaff und weich. Durch sexuelle Reize kann es aber zur Versteifung des Penis kommen. Dann füllen sich die **Schwellkörper** im Inneren des Penis mit Blut. Der Penis wird dadurch dicker und länger und er richtet sich auf. Eine solche Gliedversteifung nennt man Erektion. Sie tritt oft auch dann auf, wenn der Junge es gar nicht will – zum Beispiel im Schlaf. Die Erektion kann dann auch mit einem Samenerguss verbunden sein. Dies sind natürliche Vorgänge, für die man sich nicht zu schämen braucht.

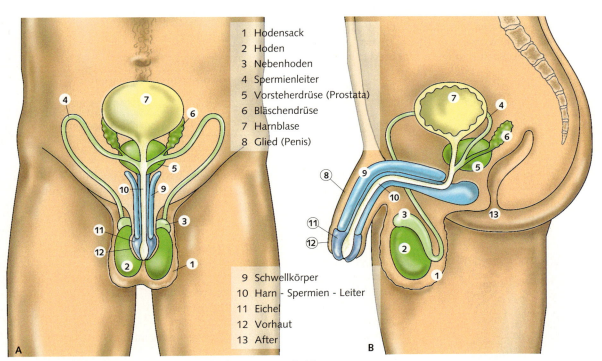

1 Hodensack
2 Hoden
3 Nebenhoden
4 Spermienleiter
5 Vorsteherdrüse (Prostata)
6 Bläschendrüse
7 Harnblase
8 Glied (Penis)
9 Schwellkörper
10 Harn - Spermien - Leiter
11 Eichel
12 Vorhaut
13 After

1 Geschlechtsorgane des Mannes. A *Aufsicht;* **B** *Längsschnitt*

Mädchen werden zu Frauen

📖 **1.** Beschreibe die Entwicklungsunterschiede, die du bei den Mädchen in der Abbildung oben erkennen kannst.

✏️ **2.** Viele Romane und Sachbücher befassen sich mit Problemen pubertierender Jugendlicher. Berichte in deiner Klasse über so ein Buch: Fasse kurz den Inhalt zusammen. Welche Rolle spielt die Pubertät dabei? Wie gefällt dir das Buch und warum? Am besten verwendest du ein Buch, welches du schon gelesen hast. Falls du noch kein entsprechendes Buch gelesen hast, gehe in einen Buchladen oder eine Bibliothek und lasse dich dort beraten. Berichte auch in diesem Fall deiner Klasse und gib an, ob du das empfohlene Buch nun lesen möchtest.

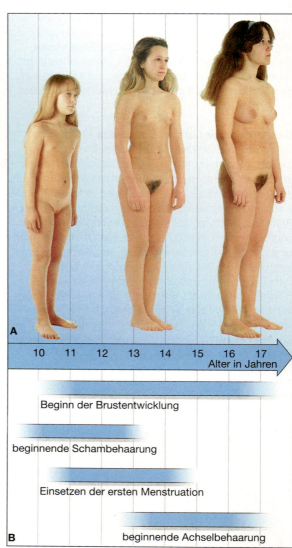

A

10 11 12 13 14 15 16 17
                              Alter in Jahren

Beginn der Brustentwicklung

beginnende Schambehaarung

Einsetzen der ersten Menstruation

beginnende Achselbehaarung

B

📖 **3.** Beschreibe und erkläre die Abbildung oben. Gehe dabei so vor, wie bei der Aufgabe 3 auf der vorherigen Aufgabenseite beschrieben.

📖 **4.** Bei Werbefotos werden die sekundären Geschlechtsmerkmale der Models oft besonders hervorgehoben.
a) Welche Geschlechtsmerkmale werden im nebenstehenden Beispiel hervorgehoben? Erläutere kurz.
b) Was hältst du davon? Begründe deine Meinung.

Erwachsen werden

Primäre Geschlechtsmerkmale
Mädchen verfügen schon bei der Geburt über alle Geschlechtsorgane. Nach außen sichtbar sind allerdings nur die **großen Schamlippen** und die Öffnung der **Scheide**. Alle anderen Geschlechtsorgane liegen bei Mädchen unsichtbar im Inneren des Körpers. So laufen auch viele Veränderungen während der Pubertät im Inneren des Körpers und zunächst eher unauffällig ab.

Sekundäre Geschlechtsmerkmale
Die Veränderung der Körperform ist recht auffällig: Die Brüste beginnen zu wachsen, das Becken und die Hüften werden breiter, die Oberschenkel rundlicher. Überall unter der Haut werden vermehrt Fette eingelagert, sodass sich eine insgesamt eher weiche, abgerundete Körperform entwickelt. Auch das Wachstum der Scham- und Achselbehaarung setzt während der Pubertät ein.

Geschlechtsorgane der Frau
Unter den großen Schamlippen liegen die **kleinen Schamlippen**. Sie umschließen den Kitzler, den man auch die **Klitoris** nennt. Auch die Harnröhre endet zwischen den kleinen Schamlippen. Etwas dahinter befindet sich die Scheide, eine etwa 10 cm lange Röhre, die zur muskulösen **Gebärmutter** führt. Während der ▶ Schwangerschaft entwickelt sich hier das Kind. Damit eine Frau überhaupt schwanger werden kann, muss aber erst eine **Eizelle** heranreifen und mit einem Spermium verschmelzen (▶ Befruchtung).
In den beiden etwa walnussgroßen **Eierstöcken** liegen rund 200 000 unreife Eizellen in einer Art „Warteposition". Erst in der Pubertät werden Vorgänge in Gang gesetzt, die zur regelmäßigen Reifung einzelner Eizellen führen. Sobald diese begonnen hat, ist eine Frau geschlechtsreif. Sie bekommt dann ihre Monatsblutung, die ▶ Menstruation.

Schwierige Zeit – nicht nur für Mädchen
Nicht alle Mädchen sind glücklich, wenn sie merken, wie sich ihr Körper entwickelt. Sie fühlen sich zu klein, zu groß, zu dick, zu dünn, zu rundlich oder zu wenig „fraulich". Dies ist ein ganz normales Gefühl während der Pubertät. Mädchen müssen sich an ihren „neuen" Körper, sein Aussehen und seine Funktionen erst gewöhnen.
Viele Jugendliche, Jungen und Mädchen, wünschen sich daher einen ungestörten Bereich, in den sie sich bei Bedarf zurückziehen können. Eltern, Geschwister, Freundinnen und Freunde sollten dies respektieren. Wichtig ist aber auch der Kontakt zu Menschen, mit denen man über seine Sorgen und Probleme sprechen kann. Auch dies sollten Eltern und Freunde bei Bedarf ermöglichen.

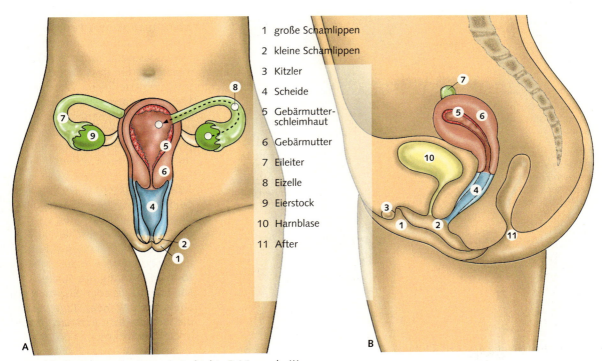

1 große Schamlippen
2 kleine Schamlippen
3 Kitzler
4 Scheide
5 Gebärmutterschleimhaut
6 Gebärmutter
7 Eileiter
8 Eizelle
9 Eierstock
10 Harnblase
11 After

1 Geschlechtsorgane der Frau. A *Aufsicht;* B *Längsschnitt*

Tag X – die erste Periode

1. Stelle dir vor, dein kleiner Bruder fragt dich, was die „Menstruation" ist und wie sie zustande kommt. Schreibe eine kurze Erklärung für ihn und benutze dabei die wichtigen Begriffe von den folgenden Seiten.

2. Auf der Einstiegsseite fragt sich eine Schülerin, warum ihre Schwester ihren Tampon nicht herausnehmen muss, um auf die Toilette zu gehen. Erkläre ihr warum. Beachte dabei auch die Informationen zum Bau der weiblichen ▶ Geschlechtsorgane.

3. Untersuche einen Tampon und eine Binde näher. Wie sind sie aufgebaut und aus welchen Materialien bestehen sie? Fertige einen kurzen Bericht und je eine Zeichnung an.

4. Überlege dir, wie man herausfinden könnte, wie viel Flüssigkeit verschiedene Tampons und Binden jeweils aufnehmen können. Vergleiche verschiedene Produkte im Experiment und berichte.

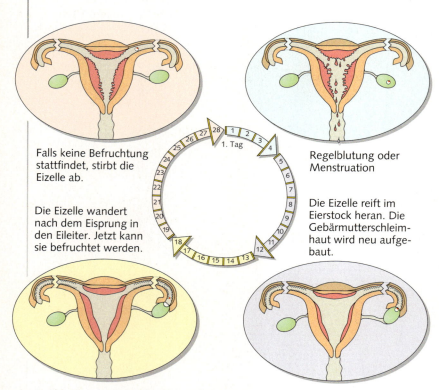

1 Ablauf von Eisprung und Regelblutung

Die Regelblutung

Für viele junge Frauen markiert die erste Regelblutung, auch **Menstruation** oder **Periode** genannt, einen besonderen Tag. Sie ist das nach außen sichtbare Zeichen dafür, dass die Frau nun geschlechtsreif wird. Wie aber kommt es dazu, dass die erwachsene Frau in regelmäßigen Abständen von etwa 28 Tagen jeweils eine kleine Menge Blut durch die Scheide verliert?

Jeden Monat reift in einem der beiden Eierstöcke eine Eizelle heran. Zunächst befindet sie sich noch in einem Eibläschen, aber schließlich platzt dieses auf und entlässt die Eizelle in die trichterförmige Öffnung des Eileiters. Man nennt dies den **Eisprung**. Im Laufe der folgenden Tage gelangt die reife Eizelle durch den Eileiter in die Gebärmutter.

Erwachsen werden

Im Inneren der Gebärmutter hat sich zuvor eine dicke Schleimhautschicht gebildet. Sie ist schwammig und gut durchblutet. Hier könnte sich eine befruchtete Eizelle einnisten und sich zu einem Kind entwickeln. In der ersten Zeit der Schwangerschaft würde sie dabei über die Gebärmutterschleimhaut ernährt.

Ist die Eizelle jedoch unbefruchtet, stirbt sie ab und die schwammige Gebärmutterschleimhaut wird nicht mehr benötigt. Etwa zwei Wochen nach dem Eisprung beginnt sie sich von der Gebärmutter abzulösen. Dabei werden Blut und Schleimhautreste durch die Scheide abgegeben. Diesen Vorgang, der vier bis fünf Tage dauert, nennt man Regelblutung, Periode oder Menstruation.

Da direkt im Anschluss daran eine neue Eizelle heranreift, beginnt der ganze Kreislauf von Neuem. Man spricht deshalb vom **Menstruationszyklus**. Bei jungen Frauen kann er zunächst unregelmäßig sein – dies ist kein Grund zur Sorge, sondern völlig normal.

Krank oder nicht?
Die Regelblutung ist keine Krankheit und für viele Frauen unterscheiden sich die Tage der Menstruation kaum von allen anderen Tagen. Andere Frauen haben Bauchschmerzen, fühlen sich schlapp oder sind einfach nur schlecht gelaunt. Wenn du dich während deiner Periode unwohl fühlst, kannst du dich ruhig ein wenig zurückziehen und dich zum Beispiel mit einer Wärmflasche ins Bett legen. Aber wenn du Lust hast, etwas zu unternehmen, solltest du dir von deiner Menstruation den Spaß nicht verderben lassen.

Körperpflege
Während ihrer Regelblutung verliert die Frau etwa zwei Eierbecher voll Blut. Dieses kann mit einer Binde außerhalb oder mit einem Tampon innerhalb des Körpers aufgefangen werden. Jede junge Frau muss für sich selbst herausfinden, ob sie besser mit Tampons oder mit Binden zurechtkommt.
Viele Ärzte, Apotheken und Drogerien halten Informationsmaterial zur Menstruationshygiene bereit. Häufig kannst du sogar Produktproben zum Ausprobieren bekommen.

Unabhängig von der Menstruation benötigt der Körper viel Pflege: Ab der Pubertät arbeiten Schweiß- und Talgdrüsen stärker als vorher. So kann es leicht zu Geruchsbildung kommen. Dies gilt besonders für den Schambereich und die Achselhöhlen. Man sollte sich regelmäßig mit milder Seife waschen und zum Beispiel ein hautfreundliches Deo verwenden, um die Geruchsbildung zu verhindern. Dies gilt auch für Jungen.

2 Wie die „Tage" aussehen, bestimmst du.

3 Gut sortiertes Badezimmerregal

Schwangerschaft und Geburt

🔍 **1.** Etwa ab der zweiten Hälfte der Schwangerschaft sind Schwangere gut an ihrem dicken Bauch zu erkennen: Nicht nur das Baby, auch das Fruchtwasser und der Mutterkuchen brauchen Platz und bedeuten zusätzliches Gewicht. Etwa 10 kg nimmt eine Frau während der Schwangerschaft zu.
a) Packe 10 Liter Getränke, etwa Saftkartons, in einen Rucksack. Trage diesen dann vor dem Bauch und versuche, damit verschiedene Tätigkeiten zu erledigen.
b) Berichte von deinen Erfahrungen.
c) Erkläre den Sinn dieses Versuches. Was zeigt er? Welche Grenzen hat er?

✏️ **2.** Befrage Eltern, wie sich das Leben während der Schwangerschaft verändert. Berichte kurz in der Klasse.

📖 **3.** Erstelle mithilfe der folgenden Seiten ein „Schwangerschaftsquiz": Formuliere mögliche Fragen und bereite die richtigen Antworten vor. Suche dir einen Quizkandidaten, stelle ihm die Fragen vor und kontrolliere seine Antworten.

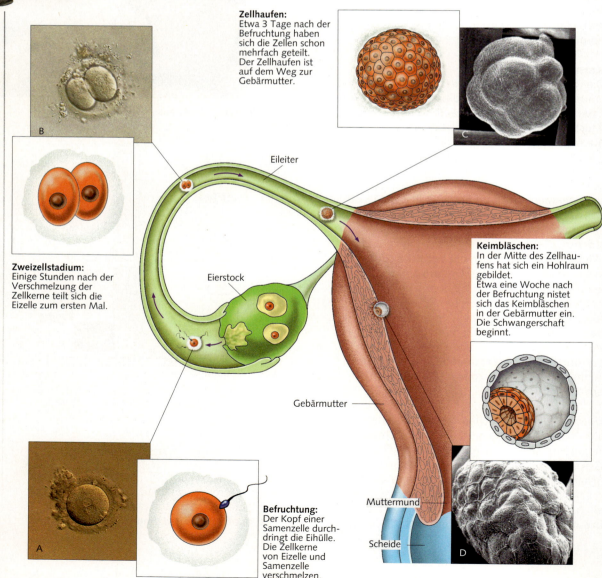

Zellhaufen: Etwa 3 Tage nach der Befruchtung haben sich die Zellen schon mehrfach geteilt. Der Zellhaufen ist auf dem Weg zur Gebärmutter.

Zweizellstadium: Einige Stunden nach der Verschmelzung der Zellkerne teilt sich die Eizelle zum ersten Mal.

Keimbläschen: In der Mitte des Zellhaufens hat sich ein Hohlraum gebildet. Etwa eine Woche nach der Befruchtung nistet sich das Keimbläschen in der Gebärmutter ein. Die Schwangerschaft beginnt.

Befruchtung: Der Kopf einer Samenzelle durchdringt die Eihülle. Die Zellkerne von Eizelle und Samenzelle verschmelzen.

Eileiter — Eierstock — Gebärmutter — Muttermund — Scheide

Erwachsen werden

Ein Kind entsteht

Wenn sich eine Frau und ein Mann lieben, entsteht meist der Wunsch, „miteinander zu schlafen". So umschreibt man häufig den **Geschlechtsverkehr.** Wird das steife Glied des Mannes in die Scheide der Frau eingeführt, kann es zu einem Spermienerguss kommen. Die dabei in die Scheide abgegebenen Spermien bewegen sich durch die Gebärmutter und gelangen schließlich in die beiden Eileiter. Treffen sie dort mit einer reifen Eizelle zusammen, kann eines von ihnen in die Eizelle eindringen. Das Erbgut des Spermiums verschmilzt mit dem der Eizelle. Dies ist der Moment der **Befruchtung**.

Die befruchtete Eizelle beginnt sofort, sich zu teilen. Dabei wird sie durch die Eileiter in Richtung Gebärmutter befördert, wo sie sich etwa eine Woche später einnistet. Dann besteht der **Embryo** bereits aus vielen Zellen. Die **Schwangerschaft** beginnt. Schon acht Wochen später sind alle inneren Organe angelegt und der Embryo sieht einem Baby schon erstaunlich ähnlich.

Vom dritten Schwangerschaftsmonat an wird der Embryo **Fetus** genannt. In der Gebärmutter hat sich nun die Fruchtblase gebildet. Sie ist mit einer Flüssigkeit, dem Fruchtwasser gefüllt. Der Fetus schwimmt im Fruchtwasser, wird dadurch geschützt und kann sich gleichzeitig noch bewegen. Etwa ab dem fünften Monat spürt die Mutter Bewegungen des Kindes.

Über die Nabelschnur ist das Kind mit dem Mutterkuchen verbunden. Er hat sich an der Wand der Gebärmutter gebildet und überträgt Sauerstoff und Nährstoffe von der Mutter zum Kind und Kohlenstoffdioxid und andere Abfallstoffe vom Kind zur Mutter. Dies ist notwendig, weil das Kind im Inneren der Fruchtblase weder essen noch atmen kann.

Der Mutterkuchen regelt den Stoffaustausch zwischen dem Blut der Mutter und dem des Kindes. Er ist eine natürliche Barriere für viele schädliche Stoffe und Krankheitserreger. Nikotin, Alkohol und einige Erreger, z. B. Rötelerreger, können diese Barriere jedoch passieren und das ungeborene Kind schädigen. Eine Rötelnschutzimpfung gehört daher zu den empfohlenen Impfungen.

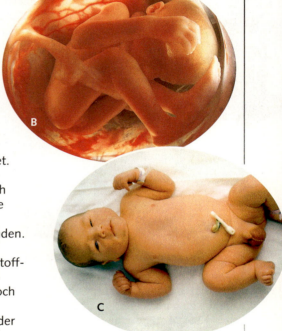

1 Entwicklung des Kindes.
A *Embryo, etwa 9 Wochen alt;*
B *Fetus, 25. Woche;*
C *Neugeborenes mit abgeklemmter Nabelschnur*

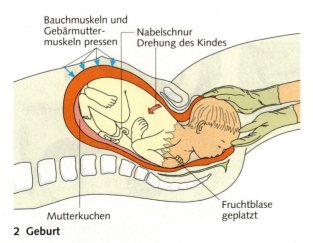

2 Geburt

Die Schwangerschaft dauert normalerweise etwa neun Monate. Das Kind ist nun so weit entwickelt, dass es außerhalb des Körpers der Mutter überleben kann. Die **Geburt** kündigt sich durch Wehen an. Dies sind Schmerzen, die entstehen, wenn sich die kräftigen Muskeln der Gebärmutter immer wieder zusammenziehen. Durch den Druck platzt schließlich die Fruchtblase. Das Fruchtwasser fließt aus der Scheide. Schließlich wird das Kind von stärkeren Presswehen aus der Scheide herausgedrückt.

Sofort beginnt das Kind selbstständig zu atmen. Die bisher lebenswichtige Nabelschnur kann durchschnitten werden. Dies nennt man Abnabelung. Aus dem Fetus ist ein **Säugling** geworden.

Opa war auch mal ein Baby

Lebensabschnitte
Wir entwickeln uns ein Leben lang und können so vom Baby zum Greis werden. Dabei gibt es verschiedene Lebensabschnitte. Jeder ist durch seine typischen Entwicklungsschritte gekennzeichnet.

Kleinkinder
Zunächst muss man die grundlegenden Dinge des Lebens lernen: Sitzen, krabbeln, laufen, essen - all das und vieles mehr kann ein Neugeborenes zunächst nicht. Man lernt es als Kleinkind. Dazu müssen sich sowohl der Körper als auch das Gehirn weiterentwickeln. Ein Kleinkind wächst schnell und lernt jeden Tag etwas Neues.

Schulkinder
Auch dieser Lebensabschnitt ist vom Lernen bestimmt. Allerdings geht es jetzt theoretischer zu. Man lernt zum Beispiel rechnen, lesen und schreiben. Die Entwicklung des Körpers verläuft jetzt viel langsamer. Dies betrifft vor allem das Wachstum: Schulkinder wachsen weniger schnell als Kleinkinder.

1. Frage deine Eltern oder Großeltern, wie sie die einzelnen Lebensabschnitte beschreiben würden. Mache dir Notizen und berichte.

Jugendliche
Man wächst wieder schneller und wird leistungsfähiger. Auch das Gehirn und die Art zu denken ändern sich. Nach der Pubertät steht man als Erwachsener da, kann eine Familie gründen und Verantwortung übernehmen.

Erwachsene
Das Wachstum ist abgeschlossen und auch das Aussehen verändert sich langsamer. Zu Beginn des Erwachsenenalters ist der Körper am leistungsfähigsten. Aber man wird nach wie vor älter. Erste Wehwehchen zeigen, dass man nicht mehr jung ist. Dafür kann man seine Unabhängigkeit genießen, hat vielleicht Kinder, einen interessanten Beruf und kann Entscheidungen eigenständig treffen.

Senioren
Der Körper kann sich nicht mehr so erholen wie früher. Viele ältere Menschen haben daher oft Schmerzen oder Krankheiten, die sie nicht richtig loswerden. Aber sie können aus einem reichen Erfahrungsschatz schöpfen. Ihr Wissen und ihre Erfahrung kann jüngeren Menschen helfen, ihren eigenen Weg zu finden.

Erwachsen werden

Verhütungsmittel

Pinnwand

D Kondom
dünne Haut aus Naturkautschuk, einer gummiartigen Substanz – wird vor dem Geschlechtsverkehr über das steife Glied gezogen – verhindert, dass Sperma in die Scheide gelangt – mit etwas Übung sehr sicher anzuwenden – schützt als einziges Verhütungsmittel auch vor Geschlechtskrankheiten und AIDS

A Chemische Mittel
Gels, Cremes, Zäpfchen oder Sprays – werden kurz vor dem Geschlechtsverkehr verwendet – enthalten Substanzen, die Spermien abtöten oder an der Fortbewegung hindern sollen – unsicher

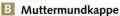

E Temperaturmessmethode
jeden Morgen, kurz nach dem Aufwachen misst die Frau ihre Körpertemperatur – da durch den Eisprung die Körpertemperatur der Frau leicht ansteigt, kann man anhand der Messwerte den Zeitpunkt abschätzen und dann auf Geschlechtsverkehr verzichten – unsicher

B Muttermundkappe
auch Pessar oder Diaphragma genannt – weiche Kappe aus Gummi – liegt vor dem Muttermund – verhindert das Eindringen von Spermien in die Gebärmutter – Beratung beim Arzt erforderlich – nur in Verbindung mit spermientötenden Gels – halbwegs sicher

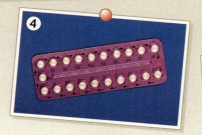

F Spirale
Kleines Plastikteil, umwickelt mit Kupferdraht – wird vom Arzt in die Gebärmutter eingesetzt – verhindert die Einnistung der befruchteten Eizelle – Blutungen und Entzündungen sind möglich – sicher

C Anti-Baby-Pille
Tablette für die Frau, die täglich eingenommen werden muss – enthält Hormone, die den Eisprung verhindern – Nebenwirkungen sind möglich, Beratung beim Frauenarzt erforderlich – sicherste Verhütungsmethode

1. Ordne die Informationszettel (A-F) den Abbildungen (1-7) zu. Welches Verhütungsmittel taucht doppelt auf?

2. An wen könnte man sich wenden, wenn man zu einzelnen Verhütungsmitteln Fragen hat?

Dein Körper gehört dir!

📖 **1.** Was ist mit der Aufschrift auf dem T-Shirt des Mädchens gemeint? Würdest du so ein Shirt anziehen? Begründe.

🔍 **2.** Sagt ein Kind deutlich „NEIN!", so kann dadurch eine Belästigung vermieden werden. „NEIN!"-sagen kann man üben. Übt zu zweit, wie man nachdrücklich „Nein!" sagen kann, etwa in einer kleinen Spielszene mit verteilten Rollen. Berichtet anschließend von euren Erfahrungen.

- Meine Sportlehrerin gibt mir Hilfestellung.
- Jemand äußert sich abfällig über mich und benutzt dazu sexuelle Ausdrücke.
- Ich soll in ein fremdes Auto einsteigen.
- Ein Arzt berührt mich während der Untersuchung.
- Jemand bietet mir Geld dafür an, mich berühren zu dürfen, wenn ich die ganze Geschichte für mich behalte.
- Meine Mutter will wissen, wie weit ich mit meinem Freund gehe.
- Unser Trainer konntrolliert, ob wir nach dem Training duschen.
- Ein Bekannter meiner Eltern benimmt sich merkwürdig sobald wir alleine sind.

📖 **3. a)** Beschreibe die Aussage der nebenstehenden Abbildung.
b) Warum sind für die verschiedenen Aussagen wohl verschiedene Farben gewählt?
c) Was könnte im Zentrum stehen?
d) Was meinst du zu der Abbildung?

📖 **4. a)** Beschreibe kurz mit deinen eigenen Worten, welcher Vorfall im nebenstehenden Zeitungsartikel geschildert wird.
b) Handelt es sich dabei um eine Art von Gewalt? Begründe deine Meinung.
c) Hast du schon von ähnlichen Fällen gehört? Wenn ja, berichte kurz.
d) Bildet Gruppen und erstellt gemeinsam einen Aktionsplan: Wie sollte man sich verhalten, wenn man Zeuge ähnlicher Vorfälle wird. Erstellt eine Liste und stellt eure Ideen der Klasse vor.

Handy-Verbot an der Realschule

Der so genannte Handyskandal an der örtlichen Realschule zieht weitere Kreise. Nachdem ein Schüler während einer Klassenfahrt heimlich beim Umziehen gefilmt und das Video per MMS an andere Schüler verschickt wurde, sah sich der betroffene Schüler immer wieder mit sexistischen Äußerungen konfrontiert.

„Wir sind schockiert, dass sowas an unserer Schule passieren konnte!", sagte die Schulleiterin über das Video, welches den Schüler zwischenzeitlich nackt zeigt, worüber sich seine Kameraden deutlich hörbar belustigen. „Aber die Verbreitung des Videos können wir wohl nicht mehr stoppen." Das bestätigt auch eine Stichprobe unserer Zeitung: Auch mehrere Schüler der benachbarten Schulen kennen das Video oder haben es auf ihren Geräten gespeichert.

Die Eltern des betroffenen Schülers haben Anzeige erstattet und erwägen nun einen Schulwechsel ihres Kindes.

Die Schulleitung reagierte mit einem Verbot jeglicher Handys an der Schule, was nicht von allen Eltern begrüßt wurde: „Man kann sich auch künstlich aufregen …", meinte ein Vater zu dem Vorfall. Er versteht nicht, warum

262

Erwachsen werden

Sexualität – die andere Seite

Sexualität hat schöne und liebevolle Seiten. Aber es gibt auch eine andere Seite. Sie zeigt sich immer dann, wenn jemand mit Gewalt gezwungen wird, Dinge zu tun oder zu dulden, die er oder sie nicht will.
Die Täter sind fast immer Männer und nur selten Frauen, aber keineswegs immer „kranke Typen". Oft sind es Bekannte, Freunde oder Angehörige.

Die ganz persönliche Grenze

Was als „sexuelle Belästigung" empfunden wird, ist sehr unterschiedlich. Was für den einen völlig okay ist, mag für andere schlimm sein. Jeder hat seine persönliche Grenze und ein Recht darauf, dass diese von allen anderen Menschen respektiert wird.
Auch das Benutzen bestimmter Wörter, das Ansehen bestimmter Bilder oder das Reden über bestimmte Dinge kann eine Grenze überschreiten. Eine sexuelle Belästigung muss also nicht immer etwas mit „Anfassen" oder „Sex haben" zu tun haben.

Manchmal versuchen jedoch Erwachsene, Kinder so unter Druck zu setzen, dass sie sexuelle Handlungen mitmachen oder zulassen. Niemand hat das Recht, so etwas zu verlangen. Jeder Erwachsene weiß das, doch manche versuchen, Kinder zu erpressen oder unter Druck zu setzen. Sie sagen Dinge wie: „Stell dich mal nicht so an!" – „Das machst du doch gerne für mich!" oder „Du willst doch, dass ich dich lieb hab!". Auch das ist eine Form von Gewalt.

Du bist nicht schuld!

Oft reden die Täter dem Kind ein, es sei doch toll, sowas mitmachen zu dürfen. Oder sie drehen es so hin, als hätte auch das Kind Spaß daran. Sie tun so, als wolle das Kind eigentlich mitmachen oder als habe es sogar darum gebeten. Aber: Es ist immer der Erwachsene, der etwas falsch macht. Und weil er das weiß, verlangt er Geheimhaltung. Ein Weg, sich auch zu wehren, ist andere Menschen ins Vertrauen zu ziehen.

2 Ganz alleine?

„Nein!"-sagen – Ein Anfang

Es ist nicht leicht, sich gegen sexuelle Belästigungen zu schützen – aber auch nicht hoffnungslos. Ein Anfang ist, sehr deutlich „Nein!" zu sagen, wenn jemand in dieser Hinsicht etwas verlangt oder zu erzwingen versucht, was du nicht möchtest.

Neue Technik – neue Chancen – neue Gefahren

Im Internet kann man sich informieren und Hilfe holen. Unter **www.zartbitter.de** bekommt man Kontakt zu Beraterinnen, die Opfern sexueller Gewalt helfen können. Aber auch Täter sind im Netz. Sie sprechen zum Beispiel in Chatrooms gezielt Kinder an, um sie „kennen zu lernen" und zu persönlichen Treffen zu bewegen. **Daher darf man im Chat nie seinen richtigen Namen, seine Telefonnummer oder andere persönliche Dinge preisgeben.**

Auch ein ganz normales Handy kann man benutzen, um sich Hilfe zu holen, aber auch um Gewalt auszuüben: Wenn jemand zum Beispiel einen anderen heimlich auf der Toilette filmt und das Video an seine Freunde schickt, die sich darüber lustig machen, dann ist dies kein harmloser Streich mehr: Wer so etwas tut, verletzt die unantastbaren Persönlichkeitsrechte des Opfers und macht sich strafbar.

1 Internet – Mit Vorsicht zu genießen

Pinnwand

Typisch Junge – typisch Mädchen?

Klischee
(vom französischem cliché = Abklatsch)

Ein Klischee ist eine eingefahrene Vorstellung davon, wie etwas oder jemand ist oder sein sollte. Ähnlich wie bei einem Vorurteil nehmen viele Menschen solche eingefahrenen Vorstellungen als wahr hin, ohne sie genauer überprüft zu haben.
Manche Menschen entsprechen dem Klischee aber nicht. Sie müssen dann oft mit dem Vorwurf leben, nicht „normal" zu sein. Könnte es aber nicht sein, dass das Klischee falsch ist?

1. Schreibe für jedes Bild dieser Seite einen kurzen Kommentar. Was ist dargestellt? Ist das wirklich „typisch"?

2. Versuche mit eigenen Worten zu erklären, was ein Klischee ist. Welche der Bilder entsprechen einem Klischee, welche nicht?

3. Mit welchen Problemen muss man rechnen, wenn man sich entgegen einem gängigen Klischee verhält? Wie würde es in deiner Klasse zum Beispiel einem Jungen gehen, der lieber zum Ballett als zum Fußball geht?

4. Sicher kennst du auch Leute mit Eigenschaften, die den gängigen Klischees nicht entsprechen. Beschreibe kurz einige Fälle, ohne Namen zu nennen.

Erwachsen werden

Gesprächsrunde

Methode

Bei schwierigen Themen gehen die Meinungen schnell auseinander. Will man dennoch darüber sprechen, ohne sich zu streiten, sollte man dabei bestimmte Regeln einhalten. Mit ihrer Hilfe kommt man auch bei Gesprächsrunden mit vielen Teilnehmern – z. B. in der Klasse – zu guten Ergebnissen. Aber die Regeln helfen auch, Probleme im kleinen Kreis – z. B.

in der Familie – zu diskutieren und aus der Welt zu schaffen. Wichtig ist, dass man sich vor dem Beginn des Gespräches auf die Regeln einigt. Nur wer den Regeln zustimmt und bereit ist, sie einzuhalten, darf sich an dem Gespräch beteiligen.

Insbesondere bei größeren Gesprächsrunden sollte man vorher bestimmen, wer das Gespräch leitet und auf die Einhaltung der Regeln achtet. Diese Gesprächsleitung sollte aber möglichst neutral erfolgen. Am Ende sollte man ein Ergebnis festhalten: Worauf konnte man sich einigen, was bleibt zu klären?

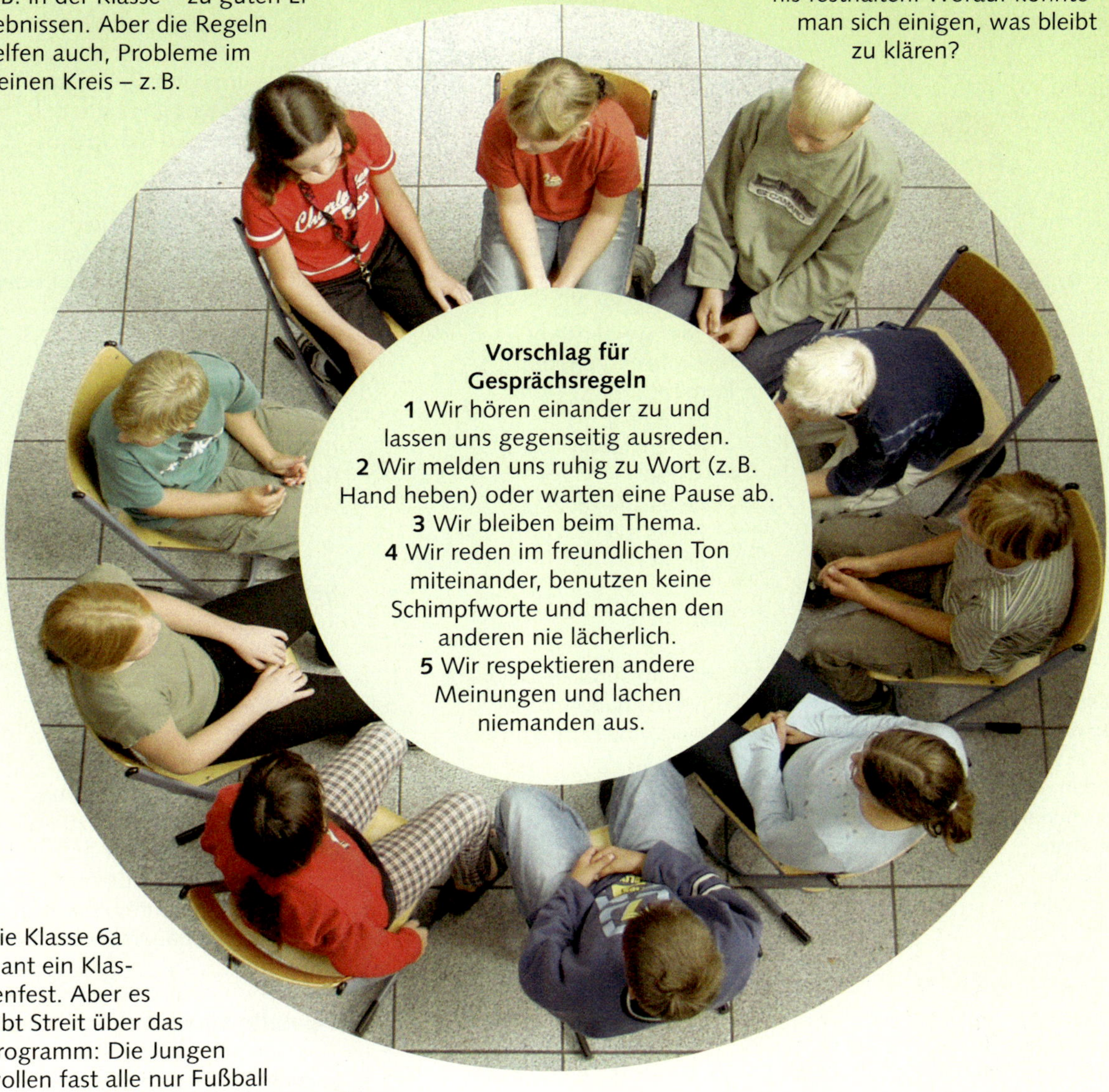

Vorschlag für Gesprächsregeln
1 Wir hören einander zu und lassen uns gegenseitig ausreden.
2 Wir melden uns ruhig zu Wort (z. B. Hand heben) oder warten eine Pause ab.
3 Wir bleiben beim Thema.
4 Wir reden im freundlichen Ton miteinander, benutzen keine Schimpfworte und machen den anderen nie lächerlich.
5 Wir respektieren andere Meinungen und lachen niemanden aus.

Die Klasse 6a plant ein Klassenfest. Aber es gibt Streit über das Programm: Die Jungen wollen fast alle nur Fußball spielen, während die meisten Mädchen eine Disco organisieren wollen. Da es an der Schule keinen Fußballplatz und am Sportgelände keine Räumlichkeiten für eine Disco gibt, scheint ein Kompromiss kaum möglich.

1. Diskutiert in einem Gesprächskreis, wie die Klasse den Streit beilegen kann. Formuliert einen gemeinsamen Lösungsvorschlag.

Auf einen Blick

Primäre und sekundäre Geschlechtsmerkmale

Bereits von Geburt an lassen sich Mädchen und Jungen anhand ihrer primären Geschlechtsmerkmale unterscheiden. Dies sind vor allem die weiblichen oder männlichen Geschlechtsorgane.
Im Laufe der Pubertät entwickeln sich weitere Unterschiede zwischen Mädchen und Jungen, die sekundären Geschlechtsmerkmale.

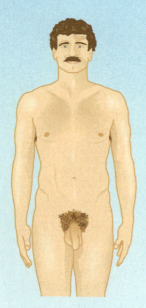

Geschlechtsmerkmale des Mannes

Zu den männlichen Geschlechtsmerkmalen gehören:
Primäre
– Penis
– Hoden
– Hodensack
– Spermienleiter
– Vorsteherdrüse

Sekundäre
– Scham-, Achsel-, Bauch- und Brustbehaarung
– Bartwuchs
– Stimmbruch
– männliche Körperform

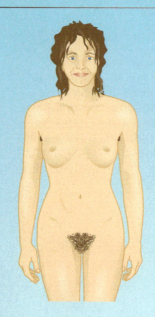

Geschlechtsmerkmale der Frau

Zu den weiblichen Geschlechtsmerkmalen gehören:
Primäre
– Scheide
– Schamlippen
– Kitzler
– Gebärmutter
– Eierstöcke
– Eileiter

Sekundäre
– Brüste
– Scham- und Achselhaare
– Menstruation
– weibliche Körperform

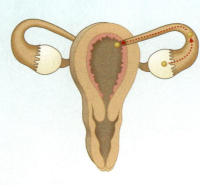

Der Menstruationszyklus

Bei geschlechtsreifen Frauen reift etwa alle 28 Tage eine Eizelle heran.

Beim Eisprung gibt ein Eierstock eine reife Eizelle in einen Eileiter ab. Innerhalb einiger Tage gelangt sie durch den Eileiter in die Gebärmutter.

Bleibt die Eizelle unbefruchtet, wird sie während der Menstruation zusammen mit der dicken Gebärmutterschleimhaut und etwas Blut durch die Scheide abgegeben.

Die Menstruation wiederholt sich regelmäßig, man spricht daher auch von der Regelblutung oder dem Menstruationszyklus. Die richtige Körperhygiene ist während der Menstruation besonders wichtig, sollte aber auch an allen anderen Tagen nicht vergessen werden. Körperhygiene ist auch für Jungen wichtig.

Schwangerschaft

Trifft die reife Eizelle auf ein Spermium, können beide verschmelzen. Die Eizelle wird befruchtet.

Direkt nach der Befruchtung beginnt die Eizelle, sich zu teilen. Mit der Einnistung der befruchteten Eizelle in die Gebärmutterschleimhaut beginnt die Schwangerschaft. Sie dauert 9 Monate.

Sexuelle Gewalt

Sexualität hat auch dunkle Seiten, die sehr verschieden sein können. Allen gemeinsam ist, dass jemand etwas erdulden muss, was er oder sie nicht möchte.

Erwachsen werden

1. Finde für die beiden Abbildungen jeweils eine passende Überschrift. Ordne den Zahlen die korrekten Begriffe zu und schreibe alles in dein Heft.

a)

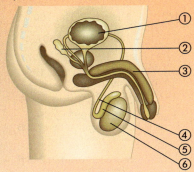

b)

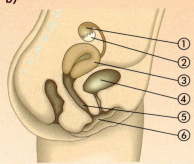

2. Schreibe zu den folgenden Begriffen jeweils eine kleine Erklärung. Erläutere, was sie bedeuten und wo sie vorkommen.
a) Eisprung
b) Schwellkörper
c) Kitzler
d) Sperma

3. Nenne die körperlichen Veränderungen während der Pubertät:
a) bei Jungen
b) bei Mädchen

4. a) Schreibe die folgenden Begriffe einzeln auf kleine Zettel oder Kärtchen.

Geschlechtsorgane, Geschlechtsmerkmale, Penis, Eierstöcke, Hoden, Scheide, Stimmbruch, Achselhaare, Brust, Schamhaare, kantige Körperform, Gebärmutter, Hodensack, Eileiter, runde Körperform.

b) Sortiere die Zettelchen dann zu einer sinnvollen Struktur (z. B. wie eine ▸ Mindmap oder eine Tabelle). Klebe sie in dieser Struktur auf und erkläre, warum du so sortiert hast.
c) Ergänze das Ganze um sinnvolle weitere Begriffe.

5. Stelle die Ereignisse, die zur regelmäßigen Monatsblutung einer Frau führen, grafisch dar. Arbeite mit Pfeilen und Kästchen, in denen kurze Texte die Vorgänge erklären. Orientiere dich an der folgenden Abbildung.

6. Erstelle einen ▸ Steckbrief über die „Lebensphase Pubertät".

7. Fertige eine ▸ Mindmap „Verhütung" an. Stelle darin verschiedene Verhütungsmethoden, deren Anwendung sowie Vor- und Nachteile zusammen. Erläutere deine Mindmap.

8. Stelle eine Liste mit Personen oder Organisationen zusammen, die einem helfen können, falls man Opfer sexueller Gewalt wird. Berichte auch darüber, wie du an die Informationen gekommen bist.

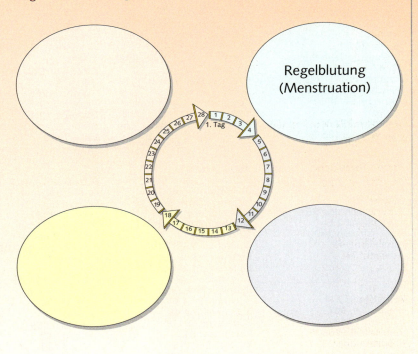

Zeig, was du kannst

267

Register

Fette Seitenzahlen weisen auf ausführliche Behandlung im Text oder auf Abbildungen hin
f. = die folgende Seite;
ff. = die folgenden Seiten

A

Aal **168**
Ableger 13
Abstammung
– Hund **25**
– Kohlsorten **97**
– Pferd **39**
– Rind **41**
Ackerrandstreifen **192**
Ader, siehe Blutgefäß
After 230 f.
Allesfressergebiss **40**
Alpensalamander 161, **163**
Alpenveilchen **81**
Ameise **67**
Ameisenfrüchte **67**
Amphibien **158**
Amsel **137**
Antarktis 177
Antioxidantien **226**
Aorta **241**
Apfel **63**
Apfelblüte **54**
Aquarium **20**, 22
Aquarienfische 20, 22
Arktis 177
Armskelett **205**
Aromastoffe **226**
Aronstab **122**
Art **183**
Arterie **241**
artgerechte Tierhaltung **22**, 47
Atmung
– Fische **166**, **184**
– Kriechtiere **185**
– Lurche **185**
– Mensch 232 ff.
– Säugetiere **185**
– Vögel **185**
Auerochse **41**
Auftrieb 149, **165**
Aufwärmtraining 211 f.
Ausläufer 65, **85**
Auslese **89**
Auslesezüchtung 96 f., **98**
Ausrenkung **213**
Außenkiemen **160**
Ausstellung **45**
Auwald **193**

B

Bach **191**
Ballaststoffe **221**
Banane 79, **90 f.**
Bänderriss **213**
Bandscheibe **206**
Bauchatmung 232 f.
Baum 52, 71, 108, **110 f.**, **124**
Baumbrüter **137**
Baumdetektiv **108**

Baumläufer **115**, **146 f.**
Baummarder **128 f.**
Baumrallye **111**
Baumschichten 115, **121**
Baumtagebuch **71**
Baustoff 220
Beckengürtel **205**
Beere **60**
Befruchtung **61**, 63, **76**, 258 f.
Beinskelett **205**
Belästigung, sexuelle 262 f.
Beobachtungsbogen **106**
Bergahorn **110**
Bergmolch **163**
Bestäubung 58, 61, 63
Bestimmen 106 f., **109**, **161**
Bestimmungsbuch **70**
Bestimmungsschlüssel **70**
Bestimmungsschlüssel
– Blätter **109**
– Lurche **161**
– Wirbellose **107**
Betriebsstoff 220
Beuger **211**
Beutefang, Frosch **159**
Bewegung **11 ff.**, 38, 130 f., 135, 142 f., 150 ff., 158 f., 164 f., **208 f.**, **211 ff.**, **246**
Biber **190**, **194**
Binokular **57**, **106**
Bizeps, siehe Beuger
Bläschendrüse **253**
Blatt 52, 69, 83, **108 f.**
Blattformen 108 f., **125**
Blattgrünkörner **69**
Blattknospen 83, **74 f.**, **111**
Blattnarbe 74 f.
Blattränder **108 f.**
Blattsteckling **65**
Blaugrüne Mosaikjungfer **119**
Blaumeise **115**, **173**
Blindschleiche 152, **154**
Blumenzwiebeln **72**
Blut **238 ff.**
Blüte **54 ff.**, 83
Blüten„sprache" **56**
Blütenformen **58**
Blütengrundriss **54**
Blütenknospen **83**
Blütenpflanze, Aufbau 52, **76**
Blutgefäße **238**, **240 f.**
Blutkörperchen **238**
Blutkreislauf **240 ff.**
Blutplasma **236**
Blutplättchen **238**
Bodenbrüter **137**
Bodenhaltung **46**
Bodenschicht 113
Bogenhanf **81**
Brauner Bär **115**
Breitwegerich **103 f.**
Brennnessel **105**
Brillenschlange **155**
Bronchien **233**, **235**

Brustatmung 232 f.
Brustkorb **205**
Brutpflege **27**, **136 f.**
Brutzwiebel **65**
Buntspecht **137**, **146 f.**
Buschbrüter **137**
Buschwindröschen **73**, **122**

C

Chamäleon **155**
Charolais-Rind **40**
Chat **263**
Chlorophyll **69**
Computer-Hund **9**

D

Dachs **175**
Dauergebiss **229**
Diagramme **236 f.**
Dickdarm **230 f.**
Dinosaurier **156**
Distelfalter **113**
Dorsch **169**
Dosenlupe **57**, **103**, **106**
Dotter **138 f.**
Dottersack **167**
Drehgelenk **209**
Dromedar **179**
Dünndarm **230 f.**

E

Eberesche (Vogelbeere) **66**
Efeu **104 f.**, **123**
Eiche 108, **144 f.**
Eichelhäher **114**, **171**
Eichengallen **114**
Eichenwickler **114**
Eichhörnchen **114**, **128 f.**, **174 f.**
Eidechsen **150 f.**, **154**
Eierstock
– Mensch **255**
– Vogel **139**
Eigenschaften der Lebewesen **10 ff.**
Eiklar **138 f.**
einhäusige Pflanzen **60**
Einkeimblättrige Pflanzen **62**
Einzelbaum 100, **114 f.**
Einzelgänger **31**, 131, 151
Eisbär **176 f.**
Eischnur **138 f.**
Eisprung **256 ff.**
Eiweiße **218 f.**
Eiweißnachweis **218**
Eizahn **139**
Eizellen
– Mensch **255**, 258 f.
– Pflanze **55**, 61
– Vogel **139**
Embryo
– Mensch **259**
– Pflanze **62**
– Vogel **139**
Emulgator **226**
Energie **217**, 220
Energiebedarf **217**, 222 f,
Energiegehalt **217**

Energieumwandlung **217**, 235
Entwicklung **11 ff.**
Entwicklung
– Fische **167**
– Frosch **160**
– Mensch **250 ff.**, **260**
– Vogel **139**
– Zauneidechse **150 f.**
Enzyme 41, **230**
Erdbeere **65**
Erdkröte 113, **162**, **196**
Erdläufer **103**
Erdspross **72**
Erektion **253**
Ernährung 222 f., **246**
Ernährungspyramide **225**
Ersatzzwiebel **65**
Erste Hilfe **239**
Erwachsen werden **248 ff.**
Europäische Sumpfschildkröte **154**

F

Familie **183**
Fangzaun **191**, **196**
Farbstoffe **226**
Federn **140 f.**, 145
Feldhamster **175**
Feldhase **130 f.**
Fertigprodukte **226**
Fette **214 f.**
Fettgehalt-Bestimmung **215**
Fetthenne, Weiße **104**
Fettnachweis **218**
Fettpolster 171, **174 ff.**
Fetus **259**
Feuchtigkeitsmesser **105**
Feuchtlufttiere **159**
Feuerbohne **62**
Feuersalamander **163**
Fibrinnetz **238**
Fichte **108 f.**
Fichtenmonokultur **120**
Fische **164 ff.**, **184**
Fischotter **190**, **194**
Fischsaurier **156**
Fitness **212**, **214 f.**
Fledermaus **134 f.**
Fleischfressergebiss, siehe Raubtiergebiss
Fleischprodukte **42**
Fliegen **142 ff.**
Fliegen **148**
Flossen **164 f.**
Fluchttiere **130 f.**
Flugbilder **148**
Flügel **141 ff.**
Flugfrüchte **66 f.**
Fluggeräte **149**
Flugsaurier **156**
Flugtechnik **142 f.**
Forelle **168**, **267**
Fortpflanzung **11 ff.**, **27**
– Eidechsen **150 f.**, **185**
– Fische **167**, **184**
– Frösche **160**, **184**
– Hund **27**, **185**
– Kreuzotter **153**
– Mensch **258 f.**

Register

– Pflanzen **56**, **60 f.**
– Vögel **138 ff.**, **185**
– Säugetiere **27**, **185**
Fotosynthese **68 f.**, 217
Freilandhaltung **46 f.**
Froschlöffel **118**
Froschlurche **161 f.**
Fruchtbildung 61
Früchte **60 f.**, **66 f.**, **82 f.**, **111**
Fruchtknoten **55**, 61
Fruchtstand **91**
Frühblüher **72 f.**, **122**
Fuchs **173**
Futtergemisch **136**
Futterglocke **136**
Futternetz **173**

G

Gallwespen **114**
Gangarten **38**
Gänseblümchen **13**
Gartenbohne **64**
Gasaustausch **166**, **234 f.**
Gattung **183**
Gebärmutter **255 ff.**, **258 f.**
Geburt **258 f.**
Geburtsvorgang **27**, **259**
Gefleckter Katzenhai **169**
Geflecktes Knabenkraut **195**
Gegenspieler **211**
Gelbbauchunke **162**
Gelbrandkäfer **119**
Gelenk **208 f.**
Gelenkkapsel **209**
Gelenkknorpel **209**
Gelenkkopf **209**
Gelenkpfanne **209**
Gelenkversetzungen **209**
Gemüsepflanzen **83**
Gepard **12**
Geranie **80**
Gerste **89**, **99**
Geruchssinn **25**
Geschlechtsmerkmale,
– primäre **252 ff.**, **266**
– sekundäre **252 ff.**, **266**
Geschlechtsorgane
– Frau **254 f.**
– Mann **252 f.**
Geschlechtsverkehr **259**
Geschmacksverstärker **226**
geschützte Pflanzen **195**
geschützte Tiere **194**
Gesprächsrunde **265**
Gestalt **11 ff.**
Gestaltwandel **160**
Getreide **88 f.**
getrenntgeschlechtlich
– einhäusige Pflanzen **56**
– zweihäusige Pflanzen **56**
Gewalt, sexuelle **263**, **266**
Gewürzkräuter **82 f.**
Giersch **105**
Giftschlange **153**, **155**
Giftzahn **153**
gleichwarm **39**
Gleitflug **143**
Goldammer **113**
Golden Retriever **28**
Goldfisch **165**
Goldhamster **18**

Goldnessel **122**
Grabhand **133**
Grannenhaare **172**
Gräser **88 f.**
Grasfrosch **160**, **162**
Greifvögel **148**
Griechische Land-
schildkröte **49**
Griffel **55**
Großkatzen **34**
Grünlilie **80**
Grünspecht **114**
Guppy **20**, 167

H

Habicht **148**
Hafer **89**, **99**
Hai **167**
Hainbuche **109**, **120**
Haltungsfehler **213**
Harnblase **253**, **255**
Haselnuss **66**
Haselstrauch **53**, **56**, **110**
Haushuhn **46**
Hauskatze **30 ff.**
Hausschwein **40**, **44**, **47**
Haustiere **18 ff.**, **48**
Hauswurz **105**, **178**
Hautatmung **159**
Häutung **151**
Hecht **168**
Hecke **101**, **112 f.**, **124**
Heckenbewohner **113**
Heckenpflanzung **112**
Heckenrose **111**
Heckenschichten **113**
Heckensträucher **111**
Heilpflanzen **83**
Herbarium **109**
Herdentiere **39**
Hering **169**
Hermelin **113**, **172**
Herz **241**
Herzkammer **241**
Hetzjäger **25**
Hirse **88**, **93**
Hirtentäschelkraut **70**, **104**
Hitzewüste **179**
Höckerschwan **142 f.**
Hoden **252 f.**
Hodensack **253**
Höhlenbrüter **136 f.**, **147**
Höhlenzeichnung, Ur **41**
Holunder **53**
Holz **82 f.**
Honigbiene **59**
HOOKE **14**
Hornisse **59**
Hörsinn **25**
Hühnerei **138 f.**
Hummel **58 f.**
Hund **24 ff.**, **35**
Hundehaltung **23**, **28**
Hunderassen **24 f.**, **28**
Husky **28**

I

Igel **12**, **113**, **172 f.**
Immergrün **123**
Informationsplakat **63**
Insekten **58**
Insektenbestäubung **60 f.**
Insektenfressergebiss **132 f.**

Insektenschutz **197**, **200**
Internet **29**, 263

J

Jagdverhalten **25**, **32 f.**
Jaguar **34**
Jahresringe **120**

K

Kabeljau **169**
Käfighaltung **46**
Kaimane **22**
Kaiserpinguine **177**
Kakteen **178 f.**
Kaltblüter **38**
Kamille **105**
Kammmolch **163**
Kampfhund **26**
Kaninchenbau **131**
Kapilllare **241**
Karies **228 f.**
Karpfen **164 f.**, **175**
Kartoffel **65**, **84 f.**, 226
Kartoffelprodukte **84 f.**, 226
Katze **30 ff.**
Katzenhai **169**
Kaulquappe **160**
Keimbläschen **258**
Keimblätter **62**
Keimscheibe **139**
Keimstängel **62**
Keimung **62**, **64**
Keimwurzel **62**
Kelchblatt **54 f.**
Kellerassel **103**
Kennzeichen der
Lebewesen **10 ff.**
Kernfrucht **60**, **63**
Kiemen **166**
Kiemenatmung **166**
Kilojoule (KJ) **217**
Kirschblüte **54 f.**
Kirsche **60 f.**, **71**
Kiwiblüte **56**
Klappzunge **159**
Klasse **183 ff.**
Klatschmohn **52**, **104**
Kleiber **147 f.**
Kleiner Fuchs **113**, **197**
Kleinspecht **146**
Klette **66**
Kletterfuß **128**, **147**
Kletterpflanzen **104**
Klischee **264**
Klitoris **255**
Knochen **204 f.**
Knochenbruch **204**, **213**
Knolle **65**, **72 f.**, **84 f.**, 226
Knospen **76**, **111**
Kobel **129**
Kohlenhydrate **220 f.**
Kohlenstoffdioxid **69**, **234 f.**, 236
Kohlenstoffmonooxid **244**
Kohlmeise **173**
Kohlsorten **97**
Kokosnuss **67**
Kokospalme **93**
Kolibri **143**
Kolonie **131**
Komodo-Waran **155**
Konik **39**

Konkurrenz 115
Konservierungsmittel **226**
Kopfskelett **205**
Kopfskelett, Kreuzotter **153**
Kornrade **195**
Körperbedeckung
– Fische **184**
– Kriechtiere **185**
– Lurche **184**
– Säugetiere **185**
– Vögel **185**
Körperhaltung **246**
Körperkreislauf **240 f.**
Körperpflege **257**
Körpersprache **35**, **38**
Körpertemperatur
– Fische **184**
– Kriechtiere **185**
– Lurche **184**
– Säugetiere **185**
– Vögel **185**
krautige Pflanzen **52**, **108**
Krautschicht **113**, **121**
Kreisdiagramm **195**, **236**
Kreuzbein **206**
Kreuzkröte **162**
Kreuzotter **152 f.**
Kreuzspinne **101**
Kriechtiere **150 ff.**, **184 ff.**
Krokus **73**
Kronblatt **54 f.**
Krötenwanderung **196**
Kugelgelenk **209**
Kurzvortrag **87**

L

Lachs **168**
Laich **160**, **167**
Landwirtschaft **36**
Lärche **110**
Laubfall **74 f.**
Laubfärbung **74 f.**
Laubfrosch **162**
Laubwald **101**, **120 ff.**
Laufkäfer **113**
Lebende Steine **178 f.**
lebendgebärend **153**, **167**
Lebensabschnitte **260**
Lebensmittel **218 ff.**
Lebensraum
– Baum **114 f.**
– Hecke **112 f.**
– Laubwald **120 ff.**
– Mauer **105**, **124**
– Teich **116 f.**, **124**
Lebensräume **100 ff.**, **124**
Leopard **34**
Lernen im Team **180 f.**
– Fliegen **144 f.**
– Gesund und lecker **227**
– Rauchen **242 f.**
– Wir schützen Insekten 197
– Wir schützen Lurche **196**
Lerngang **37**
Libellen **117 f.**, **119**
Lichtblätter **122**
Lichtmessgerät **105**
Löwe **36**
Löwenzahn **66**, **104**
Luchs **190**, **201**
Luftsäcke **141**

Luftzusammensetzung 235
Lunge 233
Lungenatmung 159, 232 ff.
Lungenbläschen 235
Lungenkreislauf 240 f.
Lupe 57, 106
Lurche 158 ff., 184 f.

M

Magen 230 f.
Maikäfer 115
Mais 89, 92, 216 f.
Maniok 93
Margerite 53
Mastbetrieb 47
Mastrinder 41
Mauer 100 f.
Mauereidechse 154
Mauergerste 104
Mauerpfeffer 104
Mauerpflanzen 104 f.
Mauerraute 105
Maulwurf 132 f.
Maulwurfsbau 132 f.
Mäusebussard 143, 148
Meeresfische 169, 220
Meerschweinchen 19
Meißelschnabel 147
Menstruation 254 ff.
Menstruationszyklus 256 f., 266
Messgeräte 105
Metamorphose 160
Methode
– Arbeiten mit Modellen 207
– Eine Ausstellung gestalten 45
– Bestimmen von Tieren 161
– Ein Informationsplakat entsteht 63
– Ein Naturtagebuch führen 71
– Eine Mindmap erstellen 95
– Eine Sachmappe erstellen 94
– Eine Sachzeichnung anfertigen 64
– Einen kurzen Vortrag halten 87
– Einen Lerngang planen 37
– Einen Sachtext lesen und verstehen 44
– Einen Steckbrief erstellen 21
– Eine Umfrage planen, durchführen und auswerten 245
– Gesprächsrunde 265
– Im Internet nach Informationen suchen 29
– Lernen im Team 180 f.
– Mit Tabellen und Diagrammen arbeiten 237 f.
– Pflanzen bestimmen 70
– Tiere beobachten und bestimmen wie die Profis 106 f.

– Umgang mit Lupe und Binokular 57
– Versuche planen, durchführen, protokollieren 86
Mikroskope 14
Milchgebiss 229
Milchkühe 12
Milchleistung 49
Milchprodukte 42 f.
Milchrinder 41
Milchverarbeitung 43
Milchwirtschaft 42 f.
Mindmap 95, 180
Mineralstoffe 67 f., 221
Mischlinge 28
Mischwald 120
Mississippi-Alligator 155
Modelle
– Eidechse 150
– Fischhaut 164
– Gelenke 208
– Muskel 210
– Schlange, Kopfskelett 152
– Schwimmblase 164
– Wirbelsäule 207
Molche 163
Moosschicht 121
Münsterländer 28
Muskel 210 f.
Muskelfeinbau 211
Muskelkater 211
Muskeltraining 212
Mutterkuchen 259

N

Nachweisreaktionen für Nährstoffe 218
Nagetier 129
Nagetiergebiss 128 f.
Nährstoffbedarf 221
Nährstoffbildung 69
Nährstoffe 43, 218 ff.
Nährstoffspeicherung 69
Nahrungskette 69
Nahrungsmittel 43, 85, 89, 216 ff.
Nahrungsquelle 113, 115
Nahrungsvorräte 171
Narbe 55
Narzisse 72
Nashorn 199
Nationalpark 193
Naturschutz 153
Naturschutz 190 ff.
Naturschutzgebiet 190 ff.
Naturschutzgesetz 22, 193
Naturtagebuch 71
Nebenhoden 253
Nektar 55, 58
Nestbau 137
Nestflüchter 131
Nesthocker 131, 136 f.
Netz-Python 155
Neuntöter 113
Nikotin 244
Nistkasten 136
Nistplatz 113, 136 f.
Nutzpflanzen 83 ff.
– einheimische 92, 98
– fremdländische 93, 98
Nutztiere 41 ff.

O

Oberflächenvergrößerung 68
Obst 82 f.
Obstmarkt 78
Ohrwurm 103
ökologische Landwirtschaft 36
Ordnung 183

P

Paarung 139
Paarungsrad 117
Pansen 41
Passivrauchen 244
Penis 252 f.
Periode 256
Pfeilkraut 118
Pferd 38 f., 48
Pflanzen bestimmen 70
Pflanzenfasern 83
Pflanzenfresser 39, 41, 130
Pflanzenfressergebiss 40 f.
Pflanzenöle 82
Pflanzenschädlinge 81
Pflanzenschutz 195, 200
Pflanzenwachstum 62, 76
Pflanzenzonen 116 f.
Pflanzenzüchtung 96
Pflasterritze 101 ff.
Pflasterritze als Lebensraum 124
Piercing 214 f.
Pinguine 176 f.
Plakat 63
Pollen 55, 58
Pollenkörner 55, 61
Pollenschlauch 61
Pony 38
Präparat 57
Präparierbesteck 57
Präparieren 57
Prellung 213
Prostata, siehe Vorsteherdrüse
Proteine, siehe Eiweiße
Przewalskipferd 39, 48
Pubertät 248 ff.

Q

Quellung 62

R

Rangordnung 26
Raps 79, 92, 95
Rapsblüte 54
Rassen
– Hund 12
– Pferde 39
– Rinder 40 f.
Raubtier 25, 31 f., 129
Raubtiergebiss
– Baummarder 128 f.
– Hund 25
– Katze 30
Rauchen 242 ff., 246 ff.
Raucherbein 244
Rauchschwalben 171
Regelblutung, siehe Menstruation
Regenbogenforelle 168
Regenmesser 102, 105
Regenwurm 103

Reh 172
Reis 88, 93
Reizbarkeit 11 ff.
Renaturierung 191
Rennmaus 18
Revier 26, 133, 137, 147
Rezepte 227
Rind 40 ff., 45
Rinden-Rubbelbilder 111
Ringelnatter 152 f.
Rispengras 104
Roggen 89, 99
Röhrichtzone 117
Rohrkolben 117 f.
Rosskastanie 53, 74 f., 100, 110
Rotbuche 109, 120
Rotbunte 40
rote Blutkörperchen 238
Rote Lichtnelke 58
Rote Liste 194
Rötelmaus 113
Roter Milan 148
Rotkehlchen 173
Rückenschwimmer 119
Rückzüchtung 39, 41
Rüde 27
Rudel 25
Ruderflug 142 f.
Rüttelflug 143

S

Sachmappe 94
Sachtext 44
Sachzeichnung 64
Saguarokaktus 178 f.
Salamander 163
Salweide 56
Same 60 ff., 66 f., 83
Samenanlage 55, 61
Samenhaare 83
Samenverbreitung 66 f., 76
Sattelgelenk 209
Sauerklee 122
Sauerstoff 69, 234 f., 236
Säugetier 27, 44, 134 f., 185
Säugling 259
Säulendiagramm 99, 236
Saurier 156 f.
Schäferhund 28
Schamlippen 255
Scharbockskraut 73, 122
Scharniergelenk 209
Schattenblätter 122
Schattenblume 123
Scheide 255
Schilfrohr 117
Schlangen 152 ff.
Schleichjäger 33
Schleuderfrüchte 67
Schleuderzunge 147
Schlingnatter 154
Schlüsselblume 122
Schmetterling 58
Schneeglöckchen 73
Schnellkäfer 103
Schnirkelschnecke 113
Schnurfüßer 103
Scholle 169
Schöllkraut 105
Schönheit 214 f.
Schulgelände 102 ff.

Register

Schultergürtel **205**
Schwalbenschwanz **194**
Schwangerschaft **258 f.**
Schwanzlurche **161, 163**
Schwarzer Holunder **111**
Schwarzspecht **146**
Schwein **44, 47**
Schwellkörper **253**
Schwertfarn **81**
Schwimmblase **165**
Schwimmblattzone **117**
Schwimmhäute **159**
Schwirrflug **143**
Seeadler **193**
Seerose **118**
Segelflug **142 f.**
Sehne **211**
Seitenlinienorgan **165**
Sexualität **262 f.**
Seychellen-
Riesenschildkröte **155**
Sicherheitsbestimmungen
86
Siebenschläfer **174 f.**
Singdrossel 112, **115**
Singvögel **137**
Sinnesorgane
– Baummarder 129
– Eidechse 151
– Feldhase **130**
– Fledermaus **135**
– Frösche 158
– Hauskatze **33**
– Hund **25**
– Maulwurf 133
Skelett
– Eidechse **152**
– Fische **164**
– Fledermaus **134**
– Frosch **158**
– Hund **25**
– Mensch **204 ff.**
– Schlange **152**
– Vogel **140 f.**
Smaragdeidechse **154**
Sohlengänger, Mensch 49
Sojabohne **93**
Sommerfell **172 f.**
Sonnenenergie 69, 217
Spaltöffnung 52, **69**
Spechte 114, **146 f**
Spechtschmiede **147**
Speicheldrüsen **230 f.**
Speicherorgane **72 f.**
Speiseröhre **230 f.**
Spermien **139**, 253, **258 f.**
Sperren **136 f.**
Spinne **9, 101**
Spitzwegerich **105**
Spross **52**
Sprossachse **83**
Sprossknollen **65, 73, 85**
Spurenelemente **221**
Standvögel **172 f.**
Stängel **52**
Star **170**
Stärke 69, **84 ff.**, 89, 218,
220
Stärkenachweis **86, 218**
Staubbeutel 55
Staubblatt **54 f.**
Stechmückenlarven **119**
Steckbrief **21**

Steckling **80**
Steine, lebende **9,** 179
Steinfrucht **60 f.**
Steinläufer 103
Steißbein **206**
Stempel **54 f.**
Stereolupe, siehe Binokular
Stichling **168**
Stickstoff 235f.
Stieglitz **172 f.**
Stoffwechsel **11 ff.,**
Strauch **52,** 108, **110 f.**
Strauchschicht **113, 121**
Strecker **211**
Streifendiagramm **236**
Streifzüge
– Blutende Verletzungen
239
– Die Zelle **14**
– Messgeräte und
Messtechnik **105**
– Mit Fluggeräten fliegen
149
– Opa war auch mal ein
Baby **260**
Stromlinienform **141, 159,
165,** 177
Stützschwanz **147**
süchtig 243
Sumpfdotterblume **118**
Süßwasserfische **168**
Synthese **69**

T

Tabelle **236 f.**
Tampon **256 f.**
Tarnfärbung 158
Tarpan 39
Tätowierung **215**
Taubnessel **58**
Tauchblattzone **117**
Tausendblatt **118**
Teerstoffe **244**
Teich 100 f., **116 ff.,** 124
Teichhuhn **119**
Teichmolch **163**
Teichrose **195**
Temperaturfühler **105**
Terrier **28**
Thermobild **176**
Thermometer **105**
Tiere beobachten **106 f.**
Tierhaltung **22, 46 ff.**
Tierschutz **46 f.,** 173,
174 f., 190 ff., 200
Tierschutzgesetz **47**
Tiger **34**
Tourismus – sanfter 198,
200
Tragzeit **27**
Traubenzucker **69**
Traubenzuckernachweis
218
Trauerschnäpper **115**
Trennschicht 75
Trittpflanzen **104**
Trizeps, siehe Strecker
Trockenmauer **104 f.,** 124
Trockenruhe 123
Tulpe **53, 72**
Tulpenzwiebel **65**
Turmfalke **143, 148**
typisch Junge **264**

typisch Mädchen **264**

U

Überwinterung **170 ff.**
Überwinterungsgebiete
170 f.
Ultraschall **135**
Ultraschall-Laute **135**
Umfrage **245**
ungeschlechtliche
Vermehrung **65, 76, 81**
Ur **41**
Usambaraveilchen **21**

V

Vene **241**
Venusfliegenfalle **15**
Verdauung **230 f.**
Verdauungsenzyme 41,
230 f.
Verdauungsorgane **230 f.**
Verdauungssäfte, siehe
Enzyme
Verdunstung 52, 75
Verhalten
– Hauskatze 35
– Hund 35
Verhütungsmittel **261**
Verlaufsdiagramm **237**
Versuch **86**
Versuchsdurchführung **86**
Versuchsplanung **86**
Versuchsprotokoll **86**
Viehmastbetrieb **36**
Vitamine **221**
Vögel **136 ff.,** 182 f., **184 f.**
Vogelbeere (Eberesche) **66,**
109, 111
Vogelei **138 ff.**
Vogelzug **170 f.**
Vollblüter **38**
Vorhaut **253**
Vorhof **241**
Vorratsspeicher **171**
Vorsteherdrüse (Prostata)
253
Vortrag **87**
Vorwärtsschub **149**

W

Wald **124**
Waldkauz **115**
Waldmaus **115**
Waldschichten **121**
Wanderfisch **168**
Warmblüter **38**
Washingtoner
Artenschutzüberein-
kommen **199 f.**
Wasser **221**
Wasserfrosch 126, **162**
Wassergehalt-Bestimmung
215
Wasserknöterich **118**
Wasserläufer **119**
wechselwarm **151,** 159,
175
Weinrebe **92**
Weißdorn **111**
weiße Blutkörperchen **238**
Weiße Fetthenne **104**
Weißstorch **126,** 170
Weizen **88 f.,** 99

Wellensittich **22**
Welpe **27**
Wespe **59**
Wiederkäuer **41**
Wiesenschaumkraut **70**
Wildkaninchen 127, **131**
Wildkohl **97**
Wildpferderassen **39**
Wildschwein **44**
Windbestäubung **60**
Windmessgerät **105**
winteraktive Tiere **172 f.**
Winterfell **172 f.**
Winterfütterung **173**
Winterruhe **129,** 175
Winterschlaf **174 f.**
Winterstarre 151, 159,
174 f.
Wirbel **206**
Wirbellose **102, 107**
Wirbelsäule **205 ff.**
Wirbeltiere **107, 140 f.,**
184 f.
– Körperbau **184 f.**
– Verwandtschaft **182 ff.**
– Klassen **182 ff.**
Wolf **25 f., 190**
Wollhaare 172
Wuchsform **108**
Wunden **239**
Wurzel **52**
Wurzelknolle **73**
Wurzelschicht **121**
Wüstenpflanzen **178 f.**
www.zartbitter.de 263

Z

Zähne **228 f.**
Zahnhöhle **229**
Zahnkrone **229**
Zahnpflege **228 f.**
Zahnspange 228
Zahntypen **229**
Zahnwurzel **229**
Zauneidechse **150 f.,** 174
Zaunkönig 113
Zehengänger (Katze) 49
Zehenspitzengänger
(Pferd) **38**
Zellen 14, 62, 69, 75, **258 f.**
Zelltypen **14,** 75
Zellulose 69
Zimbelkraut **104**
Zimmerpflanzen 65, 79,
80 ff., 98
Zitronenfalter **172**
Zitrusfrüchte **93**
Zuchtauswahl 25
Züchtung 25, 36, 39, 41,
47, **89, 97**
Zuckerrohr **93**
Zuckerrübe **79,** 87
Zugvögel **170 f.**
Zugwege **170**
Zweikeimblättrige Pflanzen
62
Zwerchfell **233**
Zwerghamster **21**
Zwiebel **65, 73**
Zwitterblüte **56**
Zwölffingerdarm **230 f.**

Bildquellenverzeichnis

Trotz entsprechender Bemühungen ist es nicht in allen Fällen gelungen, den Rechtsinhaber ausfindig zu machen. Gegen Nachweis der Rechte zahlt der Verlag für die Abdruckerlaubnis die gesetzlich geschuldete Vergütung.

Titel (Tautropfen): Corbis, Düsseldorf; Titel (Klee, Angel, Auge, Eisbär): plainpicture GmbH & Co. KG, Hamburg ; 3.1: S. Kuttig/plainpicture, Hamburg; 3.2: Thonig/mauritius images GmbH, Mittenwald; 4.1: Manfred Mehlig/mauritius images GmbH, Mittenwald; 4.2: D. Usher/Arco Images GmbH, Lünen; 4.3: Bildagentur Huber/R. Schmid/picture-alliance GmbH, Frankfurt/M.; 5.1: Juniors Bildarchiv, Ruhpolding; 5.2: P. Schuetz/Blickwinkel, Witten; 6.1: dpa-Bildarchiv/Ingo Wagner/picture-alliance GmbH/Frankfurt/M.; 6.2: Minkus, Isernhagen; 8.1 (Hintergrund): S. Kuttig/plainpicture, Hamburg; 8.2: Greiner/Greiner + Meyer, Braunschweig; 8.3: photothek.net GbR, Radevormbold; 9.1: Fritz Rauschenbach/mauritius images GmbH, Mittenwald; 9.2: R. Koenig/Blickwinkel, Witten; 9.3: HB-Verlag/picture-alliance GmbH, Frankfurt/M.; 9.4: Euro RSCG, Frankfurt/M.; 10 Einklinker: R. Koenig/Blickwinkel, Witten; 10.1: Markus Matzel/Das Fotoarchiv, Essen; 10.2: The Copyright Group/mauritius images GmbH, Mittenwald; 10.3: Mark Bugnaski/Joker Foto, Bonn; 10.4: Creasource/Corbis, Düsseldorf; 11.1: age fotostock/mauritius images GmbH, Mittenwald; 12.1: imagebroker/mauritius images GmbH, Mittenwald; 12.2: Juniors Bildarchiv, Ruhpolding; 12.3: Roth/Ökapia KG, Frankfurt/M.; 12.4: Parks/Okapia KG, Frankfurt/M.; 12.5: age fotostock/mauritius images GmbH, Mittenwald; 12.6: Pölking/TopicMedia Service, Ottobrunn; 12.7: Berger/TopicMedia Service, Ottobrunn; 13.1-5: Schroedel Archiv; 14.1A: Wisniewski/TopicMedia Service, Ottobrunn; 14.2A, 14.2B: Florian Karly, München; 14.2C: Johannes Lieder, Ludwigsburg; 15.1: Wellinghorst, Groß Mimmelage; 15.2: Mathias, Reutlingen; 15.3: Reinhard-Tierfoto, Heiligkreuzsteinach; 15.4: W. Willner/TopicMedia Service, Ottobrunn; 15.5: Schroedel Archiv; 15.6: Thinkstock/mauritius images GmbH, Mittenwald; 15.7: scanpix/Jan Hakan Dahlström/picture-alliance GmbH, Frankfurt/M.; 16.1 (Hintergrund): Thonig/mauritius images GmbH, Mittenwald; 16.2: Lichtbildarchiv Dr. Keil, Neckargemünd; 16.3: Klein & Hubert/Okapia KG, Frankfurt/M.; 16.4: Dr. Wagner/TopicMedia Service, Ottobrunn; 17.1: Okapia KG/Hans Reinhard/picture-alliance GmbH, Frankfurt/M.; 17.2: dpa/Oliver Stratmann/picture-alliance GmbH, Frankfurt/M.; 17.3: Arndt/TopicMedia Service, Ottobrunn; 18 Einklinker: Klein & Hubert/Okapia KG, Frankfurt/M.; 18.1A: R. Maier/Okapia KG, Frankfurt/M.; 18.1B: Monika Wegler, München; 18.1C: Juniors Bildarchiv, Ruhpolding; 18.2A: Fabian, Hannover; 18.3A: Vitakraft-Werke, Bremen; 19.1: Hangebrauck, Hamm; 19.2A, 19.2B: Vitakraft-Werke, Bremen; 19.3A, 19.3B: Chr. Steimer/Juniors Bildarchiv, Ruhpolding; 20.1, 20.3: Tetra Werke, Melle; 21.2: imagebroker/mauritius images GmbH, Mittenwald; 21.3: Schroedel Archiv; 22.1: Frank Krahmer/Picture Press, Hamburg; 22.2: Heinz Schrempp/Okapia KG, Frankfurt/M.; 22.3: VIER PFOTEN - Stiftung für Tierschutz, A-Wien; 22.4: age/mauritius images GmbH, Mittenwald; 22.5: dpa/picture-alliance GmbH, Frankfurt/M.; 23.1: dpa/Frm/picture-alliance GmbH, Frankfurt/M.; 23.2: Preuß. Hilden; 24.1A: Schroedel Archiv; 24.1B: Klein & Hubert/Okapia KG, Frankfurt/M.; 24.1C: Zollkriminalamt, Köln; 24.1D: Mitterer/mauritius images GmbH, Mittenwald; 24.1E: Rosenfeld/mauritius images GmbH, Mittenwald; 24.1F: Lichtbild-Archiv Dr. Keil, Neckargemünd; 24.1G: Hermeline/Okapia KG, Frankfurt/M.; 24.1H: Klein & Hubert/Okapia KG, Frankfurt/M.; 25.2: Dr. Dragesrot/Okapia KG, Frankfurt/M.; 26.1: Bildagentur-online, Burgkunstadt; 26.2: Reinhard-Tierfoto, Heiligkreuzsteinach; 26.3: Juniors Bildarchiv, Ruhpolding; 26.4: Pferdefotoarchiv Lothar Lenz, Dohr; 26.5: Klein & Hubert/Okapia KG, Frankfurt/M.; 26.6: Hoffmann/TopicMedia Service, Ottobrunn; 27.1-3: Tierbildarchiv Angermayer, Holzkirchen; 28.1: Yavuz Arslan/Das Fotoarchiv, Essen; 28.2: Wegner/TopicMedia Service, Ottobrunn; 28.3: Juniors Bildarchiv, Ruhpolding; 28.4: Bildagentur Geduldig GmbH, Maulbronn; 28.5: Arco Images GmbH, Lünen; 29.1A-D: www.blinde-kuh.de; 30.1: Klein & Hubert/Okapia KG, Frankfurt/M.; 30.4A, 30.4B: Lichtbild-Archiv Dr. Keil, Neckargemünd; 30.2A: Gerard Lacz/Natural History Photographic Agency; 31.1: Klein & Hubert/Okapia KG, Frankfurt/M.; 31.2: Lothar/TopicMedia Service, Ottobrunn; 31.3: Ploß, Wentorf; 32.3A-C: Monika Wegler, München; 33.1: Walz/TopicMedia Service, Ottobrunn; 33.2A: Kim Taylor/Bruce Coleman Ltd.; 33.2B: Dr. Jaenicke, Rodenberg; 34.1: Lacz/TopicMedia Service, Ottobrunn; 34.3: Fogden/Okapia KG, Frankfurt/M.; 34.4: Lacz/TopicMedia Service, Ottobrunn; 34.5: Reinhard-Tierfoto, Heiligkreuzsteinach; 35.1: Frank Sitemann/Okapia KG, Frankfurt/M.; 35.3: Bernd Schellhammer/Okapia KG, Frankfurt/M.; 37.1, 37.2: Minkus, Isernhagen; 39.1A: Oswald Eckstein/Okapia KG, Frankfurt/M.; 39.1B: Deuter/zefa/Corbis, Düsseldorf; 39.1D: Siegfried Kerscher/TopicMedia Service, Ottobrunn; 40.1A: Karlheinz Oster, Mettmann; 40.1B: Owen Franken/Corbis, Düsseldorf; 40.1C: Schroedel Archiv; 40.1D: Avenue Images GmbH, Hamburg; 41.1: akg images GmbH, Berlin; 41.2: M. Delpho/Arco Images GmbH, Lünen; 42.1: Minkus, Isernhagen; 43.1B: Berg/Okapia KG, Frankfurt/M.; 43.1C: IMA, Hannover; 43.1D: Berg/Okapia KG, Frankfurt/M.; 43.1E: Schilling/dpa/picture-alliance GmbH, Frankfurt/M.; 44.1: Bernd Schellhammer/Okapia KG, Frankfurt/M.; 44.2: imagebroker/mauritius images GmbH, Mittenwald; 45.1: Minkus, Isernhagen; 46.1: Reinhard/Okapia KG, Frankfurt/M.; 46.2: Beck/mauritius images GmbH, Mittenwald; 46.3: Jochen Zick/Keystone Pressedienst, Hamburg; 46.4: „Aus Hühner und Puten, Verlagsunion Agrar"; 47.1: Reinhard/Tierbildarchiv Angermayer, Holzkirchen; 47.2: IMA, Hannover; 47.3: ZB/picture-alliance GmbH, Frankfurt/M.; 48.1: Juniors Bildarchiv, Ruhpolding; 48.2: Tierbildarchiv Angermayer, Holzkirchen; 48.3: KPA/picturemaxx AG, München; 48.6: Lichtbild-Archiv Dr. Keil, Neckargemünd; 49.1: Reinhard-Tierfoto, Heiligkreuzsteinach; 50.1 (Hintergrund): Manfred Mehlig/mauritius images GmbH, Mittenwald; 50.2: Bruckner/TopicMedia Service, Ottobrunn; 50.3: zefa/Rucksztio/Corbis, Düsseldorf; 50.4: Foodcollection/StockFood GmbH, München; 50.5: dpa/picture-alliance GmbH, Frankfurt/M.; 51.1: Bryan Reinhart/mauritius images GmbH, Mittenwald; 51.2: Minkus, Isernhagen; 52 Einklinker: Bildagentur Geduldig GmbH, Maulbronn; 53.1: Schroedel Archiv; 53.2: Jens-Peter Laub/Okapia KG, Frankfurt/M.; 53.3: Wellinghorst, Groß Mimmelage; 53.4, 53.5: Schroedel Archiv; 53.6: Frank Krahmer/Getty Images Deutschland GmH, München; 54.1-4: Schroedel Archiv; 55.1A: Lughofer/TopicMedia Service, Ottobrunn; 55.1B, 55.1B: Schroedel Archiv; 56.1A, 56.1B: Lyß, Wolfenbüttel; 56.2: go digital/prol, Wietze; 56.3A: Geduldig/Naturbild/Okapia KG, Frankfurt/M.; 56.3B: Wellinghorst, Groß Mimmelage; 56.4: Dobers, Walsrode; 57.2: Dr. G. Kriete, Uni Göttingen; 58.1: Shay/OSF/Okapia KG, Frankfurt/M.; 59.1: Reinhard-Tierfoto, Heiligkreuzsteinach; 59.2: Pfletschinger/Tierbildarchiv Angermayer, Holzkirchen; 59.3: Shale/OSF/Okapia KG, Frankfurt/M.; 59.4: Pfletschinger/Tierbildarchiv Angermayer, Holzkirchen; 60.2: Nill/TopicMedia Service, Ottobrunn; 60.3A, 60.3E: CMA, Bonn; 61.1A: Bruckner/TopicMedia Service, Ottobrunn; 61.2A: Schroedel Archiv; 61.3A: Tönnies, Laatzen; 62.1: Schroedel Archiv; 63.1: Gutberlet/dpa/picture-alliance GmbH, Frankfurt/M.; 63.2: Teruka Sammer/Bildarchiv Sammer, Neuenkirchen; 63.3: Reinhard/mauritius images GmbH, Mittenwald; 63.4: Ostgathe/IFA-Bilderteam, Ottobrunn; 63.5: Bilderberg, Hamburg; 63.6: H. Reinhard/Arco Images GmbH, Lünen; 65.1: Schroedel Archiv; 65.3, 65.4: Sammer/Bildarchiv Sammer, Neuenkirchen; 66.1A: Dobers, Walsrode; 66.1B: Hans Reinhard/Okapia KG, Frankfurt/M.; 66.2: Tönnies, Laatzen; 66.6: Bildagentur Geduldig GmbH, Maulbronn; 67.1: Pfletschinger/Tierbildarchiv Angermayer, Holzkirchen; 67.2: Schmidt/mauritius images GmbH, Mittenwald; 67.3: J. Freund/Wildlife Bildagentur GmbH, Hamburg; 68.1: Schroedel Archiv; 70.2A: hapo/Okapia KG, Frankfurt/M.; 70.2B: Reinhard/Okapia KG, Frankfurt/M.; 71.1A: Huber/Simeone/picture-alliance GmbH, Frankfurt/M.; 71.1B: Bildagentur Geduldig GmbH, Maulbronn; 71.1C: Kirchner/Helga Lade/picture-alliance GmbH, Frankfurt/M.; 72.2: Hans Reinhard/Okapia KG, Frankfurt/M.; 72.3A: Schroedel Archiv; 72.3B: Tönnies, Laatzen; 72.3C: Tierbildarchiv Angermayer, Holzkirchen; 73.1: Rucksztio/zefa/Corbis, Düsseldorf; 73.2, 73.3: Dobers, Walsrode; 73.4: Dr. Philipp, Berlin; 74.1: RUG/A1PIX, München; 75.1, 75.2: Schroedel Archiv; 76.1: Shay/OSF/Okapia KG, Frankfurt/M.; 76.2: Schroedel Archiv; 76.3: Wellinghorst, Groß Mimmelage; 78.1 (Hintergrund): D. Usher/Arco Images GmbH, Lünen; 90.2A, 90.2B: Heine/TopicMedia Service, Ottobrunn; 79.1: Minkus, Isernhagen; 79.2: Schobel, München; 79.2: Büttner/Naturbild/Okapia KG, Frankfurt/M.; 79.3: HAG/A1PIX, München; 80 Einklinker: Peikert, Pinneberg; 80.1: Reinhard/Okapia KG, Frankfurt/M.; 80.2: Flora Press, Hamburg; 81.1: Minkus, Isernhagen; 81.1A: Reinhard-Tierfoto, Heiligkreuzsteinach; 81.1B: Botanica/mauritius images GmbH, Mittenwald; 81.1C: Manfred Ruckszio/Naturbildportal; 81.1D: Geduldig/Acro Images GmbH, Lünen; 82.1: Rosenfeld/mauritius images GmbH, Mittenwald; 82.2-5: Dobers, Walsrode; 82.6: Sander/picture-alliance GmbH, Frankfurt/M.; 83.1A: TH Foto/Tschanz-Hofmann/Okapia KG, Frankfurt/M.; 83.1B: Kozeny/TopicMedia Service, Ottobrunn; 83.1C: Lange/Tierbildarchiv Angermayer, Holzkirchen; 83.1D: Büttner/Naturbild/Okapia KG, Frankfurt/M.; 83.1E: Reinhard/Tierbildarchiv Angermayer, Holzkirchen; 83.1F: Reinhard/Okapia KG, Frankfurt/M.; 83.1G: Dobers, Walsrode; 83.1H: Büttner/Naturbild/Okapia KG, Frankfurt/M.; 89.2: Dobers, Walsrode; 90.1: Vario images GmbH & Co. KG, Bonn; 90.2A, 90.2B: Eine Welt Handel AG, Leoben/FairTradeCenter Breisgau GmbH, Riegel; 90.3: Russell Gordon/Das Fotoarchiv, Essen; 90.4: Wagner/TopicMedia Service, Ottobrunn; 91.1A: dia/mediacolors, CH-Zürich; 91.1B: Jörg Hauke/Picture Press, Hamburg; 92.1A: Dobers, Walsrode; 92.1B: Peter Rees/StockFood GmbH, München; 92.2: Reinhard-Tierfoto, Heiligkreuzsteinach; 92.3A: Volkmar Schulz/Keystone Pressedienst GmbH & Co. KG, Hamburg; 92.3B: dpa-Report/Hans Wiedl/picture-alliance GmbH, Frankfurt/M.; 93.1: TopicMedia Service, Ottobrunn; 93.2: Minkus, Isernhagen; 93.3: Fischer/mauritius images GmbH, Mittenwald; 98.2: Lederer/IFA-Bilderteam, Ottobrunn; 99.2A-D: Uwe Anders, Destedt; 100.1 (Hintergrund): Bildagentur Huber/R. Schmid/picture-alliance GmbH, Frankfurt/M.; 100.2: Ekholm/mauritius images GmbH, Mittenwald; 100.3: Meyers/TopicMedia Service, Ottobrunn; 101.4: N. Fischer/H. Lade, Frankfurt/M.; 101.1: M. Haberer/Bizofr, Nürtingen; 101.2: Geoff Kidd/SPL/Agentur Focus GmbH, Hamburg; 101.3: Schroedel Archiv; 102 Einklinker: N. Pelka/TopicMedia Service, Ottobrunn; 102.01A: Schroedel Archiv; 102.01C: Schroedel Archiv; 102.01C: Worm; 102.01C: Schroedel Archiv; 103.2: Pfletschinger/Tierbildarchiv Angermayer, Holzkirchen; 102.4A-C, 103.1: Kruse, Wankendorf; 104.1: dpa/picture-alliance GmbH, Frankfurt/M.; 104.2: Lyß, Wolfenbüttel; 106.2: Dr. G. Kriete/Uni Göttingen; 108.1: West/OSF/Okapia KG, Frankfurt/M.; 108.2: Reinhard/Reinhard-Tierfoto, Heiligkreuzsteinach; 111.2: Kruse, Wankendorf; 111.3A: Reinhard/Okapia KG, Frankfurt/M.; 111.3B: Dr. Philipp, Berlin; 111.3C: Schroedel Archiv; 111.3D, 111.3E: Tönnies, Laatzen; 112.1: Dr. Brehm/TopicMedia Service, Ottobrunn; 112.4, 112.5: Kruse, Wankendorf; 114.1: Fischer/TopicMedia Service, Ottobrunn; 115.1C: Reinhard-Tierfoto, Heiligkreuzsteinach; 114.2A: dpa/picture-alliance GmbH, Frankfurt/M.; 114.3A: dpa/picture-alliance GmbH, Frankfurt/M.; 114.4: Reinhard-Tierfoto, Heiligkreuzsteinach; 115.1A: Kruse, Wankendorf; 115.1B: Fischer/TopicMedia Service, Ottobrunn; 115.1C: Reinhard-Tierfoto, Heiligkreuzsteinach; 115.1D: Vario images GmbH & Co. KG, Bonn; 115.1E: Reinhard-Tierfoto, Heiligkreuzsteinach; 115.1F: Pfletschinger/Tierbildarchiv Angermayer, Holzkirchen; 115.1G: P. Hartmann/Wildlife Bildagentur, Hamburg; 115.1H: Schmidt/Tierbildarchiv Angermayer, Holzkirchen; 115.1I: Maier/IFA-Bilderteam, München; 115.1J: Pferdefotoarchiv Lothar Lenz, Dohr; 116.2: Minkus, Isernhagen; 116.3: Mehlig/mauritius images GmbH, Mittenwald; 118.1: Eckart Pott/mauritius images GmbH, Mittenwald; 118.2: Wellinghorst, Groß Mimmelage; 118.3: Dobers, Walsrode; 118.4: Naroska/Pfletschinger/Tierbildarchiv Angermayer, Holzkirchen; 119.1: Gerd Pfenning/picture-alliance GmbH, Frankfurt/M.; 119.2: Pfletschinger/Tierbildarchiv Angermayer, Holzkirchen; 119.3: NAS/Eisenbeiss//Okapia KG, Frankfurt/M.; 119.4: Hecker/TopicMedia Service, Ottobrunn; 119.5: Danegger/TopicMedia Service, Ottobrunn; 119.6: Pfletschinger/Tierbildarchiv Angermayer, Holzkirchen; 120.1: Thomas Haertrisch/transit-Archiv, Leipzig; 120.2A: Tönnies, Laatzen; 120.2B: Walz/TopicMedia Service, Ottobrunn; 120.4: Sorge/Caro Fotoagentur, Berlin; 122.1B, 122.1D: Tönnies, Laatzen; 123.1F: Dr. Philipp, Berlin; 123.1H: Dr. Thomas, Göttingen; 124.1: Gerhard Dagner/Okapia KG, Frankfurt/M.; 124.2: N. Pelka/TopicMedia Service, Ottobrunn; 124.3: mauritius images GmbH, Mittenwald; 125.3: dpa-Fotoreport/Andreas Lander/picture-alliance GmbH, Frankfurt/M.; 126.1 (Hintergrund): Juniors Bildarchiv, Ruhpolding; 126.2: H. Pratsch/TopicMedia Service, Ottobrunn; 126.3: Sohns/TopicMedia Service, Ottobrunn; 127.1: Martin Ruegner/Allover/F1 ONLINE, Frankfurt/M.; 127.2: C. Comerstall/Wildlife Bildagentur, Hamburg; 127.3: Reinhard/Tierbildarchiv Angermayer, Holzkirchen; 128 Einklinker: H. Pratsch/TopicMedia Service, Ottobrunn; 128.1: Reinhard-Tierfoto, Heiligkreuzsteinach; 128.3: TopicMedia Service, Ottobrunn; 128.4: Reinhard-Tierfoto, Heiligkreuzsteinach; 130.1: Danegger/TopicMedia Service, Ottobrunn; 130.3: Okapia KG/Willi Rolfes/picture-alliance GmbH, Frankfurt/M.; 131.2: Sohns/Okapia KG, Frankfurt/M.; 132.1B: Pfletschinger/Tierbildarchiv Angermayer, Holzkirchen; 134.1: imagebroker/mauritius images GmbH, Mittenwald; 134.2: Dalton/Okapia KG, Frankfurt/M.; 134.3: Picture Press/Dietmar Nill/picture-alliance GmbH, Frankfurt/M.; 134.4: Heblich/TopicMedia Service, Ottobrunn; 135.3: Pfletschinger/Tierbildarchiv Angermayer, Holzkirchen; 136.2: Berger/TopicMedia Service, Ottobrunn; 136.3: NPL/Arco Images GmbH, Lünen; 137.2A: Hecker/TopicMedia Service, Ottobrunn; 137.2B: Juniors Bildarchiv, Ruhpolding; 137.2C: Laßwitz/Naturbild/Okapia KG, Frankfurt/M.; 138.1A, 138.1B, 138.2: Schroedel Archiv; 139.1C-F: Lichtbild-Archiv Dr. Keil, Neckargemünd; 139.1G, 139.1H: Reinhard/Okapia KG, Frankfurt/M.; 139.1I: Reinhard-Tierfoto, Heiligkreuzsteinach; 139.1J: Parks/Okapia KG, Frankfurt/M.; 140.2: Photononstop/mauritius images GmbH, Mittenwald; 142.1A: Dalton//Okapia KG, Frankfurt/M.; 142.1B: Dalton//TopicMedia Service, Ottobrunn; 142.2: Sohns/TopicMedia Service, Ottobrunn; 143.1: D. Usher/Arco Images GmbH, Lünen; 143.2: Groß/Okapia KG, Frankfurt/M.; 143.3: Osolinski/OSF/Okapia KG, Frankfurt/M.; 146.2A: Tero Niemi/Naturbild/AB/Okapia KG, Frankfurt/M.; 146.2B, 146.2C: Schmidt/TopicMedia Service, Ottobrunn; 147.1: Lane/TopicMedia Service, Ottobrunn; 147.1G: Wothe/TopicMedia Service, Ottobrunn; 147.1H: Schmidt/Tierbildarchiv Angermayer, Holzkirchen; 148.2: Cramm/TopicMedia Service, Ottobrunn; 148.3: B. Zoller/Blickwinkel, Witten; 148.4: Juniors Bildarchiv, Ruhpolding; 149.1: Reinhard/Tierbildarchiv Angermayer, Holzkirchen; 149.1: KPA/picturemaxx AG, München; 149.2A: Geisser/mauritius images GmbH, Mittenwald; 149.2B: AJG/Helga Lade, Frankfurt/M.; 149.2C: Novag Gonter/Topix/mauritius images GmbH, Mittenwald; 149.2D: v. d. Ropp/mauritius images GmbH, Mittenwald; 149.2E: Bildagentur-online, Burgkunstadt; 150.3-5, 151.1: Pfletschinger/Tierbildarchiv Angermayer, Holzkirchen; 151.2: Lichtbild-Archiv Dr. Keil, Neckargemünd; 153.1: Tierbildarchiv Angermayer, Holzkirchen; 152.1: Reinhard-Tierfoto, Heiligkreuzsteinach; 153.1A: Schrempp/Greiner + Meyer, Braunschweig; 154.1: Reinhard/mauritius images GmbH, Mittenwald; 154.2: Soder/Okapia KG, Frankfurt/M.; 154.4: Pfletschinger/Tierbildarchiv Angermayer, Holzkirchen; 154.5: Martinez/Okapia KG, Frankfurt/M.; 155.1: Green/Okapia KG, Frankfurt/M.; 155.2: Reinhard/Tierbildarchiv Angermayer, Holzkirchen; 155.3: Arndt/Okapia KG, Frankfurt/M.; 154.4: Ravenzinger/TopicMedia Service, Ottobrunn; 155.5: Bauer/zefa/Corbis, Düsseldorf; 155.6: Tierbildarchiv Angermayer, Holzkirchen; 158.1: Wegner/TopicMedia Service, Ottobrunn; 158.4: Wellinghorst, Groß Mimmelage; 159.1A-C: Bach/zefa/Corbis, Düsseldorf; 160.1A: Thieben/Okapia KG, Frankfurt/M.; 160.1B-E: Pfletschinger/Tierbildarchiv Angermayer, Holzkirchen; 162.1: H. Pratsch/TopicMedia Service, Ottobrunn; 162.2: Wendler/TopicMedia Service, Ottobrunn; 162.3: Wellinghorst, Groß Mimmelage; 164.2: Schroedel Archiv; 162.5: Galan/TopicMedia Service, Ottobrunn; 162.6: Pfletschinger/Tierbildarchiv Angermayer, Holzkirchen; 163.1: Skibbe/TopicMedia Service, Ottobrunn; 163.2: Pfletschinger/Tierbildarchiv Angermayer, Holzkirchen; 163.3: Pfletschinger/Tierbildarchiv Angermayer, Holzkirchen; 163.4: Okapia KG/Lothar Lenz/picture-alliance GmbH, Frankfurt/M.; 165.1: Willner/TopicMedia Service, Ottobrunn; 165.3B: Schwind/Okapia KG, Frankfurt/M.; 166.2: Koch/TopicMedia Service, Ottobrunn; 166.4: Okapia KG/Hans Hartl/picture-alliance GmbH, Frankfurt/M.; 167.1A: Reinhard/Tierbildarchiv Angermayer, Holzkirchen; 167.1B: Hartl/Okapia KG, Frankfurt/M.; 167.1C: Heppner/TopicMedia Service, Ottobrunn; 167.1D: Hartl/Okapia KG, Frankfurt/M.; 167.1E: NAS/Clutter/Okapia KG, Frankfurt/M.; 167.2: Greiner + Meyer, Braunschweig; 168.4: Pferdefotoarchiv Lothar Lenz, Dohr; 169.1: FLPA/TopicMedia Service, Ottobrunn; 171.1: KPA/Rupert Büchele/picture-alliance GmbH, Frankfurt/M.; 171.2: Tönnies, Laatzen; 172.1: R. Groß/Okapia KG, Frankfurt/M.; 172.2A: Reinhard/Tierbildarchiv Angermayer, Holzkirchen; 172.2B: Danegger/TopicMedia Service, Ottobrunn; 172.3: G. Stahlbauer/Blickwinkel, Witten; 172.4: Brandl/TopicMedia Service, Ottobrunn; 172.5: Reinhard/mauritius images GmbH, Mittenwald; 173.1: Reinhard-Tierfoto, Heiligkreuzsteinach; 173.2: Liedtke/mauritius images GmbH, Mittenwald; 173.3: Danegger/Okapia KG, Frankfurt/M.; 174.1: Wothe/TopicMedia Service, Ottobrunn; 174.4: Pfletschinger/Tierbildarchiv Angermayer, Holzkirchen; 174.5, 175.1: Reinhard-Tierfoto, Heiligkreuzsteinach; 175.2: Reinhard/Tierbildarchiv Angermayer, Holzkirchen; 175.3: Tierbildarchiv Angermayer, Holzkirchen; 176.2A: FLIR Systems GmbH, Frankfurt/M.; 177.1: KPA/picture-alliance GmbH, Frankfurt/M.; 177.3: Allan/OSF/Okapia KG, Frankfurt/M.; 178.4: ZB/picture-alliance GmbH, Frankfurt/M.; 179.1A: Reinhard-Tierfoto, Heiligkreuzsteinach; 179.2A, 179.2B: R. Koenig/Blickwinkel, Witten; 180.1B: DLR; 180.2: Klüppel, Gechingen; 181.4: Minkus. Isernhagen; 181.5: Reinhard/Tierbildarchiv Angermayer, Holzkirchen; 182.1: McPhoto/Blickwinkel, Witten; 182.2: Reinhard/Tierbildarchiv Angermayer, Holzkirchen; 182.3: Maier/Okapia KG, Frankfurt/M.; 182.4: Langer/Okapia KG, Frankfurt/M.; 182.5: Wolfgang Buchhorn/Okapia KG, Frankfurt/M.; 182.7: Wothe/TopicMedia Service, Ottobrunn; 182.8: Reinhard-Tierfoto, Heiligkreuzsteinach; 182.9: Reinhard/Okapia KG, Frankfurt/M.; 184.1A: Reinhard/Okapia KG, Frankfurt/M.; 184.1B: Pfletschinger/Tierbildarchiv Angermayer, Holzkirchen; 185.1C: Foott/Okapia KG, Frankfurt/M.; 185.1D: Dalton/TopicMedia Service, Ottobrunn; 185.1E: Pferdefotoarchiv Lothar Lenz, Dohr; 186.1: M. Danegger/Okapia KG, Frankfurt/M.; 186.2: Pfletschinger/Tierbildarchiv Angermayer, Holzkirchen; 186.3: Barrett & MacKay/Okapia KG, Frankfurt/M.; 189.1: Glaeser/mediacolors, CH-Zürich; 189.2: ZB-Fotoreport/Jens Trenker/picture-alliance GmbH, Frankfurt/M.; 189.3: H. Reinhard/Okapia KG, Frankfurt/M.; 189.4: dpa-Bildfunk/Armin Weigel/picture-alliance GmbH, Frankfurt/M.; 190 Einklinker: Glaeser/mediacolors, CH-Zürich; 190.2: Reinhard-Tierfoto, Heiligkreuzsteinach; 190.3: Wothe/TopicMedia Service, Ottobrunn; 190.4: Ziesler/TopicMedia Service, Ottobrunn; 190.5: H. Pieper/Blickwinkel, Witten; 191.1: K.H. Eckhardt/TopicMedia Service, Ottobrunn; 191.3: H. Reinhard/Okapia KG, Frankfurt/M.; 192.1: Birgit Koch/aimdi.net; 192.2, 192.3B: Ringler; 192.3: Wellinghorst, Groß Mimmelage; 193.1: ZB-Fotoreport/Peter Förster/picture-alliance GmbH, Frankfurt/M.; 193.2A: Willi Rolfes/Okapia KG, Frankfurt/M.; 193.2B: Nieders. Landesamt für Ökologie; 194.1: Pelka/TopicMedia Service, Ottobrunn; 194.2: Tierbildarchiv Angermayer, Holzkirchen; 194.3: Reinhard/Tierbildarchiv Angermayer, Holzkirchen; 195.1: Keyphotos/mauritius images GmbH, Mittenwald; 195.3: Geduldig/Okapia KG, Frankfurt/M.; 195.4A: Rainer Förster/Okapia KG, Frankfurt/M.; 196.1: Pfletschinger/Tierbildarchiv Angermayer, Holzkirchen; 196.2A: Dr. E. Pott/Okapia KG, Frankfurt/M.; 196.3: dpa-Bildfung/Matthias Bein/picture-alliance GmbH, Frankfurt/M.; 197.2A: Schroedel Archiv; 197.2B: Hans Reinhard/Okapia KG, Frankfurt/M.; 197.3: M Meul/Okapia KG, Frankfurt/M.; 198.1: Nationalparkverwaltung Nds. Wattenmeer, Wilhelmshaven; 199.2A: Jörg Lehmann/Barbara Scheer/picture-alliance GmbH, Frankfurt/M.; 200.1: Wolfgang Steche/Visum, Hamburg; 200.2: Pferdefotoarchiv Lothar Lenz, Dohr; 200.3: H. Schmabacher/Blickwinkel, Witten; 201.4: dpa-Report/StockFood GmbH, München; 200.1: Wolfgang Steche/Visum, Hamburg; 199.2B: dpa-Bildarchiv/Ingo Wagner/picture-alliance GmbH/Frankfurt/M.; 201.5: H. Reinhard/Okapia KG, Frankfurt/M.; 202.1 (Hintergrund): dpa-Bildarchiv/Ingo Wagner/picture-alliance GmbH/Frankfurt/M.; 202.2: Schulz/Helga Lade GmbH, Frankfurt/M.; 203.1, 203.2: Minkus, Isernhagen; 203.3: RM/Okapia/picturemaxx AG, München; 204 Einklinker: dpa-Bildarchiv/Ingo Wagner/picture-alliance GmbH/Frankfurt/M.; 204.3: Dr. Reinbacher, Kempten; 204.4, 206.1A, 206.1B: Kruse, Wankendorf; 206.3, 208.1: Minkus, Isernhagen; 208.2, 208.3: Kruse, Wankendorf; 208.4A, 208.4B: Lyß, Wolfenbüttel; 208.5A, 208.5B, 210.2, 210.5: Kruse, Wankendorf; 212.5A, 212.5B: Lyß, Wolfenbüttel; 213.4A-C: Minkus, Isernhagen; 214.2A: SST/mauritius images GmbH, Mittenwald; 214.2B: SELF/mauritius images GmbH, Mittenwald; 214.4: S. Kerscher/TopicMedia Service, Ottobrunn; 215.1: Jiri/mauritius images GmbH, Mittenwald; 215.2: life/Avenue Images GmbH, Hamburg; 216.1: Danegger/Okapia KG, Frankfurt/M.; 217.1A: F1 ONLINE, Frankfurt/M.; 217.1B: Reinhard/Okapia KG, Frankfurt/M.; 217.1C: Lyß, Wolfenbüttel; 217.1D: Rosenfeld/mauritius images GmbH, Mittenwald; 217.1E: Nigel Cattlin/Holt Studios/Okapia KG, Frankfurt/M.; 217.1F: Okapia KG, Frankfurt/M.; 218.1A, 218.1B: Lyß, Wolfenbüttel; 218.2A-D: Tegen, Hambühren; 219.1: Minkus, Isernhagen; 219.2, 220.1A-F, 222.1A-F, 223.1A-E: Minkus, Isernhagen; 226.2, 227.1A, 227.1B: Lyß, Wolfenbüttel; 228.1, 228.2: Kruse, Wankendorf; 228.3A: Lyß, Wolfenbüttel; 228.3B: ZB/picture-alliance GmbH, Frankfurt/M.; 228.3C: Busse/mauritius images GmbH, Mittenwald; 230.1, 231.2A: Kruse, Wankendorf; 232.1: Nonstock/mauritius images GmbH, Mittenwald; 233.1A: Fabian, Hannover; 234.2A: Tobias Ritter; 238.1: Telner/Okapia KG, Frankfurt/M.; 238.3: eye of science, Reutlingen; 239.1A: Palmer/mauritius images GmbH, Mittenwald; 240.2: Lyß, Wolfenbüttel; 240.4: Fabian, Hannover; 242.1: gms/picture-alliance GmbH, Mittenwald; 243.2A: Workbookstock/mauritius images GmbH, Mittenwald; 243.1: Fabian, Hannover; 243.2: SPL/Saturn Stills/Agentur Focus GmbH, Hamburg; 244.1: TPC/IFA-Bilderteam, Ottobrunn; 243.3: NAS/John Watney/Okapia KG, Frankfurt/M.; 245.1: Fabian, Hannover; 246.1: L. Doss/Corbis, Düsseldorf; 246.3: Deutsche Gesellschaft für Ernährung e.V., Bonn; 250 Einklinker: Minkus, Isernhagen; 250.1A: Wolfgang Weinhäupl/Okapia KG, Frankfurt/M.; 250.1B: Fabian, Hannover; 250.1C: Minkus, Isernhagen; 250.2: Minkus, Isernhagen; 251.1: Europapark Freizeit- und Familienpark Mack AG, Rust bei Freiburg; 251.2: Minkus, Isernhagen; 251.3: dpa-Bildarchiv/Lefhalm/Julika Marja Airio/picture-alliance GmbH, Frankfurt/M.; 251.1: dpa/age Nmp/picture-alliance GmbH, Frankfurt/M.; 252.1: Ulrich Spountsis/Okapia KG, Frankfurt/M.; 252.3AC: Lemke, Peters & Partner, Ratingen/Lindtorf; 254.1: Minkus, Isernhagen; 254.1A-C: Lemke, Peters & Partner, Ratingen/Lindtorf; 254.2: Photoshot/picture-alliance GmbH, Frankfurt/M.; 256.1: Fung rote entsteht/Lennart Nilsson/Mosaik Verlag, München; 259.1C: Okapia KG, Frankfurt/M.; 260.1A: Tönnies, Laatzen; 260.2: Photononstop/mauritius images GmbH, Mittenwald; 260.3: David Hecker/Focus, Hamburg; 259.1B: Fine entstht/Lennart Nilsson/Mosaik Verlag, München; 259.1C: Okapia KG, Frankfurt/M.; 258.1: Minkus, Isernhagen; 259.1A: Garry Watson/SPL/ddp-Archiv, Berlin; 260.4: Stephanie Böhlhoff/mauritius images GmbH, Mittenwald; 260.5: dpa/picture-alliance GmbH, Frankfurt/M.; 261.1A-F: Minkus, Isernhagen; 261.1G: Wagner/Okapia KG, Frankfurt/M.; e.V., Hamburg; 262.2: Photodisc/picturemaxx AG, München; 262.3: Sander/picture-alliance GmbH, Frankfurt/M.; 263.1 Click it-Bildschirmschoner zum kostenlosen Downloaden unter www.zartbitter.de; 263.2: Avenue Images GmbH, Mittenwald; 264.1: ZB/picture-alliance GmbH, Frankfurt/M.; 264.2: PYMCA/mauritius images GmbH, Mittenwald; 264.3: KPA/Grebler/picture-alliance GmbH, Frankfurt/M.; 264.4: Photononstop/mauritius images GmbH, Mittenwald; 264.5: Elke van de Velde/zefa/Corbis, Düsseldorf; 265.1: Fabian, Hannover;